Terminology of Gifted Education

영재교육학 용어사전

영재교육학 용어사전 편찬위원회

편찬위원장: **하종덕**
총괄편찬위원: **전미란, 진석언**
편찬 위원: **류지영, 유미현, 안도희, 이미순, 이재호, 한기순**

집필진 (가나다 순)

강병직 청주교육대학교
강호감 경인교육대학교
길경숙 주타임교육 영재교육연구소
김명숙 성균관대학교
김명환 KIM연구소
김선진 성균관대학교
김성연 인천대학교
김유리 서울교육정책연구소
김은영 대현어린이집
김은향 가천대학교
김주아 한국교육개발원
김판수 부산교육대학교
류지영 KAIST
문정화 인천재능대학교
박경빈 가천대학교
박경희 경남대학교
박상찬 경희대학교
박은경 덕원중학교
박지은 한국교육개발원
박창언 부산대학교
박혜원 울산대학교
방승진 아주대학교
서예원 한국교육개발원
서혜애 부산대학교
손지유 인천대학교
송경애 대림대학교
송민영 경기도과학교육원
안도희 중앙대학교
안보형 관악고등학교
양태연 인천대학교
유미현 아주대학교
육근철 공주대학교
윤여홍 전 KAGE영재교육학술원
오영주 KAGE영재교육학술원
이덕난 국회 입법조사처
이미순 대구대학교
이선영 서울대학교
이순주 한밭대학교
이영주 KAIST
이재호 경인교육대학교
이혜주 중앙대학교
임병권 인천과학예술영재학교
임호찬 나사렛대학교
전미란 공주대학교
정덕호 전북대학교
정병훈 청주교육대학교
조석희 St. John's University
지 은 안양대학교
진석언 건국대학교
채유정 KAIST
최선일 유원대학교
최인수 성균관대학교
최호성 경남대학교
태진미 숭실대학교
하민수 강원대학교
하종덕 인천재능대학교
한기순 인천대학교
홍옥수 한국과학창의재단

Terminology of Gifted Education

영재교육학 용어사전

| 한국영재학회 편 |

학지사

서문

한국영재학회가 『영재교육학 용어사전』을 펴내게 됨을 모든 학회 회원과 영재교육 전문가 및 지도교사, 영재교육 학도들과 함께 그 의미를 매우 높게 평가하며 기쁨을 나누고자 한다. 한국영재학회는 1991년에 창립되어 불모지인 우리나라 영재교육을 이끌어 왔고, 2000년 초 「영재교육진흥법」 제정에 주도적인 역할을 함으로써 명실공히 우리나라 영재교육 발전에 선구자적 역할을 하여 왔다. 그러나 아직도 일부 영재교육에 대한 잘못된 인식과 부정적인 시각을 가진 분위기가 존재하고 있어 이를 바로잡아야 할 것이고, 이와 더불어 영재교육에 대한 다양한 개념과 용어가 학자마다 다르게 정의되고 번역, 사용됨으로써 혼란을 불러일으킬 뿐 아니라 때로는 의미 없는 논쟁을 가져오기도 하여 하나의 통일된 언어로 정리할 필요가 있었다. 이에 우리나라 영재교육을 선도하는 한국영재학회가 법제도를 마련하였듯이 이 같은 문제를 해결해야 할 책무를 느끼고 언어공동체인 『영재교육학 용어사전』을 편찬하게 되었다.

모든 학문의 출발은 한 현상에 대한 개념을 규명하고 정리하는 데서 시작된다고 할 수 있다. 특히, 영재교육과 관련된 개념의 정리와 개념 간 관계의 규명, 설명, 예측 그리고 통제는 한 용어의 의미가 밝혀진 후에나 가능하다. 그런 의미에서 『영재교육학 용어사전』은 우리나라 영재교육에 대한 논의의 장을 마련하고 영재교육 발전에 새로운 지평을 여는 계기가 될 수 있으리라고 본다.

영재교육은 다른 분야보다는 그 생성 시기가 짧았고 순수 단일학문 분야가 아닌 교육학, 철학, 심리학, 사회학, 경영학, 공학, 수학, 과학, 정보, 예·체능 등 여러 분야가 융합된 복합 응용 분야로서 아직은 그 정체성에 대한 의문과 개념의 합의점에 이르지 못하고 있는 것도 사실이다. 그래서 아직 영재교육은 고유한 개념의 틀이나 방법이 없는 듯하기도 한다. 그동안 영재교육 전문가들은 영재의 정의와 영재교육 대상자의 선별, 영재교육과정, 영재교수-학습, 영재교육 프로그램, 분야별 영재, 영재교육 정책, 창의성 등의 영역에 관심을 가지고 연구 활동을 하였다. 용어와 개념의 정의는 좀 차이가 있으나 이러한 범위 내에서 영재교육의 연구를 진행하고 있다. 그러나 새로운 시대인 지식정보화 사회와 4차 산업혁명 시대를 맞이하면서 그 어느 때보다도 창의혁신 인재를 양성해야 하는 시기에 맞추어 영재교육에 대한 개념화는 더욱 요구된다.

하나의 자율적인 학문은 그 나름의 고유한 개념적 체제와 방법론을 확보해야 한다. 우리나라에서의 영재교육은 반세기도 채 안 된 짧은 시기를 보내고 있지만, 이제 영재교육의 개념과 방법을 찾는 노력은 영재교육 전문가들에게 주어진 하나의 과제이자 책무라 할 수 있다. 이는 곧 영재교육의 가치 실현에 대한 문제이고 이러한 학문적 가치가 교육현장에서 어떻게 설명되고 실천될 수 있느냐의 문제는 우리의 계속된 관심과 과제다.

『영재교육학 용어사전』은 백과사전과 같은 접근방식을 지양하고, 그동안 논의되었던 한국적 상황에서의 개념을 설명하였고, 선진 외국에서 사용된 개념들은 한국적 의미를 살려 번역, 설명하였다. 그리고 이미 타 학문 분야에서 사용되고 있는 용어는 영재교육 차원에서 그 뜻을 분명히 한다는 의도에서 용어를 정의하고 정리하였다. 또한 가능한 한 많은 새로운 용어를 포함시켰고, 간명하게 그 의미를 전달하도록 하였다.

이 책은 한국영재학회의 이름으로 펴낸 것으로서 한국영재학회 이사 58명이 2년여 기간 동안 심혈을 기울인 공동의 산출물이다. 또한 한 개인이 집필한 결과와는 달리 한국영재학회 전체를 대변할 수 있는 집단적 사고의 결실이다. 집필에는 갓 박사학위를 받은 젊은 신진학자들부터 정년퇴임을 한 원로 학자들까지 모두 함께 참여하였다.

이러한 노력과 결실에도 불구하고 아직 부족한 게 많다는 아쉬움을 간직하면서 앞으로 더 많은 전문가가 참여해 많은 논의와 수정 · 보완의 과정을 거쳐 영재교육의 정체성과 적용, 실천을 통해 우리나라의 창의혁신 인재인 영재 양성에 하나의 밑거름이 되기를 바란다.

끝으로 이렇게 『영재교육학 용어사전』이 책으로 나오기까지에는 2년 여 기간의 수많은 시간과 수십 명의 집필진, 그리고 정성어린 편찬위원들의 노력이 있었다. 그 모든 분께 깊은 감사를 드린다. 특히 편찬 기획부터 편집 과정까지 전체를 진행하고 독려와 편집을 위해 인내심으로 애써 주신 전미란 교수님과 진석언 교수님께 심심한 감사를 표하며, 멀리 미국에서도 적극적으로 집필에 참여해 주신 조석희 교수님께도 경의를 표한다. 그리고 많은 영재교육 관련 도서출판을 통해 우리나라 영재교육 발전에 기여하고 계신 학지사 김진환 사장님과 편집을 위해 애써 주신 김순호 편집이사님 등 담당자들께도 감사를 드린다.

그리고 한국영재학회의 모든 회원과 함께 이 기쁨을 나누고자 한다.

2017년 12월

한국영재학회 회장

영재교육학 용어사전 편찬위원장

하종덕

『영재교육학 용어사전』 편찬 및 활용 지침

1. 「영재교육학 용어사전」의 편찬 지침

『영재교육학 용어사전』의 용어 선정 기본 원칙은 영재교육 분야에서 현재 연구직에 종사하고 있는 기성 연구자뿐만 아니라 영재교육 연구에 처음 진입하는 대학원생, 그리고 영재교육에 관심을 가지고 있는 일반인들에 이르기까지 폭넓은 이용자를 염두에 두고 가능한 한 많은 용어를 선정하는 것이었다. 왜냐하면 영재교육학 분야의 고유한 개념과 용어들뿐만 아니라 교육학, 심리학, 측정/평가 등 다양한 관련 분야의 용어들도 영재교육 관련 문헌에서 쉽게 만날 수 있기에 연구자들이 이 용어사전만으로도 어느 정도 도움을 받을 수 있기를 기대하였기 때문이다.

다양한 용어를 담아내려는 편찬위원회의 의도에 따라 개별 용어에 대한 설명을 위해 충분하게 지면을 할애하지는 못하였다. 이 용어사전은 백과사전이 아닌 용어사전이라는 정체성 아래 각각의 용어에 대한 간략한 설명을 하도록 하면서, 대신 이용자들이 각 용어에 대한 보다 상세한 정보를 원할 경우 도움을 받을 수 있도록 개별 용어에 대한 참고문헌을 명기하였다.

한편, 이 용어사전의 이용자들이 영재교육을 학문적 대상으로서 관심을 둘 뿐만 아니라 우리나라에서 이루어지고 있는 영재교육의 실제에 대해서도 관심을 두고 있을 것으로 보고, 우리나라의 영재교육 관련 연구기관, 교육기관, 관련 법률 및 제도 등과 관련된 용어 및 고유명사 등도 가능한 한 포괄적으로 담아내고자 하였다.

이 용어사전에서 제시한 개별 용어에 대한 정의는 (사)한국영재학회의 공식적 입장을 반영하고 있는 것은 아니다. 각 용어의 정의에 대해 공식적인 합의를 거치는 과정은 두지 않았다. 개별 집필자의 원고가 지나치게 부실하거나 집필자의 착각으로 완전히 다른 용어를 정의하고 있지 않는 한은 집필자의 원고를 존중하는 방향으로 진행되었다.

2. 「영재교육학 용어사전」의 활용 지침

『영재교육학 용어사전』의 모든 집필자는 영재교육 분야 전문가로서 우리나라의 영재교육 발전에 조금이나마 기여하고자 하는 마음으로 이 용어사전의 편찬에 기꺼이 참여하였다. 집필자들이 영재교육 연구에 참여하고 있는 동료 연구자들 및 새로이 참여하게 될 후배 연구자들을 위해 자신의 시간과 정열을 아낌없이 투자해 준 것에 대해 이 용어사전을 이용하는 모든 이가 감사의 마음을 가져주었으면 한다.

집필자들의 노고에 대한 감사의 마음을 가지는 것과는 별도로 이 용어사전을 이용하는 가운데 이용자들이 불만족을 느끼는 부분이 있다면 이에 대해 아낌없는 비판과 지적을 해 주어도 좋다. 예를 들어, 특정 용어에 대해 지나치게 간략하게, 또는 부정확하게 소개하고 있다거나, 명색이 영재교육학 용어사전이라면 보다 상세히 다루어 주어야 할 용어임에도 불구하고 아예 누락되어 있는 경우도 있을 수 있다. 만약 이 용어사전의 용어 정의가 부정확하여 바로잡고 싶다거나 누락된 용어를 직접 추가하고 싶다면 이 용어사전의 형식에 맞추어 작성한 원고를 용어사전편찬 담당자에게 보내 주시기 바란다. 편찬위원회의 검토를 거쳐 다음 개정판에 해당 용어의 정의를 싣고 투고자를 집필진으로 포함할 수 있도록 하겠다. 이 용어사전은 누구든 집필진으로 참여할 수 있도록 활짝 열려 있다.

3. 「영재교육학 용어사전」 관련 향후 계획

이 용어사전은 초판으로서 아직 미흡한 부분이 많이 있을 수 있다. 따라서 이 용어사전의 개정판 출간을 위한 작업은 본 초판의 출간과 동시에 시작될 예정이다. 개정판 출간 작업은 초판 용어사전의 편찬을 위한 작업 이상으로 충분한 시간을 투자하여 정성을 들일 계획이다. 개정판 출간과 관련하여서는 다음과 같은 부분에 노력을 기울이게 될 것이다.

- 영재교육학 연구에서 중요성을 갖는 용어 중 초판에 누락된 용어를 발굴하여 새

로운 용어를 추가한다. 또, 초판의 내용을 자세히 검토하면서 수정 및 재정의가 필요하거나 추가적인 설명이 필요한 용어에 대한 업데이트 작업을 한다. 이를 위해 이용자들의 피드백 및 자발적인 원고 투고를 받도록 한다.

- 영재교육학의 핵심 용어를 엄선하여 해당 용어에 대해서는 백과사전 수준의 다양한 정의 및 관련 이론을 소개한다. 예를 들면, '영재'에 대해서는 특정 이론에 근거한 간략한 정의에 그치기보다는 다양한 이론과 이론가들에 따른 다양한 정의를 깊이 있게 제시한다.
- 다양한 용어의 상호 관련성을 반영하여 개별 용어의 관련 이론, 관련 이론가, 관련 용어 등을 명시함으로써 이용자들이 해당 용어의 학문적 맥락을 정확히 이해할 수 있도록 하이퍼텍스트적 특성을 살린 용어사전이 되도록 편집한다.
- 이 용어사전의 개정판은 출판사와의 협의를 통해 가급적 온라인판으로 출간하여 많은 연구자가 보다 손쉽게 이용할 수 있을 뿐만 아니라, 추가, 수정 등의 업데이트가 사실상 수시로 진행될 수 있도록 한다.

『영재교육학 용어사전』은 영재교육 연구자들이 함께 만들고 함께 이용하는 우리 모두의 자산입니다. 이 용어사전을 이용하고 다듬어 나가는 일에 귀하의 적극적인 격려와 참여를 기대합니다.

2017. 12.

『영재교육학 용어사전』 편찬위원회

ㄱ~ㅎ

인명 및 기타

ㄱ

가네의 적성이론

[Theory on Aptitude Processes]

캐나다의 심리학자인 가네(Gagné, F.)가 제시한 영재성 발달 이론으로서 인간의 능력은 타고난 적성으로서의 영재성(giftedness)과 교육을 통해 개발되는 특수재능(talent)으로 구성된다고 보는 이론이다. '영재성'은 천성적으로 타고났거나 체계적 훈련을 받지 않은 상태에서 나타나는 인간의 적성, 또는 잠재적 능력을 말한다. 이러한 영재성(적성)은 체계적인 훈련, 연습, 경험을 통해 인간의 다양한 활동 분야에서 특수한 전문 능력(specific expert skill)으로 구체화되며, 이를 역량(competency)으로 칭한다. 그러므로 영재성이 특수재능으로까지 발전하기 위해서는 타고난 적성으로서의 영재성이라는 개인 내적 요인과 적절한 기회와 경험, 교육 및 환경 등과 같은 개인 외적 요소가 조화롭게 작용해야 한다.

참고문헌

Gagné, F. (1985). Giftedness and talent: Reexamining a reexamination of the definitions. *Gifted Child Quarterly, 29*, 103–112.

Gagné, F. (1991). Toward a differentiated model of giftedness and talent. In N. Colangelo & G. A. Davis (Eds.), *Handbook of gifted education*(pp. 65–80). Boston: Allyn and Bacon.

Gagné, F. (1995). From giftedness to talent: a developmental model and its impact on the

language of the field. *Roeper Review, 18*(2), 103−111.
Gagné, F. (2003). Transforming gifts into talents: The DMGT as a developmental theory. In N. Colangelo & G. A. Davis (Eds.), *Handbook of gifted education*(3rd ed.). Boston: Allyn and Bacon.

가드너의 다중지능이론
[Theory of Multiple Intelligence]

미국 하버드 대학교 심리학과 가드너(Gardner, 1983, 1991)는 종래의 획일적인 지능관을 비판하고 인간의 지능에 관한 다면적 지능이론(Theory of Multiple Intelligence)을 제안하였다. 가드너는 지능을 '문화적으로 가치 있는 물건을 창조하거나 문제를 해결하는 데에, 그 문화에서 유용하게 쓰일 수 있는 정보를 처리하는 생물 · 심리학적 잠재력'이라고 정의했다. 지능은 보이거나 셀 수 있는 것이 아니라 특정 문화의 가치, 그 문화 속에서 발현될 수 있는 기회들, 그리고 개인 또는 가족, 학교 선생님 또는 코치들의 판단력에 의해 계발될 수도, 안될 수도 있기 때문이다. 즉, 능력이 발현될 수 있는 환경의 중요성이 강조된 것이다.

다중지능은 다수의 능력이 조합된 것으로 한 문화 안에서 그 문화적 배경에 적합하게 문제를 해결하고 가치 있는 창조물을 산출해 내는 모든 유형의 다양한 능력을 말한다. 이것은 인간의 지능은 서로 독립적이며 다른 여러 유형의 능력으로 구성된다는 것이며, 비록 이들이 별개로 분리되어 있기는 하지만 상호작용하고 있다는 것이다.

가드너가 제안한 여덟 개의 지능은 ① 언어(linguistic), ② 논리 수학(logical-mathematical), ③ 음악(musical), ④ 신체 운동(bodily-kinesthetic), ⑤ 공간(spatial), ⑥ 대인 관계(interpersonal), ⑦ 자기 이해(intrapersonal), ⑧ 자연 탐구(natural) 지능이다.

가드너는『마음의 틀』에서 일곱 개의 독립적인 지능이 존재한다고 했다. 처음 두 개 지능인 언어지능과 논리수학지능은 전형적으로 학교에서 중요시된다.

언어지능은 구어와 문어에 대한 민감성, 언어학습능력, 특정한 목표를 달성하기 위한 언어 활용 능력들을 포함하고 있다. 법률가, 웅변가, 작가, 시인들이 상당히 높은 언어지능을 소유한 사람들이다.

논리수학지능은 문제를 논리적으로 분석, 수학적 조작을 수행하고, 과학적인 방법으로 문제를 탐구하는 능력이다. 수학자, 논리학자, 그리고 과학자들이 뛰어난 논리수학지능을 소유하고 있다. 다음 세 지능은 예술 분야에서 특별히 주목할 만한 것들이다.

음악지능은 리듬이나 멜로디 등을 평가하거나 쉽게 산출해 낼 수 있으며, 연주를 하거나 음악적 양식을 이해하고 작곡하는 기술들을 수반한다.

신체운동지능은 문제를 해결하거나 사물을 아름답게 꾸미기 위해 몸 전체나 일부분(손이나 입 같은)을 이용하는 능력을 말한다. 무용가, 배우, 운동선수들이 이러한 신체운동지능을 잘 보여 주나, 기능공, 외과의사, 연구자, 과학자, 기술자, 그리고 기술과 관련된 일을 하는 사람들에게도 중요한 것이다.

공간지능은 좁은 공간뿐만 아니라 항해사나 비행기 조종사들이 경험하는 넓은 공간을 인지하고 다루는 잠재력을 말한다. 이 지능은 외과 의사, 조각가, 체스 선수, 그래픽아티스트나 건축가들에게 중요하다. 또한 공간지능은 다양한 문화에서 다양하게 나타날 수 있는데 이것은 생물 · 심리학적인 잠재력이 어떻게 다양한 목적을 위해 진화되어 온 영역들에 의해 보완될 수 있는가를 보여 준다. 마지막 두 개의 지능을 가드너는 인성지능이라고 부른다.

대인지능은 타인의 욕구와 동기, 의도를 이해하고 타인과 효과적으로 일을 할 수 있는 능력이다. 판매원이나 교사, 임상가들 그리고 종교와 정치 지도자들은 뛰어난 대인지능을 필요로 한다.

자기이해 지능은 자신을 이해하고 자신의 욕망, 두려움, 재능 등을 잘 다루어 효율적인 삶을 살아갈 수 있는 잠재력을 말한다.

마지막으로, 자연탐구 지능은 다중지능이론의 목록에서 가장 최근에 올라온 것으로, 자연 친화적이고, 동물이나 식물 채집을 좋아하며, 자연 현상에 대한 유형을 규정하고 분류하는 능력이 높다. 다양한 동물, 식물, 그리고 광물 자원들을 쉽게 분류하고 그 종류를 인식하는 능력, 기후 형태의 변화에 대한 감수성, 지형 등에 대한 관심은 자연탐구 능력을 잘 나타내 주고 있다.

간뇌

[Interbrain]

척추동물 뇌간의 일부로 전뇌에 속하는 부분이다.

시상, 시상상부, 시상후부, 시상하부로 나누어지며 감각정보를 수용하여 대뇌피질로 전달하는 기능을 한다. 시상상부는 수망핵, 송과체로 구성되어 있다. 시상후부에는 시각과 청각의 중계소를 이루는 외측슬상체와 내측슬상체가 있다. 시상하부는 자율신경계의 중추가 있는 부위로 개체의 생명 유지와 직결된다.

감각적 과잉흥분

[Sensual Overexcitability]

폴란드의 정신과 의사 다브로프스키(Dabrowski)는 영재학생들에게서 자주 발견되는 정서적 특성으로 '강렬함'과 '민감성'에 주목했다. 그는 'overexcitability(국내에서는 일반적으로 '과흥분성'으로 번역되고 있음)'라는 특별한 용어를 사용해 영재들의 독특한 심리 · 정서적 기제를 설명하였다. 다브로프스키가 말하는 '과흥분성'이란 단순히 과도하게 흥분한다는 의미가 아니며, 그 이상의 독특한 복합적 특성을 내포하고 있다. 즉, 특정 영역에서 '고양된 민감성(a heightened sensitivity)'을 보이는 양상을 가리키는 전문용어이다.

다브로프스키는 영재학생들의 과흥분성을 다음 다섯 가지로 분류해 설명하였다.

- 심리 · 운동적(psycho-motor) 과흥분성
- 감각적(sensual) 과흥분성
- 상상적(imaginational) 과흥분성
- 지적(intellectual) 과흥분성
- 정서적(emotional) 과흥분성

이 중 '감각적 과흥분성'은 고양된 감각으로 인해 상이한 감촉이나 느낌, 냄새 등을 좋아하거나 집착하는 현상을 말한다. 다브로프스키와 피초프스키(Dabrowski & Piechowski, 1977)에 의하면 영재학생들은 일반학생에 비해서 시각, 후각, 미각, 촉각, 청각 등의 감각이 일반인들에 비해 훨씬 예민하고 감각적인 경향이 있다고 보고되고 있다.

참고문헌

이신동, 태진미, 박성옥(2016). 영재상담. 서울: 학지사.

감별진단(영재 판별)
[Identification of Giftedness]

판별은 평가의 일부에 해당되는 과정으로서 대상자의 특성과 가치를 확인하는 체계적이고 전문적인 절차이다. 학자에 따라서는 판별의 의미를 '영재교육 대상자를 선발하는 의사결정의 모든 과정'으로 보기도 한다(Davis & Rimm, 2004). 그러나 영재교육에서 판별은 영재를 선발하기에 앞서 영재성을 확인하는 과정을 말한다. 영재판별이란 영재를 영재로 판별하고, 영재가 아닌 경우를 영재가 아닌 것으로 평가하는 것이며, 대상자의 특성이 영재성의 개념을 충족하는가 그렇지 못한가를 평가하는 과정을 의미한다. 판별이라는 용어 대신에 선별(screening) 혹은 감별(differential diagnosis)이라는 용어로 사용되기도 하지만, 이들 용어가 가지는 비인격적인 어감으로 인해 판별이라는 용어가 보다 적절한 개념이라고 할 수 있다.

올바른 영재 판별을 위해서는 다음과 같은 요소들이 고려되어야 한다. ① 지능검사나 창의성검사와 같은 표준화 검사 외에도 동기, 행동 관찰, 산출물, 교과 성적 등과 같은 다양한 정보를 수집해야 한다. ② 일회적 판별보다는 여러 단계를 통한 다단계적 판별이 이루어져야 한다. ③ 한 번으로 종료하기보다는 지속적으로 판별이 수행됨으로써 영재 판별의 결과에 대한 정확성과 타당성을 확인해야 한다. ④ 대상에 따라 적합한 방법을 사용해야 한다. 대상 학생의 연령, 신체적 · 정신적 특성 등을 고려하여 적절한 도구나 절차를 적용해야 한다. ⑤ 배타성의 원리보다는 포괄성의 철학에 기초해야 한다. 영재의 판별은 영재가 아닌 학생을 구분하여 배제하는 것이 아니라 잠재적 영재성을 발굴하여 개발하는 데 목적이 있음을 전제로 판별이 이루어져야 한다.

참고문헌

김정희, 강병직(2011). 미술영재교육학. 서울: 학지사.

김동일(2002). 영재판별 방법과 과제. 영재와 영재교육, 1(1), 80-86.

Davis, G. A., & Rimm, S. B. (2004). *Education of the Gifted and Talented.* New Jersy: Prentice Hall.

감성지능
[Emotional Intelligence]

자신과 타인의 감정에 대한 지각과 이해, 이에 대한 적절한 표현 능력을 기본 요소로 하며, 이를 활용하여 자신의 감정과 생각, 행동을 통제하는 일종의 사회지능(social intelligence)이다. 인간의 능력을 규정함에 있어서 인지적 측면을 중심으로 하는 지능지수(IQ)와 달리 정서를 중심으로 본다는 특징이 있다. 마이어와 살로비(Mayer & Salovey)는 1990년부터 일련의 연구를 통해 감성지능의 개념을 연구하였으며, 이를 통해 감성지능의 4요인 모델을 제시한 바 있다. 감성지능은 정서지능(emotional intelligence), 감성지수(emotional quotient) 등과 혼용되어 쓰인다.

참고문헌

한국심리학회(2014). 심리학 용어사전. 한국심리학회.

Goleman, D. (1996). *Emotional intelligence.* Bantam Dell Publishing Group.

Mayer, J. D., & Salovey, P. (1997). What is emotional intelligence? In P. Salovey & D. Sluyter (Eds.), *Emotional development and emotional intelligence: Implications for educators* (pp. 3-31). New York: Basic Books.

Salovey, P., & Mayer, J. D. (1990). Emotional intelligence. *Imagination, cognition and personality, 9*(3), 185–211.

강박사고

[Obsession]

자신의 의지와 상관없이 계속해서 떠오르고, 떨쳐 버리기 어려운 생각을 의미하는 것으로 충동, 유혹, 소원, 의심, 명령, 소원, 금지 등이 그 내용이 되곤 한다. 강박적 사고를 하는 이들은 자신의 생각이 불합리하다는 것을 알면서도 이를 통제하지 못하며, 강박 사고로 인한 불안감을 감소시키기 위해 특정 행동을 반복하는 경우가 많다. 예를 들어, 손에 더러운 병균이 묻어서 자신과 중요한 타인에게 위협이 될 것이라는 강박사고는 높은 수준의 불안감을 일으키며, 이를 낮추기 위해 손 씻는 행위를 지나치게 반복하는 경우가 그것이다. 강박사고는 정상인에게서도 나타날 수 있으나, 그 정도가 심하고 지속 기간이 길 경우 신경증 및 성격장애로 이어져 생활에 극심한 어려움을 유발할 수 있다.

참고문헌

권석만(2014). 이상심리학의 기초. 서울: 학지사.

American Psychiatric Association (2013). *Diagnostic and Statistical Manual of Mental Disorders (DSM–5)*. 서울: 학지사.

개념도(기법)

[Concept Mapping]

개념도 연구법(concept mapping)은 방향이나 방침에 대한 정보가 미비한 상태에서 전문가 집단의 브레인스토밍(brainstorming)을 통하여 특정 사업의 주제 및 방향에 대한 핵심적 인식 특성을 도출하고 이를 단계적으로 구체화하는 구조적 개념화(structured conceptualization) 기법의 하나이다. 개념도 연구법은 최근 들어 상담 및 심리치료, 사회복지 영역에서 활용되기 시작한 도구로 양적 · 질적 연구법을 통합한 비교적 새로운 연구 방법이다. 우리나라에서도 소수의 연구자들이 기초적 이론이 수립되지 않은 개념이나 대상을 연구하는 데 개념도 방식이 유용할 수 있음을 확인한 바 있다.

개념도 연구법은 통계적으로는 다차원 척도법(multidimensional scaling: MDS)과 위계적 군집분석(hierarchial cluster analysis)에 기초를 두고 있으며, 연구 대상자들이 기초 자료 제시 및 결과물을 얻기 위한 자료 조직화 과정에 직접 참여함으로써 연구자의 관점을 최대한 배제한다는 것이 특징이다. 아울러 특정 경험에 따른 연구 대상자의 정신 내적 인지 구조를 개념도라는 그림으로 제시해 줌으로써 결과물을 이해하기가 쉽다는 장점이 있다. 개념도 방법은 연구의 참여자들이 그들의 경험을 어떻게 인식하는지를 확인하기 위한 연구 방법으로 연구 참여자들이 직접 참여하여 그들이 경험하는 현상의 영역과 구성 요소, 잠재 구조 등을 밝히는 데 유용하다.

참고문헌

Paulson, B. L., Truscott, D., & Stuart, J. (1999). Clients' perception of helpful experiences in counseling. *Journal of Counseling Psychotherapy, 46*, 317–324.

Trochim, W. M. K. (1989). An Introduction to Concept Mapping for Planning and Evaluation. *Evaluation and Program Planning, 12*, 1–16.

개념적 사고
[Conceptual Thinking]

개념적 사고란 어떠한 원리나 연관성 등에 기초하여 상황이나 문제를 파악하고 분석하며 개념적인 구조에서 이를 종합하고 평가하는 고차원적 사고 능력을 말한다. 개념적 사고에서 사고의 재료로 언어를 강조하는 것이 전통적인 인식론의 관점이었지만 현상학자들에 의해 감각적 요소 역시 개념적 사고를 형성하는 요소가 된다고 본다.

비고츠키(Vygotzky)는 아동의 인지는 비조직적인 사고를 특징으로 하는 혼합적 사고(syncretic thinking)의 단계, 복합적 사고(thinking in complexies), 개념적 사고(thinking in concepts)의 단계로 발달된다고 보았다. 제1단계 혼합적 사고는 비조직적인 사고로서 자신의 지각에 의해 우연히 발견된 바에 따라서 사물을 조직화하거나 이름을 붙이는 사고 과정을 말한다. 제2단계 복합적 사고는 자신의 주관적 인상과 사물들 사이의 실제적 관계를 복합적으로 연결하는데, 이는 자기중심적 사고에서 벗어나 객관적 사고를 향하여 나아가는 과정이며, 요소들 간의 연결에서 추상적 개념화나 논리적 추론보다는 개별적인 특성이 강하다. 이 과정을 지나면 제3단계의 개념적 사고에 이르게 되는데, 청소년기에 이르면 사물을 종합하고(synthesize) 분석(analyze)하는 능력이 갖추어짐에 따라 개념적인 사고를 할 수 있게 된다.

참고문헌

Vygotsky, L. (1934). *Thinking and language* (trans. 1962). Boston: MIT Press.

개념적 지식
[Conceptual Knowledge]

지식의 한 유형으로서 방법에 관한 절차적 지식(procedural knowledge)과 달리 개념으로 구성된 지식, 즉 개념에 관한 지식을 말한다. 개념적 지식은 큰 틀에서 명제적 지식(propositional knowledge), 혹은 선언적 지식(declarative knowledge)에 포함되며 "A는 B이다."와 같이 서술 문장으로 구성되는 지식의 형태이다. 개념적 지식은 '~을 안다, 이해한다'는 내용에 관한 지식이다. 특히 사실적 지식을 넘어, 사실과 사실, 지식과 지식 사이의 연관성이나 원리에 관한 지식을 의미한다. 개념적 지식을 다른 지식과 서로 관련될 수 있는 관계성을 풍부하게 가지고 있는 지식의 네트워크라고 할 수 있다.

참고문헌

Byrnes, J. P., & Wasik, B. A. (1991). Role of conceptual knowledge in mathematical procedural learning. *Developmental Psychology, 27*, 777−786.

Canobi, K. H. (2009). Concept-procedure interactions in children's addition and subtraction. *Journal of Experimental Child Psychology, 102,* 131−149.

개념지도
[Concept Map]

개념지도란 노박과 고윈(Novak & Gowin, 1984)이 구성주의적 인식론과 오수벨(Ausubel, 1960)의 유의미학습이론을 근간으로 개발한 일종의 지식 표현 방법으로 명제 속에 포함되어 있는 개념들의 의미를 도식적으로 구조화한 것이다. 마인드맵(mind map)이 사실이나 느낌 및 지식 등을 모두 포함하는 아이디어의 연결망인 점에 비해 개념지도는 지식과 개념의 연결을 중심으로 인과관계나 관련성 및 개념의 구조를 파악할 수 있도록 한다는 점에서 차이를 지닌다.

개념지도에서 각 개념은 타원이나 네모 안에 표시되고 이 타원이나 네모는 그들 간의 관계를 나타내는 선으로 연결된다. 각 선에는 개념들이 서로 간에 어떻게 되어 있는지를 설명하는 연결어가 붙는다. 이러한 방법으로 개념과 링크로 범주화될 수 있고, 개념 간의 관계나 인과성을 나타낼 수 있다.

개념지도는 지식과 개념이 어떻게 연결되는지를 보여 줌으로써 지식의 구조적 형태를 보다 직관적으로 파악할 수 있도록 한다. 따라서 개념지도는 지식과 개념이 상호 어떻게 연결되는지를 중심으로 구조적으로 표현되어야 한다.

참고문헌

Daley, B. J., Shaw, C. R., & Balistrieri, T. (1999). Concept maps: a strategy to teach and evaluate critical thinking. *Journal of Nursing Education, 38*, 1, 42−47.

Novak, J. D. (1995). Concept mapping to facilitate teaching and learning. *Prospects, 25*, 79−86.

Novak, J. D., Gowin, D. B., & Johansen, G. T. (1983). The use of concept mapping and knowledge vee mapping with junior high school science students. *Science Education, 67*, 625–645.

Novak, J. D., & Gowin, D. B. (1984). *Learning how to learn.* London: Cambridge University Press.

개념클립 수업모형
[Concept-clip Instruction Model]

영재학생들에게 교육과정과 연관 있는 기본적이고 기초적인 개념을 학습하여 가지고 있으면서, 이를 다양한 분야에 확장하여 적용하는 능력을 키우고자 하는 수업모형이다. 특히 개념클립 수업모형은 영재학생들의 영재성을 발현시키기 위하여 개념(concept), 창의성(creativity), 리더십(leadership), 탐구(inquiry)능력, 문제해결(problem solving)능력 등의 다섯 가지 핵심 요소를 동시에 추구하는 것을 기본 골격으로 한다. 여기서 개념은 각 영역의 내용적 특수성을 지니게 하는 영역의 핵심 내용을 의미한다.

참고문헌

전영석, 김재영, 강완, 김갑수, 박지숙, 엄우섭, 고효선, 이운학, 이정아, 이수아, 이연주, 장진아(2010). 영재학급 표준 기초교육과정 개발 연구. 서울: 한국과학창의재단.

개방적 탐구
[Open Inquiry]

우리나라는 2007년 개정 과학과 교육과정에 학생들의 과학에 대한 흥미를 높이고 창의력을 신장시킬 수 있도록 학생 스스로 관심 있는 주제를 선정하여 탐구할 수 있는 '자유탐구'를 포함하여 구성하였다. 2007년 개정 과학과 교육과정 및 그 해설서에 기술된 자유탐구의 특성에 비추어 볼 때 자유탐구는 탐구의 형식 또는 탐구의 유형에서 탐구 문제, 탐구 절차 및 내용, 산출물 등을 모두 학생이 결정하는 개방적 탐구라고 할 수 있다. 따라서 개방적 탐구는 학생들이 탐구의 목적, 기구, 접근 방법에 대한 결정을 해야 하는 활동으로 계획하기, 수행하기, 처리하기, 평가하기 등의 단계가 순환적으로 이루어질 수 있다(Hackling & Fairbrother, 1996, 강은주 외 2인, 2009 재인용).

전통적인 교사 중심의 실험 활동에서 학생들의 주요 역할은 지시된 활동을 따르는 것이었고, 교사의 역할은 학생들이 수행해야 할 활동을 지시하거나 학생들에게 실험하는 방법, 자료를 해석하는 방법, 결론을 도출하는 방법 등을 통해 안내하는 것이었다(Van der Volk & De Jong, 2008). 그러나 개방적 탐구에서는 주제 선정에서부터 계획 수립, 탐구 수행, 결과 발표에 이르기까지 탐구의 전 과정을 학생들이 주도하여 창의적으로 수행한다(박재용, 이기영, 2012).

참고문헌

강은주, 김선자, 박종욱(2009). 초등과학 영재학생의 개방적 탐구 활동에서 나타난 참과학탐구의 특징 분석. 영재교육연구, 19(3), 647−667.

박재용, 이기영(2012). 요인분석을 통한 개방적 탐구의 스캐폴딩 요소 및 기능탐색. 한국과학교육학회지, 32(7), 1204−1221.

Hackling, M. W,, & Fairbrother, R. W. (1996). Helping students to do open investigation in science. *Australian Science Teachers Journal, 42*(4), 26−33.

Van der Valk, T., & De Jong, O. (2008). Scaffolding Science Teachers in Open-inquiry Teaching. *International Journal of Science Education*, iFirst Article, 1−22.

개방형 질문
[Open-Ended Question]

대답이 정해져 있지 않아서 다양한 생각을 해 보고 다양하게 응답하게 만드는 질문이다. 이에 반대되는 폐쇄형 질문(close-ended question)은 객관식 문제나 단답형 문제로 출제되는데 답안이 정해져 있어 누구나 같은 답을 내게 만든다. 이 경우 선택지가 정해져 있어서 다양한 사고나 창의적인 사고를 필요로 하지 않는다. 그에 비해 개방형 질문은 하나의 질문을 놓고 각자 생각을 자유롭게 하여 다양한 답을 내게 만든다. 상상하고 유추하는 등의 고등 사고기능을 적극적으로 사용하게 되므로 창의적인 문제해결, 창의적인 산출물을 내게 된다. 예를 들어, "딸기와 바나나 중 어느 것이 노랗지?"라고 하는 것이 폐쇄형 질문이라면 "노란색이 들어간 것을 모두 떠올려 봐."라고 하는 것은 개방형 질문이다.

영재교육에서 교육목표와 잘 연계된 치밀한 개방형 질문을 준비하고 이끄는 것은 중요하다. 영재 아동은 물론 보통 아동도 이런 질문을 자주 접하면 능동적인 사고 습관, 깊고 넓게 사고하는 습관, 고등 사고 습관을 갖게 되어 창의적인 인재로 길러질 수 있다. 단, 치밀하게 준비된 잘 짜인 개방형 질문이 아닐 경우에는 학습목표와 동떨어진 방향으로 흘러가게 되므로 개방형 질문을 통해 학습 효과를 내려면 잘 고안된 교안으로 고도로 훈련된 교사에 의해 진행되어야 한다. 그리고 비구조화된 반응을 어떻게 이끌고 평가할지에 대한 사전 준비도 철저히 해야 한다.

개별화 교육 프로그램
[Individualized Education Program]

개별화 교육 프로그램이란 기초학습 부진 학생들의 학습부진 원인과 요인을 분석하고 학생의 학습 수준을 정확히 파악하여 각 개인에게 적합한 학습 기회를 제공하기 위한 프로그램이다. 교사나 학부모, 학생, 때에 따라서 전문가도 함께 참여하여, 학습목표에서부터 학습 내용, 학습 방법, 평가에 이르기까지 기초학력 부진 학생들에게 초점을 맞추어 설계되고 실천함으로써, 기초학력 향상에 가장 적합한 교육이 이루어질 수 있도록 설계되었다.

참고문헌

신명렬(2010). 개별화교육 프로그램을 통한 기초 수학 학습부진학생 지도방안. 석사학위논문. 부산교육대학교.

개별화 수업
[Individualized Instruction]

개별 학생의 지적 수준, 학습 준비도, 신체 정서 발달 상황 등 개인의 특성에 맞추어 진행하는 수업이다.

일반 학교의 교실에는 지적으로 보통 수준인 아동이 대다수이기 때문에 누구에게나 동일한 학습 내용을 동일한 속도와 방법으로 수업을 한다. 이런 수업은 고도의 영재, 특수 분야의 영재, 장애가 있는 영재, 특수아에게는 너무 지루하거나 흥미롭지 못할 수 있다. 반대로 너무 어렵고 힘겨워도 스트레스를 받을 수 있어서 학습 효과가 나지 않는다. 따라서 개별 아동에 맞춘 별도의 학습목표, 학습 내용, 학습 속도, 학습 방법을 고안하여 적용하는 개별화 수업이 필요하다.

영재 아동을 위해 진행되는 개별화 수업의 경우, 가장 먼저 '개별화 수업 플랜'(Individual Education Plan: IEP)을 작성한다. IEP에 기록되는 정보는, 첫째, 학생의 이름, 나이, 학년, 현재 수준, 학교명, 수업 과목이다. 진단 결과에 따라 한 과목 또는 그 이상의 과목에 걸쳐서 수업을 하게 되는데, 과목마다 별도의 플랜을 작성한다. 둘째, 과목마다 학생이 어떤 내용을 어느 수준으로 성취해야 하는지 그 기준을 정하고, 그것을 어떻게 평가할지도 기술한다. 셋째, 언제부터 언제까지 수업을 하고, 어디에서 어떤 교사에 의해 수업을 할지 기술한다. 넷째, 부모, 학생, 교사의 역할도 규정한다. 이렇게 준비된 IEP로 정해진 기간 동안 수업을 진행한 후, 평가를 거쳐 새로운 IEP를 작성하고 실행한다.

개인 간 지능
[Interpersonal Intelligence]

다중지능이론에서 알려진 여덟 가지 유형의 지능 중 한 가지이다. 하워드 가드너(Howard Gardner)는 인간이 가지고 있는 다양한 유형의 지능을 발견하면서 그동안 언어적 지능과 논리 · 수학적 지능만으로 인간의 지능을 정하던 협의의 지능 개념을 비판한다(Gardner, 1983). 가드너의 '다중지능이론(multiple intelligence theory)'에 의하면, 사람은 누구나 다중지능을 가지고 있고, 각각의 지능이 어떻게 조합되고 더 두드러지느냐에 따라 그 사람의 지적 특성이 정해진다는 것이다.

가드너는 처음에 일곱 가지 다중지능만 발표했다. 언어적 지능, 논리 · 수학적 지능, 공간적 지능, 신체 · 운동적 지능, 음악적 지능, 개인 간 지능, 개인 내적 지능이다. 그런데 인류가 보이는 또 다른 지능을 발견하기 위한 후속 연구 결과 실존 지능과 자연관찰 지능까지 추가하여 아홉 가지 지능을 발표했다가, 현실에서 실존지능을 보이는 사람이 너무 희박하기에 최종적으로 여덟 가지 다중지능으로 구분하고 있다.

개인 간 지능은 '대인관계 지능'으로써, 타인의 기분, 의도, 동기, 감정을 민감하게 지각하고 그에 맞춰 효과적으로 대응하는 능력이다. 예컨대, 상대방의 표정, 몸짓, 목소리는 물론 겉으로 드러나지 않는 상대의 의도, 기분, 감정까지 예민하게 읽을 수 있다. 또 그를 바탕으로 여러 상황에 잘 대처하고 타인을 배려하고 타인을 이끌어 가기도 한다. 개인 간 지능이 높은 사람은 정치가, 지도자, 경영인, 교사, 사회사업가, 목회자, 상담원 등으로 활동한다.

참고문헌

Gardner, H. (1983). *Frames of mind.* New York: Basic Books.

개인 내적 지능
[Intrapersonal Intelligence]

다중지능이론에서 알려진 여덟 가지 유형의 지능 중 한 가지이다. 하워드 가드너(Howard Gardner)는 인간이 가지고 있는 다양한 유형의 지능을 발견하면서 그동안 언어적 지능과 논리 · 수학적 지능만으로 인간의 지능을 정하던 협의의 지능 개념을 비판한다(Gardner, 1983). 가드너의 '다중지능이론(multiple intelligence theory)'에 의하면, 사람은 누구나 다중지능을 가지고 있고, 각각의 지능이 어떻게 조합되고 더 두드러지느냐에 따라 그 사람의 지적 특성이 정해진다는 것이다.

가드너는 처음에 일곱 가지 다중지능만 발표했다. 언어적 지능, 논리 · 수학적 지능, 공간적 지능, 신체 · 운동적 지능, 음악적 지능, 개인 간 지능, 개인 내적 지능이다. 그런데 인류가 보이는 또 다른 지능을 발견하기 위한 후속 연구 결과 실존 지능과 자연관찰 지능까지 추가하여 아홉 가지 지능을 발표했다가, 현실에서 실존지능을 보이는 사람이 너무 희박하기에 최종적으로 여덟 가지 다중지능으로 구분하고 있다.

개인 내적 지능은 '자기이해 지능'으로써, 자신의 기분, 의도, 동기, 감정을 예민하고 구체적으로 지각하고 구분할 수 있는 능력이다. 더불어 자신의 강점, 약점, 관심, 호불호 등을 이해하고 그에 맞춰 자기 통제력과 자기 조절력을 발휘하는 능력이다. 개인 내적 지능이 높은 사람은 철학자, 성직자, 심리학자 등으로 활동한다.

개인 유추

[Person Analogy]

시네틱스 사고 기법의 한 유형이다. 시네틱스 사고 기법은 서로 관련이 없어 보이는 것들을 조합하여 새로운 것을 도출해 내는 아이디어 발상법으로 윌리엄 J. 고든(Gordon)에 의해 개발되었다. 시네틱스 사고 기법은 해결하고자 하는 문제나 필요한 아이디어를 다른 유사한 대상이나 상황, 사태에 비유, 비교, 유추해서 새로운 아이디어를 얻는 발상법으로, 발명가들이 발명 과정에서 많이 사용한다. 시네틱스 과정에서는 개인 유추(person analogy), 직접 유추(direct analogy), 상징 유추(symbolic analogy), 환상 유추(fantasy analogy)와 같은 기법이 쓰인다.

개인 유추는 해결하려는 문제가 있을 때 해결하려는 사람 자신이 그 문제, 현상, 사물, 사람이 되어 문제를 해결하는 기법이다. 예를 들어, 자신이 공장의 생산 벨트 위를 도는 과일이라고 상상하면서 생산 벨트의 구조를 바꾸는 아이디어를 내는 것이나, 자신이 전쟁을 이끄는 이순신 장군이나 맥아더 장군이라고 여기면서 전쟁을 승리로 이끌 아이디어를 내는 것이다.

결정적 시기
[Critical Periods]

유기체의 정상적인 발달을 위해 적절한 자극이 반드시 주어져야 하는 정해진 시기이다. 유기체의 발달에서 신체발달, 행동발달, 언어발달, 정서발달이 극도로 빨리 진행되는 특정 기간이 있는데, 종(種)에 따라 발달 시점에서 발달이 끝나는 시점이 생득적으로 정해진다.

인간 발달에서는 감각 기능, 운동 기능, 언어 기능 등이 결정적 시기의 영향을 받으며 발달한다. 인간은 이런 기능들은 보편적으로 갖고 태어나지만, 태어날 때부터 그 기능을 제대로 발휘할 수 없다. 그 이유는 각 기능을 관장하는 뇌 신경회로가 아직 연결되지 않았기 때문이다. 각 기능을 관장하는 뇌 신경회로가 연결되는 시기는 생득적으로 정해져 있다. 뇌 신경회로가 형성되는 결정적 시기는 영아기에서 사춘기에 이르기까지 비교적 폭이 넓지만, 어떤 신경회로는 생후 1~3달 이내, 또는 일 년 이내로 한정적이다. 이처럼 뇌 신경회로가 형성되는 시작 시점에서 끝나는 시점까지의 시기를 결정적 시기라고 한다(Eliot, 1999).

결정적 시기 동안에 발달을 진행시킬 만한 자극들이 주어져야만 정상적인 발달을 기대할 수 있는데, 그 시기를 놓친 것에 대한 연구가 많다. 갓 태어난 고양이의 눈을 아무것도 볼 수 없도록 3개월간 가려 놓았더니 그 후에 아무리 시각 자극이 주어져도 고양이의 시력은 돌아오지 않았다(Wiesel & Hubel, 1963). 시신경 회로가 연결되는 결정적 시기를 놓쳤기 때문이다. 동물의 품에서 자란 '모글리' 아이들이 사람에게 발견되어 아무리 집중 교육을 받아도 인간의 언어를 구사하지 못했는데, 이는 언어회로가 연결되는 결정적 시기를 놓쳤기 때문이고, 직립으로 서지 못하는 것은 운동회로가 연결되는 결정적 시기를 놓쳤기 때문이다.

참고문헌

Wiesel, T. N., & Hubel, D. H. (1963). Effects of visual deprivation on morphology and physiology of cell in the cat's lateral geniculate body. *Journal of Neurophysiology*, *26*(6), 978–993.

Eliot, L. (1999). *What's going on in there?*. New York: A Bantam Books.

결정적 지능
[Crystallized Intelligence]

인간의 일반 정신능력(general mental ability: g) 중에서 결정적 지능은 후천적 환경에 의해 발달하는 유형의 지능을 말한다. 카텔(R. Cattell)은 일반 정신능력을 구성하는 두 개의 요인으로 유동적 지능과 결정적 지능을 추출하였다.

유동적 지능(fluid intelligence)은 환경이나 문화적인 영향을 적게 받는 선천적인 정신능력이다. 주로 새로운 상황이나 새로운 사태에서 지각하고 이해하는 능력, 새로운 환경에 적응하는 능력, 비언어적인 사고 능력으로 나타난다. 이 지능은 신체의 발달에 따라 발달하고 감퇴하기 때문에 신체 성장이 일어나는 청년기까지 계속 발달하다가 성장이 쇠퇴하는 성인기 이후부터는 감퇴한다.

결정적 지능은 개인이 속한 환경이나 문화적인 영향을 받아서 후천적으로 발달하는 일종의 지식체계를 말한다. 주로 교육, 경험, 직업, 문화의 영향을 받으며 획득한 언어, 정보, 지식, 기술을 활용하는 능력이다. 예를 들어, 한국에서 자란 한국인은 한국어를 능하게 쓰고 말하지만 타국에서 자란 사람은 한국어를 잘 못한다. 한국에 거주하며 한국어로 교육받고 생각하고 표현하며 살았기에 한국어를 활용하는 결정적 지능이 발달한 것이다. 뇌 과학자는 뇌와 관련된 지식과 용어를 많이 알고, 수학자는 수학 관련 지식과 용어를, 동물학자는 동물 관련 지식과 용어를 남다르게 안다. 이처럼 결정적 지능은 각 개인이 처한 환경, 경험, 직업, 교육의 영향을 받으며 발달하므로, 이 지능은 개인이 처한 상황에 따라 전 생애에 걸쳐 꾸준히 발달할 수도 아닐 수도 있다.

계열학습
[Serial Learning]

특정 단원이나 특정 내용을 미리 정해져 있는 순서대로 익히는 학습 방법이다. 일반적으로 앞의 것을 알아야 뒤의 것을 학습할 수 있는 경우에 계열학습을 하는데, 이를 위해 학습목표를 계열화하여(sequences of instructional objectives) 그 순서에 따라 학습한다. 예를 들어, 주기성을 나타내는 원소를 원자 번호대로 배열하면서 화학적 성질이 비슷한 원소들끼리 같은 족으로 배열한 주기율표에서 같은 족의 원소를 학습하고, 그다음에 다음 족의 원소를 학습하는 식이다. 수학에서는 특정 단원을 익히기 위해 그 단원의 기초부터 시작해서 그 단원의 고급 수준까지 순차적으로 익히는 경우이다. 그 외에도 특정 동작부터 차례대로 익혀야 하는 스포츠 기술 익히기, 기계 조작 순서를 따라야 가능한 운전 기술, 기초부터 한 단계씩 올라가야 되는 피아노 치기 등이 계열학습의 대표적인 예이다.

계열학습의 특징은 한 계열을 마스터했다고 해도 다른 계열까지 마스터하는 것은 아니라서 새로운 계열을 익혀야 할 때는 다시 그 계열의 기초부터 시작해야 한다. 마치 회전문에 들어갔다 나왔다를 반복하는 것과 비슷하다.

영재교육에서는 특정 영역에서 고도의 관심과 영재성을 보이는 수학 영재, 과학 영재, 음악 영재, 미술 영재, 언어 영재, 체능 영재 등을 대상으로 잘 고안된 내용과 방법으로 계열학습을 하게 하여 그 영역에서 최대의 능력을 발휘할 수 있게 도와준다.

계열학습의 효과는 계열의 길이, 제시 시간, 제시 속도, 한 계열과 다른 계열 간의 연계성 등이 얼마나 학습자의 나이, 능력, 관심에 맞추었는지에 달렸다.

고도 영재

[Exceptionally Gifted, Profoundly Gifted]

개인 지능검사에서 매우 높은 지능지수를 기록한 영재를 일컫는다. 검사 결과 지능지수가 상위 0.1% 이내로, 웩슬러 검사로는 IQ 140 이상, 스탠퍼드-비네 L-M검사로는 148 이상을 받는 영재다. 학자들은 스탠퍼드-비네 검사 결과에 따라 영재를 '준영재(mildly, IQ 115~129)' '영재(moderately, IQ 130~140)' '우수 영재(highly, IQ 145~159)' '고도 영재(exceptionally, IQ 160~179)' '희귀 영재(profoundly, IQ 180 이상)'로 구분한다. 영재교육의 어머니로 불리는 홀링워스(Hollingworth)는 스탠퍼드-비네 검사 L-M 유형에서 IQ 180 이상을 받은 12명의 희귀 영재를 판별한 적이 있다.

현재 사용하고 있는 개인 지능검사들은 고도 영재를 판별하기 위해서라기보다 일반 아동의 지능지수를 측정하기 위해 제작되었기 때문에 검사의 만점이 IQ 140~160인 지능지수를 산출한다. 따라서 예전에 IQ 180이었던 아동도 현재 사용되는 WISC-IV로 검사한다면 IQ 160이나 그 이하로 나올 수 있다.

고도 영재들은 특정 영역에서나 여러 영역에서 대단히 앞서 나간 발달 수준을 보인다. 특히 어린 나이에 음악, 미술, 체스, 수학, 언어, 과학 등에서 뛰어난 어른 수준의 발달을 보이는 고도 영재들은 신동이라 부른다. 고도 영재라 해도 학습 환경에 따라서 언제나 높은 학업성취도를 보이는 건 아니며 오히려 학교 교육에 흥미를 잃어 낮은 학업성취도를 보이는 아동도 많다. 고도 영재의 잠재력을 최대한 계발해 주려면 이들을 위해 잘 고안된 개별화 교육 계획과 개별화 수업이 필요하다.

고등교육법

[Higher Education Act]

「고등교육법」은 「교육기본법」 제9조에 따라 고등교육을 하기 위하여 두는 학교의 종류와 학교의 설립 · 경영 등 고등교육에 관한 기본적인 사항을 정하기 위해 제정된 법률이다. 지난 1997년 12월 13일에 제정되고, 1998년 3월 1일에 시행되었다. 고등교육을 실시하기 위하여 두는 학교에는 대학, 산업대학, 교육대학, 전문대학, 원격대학(방송대학 · 통신대학 · 방송통신대학 및 사이버대학), 기술대학 등 각종 학교가 있다.

참고문헌

국가법령정보센터 http://www.law.go.kr

고등사고력

[High-Order Thinking Skills]

정보를 받아들이고 조직하며 활용할 때 고도의 수준으로 사고하는 능력이다. 흔히 고차원적 사고력, 창의적 사고력, 비판적 사고력, 메타 인지적 사고력이라 부르기도 한다. 고등사고력은 문제에 맞닥트렸을 때 단순한 암기나 과거에 했던 방법으로 해결하는 사고가 아니라, 복잡하고 종합적이며, 정교하고 독창적으로 해결하는 사고 능력이다.

블룸(B. Bloom)은 모든 학생에게 반드시 가르쳐야 할 사고를 소개하면서 낮은 사고에서 높은 사고를 위계적으로 구분한 교육목표분류학(Bloom's Educational Objectives Taxonomy)을 고안했다. 학생들의 사고 능력을 기억, 이해, 적용(응용), 분석, 평가, 종합(창안)으로 구분하면서 기억하기와 이해하기를 제외한 모든 사고가 고등사고력이라고 보았다. 고등사고력은 분석력, 추론력, 유추력, 비판력, 의사결정력, 문제해결력, 창조력 등의 수준으로 나타난다.

골드버그(장치)

[Goldberg Machine]

미국의 만화가 골드버그(Goldberg, R., 1883~1970)가 만화적 상상력으로 만들어 낸 기계장치로 복잡하고 거창한 작동 원리를 갖는 기계장치가 연쇄적으로 반응하여 작동하는 장치를 말한다. 기계장치로서의 효율성보다는 재미와 기발함을 강조한 창의적인 장치이다. 식탁에 앉아 손으로 냅킨을 목에 걸치는 것이 아니라 복잡한 기계장치가 연쇄적으로 작동하여 냅킨을 목에 걸어 주도록 작동시키는 것과 같은 창의적이며 엉뚱하고 기발한 과학적 발상으로 즐거움을 준다. 미국에서는 재미난 과학적 상상력을 이끌어 내는 골드버그 장치 콘테스트들이 열리기도 하며, 미국 항공우주국(NASA)에서는 골드버그 장치에 나오는 여러 물건을 이용하여 작동하는 원리에 착안하여 우주 비행사들의 과학적 상상력 훈련과 위기 대처 훈련에 응용하기도 한다.

과목 월반
[Subject Grade Skipping]

월반의 사전적 의미는 순차적인 진급을 무시하고 단계를 뛰어넘어 능력에 따라 진급하는 제도이다. 영재학생이 우수함을 보이는 특정 과목을 상위 학년에서 이수하도록 하는 교육운영체제이다. 학업 내용을 더 빨리 학습하도록 하기 위하여 또래보다 더 높은 수준의 교육과정을 경험하도록 하는 속진(acceleration)의 일종으로, 학년 월반(grade skipping)이 완전 속진인 반면 과목 월반(subject skipping)은 부분 속진으로 볼 수 있다. 완전 속진이 아니므로 수행이 매우 우수한 과목에 대해서는 지속적인 도전을 시도할 수 있는 동시에 다른 부분은 또래들과 유대감을 유지하면서 함께 생활할 수 있는 장점이 있다. 이러한 이유로 완전 속진의 전 단계로 활용되기도 한다. 때로는 과목 월반 프로그램이 학생이 물리적으로 상급반으로 이동하지 않고, 동일 반에서 상급학년의 교과목 자료를 학습하거나 방학 프로그램 등을 이용함으로써 또래집단과 사회적 격리를 줄일 수도 있다.

참고문헌

박경빈, 류지영, 박인호, 방승진, 육근철, 윤여홍, 이미순, 이선영, 이재호, 전미란, 전영석, 조석희, 진석언(2014). **한눈에 보는 영재교육**. 서울: 학지사.

이미순, 류지영, 이영주, 이현주, 채유정 역(2014). **영재교육(6판)**〔*Educaton of the Gifted and Talented* (6th ed.)〕. Gary A. Davis, Sylvia B. Rimm, & Del Siegle 저. 서울: 박학사. (원서 2010년 출간).

조석희, 이미순, 박성익, 이현주(2006). **조기진급 및 조기졸업 활성화 방안**. 서울: 한국교육개발원.

Colangelo, N., Assouline, S. G., & Gross, M. U. M. (2004). *A nation deceived: How schools hold back America's brightest students.* Iowa City, IA: The University of Iowa.

과성취

[Overachievement]

주변 사람들에 의해서 기대되었던 것보다 더욱 수행을 잘했거나 성공을 거두었음을 의미한다. 교육적 상황에서는 교육자가 예상한 것보다 더 뛰어난 수행을 보인 학생의 업적을 일컫는 용어이고, 기업체 상황에서는 결과 산출 전에 미리 예견했던 것보다 결과물이 더 높았을 경우를 일컫는다.

참고문헌

Overachiever in WordNet 3.0on. 2003~2008 Princeton University, Farlex Inc.

과잉학습

[Overlearning]

새롭게 터득한 기술을 완벽하게 이해하고, 그 이후에도 자동화 단계까지 이르도록 연습하는 상태.

참고문헌

Driskell, J. E., Willis, R. P., & Copper, C. (1992). Effect of overlearning on retention. *Journal of Applied Psychology, 77*, 615–622.

과잉행동장애

[Hyperactivity Disorder]

자기 통제력과 침착성이 부족하고 과잉행동과 충동성이 주요 특징으로 나타나는 장애로 주로 초기 아동기에 발병하여 만성적 경과를 보인다. 흔히 주의력 결핍 증상과 함께 ADHD(Attention Deficit Hyperactivity Disorder)로 불리며, '주의산만형'(주의력 결핍 우세), '충동형'(과잉행동 우세), '복합형'(주의력 결핍과 과잉행동 공존)의 세 가지 하위 유형 중 두 번째 충동형에 해당한다. 과잉행동장애의 원인은 아직 명확히 밝혀지지 않았으나, 전두엽 기능 수준이 유의미하게 낮은 것으로 보고되고 있다.

참고문헌

American Psychiatric Association (2013). *DSM-5 Diagnostic and Statistical Manual of Mental Disorders*. 서울: 학지사.

국가건강정보포털 의학정보. http://health.mw.go.kr

과잉활동성
[Hyperactivity]

정신적으로 안절부절못하는 상태를 의미한다. 외현적으로는 단순히 움직임이 많고, 재빠른 몸동작을 많이 한다는 뜻이다. 정신의학적으로는 충동적인 측면이 높아서, 말도 많고 빠르며, 눈에 보이는 것을 모조리 만지고 싶어 하고, 의자에 앉아서도 꿈틀거리는 동작을 많이 보이는 상태를 의미한다.

참고문헌

Crichton, A. (1976). *An inquiry into the nature and origin of mental derangement: Comprehending a concise system of the physiology and pathology of the human mind and a history of the passions and their effects.* United Kingdom: AMS Press, p. 271.

Caroline, S. C. (Ed.) (2010). Encyclopedia of Cross-Cultural School Psychology. *Springer Science & Business Media*. p. 133.

과정-산출 접근
[Process-Product Approach]

어떤 문제를 해결해 나가는 데 있어서 객관적이고 실용적인 해결책은 탐구학습의 과정을 필요로 한다. 이때 실험 계획, 자료 수집 방법, 이전 자료의 문제점 등을 처리하는 것을 과정적 접근이라고 할 수 있다. 산출은 결과물을 의미하는 데 보편적인 설명, 타인을 설득할 수 있는 글, 생활의 편리함을 주는 산업생산품 등이 해당된다. 렌줄리(Renzulli, 1977)는 심화교육 과정의 모형을 설명하면서, 투입-과정-산출을 순환적 관계로 보는 모델을 제시하였다.

참고문헌

김태련, 김정희, 조석희 역(2004). 영재교육: 심리학과 교육학에서의 조망(*Gifted Children: Psychological and Educational Perspectives*). Tannenbaum, A. J. 저. 서울: 이화여자대학교출판부. (원서 1983년 출간).

과학 창의성
[Scientific Creativity]

과학 창의성은 '과학 분야에서 과학적인 지식을 바탕으로 논리적이고 분석적인 사고를 통해 새롭고 적절한 것을 찾아내는 능력'으로 정의할 수 있다(임성만 외 2인, 2009). 과학 창의성은 일반적 창의성과 달리 과학 영역에 관련된 특징을 가지고 있으며, 과학 창의성의 인지적인 요인으로는 과학적 지식, 과학적 탐구과정, 문제 발견력, 문제해결력 등의 요인들을 제시하고 있다. 과학 창의성은 일반적 창의성과 비교해서 창의성의 근간을 이루는 지식적인 측면에서는 보다 영역 특수적인, 즉 과학과 관련된 지식이 바탕이 되어야 하며, 다른 영역의 창의성과 비교하여 보다 더 논리적이며 분석적인 지능을 필요로 한다고 할 수 있다.

참고문헌

임성만, 양일호, 임재근(2009). 영역 특수적인 입장에서의 과학적 창의성에 대한 정의, 구성 요인에 대한 탐색. 과학교육연구지, 33(1), 31-43.

과학 창의적 문제해결능력 검사
[Test of Creative Problem Solving Ability in Science]

과학 창의적 문제해결력 검사는 과학 관련 문제 상황에 직면하였을 때, 알고 있는 지식, 원리, 문제해결 방법을 새롭게 재조직, 재구성하여 새로운 지식이나 원리, 문제해결 방법을 창안한 다음, 이를 활용하여 문제를 해결하는 능력을 측정하는 검사를 의미한다.

창의적 문제해결력은 기존의 지식과 기능을 바탕으로 수렴적 사고와 확산적 사고가 함께 작용하여 문제를 해결하는 능력이다. 일반적인 창의성 검사는 교과 독립적인 성격을 지닌 것이 많았으나, 과학 등 교과 관련 '창의적 문제해결력 검사'는 교과 영역의 창의적 문제해결력을 측정하기 위해 개발되었다. 이러한 교과 관련 검사에서는 해당 영역에서의 수렴적 사고와 확산적 사고 과정을 동원하여 문제를 해결하는 능력을 측정한다. 과학 영재를 선발하는 과정에 있어, 과학 창의적 문제해결능력의 평가를 중요시하고 있다. 이는 '새롭고 유용한 아이디어나 산출물을 만들어 내는 능력'을 영재성의 중요한 특성으로 강조하기 때문이다. 우리나라 대학부설 과학영재교육원, 교육청 과학영재학급, 과학영재학교 등의 대부분의 과학영재교육기관에서는 과학 창의적 문제해결능력 검사를 자체적으로 개발하여 실시하고 있다.

참고문헌

서혜애, 조석희, 정현철, 강호감, 박인호, 박일영, 소광섭, 손정우, 이선경(2004). 과학영재학교 신입생 선발체제 분석 연구. 연구보고 CR 2004-46. 서울: 한국교육개발원.

과학고등학교
[the Science High School]

1974년부터 시행되어 온 고등학교평준화 정책에 대한 사회 비판과 창의적 과학 인재 육성의 사회적 요구에 부응하여 설립된 과학 분야 특수목적 고등학교이다. 1983년 1월 10일자로 경기과학고등학교가 우리나라 최초의 과학고로 인가받았으며, 이후 1984년에 광주과학고, 대전과학고 및 경남과학고 등 3개교가 추가로 개교하였다. 1987년 2월 3일자 문교부 고시에 따라 과학고는 특수목적 고등학교로 인가받았다. 과학고등학교는 과학 분야의 재능이 뛰어난 학생들을 선발하여 과학 탐구에 필요한 능력과 태도를 길러 주는 데 기본 목적을 두고 일반 고등학교와는 차별화된 교육과정과 수업 방식을 적용해 왔다.

고등학교 수준에서의 학생 선발권을 행사하고 있으며, 과학 분야 전문교과를 편성 · 운영하고, 조기졸업제도를 시행해 왔다. 「초 · 중등교육법」에 따라 각 시 · 도 교육청 산하에 1개교 이상의 과학고가 설치 · 운영되었으며, 2016년 현재 전국에 20개의 과학고가 운영되고 있다. 그렇지만 과학고가 과도한 사교육과 선행학습을 유발하고 있다는 사회적 비판이 높아지면서, 2002년 「영재교육진흥법시행령」 발효에 따라 2003년부터 부산과학고를 포함한 일부 과학고들이 과학영재학교로 전환되었다. 과학영재학교는 「영재교육진흥법」에 따라 전국 차원에서 과학 영재를 선발하여 운영되는 반면, 과학고는 「초 · 중등교육법」에 따라 지역 수준의 우수한 과학 인재들을 선발 · 육성하는 역할을 맡고 있다. 과학고는 과학영재학교와 함께 우리나라 창의 과학 영재들을 육성하는 중추적 교육기관으로서, 창의적 자율탐구활동(R&E 프로그램), 대학학점 선이수제도(AP) 등의 속진과 심화학습 프로그램을 운영 중이다.

과학영재
[Science Gifted]

과학영재는 '과학 분야에 타고난 재능과 적성을 가진 자로서, 과학 및 일반 영역의 높은 지적 성취, 과제 집착력 및 과학적 창의성을 발휘하고 향후 과학 영역에 기여할 업적을 이룰 수 있는 자로서 이들의 능력을 개발하기 위해서는 과학영재교육을 필요로 하는 자'로 정의할 수 있다(김주훈 외, 1996; 서혜애 외, 2004). 과학영재의 특성을 렌줄리(Renzulli, 1978)의 세 고리 모형의 일반 영재의 특성과 헬러(Heller, 2007)의 개인적 성향 중심 접근 방법에 기초한 과학영재의 특성으로 살펴보면 다음과 같다.

첫째, 과학 관련 분야(과학, 수학 등)에서 평균 이상의 지적 능력을 보유하고 있다. 이러한 능력은 개념이나 기본 원리를 빨리 이해하고, 필요한 것을 쉽게 배우며, 예리한 관찰을 통해 사물 간의 차이를 쉽게 파악하는 능력 등으로 나타난다. 둘째, 높은 과학적 창의성을 가진다. 이것은 문제를 발견하고 해결하는 능력이나, 독특한 아이디어의 창출, 기존 지식을 생활에 응용하는 능력, 하나의 문제에 대한 다양한 해결 방법의 시도 등으로 나타난다. 셋째, 과제 집착력, 성취동기, 목표의 지향 등 영재성 발현에 영향을 끼칠 개인적 성향이 내재되어 있다(서혜애 외, 2004).

나아가 과학영재는 과학의 탁월한 산출물을 성취하기까지 심리사회적 요소를 적절히 활용할 수 있는 특성을 지닌다고 볼 수 있다. 이 관점은 수보트닉 등(Subotnik et al., 2011)의 논의에 근거한다. 이들의 논의에 따르면, 과학영재는 능력을 타고나야 하지만 이것만으로 과학적 창의성을 발휘하지는 않는다는 것이다. 과학영재가 과학 영역에서 탁월한 산출물을 성취하는 데는 과학에 대한 흥미와 몰입이 필수적이며 끈기와 노력을 쏟을 수 있는 특성이 필요하다는 것이다. 여기에 심리사회적 요소가 영향을 주며, 상당한 양의 시간 투자를 필요로 한다. 심리사회적 기술은 어린 시기보다 성인기에 더 많은 영향을 주게 되는데, 이는 남다른 잠재성을 타고난 아동들의 비율에 비해 탁월함을 성취한 성인의 비율이 훨씬 적은 점에 근거한다고 볼 수 있다. 따라서 과학영재는 타고난 재능을 제대로 발현하여 최종적으로 탁월한 산출물을 만들어 내기까지 심리사회적 요소를 활용할 수 있는 능력을 갖추어야 할 것이다.

참고문헌

김주훈, 박경미, 최고은, 이은미(1996). 영재를 위한 심화학습 프로그램 개발 연구. 서울: 한국교육개발원.

서혜애, 조석희, 정현철, 강호감, 박인호, 박일영, 소광섭, 손정우, 이선경(2004). 과학영재학교 신입생 선발체제 분석 연구. 연구보고 CR 2004-46. 서울: 한국교육개발원.
Heller, K. (2007). Scientific ability and creativity. *High Ability Studies, 18*(2), 209-234.
Renzulli, J. (1978). *The enrichment triad*. Mansfield Center, CT: Creative Learning Press.
Subotnik, R., Olszewski-Kunilius, P., & Worrell, F. (2011). Rethinking giftedness and gifted education: A proposed direction forward based on psychological science. *Psychological Science in the Public Interest, 12*(1), 3-54.

과학영재교육
[Science Gifted Education]

과학영재교육의 학문적 정의는 과학영재를 대상으로 하는 영재교육에 대한 이론과 실제를 의미하는 것으로 볼 수 있다. 과학영재교육에서 이루어지는 과학적 연구 영역들은 교육 대상, 교육 프로그램, 교육성과의 관점에서 투입-과정-산출의 시스템으로 구분하여 살펴볼 수 있다. 과학영재교육의 투입은 과학영재를 어떻게 정의하며, 과학영재교육은 어떤 목적을 추구할 것인가 등을 연구하는 영역으로 볼 수 있다. 과학영재교육의 철학, 목적, 신념, 사회적 가치 등을 논의할 수 있다. 또한 교육 대상으로 과학영재를 정의하고 선발하는 과정과 선발하는 데 활용하는 측정도구 등을 포함할 수 있다. 과정은 어떻게 교육할 것인가를 연구하는 영역으로 본다. 과학영재교육을 포함하는 영재교육에서는 심화와 속진을 위주로 다양한 교수학습 모형에 따른 교육 프로그램을 제공한다. 수준별 집단편성, 멘토링, 개별지도 등에 따른 개별 맞춤식 교육과정과 교수방법 등에 대한 연구를 포함한다. 산출에서는 과학영재교육의 교육성과 등에 대한 연구를 포함할 수 있다. 이밖에도 과학영재교육을 담당하는 교사와 교사 전문성 등에 대한 연구, 과학영재교육 정책 및 행정, 과학영재교육의 사회적 인식 등에 대한 연구들을 포함하는 이론과 실제이다.

교육 현장에서 구현되는 과학영재교육은 과학에 타고난 재능과 적성을 가진 학생들을 대상으로, 과학 영역에서 높은 지적 성취, 과제집착력, 과학적 창의성을 발휘하도록 지도하여, 향후 과학 영역에 기여할 업적을 이룰 수 있도록 지원하는 교육으로 볼 수 있다. 이러한 과학영재교육은 미래 첨단과학기술의 발전을 이끌어 갈 과학자와 과학 관련 전문가를 양성하는 데 목적을 두고 있다. 이와 같은 목적에 따라, 과학영재교육에서는 과학영재들이 과학자의 과학탐구과정을 체험하고 이를 통해 과학적 창의성을 함양할 수 있는 학습기회를 제공하는 데 주력하고 있다. 과학영재교육의 특징은 과학영재들이 과학탐구과정을 능동적으로 수행하고, 탐구실험 중심의 연구 프로젝트를 자기 주도적으로 수행하거나, 탐구실험에 기반을 둔 창의적 산출물을 제작하고 발표하는 학습활동을 포함해야 한다. 따라서 과학영재교육의 연구 영역은 과학적 창의성, 과학탐구능력, 탁월한 과학적 창의성을 발휘한 과학자의 특성 등에 대한 연구들이 필수적이라 할 수 있다.

참고문헌

박미진, 서혜애(2015). 초등과학영재의 가설설정 능력과 메타인지의 관계 분석. 영재교육연구, 25(1), 59-76.

과학영재교육원
[Gifted Education Center in Science]

「영재교육진흥법」(2000) 및 동법 시행령(2002)에서는 특정 영역에 뛰어난 잠재력과 성취도를 나타내어 정규 학교 교육과정 이외의 특별한 학습 경험을 필요로 하는 학생들을 위해 세 가지 형태의 영재교육기관을 운영할 수 있게 규정하고 있다. 학습자의 영재성을 탐색 · 발굴하고 심화학습의 기회를 마련해 주기 위해 학교 단위의 영재학급과 지역 공동의 영재학습 집단인 영재교육원을 운영하고 있으며, 전국 고등학교 수준의 영재들을 위해 영재학교를 설치 · 운영하고 있다. 영재학급과 영재교육원은 학교 정규 교육과정과는 별도로 운영되는 심화학습 활동으로서, 방과 후나 주말 혹은 방학 중 캠프 형태로 영재교육을 실시하는 정시제(part-time) 프로그램이다. 과학영재교육원은 수학 · 과학 · 정보 등 과학 영역에 남다른 재능을 지닌 학생들을 대상으로 한 교육 프로그램으로서, 시 · 도 교육청이 지원하는 과학영재교육원과 전국의 대학교나 연구소 부설의 과학영재교육원이 운영되고 있다.

2016년 현재 334개의 영재교육원이 운영되고 있으며, 영재학급은 2,045개에 달한다. 이 가운데 수학 및 과학 분야의 영재교육 프로그램이 전체의 79.5%에 해당한다.

과학영재성 지수(개발)

[Gifted-Index Development]

과학영재성을 효과적으로 측정할 수 있는 도구를 개발하는 일은 아직도 과제로 남아 있다.

과학영재성은 과학 분야에서 탁월한 성취를 달성할 수 있는 과학적 사고력의 잠재력이나 특별한 재능을 보이는 경향을 말한다. 이러한 과학영재성을 가진 자를 판별하기 위해서는 과학영재성의 준거와 기준 및 지표가 제대로 개발되어야 한다. 과학영재성 준거가 과학영재 판별의 대상과 초점을 규정하고, 기준은 이러한 준거의 바람직한 수준이나 질을 나타낸다. 과학영재성의 지수(지표)는 과학영재성에 대한 판단을 위해 근거 자료를 제시하는 구체적인 방법론의 표현방식이다. 지수는 보통 정량적인 수치로 대표되는 지표로 나타난다. 이를 위해 높은 지적 능력, 취학 전 과학에 대한 흥미를 보임, 사물과 자연법칙에 대한 호기심 등의 과학영재의 일반적 특징을 체크리스트 형태로 판별하는 방식을 사용하기도 하지만, 최근에는 뇌파 검사 자료에 기반을 둔 과학영재성 판별 지수를 개발하는 등 다양하고, 다면적으로 접근하여 과학영재성 지수를 개발하기 위한 노력이 이루어지고 있다.

과학영재학교

[Academy of Science]

과학영재학교는 「영재교육진흥법」에 따라 설치된 고등학교 이하의 이공계 전문 영재교육기관이다. 2002년 기존의 과학 특수목적 고등학교인 과학고등학교 가운데 영재교육의 본질을 실현하기에 적합한 학교들을 영재학교로 전환하기 시작했다. 2003년 3월에 개교한 한국과학영재학교(당시 부산과학영재학교)가 국내 최초의 과학 분야 영재교육기관이며, 2016년 현재 서울과학고등학교, 경기과학고등학교, 대구과학고등학교, 대전과학고등학교, 광주과학고등학교 등 여섯 개의 과학영재학교(세종시와 인천에 위치한 두 개의 과학예술영재학교를 포함하면 전체 여덟 개의 영재학교)가 운영되고 있다. 과학고등학교와 달리, 전국 단위로 과학영재들을 선발하고 있으며, 이수 단위 체제가 아닌 학점 단위의 무학년제 교육과정 편제를 운영하고 있다. KAIST, UNIST, GIST, DGIST, POSTEC 등의 과학기술 특성화 대학교와 교육과정 협약을 통해 대학 진학의 입시 부담을 경감하고 있으며, R&E 프로그램과 같은 창의적 자율연구 활동을 정규 교과과정에 편성하여 과학영재들의 창의적 문제해결능력과 연구 역량을 배양하는 데 역점을 두고 있다.

조기졸업이 엄격하게 제한되고 있으며, 영재교육기관의 특성을 반영하여 중학생의 경우 학년에 구애받지 않고 입학 지원을 허용하고 있다. 졸업연구논문과 동아리 및 봉사활동을 필수 요건으로 하고 있으며, 선행학습 능력 진단검사(placement test)를 실시하여 학생 수준에 적합한 맞춤형 교과과정을 이수하게 하거나 뛰어난 학생에게는 해당 과목의 이수를 면제해 주고 있다. 특히 대학학점 선이수제도(AP 과정)와 같은 속진학습 프로그램을 제공하여 대학 진학 후 조기졸업의 기회를 넓혀 주고 있다.

과학예술영재학교
[Academy of Science and Art]

「영재교육진흥법」에 따른 영재학교의 일종으로서, 기존의 과학영재학교와는 달리 과학과 인문 예술학의 융합형 교육을 특색으로 한다. 과학영재학교가 과학 분야 학습과 탐구에 치중함으로써 영재들의 융·복합적 사고력을 신장하는 데 다소 어려움이 있다고 판단하여, 2015년 이후 과학영재들에게 인문 예술과 정보 통신 공학 등 다양한 융합적 탐구 역량을 배양할 수 있는 글로벌 과학 인재를 육성하려고 신설된 학교이다. 2015년 세종특별자치시에 세종과학예술영재학교가 설립되었으며, 2016년에는 인천광역시 송도 국제도시에 인천과학예술영재학교가 개교하였다. 전국 단위로 학생을 선발하며, 교육과정 편제나 학사 운영 일정 등은 과학영재학교와 매우 유사하다. 다만, 수학 및 과학에 대한 전문교육과 함께 인문학과 예술적 소양 교육을 강조하는 융합형 교육을 지향하고 있다는 점에서 과학영재학교와는 구분된다.

이스라엘 과학예술영재학교(Israel Art and Science Academy)가 유사한 사례로 언급되고 있지만, 한국의 과학예술영재학교들이 인문학과 예술의 소양을 바탕으로 한 융합형 과학영재를 육성하는 데 역점을 두고 있는 반면, IASA는 과학 및 예술의 소통과 융합을 지향하면서 과학영재와 예술영재를 위한 두 가지 경로의 교과과정을 운영하고 있다는 점에서 차이가 있다.

과학의 본성
[Nature of Science]

과학의 본성(nature of science: NOS)은 과학에 대한 사회학(social studies of science: 과학사, 과학사회학, 과학철학 등)의 다양한 관점에서 비롯된다. 또한 과학이 무엇인지, 어떻게 작용하는지, 과학자들은 사회의 한 집단으로 어떻게 기능하는지, 사회 자체가 과학의 산물을 어떻게 이끌어 가고 상호작용하는지 등의 과학에 대한 인지과학 또는 과학에 대한 심리학 등을 포함한다. 과학교육자들은 NOS를 과학철학, 과학사회학, 과학심리학, 과학사에 근거한 논쟁거리를 설명하는 것으로 정의하며, 이는 곧 과학교수학습의 방향을 제시하는 지침으로 여기고 있다.

과학철학 관점의 NOS는 ① 과학 지식은 지속성이 있는 반면 잠정성의 특징을 갖는다. ② 과학 지식은 대체로 관찰과 실험결과의 증거에 바탕을 두고 있다. ③ 과학 지식은 논리적 논의와 회의적 비판에 바탕을 두고 있다. ④ 과학 활동에는 유일한 방법이 없다. 그러므로 보편적 단계를 거치는 과학적 방법은 없다. ⑤ 과학은 자연현상을 설명하려는 시도이다. ⑥ 과학의 법칙과 이론은 서로 다른 특성을 갖는다. 그러므로 이론이 부가적인 증거에 의해서 법칙이 되는 것은 아니다.

과학사회학 관점의 NOS는 ⑦ 과학은 과학 활동이 수행되는 곳의 문화의 영향을 받는다. ⑧ 문화 배경이 서로 다른 사람들이 모두 과학에 기여한다. ⑨ 과학은 인간의 노력이다. ⑩ 새로운 과학 지식은 명백하고 개방적으로 보고되어야 한다. ⑪ 과학자는 동료 과학자의 검토와 반복성을 위하여 정확하게 기록하고 보관하여야 한다. ⑫ 과학자들은 서로 협동하여 연구한다.

과학심리학 관점에서 NOS는 ⑬ 관찰은 이론 의존적이다. ⑭ 과학자는 새로운 아이디어에 대해 개방적이어야 하며 지적으로 정직해야 한다. ⑮ 과학자는 창의적이다.

과학사 관점에서 NOS는 ⑯ 과학은 진화적으로 발달한다. 즉, 과학은 점진적으로 발달한다. ⑰ 과학은 격변적으로 발달한다. ⑱ 과학은 사회적 문화적 전통의 한 부분이다. ⑲ 과학과 기술은 서로 영향을 미친다. ⑳ 과학적 아이디어는 사회적 역사적 환경에 의해 영향을 받는다.

NOS가 과학 교수학습 측면에서 학생들이 과학의 본성을 이해함으로써 다음의 다섯 가지 관점에서 가치가 있다. ① 실용적 관점에서 사람들은 과학의 의미를 알게 되고 일상에서 직면하는 기술의 산물을 보다 잘 활용할 수 있게 된다. ② 민주적 관점에서 사회 과학적 논쟁거리를 이해하고 문제 결정 과정에 참여할 수 있게 된다. ③ 문화적 관점에서 현대 문화를 구성하는 주요 요소가 과학이라는 것을 이해할 수 있게 된다. ④ 도덕적 관점에서 과학자 집단이 가지고 있는 도덕적 책무감과 준거를 이해할 수 있게 된다. ⑤ 과학교육적 측면에서 과학 내용을 잘 효과적으로 학습할 수 있도록 지원할 수 있게 된다. 보다 구체적으로 NOS는 과학 내용을 학습하고, 이해하고, 흥미를 증진하고 의사결정능력을 증진할 수 있다.

참고문헌

McComas, W., Clough, M. P., & Almazroa, H. (2000). The role and character of the nature of science in science education. In W. McComas (Ed.), *The nature of science in science education: Rationales and strategies* (pp. 3–39). Dordrecht, Netherlands: Kluwer Academic Publishers.

과학일지
[Science Journal]

과학일지는 과학지식이나 수업 및 신문기사 등에서 과학과 관련된 소재를 대상으로 내용이나 형식에 제한을 두지 않는 과학 글쓰기이다. 일기의 속성을 지니고 있으므로 표현적 글쓰기에 해당된다. 그러나 지식과 정보를 전달하는 목적도 있으므로 소통적 글쓰기의 형식도 취하고 있다. 과학일지는 학습자가 자신의 생각을 자유롭게 표현하고, 다양한 개념을 실험해 볼 수 있도록 유도함으로써 창조적이고 즐거운 활동이며, 직접 조작에 의한 과학학습을 행하도록 한다. 교사의 입장에서는 학습자가 개념을 올바르게 이해했는지 확증하는 데 도움을 주는 즉각적 피드백을 제공해 교육자의 전문성을 강화할 수 있는 중요 수단이 된다.

과학적 사고
[Scientific Thinking]

과학적 사고는 과학적인 연구와 그 과정에서 이루어지는 사고 또는 과학적 방법과 그 과정에 따른 사고를 말한다. 논리적 추리와 수학적 사고를 바탕으로 하지만, 경험할 수 있는 사물을 대상으로 이루어지기 때문에 정신적이거나 형식적인 사고 과정을 대상으로 하는 논리적 사고와 수학적 사고와는 구별이 된다. 과학자들은 관찰 · 측정을 통해 실험을 하고, 그 결과를 바탕으로 과학 지식을 형성하며, 그 과학 지식에서 연역적으로 가설을 도출하여 다시 관찰 · 실험을 통해 검증하게 되는데, 이러한 과정에 따른 사고가 과학적 사고이다. 과학적 사고는 학문지향적이고 논리적이며 제한적 사고로서 실용적 문제를 대상으로 하지만, 창의적 사고는 개방적이고 혁신적이며, 확산적 사고로서 관념의 생성과 관련이 있다.

참고문헌

조희형, 최경희(2005). 과학교육의 이론과 실제. 경기: 교육과학사.

과학적 사고 습관

[Scientific Habits of Mind]

과학적 사고 습관은 개인적 · 지역적 · 사회적 · 체계적 수준의 복잡한 문제 상황을 비판적이고 체계적으로 해결하기 위해 요구되는 사고 능력이다. 과학적 사고 습관의 하위 영역으로는 의사소통과 협력, 체계적 사고력, 정보처리능력이 있다. 21세기에 발생하는 새로운 과학과 관련된 사회적 문제를 해결하기 위해 개인적 자질로서 갖추어야 할 기존과 다른 과학적 소양으로 필요하다. 그러한 소양은 과학 지식, 과학적 사고 습관, 과학에서의 가치관, 과학 본성의 이해, 초인지 사고력과 자기주도가 포함되며, 과학적 사고 습관은 이러한 21세기 과학적 소양과 관련해 등장하고 있다.

참고문헌

Choi, K., Lee, H., Shin, N., Kim, S., & Joseph, K. (2011). "Re-conceptualization of scientific literacy in South Korea for the 21st century". *Journal of Research in Science Teaching, 48*(6), 670–697.

과학적 연구방법

[Scientific Method]

과학적 방법은 과학 지식의 형성, 그리고 그러한 형성된 지식의 진위나 타당성을 검증하는 원리와 준거이다. 과학적 방법에는 귀납법, 연역법, 가설–연역법이 있다. 귀납법은 특수한 사례를 바탕으로 일반적인 원리를 이끌어 내는 논증의 과정이다. 이에 비해 연역법은 명백한 전제로부터 결론을 이끌어 내는 논증의 과정이다. 가설–연역법은 귀납적 논증이 실제로 가설을 제시하고, 그것을 바탕으로 잠정적 결론을 도출하며, 관찰과 경험을 통해 그 결론의 진위를 검증하는 과정을 통해 이루어진다. 가설–연역법은 과학적 방법으로 적용하는 과정에서 귀납법과 연역법 모두 적용된다. 관찰의 결과를 바탕으로 포괄적 명제를 진술하는 단계는 귀납적 일반화 과정이고, 그 일반화된 명제에서 검증할 가설을 도출하는 과정은 연역적 추리이다. 이러한 특성으로 가설-연역법은 귀납법 및 연역법과 구별이 된다.

과학적 의사소통 능력

[Scientific Communication Skill]

과학적 의사소통 능력은 과학적 지식과 소양을 바탕으로 사실, 현상, 원인 등에 대한 과학적 설명과 주장을 다양한 형태로 전달, 교환, 공유하는 능력(전성수, 2013)으로 정의할 수 있다. 과학자들이 자신들의 연구 성과와 아이디어를 다른 과학자나 과학자 집단과 소통하기 위해서 의사소통 기능이 필요하듯이(Garvey & Griffith, 1972), 미래의 과학 관련 전문가인 학생들에게도 이러한 의사소통 능력을 갖추게 하는 것은 매우 중요하다(Holbrook & Rannikmae, 2007). 따라서 우리나라의 2009 개정 교육과정의 과학과 교육과정의 목표에서도 "과학의 기본 개념을 이해하고 자연 현상을 탐구하는 능력을 기르며 과학적인 문제해결 태도와 의사소통 능력을 기른다."라고 명시하고 있다(교육과학기술부, 2011).

참고문헌

전성수(2013). 초등학생의 과학적 의사소통능력 검사도구 개발. 박사학위논문. 한국교원대학교.

Garvey, W. D., & Griffith, B. C. (1972). Communication and information processing within scientific disciplines: Empirical findings for psychology. *Information Storage and Retrieval, 8*, 123-126.

Holbrook, J., & Rannikmae, M. (2007). The nature of science education for enhancing scientific literacy. *International Journal of Science Education, 29* (11), 1347-1362.

과학적 창의성
[Scientific Creativity]

과학적 창의성은 확산적 사고, 수렴적 사고, 연관적 사고, 비관습적 사고력 등이 포함된다. 이 설명의 의미는 일반적 창의성의 특성으로 도출할 수 있다. 길포드(Guilford, 1967)는 창의성을 확산적 사고에 초점을 두고 유창성, 융통성, 독창성, 정교성, 민감성, 재정의 및 재구성력으로 구분하여 설명하였다. 그러나 창의성을 발휘하는 과정에는 확산적 사고력뿐만 아니라 수렴적 사고력이 중요한 요소로서 함께 작용하며, 이 수렴적 사고력에는 비판적, 논리적, 분석적, 종합적, 포괄적 사고력이 요구됨을 의미한다(Urban, 1995). 이러한 맥락에서 과학적 창의성을 다음의 4개 사고력으로 제시할 수 있다(박종원, 2004). 첫째, 발산적 사고의 유창성, 융통성, 독창성, 정교성, 둘째, 수렴적 사고의 정합성, 통합성, 단순성, 셋째, 연관적 사고의 비유, 은유, 귀추, 넷째, 비관습적 사고의 이탈적 사고이다. 결론적으로 과학적 창의성에는 확산적 사고력, 수렴적 사고력뿐만 아니라 그 이상의 사고력이 함께 작용해야 한다는 것을 알 수 있다.

과학적 창의성은 과학 관련 문제해결력을 발휘하여 새로운 것을 생산해 내는 것으로 설명할 수 있다. 창의성을 문제해결력으로 보는 관점(Sternberg, 1994; Urban, 1995)에서 과학적 창의성을 과학자의 특성에 비추어 고찰해 볼 수 있다. 과학적 창의성을 발휘하는 과학자들은 당면 문제의 해결책을 모색하는 데 가장 먼저 던지는 질문이 '이 문제를 해결하는 데 얼마나 많은 서로 다른 접근방법을 적용할 수 있을까? 내가 생각하는 방법을 다른 접근방법으로 전환하여 생각할 수 있을까? 실제 얼마나 많은 여러 가지 해결방법이 있는가?' 등이다(Simonton, 1988). 탁월한 과학자들은 독창적이고 획기적인 대안적 방법들을 생각할 수 있는 대로 다양하게 생각한다. 최선의 방법을 결정한 후에도 다른 방법들이 무엇이 있을 수 있는가를 찾는 것을 즐기는 점이다. 이것은 과학적 창의성의 생산의 의미이다. 이러한 창의적 문제해결력의 의미를 지닌 과학적 창의성을 발휘하는 과학자들의 사고 유형의 특성을 살펴보면(Michalko, 1998), 첫째, 영재성을 발휘한 과학자들은 문제를 당면할 때 가능한 모든 다양한 대안을 해결책으로 모색한다. 둘째, 자신의 생각과 아이디어를 시각화한다. 셋째, 생산성이 높다. 넷째, 독창적 연결능력을 발휘한다. 다섯째, 상이한 것들을 서로 연결시킨다. 여섯째, 서로 반대되는 점을 동시에 생각한다. 일곱째, 비유적으로 사고한다. 여덟째, 새로운 기회를 적극적으로 준비한다.

과학적 창의성은 상상을 통한 정신적 사고실험 접근방법으로 최선의 문제해결력을 발휘하는 것이다. 과학적 창의성의 의미는 과학 발전의 획기적 전환점을 만들어 낸 탁월한 과학적 산출물과 이를 성취한 과학자들의 특성에서 찾아볼 수 있다(Michalko, 1998). 아인슈타인은 자신의 과학적 창의성은 학습된 지식과 상상력이 자유로운 게임을 하면서 발휘된다고 말한 바 있다. 프레밍, 갈릴레오, 뉴턴, 왓슨, 크릭은 사고실험 접근방법(thought experiment approach)을 통해 과학의 발견을 이룩했다고 언급하였다. 영재성을 보인 과학자들은 정신적 사고모형을 적용하면서 끊임없이 질문해 왔다. 정신적 사고모형을 상상을 통해 시각화하거나 변형하는 일은 과학적 창의성에서 매우 중요한 요소이며, 과학적 기능에 선구적으로 요구되는 필수 요소이다. 쿤은 과학적 창의성은 실험적 견해와 미학적 차원을 동시에 요구한다고 주장했다. 결국 과학적 창의성은 상상을 통한 사고실험이 핵심이 되며, 개인적 차원의 미학적 의미를 기능과 지식에 작용하여 최선의 창의적 문제해결력으로 성취된다.

과학적 창의성은 과학 관련 인지적 기능과 함께 개인의 통합적 견해와 개방성, 가치에서 비롯된다. 또 과학적 창의성은 구체적인 데이터를 전체적인 관점과 틀에서 상상력을 작용하여 활용할 때 발휘된다. 규칙이나 공식에 근거한 사고보다는 상상력이 더 중요하게 작용한다. 이 과정에 상상력, 예술적 관점, 직관, 개인적 만족감이 작용할 때, 더욱 높은 과학적 창의성을 발휘할 수 있다.

참고문헌

박종원(2004). 과학적 창의성 모델의 제안: 인지적 측면을 중심으로. 한국과학교육학회지, 24(2), 375-386.

Guilford, J. (1967). *The nature of human intelligence*. New York: McGraw-Hill.

Michalko, M. (1998). Thinking like a genius: Eight strategies used by the supercreative from Aristotle and Leonardo to Einstein and Edison. *Futurist, 32*(4), 21-25.

Simonton, D. (1988). *Scientific genius; A psychology of science*. New York: Cambridge University Press.

Sternberg, R. (1994). Cognitive conceptions of expertise. *International Journal of Expert Systems: Research and Application, 7*, 1−12.

Urban, K. (1995). Creativity−A component approach model. A paper presented at the 11th World Conference on the Education for the Gifted and Talented, Hong Kong: July 31−August 4, 1995.

과학적 태도
[Scientific Attitude]

과학적 태도는 과학적 연구와 그 과정에 대한 정신적 경향성을 말한다. 호기심과 같은 감정적 태도와 합리적 태도로 일컬어지는 지적 태도로 구분이 된다. 과학적 태도는 과학 지식의 획득에 영향을 미친다. 과학에 대해 긍정적으로 태도를 가지면 과학과 관련된 사회적 문제해결에 능동적으로 참여하고, 이러한 태도의 함양은 다른 학습에도 영향을 미치게 된다. 또한 과학적 태도는 교육을 통해 길러지고 경험을 통해 조직화된다.

과학 캠프
[Science Camp]

과학캠프는 교실이 아닌 야외에서 이루어지는 과학 활동으로 자연을 이용하여 이루어지는 의도적인 과학교육 활동을 말한다. 대도시 학생들은 자연에 접할 기회가 적기 때문에 자연 그 자체가 탐구학습의 장이 될 수 있다. 일상적인 생활을 벗어난 해방감과 캠프 활동을 통한 인간관계 형성은 과학적 경험과 소양을 함양하는 데 교육적 가치를 지닌다. 과학 캠프의 영역은 야외학습이나 과학실험, 관찰 활동, 견학 활동 등의 과학과 관련된 활동과 체력단련이나 극기훈련 및 레크리에이션과 같은 야외 교육과 관련된 활동 영역이 있다.

과흥분성
[Overexcitability]

'과흥분성'이란 신경의 고조된 민감성으로 인해 감각 자극을 생리적으로 더 강하게 경험하는 것을 말한다. 폴란드의 저명한 심리학자인 다브로프스키(Dabrowski)가 제시한 용어로, '초반응성(superstimulatability)'으로 번역하기도 한다. 다브로프스키(1964)는 영재의 강렬함과 민감함과 관련하여 높은 지적 능력을 지닌 아동들은 자극에 좀 더 고양된 반응을 보인다는 연구 결과를 통해 과흥분성이라는 개념으로 표현하였다.

다브로프스키는 과흥분성을 영재의 가장 큰 특징 중 하나로 보았으며, 이 때문에 보통 사람들보다 자극에 대해 더 민감하게 반응하고 더 복잡하고 풍부한 경험을 하게 된다고 하였다. 영재가 더 강렬하게 경험하고 반응하는 다섯 가지 영역은 심체적 과흥분성, 감각적 과흥분성, 상상적 과흥분성, 지적 탐구 과흥분성과 감성적 과흥분성이다.

남다른 과흥분성은 이를 이해할 수 없는 이들의 관점에서는 정서적 불안정성으로 보일 수 있으나 영재적 잠재성 발현에 중요한 요인이므로 영재교육 및 상담에 있어서 많은 관심과 이해가 필요한 영역이다.

참고문헌

강영자, 이신동(2014). Dabrowski의 긍정적 분화와 과흥분성 이론이 영재상담에 주는 함의. **한국교육학연구**, 20(2), 379-400.

김영아(2008). Dabrowski의 과흥분성 검사(OEQ-II)의 타당화 및 적용에 관한 연구. 박사학위논문. 숙명여자대학교.

신원태, 유미현, 윤여홍(2011). 영재학생과 일반학생의 과흥분성 비교 및 영재의 성별, 학교급별에 따른 차이 분석. **영재교육연구**, 21(3), 741-760.

이미순(2008). **영재상담**. 서울: 박학사.

이미순, 류지영, 이영주, 이현주, 채유정 역(2014). **영재교육(6판)**〔*Educaton of the Gifted and Talented*(6th ed.)〕. Gary A. Davis, Sylvia B. Rimm, & Del Siegle 저. 서울: 박학사. (원서 2010년 출간).

관찰 · 추천제

[Observation and Nomination]

영재를 판별하는 데 있어 잠재적 영재의 특성을 면밀히 관찰할 수 있는 주변인(교사, 학부모, 또래)의 관찰 결과와 그에 따라 추천하는 제도이다. 관찰 · 추천제를 위하여 도구를 사용할 경우 학생들의 학업성취도, 흥미, 태도 등을 토대로 선별한 후, 지능검사, 창의성검사, 성취도검사 등을 통해 영역별로 선별하고, 선발된 영재들을 영재프로그램에 배치한 후 학습과정과 결과를 관찰한다.

교사에 의한 관찰 · 추천은 학생들의 학습과 사회적 능력을 확인할 수 있으나, 학생에 대한 선입견 및 다양한 영재성을 관찰할 수 없다. 학부모에 의한 관찰 · 추천은 성장기에 따른 종단적 관찰을 통해 판별할 수 있으나, 자녀들을 과대평가 또는 과소평가할 수 있다. 또래에 의한 관찰 · 추천은 또래 간 상호작용 능력 등을 확인할 수 있으나 또래문화에 따라 영재성이 드러나지 않을 수도 있다.

참고문헌

최호성, 박후휘, 김일(2011). 교사 관찰 · 추천제를 활용한 영재교육 대상자 선발방식에 대한 부산지역 초등학교 학부모의 인식과 태도. **영재교육연구**, 21(2), 407-426.

교수전략

[Teaching Strategy]

교수목표를 효과적으로 성취하기 위하여 어떤 내용과 방법을 사용할 것인지에 대한 전반적 계획을 의미한다. 학습전략이 학습자 주도의 전략으로 이루어진 것과 상대적으로 교수전략은 교수자 주도의 수업 방식을 설계할 때 사용되며, 교수자의 교육적 철학 및 교육환경, 학습 집단의 크기(개별, 소집단, 대집단 등), 교수방법 및 활용 매체 등의 여러 요인에 의해 결정된다.

참고문헌

한국교육심리학회(2000). 교육심리학 용어사전. 서울: 학지사.

교우기대감

[Friendship Expectation]

학생들의 교우관계에 관련된 심리적 속성으로 친밀성, 도덕성, 능력, 유사성 등의 하위 요소가 있다. 영재학생들은 영재학생이라는 인식에 대한 긍정적인 인식을 가지고 있으며, 교우에게도 인정을 받아야 한다는 부담을 가지고 있다.

참고문헌

김지수, 한기순(2015). 중학교 영재들의 영재 '라벨'에 관한 인식 및 남녀 차. 영재와 영재교육, 14(3), 149–171.
주선아, 여상인(2016). 초등 과학영재와 일반학생이 지각하는 교우기대감. 영재교육연구, 26(1), 37–51.

교우도

[Sociogram]

모레노(Moreno)에 의해서 처음으로 사용된 교우도는 집단 구성원의 선택이나 배척을 포괄해서 나타내는 도형적 방법으로 집단 구성원을 표시하는 기하학적 도형과 이 도형을 연결하려는 여러 가지 종류의 선으로 이루어진다.

교우도에 의해서 한 집단 안에서 한 사람이 집단 성원의 상당수에게서 선택받는 경우인 인기형, 두 사람이 상호 선택하고 있는 경우인 단짝형, 집단 성원들의 배척의 화살들이 지나치게 많은 경우인 배척형, 자기도 선택이나 배척을 하지 않을 뿐만 아니라 누구의 선택이나 배척도 받지 못하는 형태인 고립형 등을 알 수 있고, 친구 관계에 대해서도 알 수 있다.

참고문헌
한국교육심리학회(2000). 교육심리학 용어사전. 서울: 학지사.

교육개혁심의회
[The Presidential Commission for Education Reform]

교육개혁심의회는 전두환 정부 시기인 지난 1985년 3월 7일에 제정 및 시행된「교육개혁심의회 규정」(대통령령)에 따라 1985년부터 1987년까지 구성 및 운영된 대통령 소속 자문기구이다.

이 규정 제1조는 그 목적에 대해 "선진조국을 이끌어 나갈 위대한 국민 역량의 바탕이 되는 국가 교육의 발전을 위하여 주체적인 교육 이념에 기초한 교육정책 및 교육제도의 종합적인 개선책의 수립 등에 관하여 대통령의 자문에 응하기 위함"이라고 제시하였다. 위원회는 "교육문제에 관한 국민 여론의 수렴, 교육제도 전반에 관한 조사 · 연구, 교육개혁을 위한 개선책의 연구 · 제안 및 심의, 국가교육의 기본 정책 및 장 · 단기 교육발전계획의 수립" 등의 기능을 수행하였다(동 규정 제2조). 교육개혁심의회는 1987년 말에 대통령에게 "연 1회 이상 대통령 주재 교육개혁추진확대회의 개최, 교육과학기술부 장관 소속 교육개혁자문기구 설치, 교육과학기술부 장관 및 시 · 도 교육감 하부에 교육정책 실행 조직 설치, 교육정책 결정과정 참여 확대 제도 마련, 14년 후(2001년)까지 GNP 대비 교육예산 4.7% 확보 등 다섯 가지 사항을 특별히 건의하고 활동을 종료하였다.

참고문헌
서울대학교 교육연구소(1995). 교육학 용어사전. 서울: 하우동설.
국가법령정보센터 http://www.law.go.kr
서울대학교 교육연구소 http://eri.snu.ac.kr

교육개혁위원회
[Presidential Committee on Educational Reform]

교육개혁위원회는 김영삼 정부 시기인 지난 1993년 8월 10일에 제정 및 시행된「교육개혁위원회규정」(대통령령)에 따라 1994년 2월 5일부터 1998년 2월 24일까지 구성 및 운영된 대통령소속 자문기구이다.

이 규정 제1조는 그 목적에 대해 "21세기에 대비한 교육의 기본 방향을 정립하고, 교육의 장기발전을 위한 국민적 합의의 도출과 범정부적 · 범사회적 교육개혁의 추진 등에 관한 대통령의 자문에 응하기 위함"이라고 제시하였다. 위원회는 "교육의 기본 정책 및 교육개혁에 관한 사항, 장 · 단기 교육발전 계획, 교육개혁 추진 상황의 점검 및 평가에 관한 사항, 기타 교육정책에 관하여 대통령이 토의에 부치는 사항을 심의"하였다(동 규정 제2조). 교육개혁위원회는 4차의 교육개혁 방안을 대통령에게 보고하였고, 여기에는 22개 분야에 걸쳐 한국 교육에 대한 종합적 개혁안이 제시되었으며, 교육부는 이를 120개 국정과제로 분류하여 추진하였다. 이 가운데 1995년 5월 31일에 보고된 "정보화 시대를 주도하는 신교육 체제 수립을 위한 교육개혁방안"은 '5 · 31 교육개혁방안'이라고 부르며, 이후 새로운 교육법 체계 구축과 역대 정부 교육개혁의 기본적 토대를 마련한 것으로 평가된다.

참고문헌

국가법령정보센터 http://www.law.go.kr
한국민족문화대백과사전 http://encykorea.aks.ac.kr
한국학중앙연구원 http://www.aks.ac.kr

교육공무원임용령
[Decree on the Appointment of Educational Officials]

「교육공무원임용령」은「교육공무원법」제4장(임용) 등 교육공무원의 임용과 관련된 법률의 위임을 받거나 그 시행을 위한 사항을 정한 대통령령이다. 교육공무원의 임용에 관하여는 다른 법령에 특별한 규정이 있는 경우를 제외하고는 이 대통령령이 정하는 바에 따른다. 「교육공무원법」은 "교육을 통하여 국민 전체에게 봉사하는 교육공무원의 직무와 책임의 특수성에 비추어 그 자격 · 임용 · 보수 · 연수 및 신분보장 등에 관하여 교육공무원에게 적용할 「국가공무원법」 및 「지방공무원법」에 대한 특례를 규정함을 목적으로" 제정되었다.

'교육공무원'이란 "교육기관에 근무하는 교원 및 조교, 교육행정기관에 근무하는 장학관 및 장학사, 교육기관, 교육행정기관 또는 교육연구기관에 근무하는 교육연구관 및 교육연구사" 중 어느 하나에 해당하는 사람을 말한다(「교육공무원법」 제2조 제1항). '임용'이란 신규 채용, 승진, 승급, 전직(轉職), 전보(轉補), 겸임, 파견, 강임(降任), 휴직, 직위 해제, 정직(停職), 복직, 면직, 해임 및 파면을 말한다(「교육공무원법」 제2조 제6항).

참고문헌

국가법령정보센터 http://www.law.go.kr

교육과정 압축

[Curriculum Compacting]

학습자가 사전에 학습한 자료를 반복하여 가르치는 것을 막고 정규 교육과정에 대한 학습자의 도전 수준을 향상시키며 기초학습 기술의 숙달을 보장하면서 심화 혹은 속진형 학습활동의 기회를 마련해 주는 일종의 교육과정 '재구성(modifying)' 혹은 '간소화(steamlining)' 과정을 가리킨다.

높은 잠재력을 지닌 학생들이 보다 도전적이며 흥미로운 활동을 할 수 있도록 그 학년 수준의 교육과정을 간추리는 것이다. 사전에 학습자가 학습한 자료를 반복하여 제공하는 것을 지양하고, 교육과정 내에서 학습자가 의미 있는 학습을 할 수 있도록 학습자의 수준에 맞는 학습활동 기회를 제공해 주는 전략이다.

교육과정 압축은 교과과정 중 도입부, 반복 및 연습 등을 감소하여 정해진 기간보다 짧은 기간 내에 정해진 학습 내용을 학습하여, 절약한 시간을 보다 어려운 교과과정과 심화학습에 사용하도록 하는 속진 방법이다.

참고문헌

조석희, 이미순, 박성익, 이현주(2006). 조기진급 및 조기조업 활성화 방안, CR 2006-3. 서울: 한국교육개발원.

교육급여수급권자

[ ]

소득인정액이 중위 소득 50% 이하이면서 초 · 중 · 고 재학 중인 학생을 둔 가구로서, 부교재비, 학용품비, 교과서대, 입학금/수업료 등을 지원받을 수 있다. 「국민기초생활보장법」이 개정됨에 따라 기존 기초수급자 급여 지급 방식이 2015년 7월부터 생계, 의료, 주거, 교육 등 맞춤형 개별 급여 체제로 운영되고 있으며, 교육 급여 소관 부처는 교육부, 보장 기관은 시 · 도 교육청이다.

참고문헌

교육부(2015). 맞춤형 교육급여 9월 23~25일 첫 지급. 교육부 보도자료(2015. 9. 23.).

교육기본권

[Constitutional Right to Education]

「헌법」에 의하여 보장되는 기본적 권리로서 국민이 교육받을 권리를 말한다.

「헌법」 제31조에서는 국민의 교육기본권, 즉 누구나 능력에 따라 교육받을 권리를 국가적 차원에서 보장해 주어야 한다고 명시하고 있다. 또한 「영재교육진흥법」의 제정 목적을 "재능이 뛰어난 사람을 조기에 발굴하여 타고난 잠재력을 계발할 수 있도록 능력과 소질에 맞는 교육을 실시함으로써 개인의 자아실현을 도모하고 국가 · 사회의 발전에 기여하게 함을 목적으로 한다."라고 명시하였다. 이는 재능이 뛰어난 아동을 선발하여 수준 높은 교육을 시키는 엘리트 교육보다 남과 다른 재능을 찾아 재능에 맞는 적절한 교육을 제공하는 것을 이야기한다.

'교육기본권'은 교육의 자유 및 교육의 기회 균등을 침해받지 않을 '자유권'적 성격과 교육여건 조성 등을 위하여 국가에 적극적 배려를 요구할 수 있는 '사회권'적 성격을 가지는 것으로 해석된다.

참고문헌

김재환(2005). 유아영재교육 관련법에 대한 문제 연구-영재교육진흥법 및 동법 시행령을 중심으로. 한국유아교육 · 보육복지연구, 9(2), 5-39.

교육기본법

[Framework Act of Education]

「교육기본법」은 교육에 관한 국민의 권리 · 의무와 국가 및 지방자치단체의 책임을 정하고 교육제도와 그 운영에 관한 기본적 사항을 규정하기 위해 제정된 법률이다. 지난 1997년 12월 13일에 제정되고, 1998년 3월 1일에 시행되었다. 5 · 31 교육개혁 등 그동안 추진해 온 교육개혁을 법제적으로 뒷받침하는 차원에서 당시 「교육법」을 「교육기본법」「초 · 중등교육법」「고등교육법」 3개의 법률로 구분하여 새롭게 제정하는 일환으로 제안되었다. 당시 「교육법」이 1949년 12월 31일 제정 · 공포된 이후 38회에 걸친 개정으로 체계와 내용의 일관성이 부족하고 당시의 교육 여건에 부응하지 못하는 등의 문제점이 있다는 지적을 해소하려는 목적도 있었다. 지방교육자치제도의 실시에 따라 지방 교육 행정 관련 조항들이 한꺼번에 타법으로 이동하기 위해 삭제된 영향도 컸다. 이를 종합하면, 「교육기본법」의 제정은 「헌법」 제31조를 포함한 헌법 정신을 구현하여 학교교육과 사회교육을 포괄하는 교육에 관한 기본적인 사항을 규정하고, 모든 교육 관계법의 기본법으로 제정하려 한 것으로 해석된다.

참고문헌

국가법령정보센터 http://www.law.go.kr

교육기회의 균등

[Equality of Educational Opportunity]

사회계층 · 성별(性別) · 주거지역 · 종파(宗派) · 신분 등 신변상의 차이에 관계없이 교육을 받을 수 있는 기회의 획득은 누구에게나 보장되어 있다는 것이다. 교육의 기회 균등은 법에 의해서 제도적으로 주어지는 교육의 기회에 적용되는 원칙이다. 좁게는 흔히 취학의 기회를 두고 사용하는 말로서 이해되고 있으나, 넓게는 제도적 교육, 즉 국가가 정한 법에 의해서 실시되는 교육의 내용과 방법과 환경 등 교육의 질을 결정하는 모든 요인에 적용되는 개념으로 이해될 수도 있다. 그리고 교육의 기회 균등은 반드시 학교교육만이 아니라 국가가 공교육비와 기타의 교육 지원비로써 계획하고 추진하는 평생교육을 포함한 모든 교육 사업에 적용되는 개념으로 이해될 수도 있다. 즉, 교육의 기회 균등은 평생교육의 맥락(脈絡)에서 모든 국민이 자신의 삶의 질을 향상시키기 위하여, 또는 국가의 발전과 번영의 수단이 되는 활동의 대열에 참여하기 위하여 자신에게 주어진 능력과 필요에 따라서 국가가 교육을 제공하는 원칙으로 이해될 수도 있다.

일반적으로 교육의 기회 균등은 교육의 결과에 대해서는 책임이 없는, 즉 학습 가능한 기회에 능력껏 참여하는 것으로 이해되는 경향이 있으나, 그것은 교육의 기회 균등의 개념을 극히 제한된 의미로 해석한 결과이다. 모든 개인에게 의미 있는 교육 프로그램이 제공되고 있을 때, 엄격한 의미의 교육의 기회 균등이 보장된다고 할 수 있다. 우리나라 「헌법」은 제31조 1항을 통해 "모든 국민은 능력에 따라 균등하게 교육을 받을 권리를 가진다."라고 하였고 「교육기본법」 제4조 1항에서도 "모든 국민은 성별 · 종교 · 신념 · 인종, 사회적 신분, 경제적 지위 또는 신체적 조건 등을 이유로 교육에서 차별을 받지 아니한다."라고 규정하고 있다.

영재교육에 대한 부정적인 입장을 살펴보면, 학부모의 과열 교육으로 정규 교육과정에 무리가 따르는 우려와 기회 균등에 위배되어 형평성을 잃어버릴 수 있다는 의견이 있다. 현행의 영재교육 프로그램 수혜자들은 부모의 교육적 관심이나 가정의 사회경제적 지위가 높은 집단에게 집중되어 있는 경향이 있고, 경제적으로나 문화적·지리적으로 소외되어 있는 계층에게는 상대적으로 불리한 입장에 있는 것이 사실이다. 「영재교육진흥법」에 근거하여 본격적인 영재교육 정책을 실현하는 과정에서도 소외계층의 영재교육에 대한 관심은 한동안 소홀하게 다루어져 온 경향이 있었다.

참고문헌

박숙희(2009). 소외계층 영재교육. 영재와 영재교육, 8(3), 5-21.

서울대학교교육연구소(1995). 교육학 용어사전. 서울: 하우동설.

하태성(2010). 발명영재교육에 대한 학부모와 교사의 인식 및 요구. 한국실과교육학회지, 23(2), 137-157.

교육목표분류학
[Taxonomy of Educational Objectives]

다양한 추상성(抽象性)의 수준에서 각양각색으로 서술되는 교육목표를 체계적으로 분류하는 한편, 교육목표에 관련된 의사 전달의 정확성을 높이기 위한 목적으로 작성된 교육목표의 분류체제이다. 학교교육의 상황에서 추구되는 교육목표들은 대체로 ① 인지적 영역(認知的領域, cognitive domain), ② 정의적 영역(情意的領域, affective domain), ③ 운동기능적 영역(運動技能的領域, psychomotor domain)의 세 가지로 대별(大別)된다.

인지적 영역에서는 블룸(B. S. Bloom) 등이 중심이 되어 만든 분류 체계가 가장 널리 사용되고 있으며, 단순성-복잡성의 수준에 따라서, ① 지식, ② 이해력, ③ 적용력, ④ 분석력, ⑤ 종합력, ⑥ 평가력의 여섯 개 행동 유목(類目)으로 구성되어 있다.

정의적 영역에서는 크래드월(Krathwohl) 등이 제안한 분류 체제가 알려져 있으며, 내면화(內面化, internalization)의 수준에 따라서, ① 수용(受容), ② 반응, ③ 가치화, ④ 조직화, ⑤ 인격화(人格化)의 5개 행동 유목으로 구성되어 있다.

운동 기능적 영역에서는, 심슨(Simpson), 해로우(Harrow) 등이 분류 체계를 제안한 바 있으나, 아직도 그 타당성과 실용성 등에 있어 적지 않은 의문점이 있는 것으로 흔히 논평되고 있다.

클락(Clark, 2007)은 교육목표분류학을 다양한 학습자의 요구를 충족하기 위해 다양한 수준의 학습 경험을 조직하는 데 활용할 수 있다고 보았다. 일반학생과 영재학생 모두가 지식, 이해, 적용, 분석, 종합, 평가 수준에서 학습을 할 필요가 있으나, 영재들은 많은 양의 지식을 가지고 있고 빠른 속도로 새로운 지식을 학습할 수 있기 때문에 보다 많은 시간을 분류학의 상위 수준에 노출되도록 할 필요가 있다.

참고문헌

문대영(2013. 9.). 발명영재를 위한 교육과정 차별화. 한국실과교육학회지, 26(3), 77-90.

서울대학교교육연구소(1995). 교육학 용어사전. 서울: 하우동설.

이신동, 홍종선(2008). 영재통합교육과정 모형 개발을 위한 이론적 탐색. 영재와 영재교육, 7(2), 39-73.

교육법

[Education Act]

「교육법」은 1948년 대한민국 정부 수립 이후 처음으로 제정된 교육 분야의 법률이다. 이 법률은 1949년 12월 31일에 제정 및 시행되었고, 새로운 교육법 체제를 구축한 1998년 3월 1일에 폐지되었다. 이 법률은 교육이념과 지방교육행정, 교육재정, 교원, 유아교육과 초·중등교육, 고등교육 등 교육에 관한 기본적인 사항을 종합하여 하나의 법률로 규율하였다.

이 법률은 교육에 대해 "교육은 홍익인간의 이념 아래 모든 국민으로 하여금 인격을 완성하고 자주적 생활 능력과 공민으로서의 자질을 구유하게 하여 민주국가 발전에 봉사하며 인류공영의 이념 실현에 기여하게 함을 목적으로 한다."라고 규정하였고, 이는 대한민국 교육이념이 '홍익인간'이라는 것의 법률적 근거로 인정한다.

참고문헌

국가법령정보센터 http://www.law.go.kr

교육소외

[Educational Alienation]

교육소외란 정상적인 교육의 기회를 통해 자신에게 필요한 학습 경험을 갖지 못함으로써 자신이 지닌 잠재능력을 제대로 개발하지 못하여 정상적인 성장의 길을 걷지 못하고 그로 인하여 삶의 질이 향상되지 못하는 현상을 말한다. 교육소외에서의 '소외'의 뜻을 "유의미한 상호 작용의 결여"라고 정의한다(김인희, 2004). 유의미한 상호 작용은 양자 간의 신뢰가 존재할 때 정상적으로 이루어질 수 있으며 가르치는 자와 배우는 자 사이의 신뢰는 교육에 있어서 필수적인 요소이다. 교육소외에는 교육자와 학습자 간의 소외, 교육내용으로부터 학습자의 소외, 교육방법으로부터 학습자의 소외, 교육환경으로부터 학습자의 소외가 있다(김인희, 2004). 교육소외 현상이 심화될수록 교육복지의 수준은 낮아진다는 것을 의미하며 인간의 잠재능력이 방치되고 있는 것을 의미한다.

영재교육은 능력, 흥미, 관심 등에서의 격차로 일반교실에서 교육소외를 경험하는 영재아들에게 차별화된 교육을 제공하기 위해 실시되고 있다. 하지만 영재교육 내에서의 학생들의 개인차는 일반교실에서의 개인차만큼 다양하게 나타나고 있어 영재교육 내에서의 학생들의 개인차에 대한 고려 없이 영재들이 영재교육을 받으면서도 교육소외를 경험할 수 있음이 지적되고 있다(한기순, 2005).

참고문헌

김인희(2004). 교육 복지 정책의 성공 조건. 교육정책포럼.

한기순(2005). 영재와 영재교육에 대한 담론. 영재교육 그 안이 궁금하다. 영재와 영재교육, 4(2), 5-29.

교육평준화정책
[Policy of Equalizing High Schools]

교육평준화정책은 주로 중등교육 정책의 일환으로서 고등학교 입학, 대학 입학과 관련된 방안이다. 실시 당시 고교평준화정책의 기본 방향은 ① 중학교 교육의 정상화를 촉진하고, ② 고등학교의 평준화를 기하여 학교 간 격차를 해소함은 물론, ③ 과학 및 실업교육을 진흥하고, ④ 지역 간 교육의 균형 발전을 도모하고, ⑤ 국민의 교육비 부담을 경감시키며, ⑥ 학생 인구의 대도시 집중 경향을 억제하는 것이었다. 지속적으로 교육평준화정책이 학생들의 학력을 하향화하고 있다는 주장과 교육을 정상화하고 심한 교육 격차를 해소하는 데 기여하고 있다는 주장이 대치되고 있다. 경쟁에 의한 선발 방식보다 기회의 균등을 강조하고 있으며, 경쟁력 강화를 위한 영재교육의 필요성과 관련한 논의가 보다 필요하다.

참고문헌

성기선(2003). 고등학교 평준화정책과 학력하향화 현상과의 관련성 분석 연구. 교육비평, 11, 76-95.

성기선(2004). 고등학교 평준화정책의 효과에 대한 위계적 선형모형 분석. 교육사회학연구, 14(3), 87-106.

한국민족문화대백과사전 http://encykorea.aks.ac.kr

한국학중앙연구원 http://www.aks.ac.kr

교차 특수아
[Crossover]

일반적으로 영재성과 장애를 동시에 지니고 있는 아동을 말하며, 양면 특수아(twice-exceptional), 학습장애 영재(gifted & learning disability)와 같은 의미로 사용된다. 교차 특수아(crossover)는 장애를 가지고 있으면서 동시에 창의력이나 예능에서 뛰어난 재능을 보이는 아동을 의미하며, 이들 중 영재성을 보이는 아동을 장애영재라고 부른다. 장애영재 중 그들이 가진 잠재능력에 비해 학업성취도가 두드러지게 낮은 아동을 학습장애 영재라고 한다. 다만 교차 특수아는 신체적 · 정서적 장애를 동반하는 영재를 포함하기 때문에 학습장애 영재보다는 포괄적인 의미로 사용된다.

참고문헌

김동일, 홍성두, 박춘성(2009). 장애예술영재교육에 대한 교사 · 학부모 인식 연구. 영재와 영재교육, 8, 83–97.

Yssel, N., Margison, J., Cross, T., & Merbler, J. (2005). Puzzle, mysterious, and Picasso: A summer camp for students who are gifted and learning disabled. *Teaching for exceptional children, 38*(1), 42–46.

구안법
[Project Method]

교수자 주도의 암기식 교과지도법과 달리 학습자의 자발적 참여를 강조하는 활동 중심의 교수–학습법으로 미국의 진보주의 교육 실천가 킬패트릭(W. Kilpatrick)이 제시하였으며, 최근 프로젝트 교수법으로 많이 적용되고 있다.

구안법은 통상적으로 목표 설정, 계획, 실행, 평가의 네 단계로 구성되며, 그 과정에서 학습자의 흥미와 욕구를 중시하며 교수자와 학습자의 협동적 공동 활동을 통해 이루어지는 특징을 가진다.

참고문헌

서울대학교 교육연구소(1995). 교육학 용어사전. 서울: 하우동설.

한국기업교육학회(2010). HRD 용어사전. 중앙경제.

Beyer, L. E. (1997). WILLIAM HEARD KILPATRICK. *PROSPECTS: the quarterly review of comparative education, 27* (3), 470–85.

구인타당도
[Construct Validity]

타당도란 검사도구가 본래 측정하려는 내용을 얼마나 충실하게 측정하고 있는가의 정도를 말한다. 아무리 신뢰도가 훌륭한 검사라 할지라도 연구자가 본래 목표로 한 심리적 특성을 재는 것이 아니라면 그 검사는 제대로 기능할 수 없기 때문에 심리학적 특성과 관련한 검사 개발에 있어서 타당성을 확보하는 것은 매우 중요한 문제이다.

구인타당도는 검사를 타당화하는 과정에서 내용타당도, 준거타당도와 함께 고려해야 하는 요인으로, 심리적 특성의 구인을 얼마나 제대로 측정하고 있는가를 나타내는 타당도 유형이다. 구인타당도를 측정하기 위해서는 먼저 측정하고자 하는 심리적 특성에 대해 조작적 정의를 내리고, 검사를 통해 측정한 결과가 조작적 정의에 포함된 심리적 구인으로 구성되어 있는지 확인하는 절차를 거치게 된다. 따라서 구인타당도에서는 '이 특성을 가진 사람은 X의 상황에서 Y의 행동을 보일 것이다.'라는 법칙의 성립이 매우 중요하다.

구인타당도를 검토하는 대표적인 방법으로는 집단 간 차이의 비교, 요인 분석, 측정검사의 내부구조 연구, 검사과정의 분석 및 타 검사와의 상관 등이 있다.

참고문헌

김석우, 최태진, 박상욱(2015). 교육연구방법론(2판). 서울: 학지사.
서울대학교 교육연구소(1995). 교육학 용어사전. 서울: 하우동설.
성태제, 시기자(2014). 연구방법론(2판). 서울: 학지사.

구조방정식 모형
[Structural Equation Model]

구조방정식 모형은 비실험적 상황에서 여러 변수 간의 인과관계를 하나의 모형을 통해 검증하는 통계적 기법이다. 잠재변수의 개념을 추가하여 분석이 가능하므로 경로 분석과 달리 측정의 오차를 통제할 수 있다는 장점을 가지고 있다. 연속형 자료에 대한 인과관계를 분석한다는 점에서 회귀분석과 유사하지만 회귀분석에서 종속변수의 개수가 1개로 제한되는 반면, 구조방정식은 독립변수와 종속변수의 수가 여러 개일 때 쓸 수 있다는 점에서 차이가 있다. 따라서 선행이론에 근거하거나 현상에 대한 통찰을 근거로 설계한 연구모형을 검증할 때 유용하게 활용할 수 있는 방법이다.

참고문헌

김석우, 최태진, 박상욱(2015). 교육연구방법론(2판). 서울: 학지사.
김아영, 차정은, 이채희, 주지은, 임은영(2016). 혼자 쓰는 연구 논문. 서울: 학지사.
한국교육평가학회(2004). 교육평가 용어사전. 서울: 학지사.

국민기초생활 보장법
[National Basic Living Security Act]

「국민기초생활 보장법」은 생활이 어려운 사람에게 필요한 급여를 실시하여 이들의 최저생활을 보장하고 자활을 돕는 것을 목적으로 제정된 법률이다. 지난 1999년 9월 7일에 제정되고, 2000년 10월 1일에 시행되었다. 이 법률은 제정 이유에 대해 "저소득 국민, 영세 도시빈민, 실업자 등을 지원하여 빈곤 문제에 대한 사회 안전망의 기초를 튼튼히 하는 한편, 빈곤 가구별로 자활지원계획을 수립하고 그에 맞는 자활 급여를 실시함으로써 빈곤의 장기화를 방지하려는" 것이라고 밝혔다.

이 법률에 따른 급여의 기준은 수급자의 연령, 가구 규모, 거주 지역, 그 밖의 생활 여건 등을 고려하여 급여의 종류별로 보건복지부 장관이 정하거나 급여를 지급하는 중앙행정기관의 장(교육부 장관 등)이 보건복지부 장관과 협의하여 정한다.

참고문헌

국가법령정보센터 http://www.law.go.kr

국악영재
[Gifted in Korean Traditional Music]

국악영재는 국악적 능력과 국악적 창의력, 국악에 대한 강한 과제 집착력을 일반인보다 더욱 많이 보유한 사람을 의미하며, 국악과 관련된 영역에서 잠재적 능력과 높은 성취 가능성이 엿보이는 사람이라고 볼 수 있다. 특히 과제 집착력으로는 가야금, 단소, 해금, 장구 등 국악기에 대한 강한 집중력을 나타내며 악곡을 제시하였을 때 완주하거나 완창하는 데 많은 시간을 들이며 열정과 호기심, 강한 과제 집착력을 보이는 것으로 알려져 있다.

참고문헌

원영실(2010). 국악 및 서양음악 영재성의 질적 평가 모형. 서울: 한국예술영재교육연구원.
한국예술영재교육연구원(2015). 음악(국악)영재 선별 자기진단도구. 서울: 문화체육관광부.

국제과학올림피아드
[International Science Olympiad]

매년 대학생을 제외한 20세 미만의 과학영재들이 과학적 창의력과 탐구능력을 겨루는 두뇌 올림픽이다. 대회의 목적은 과학, 수학에 재능이 있는 청소년을 발굴 육성하고 도전의식을 고취하기 위해서 세계 청소년들과 겨루는 한편, 국제적인 친선을 도모하고 과학교육과 관련된 정보를 교류하기 위함이다. 한 국가의 기초과학 수준 및 미래 과학기술 발전 가능성을 가늠해 볼 수 있는 국제적인 청소년 과학경시대회이다.

수학은 1959년 루마니아, 물리학은 1967년 폴란드, 화학은 1968년 체코, 정보는 1989년 불가리아, 생물은 1990년 체코, 천문은 1996년 러시아에서 처음 시작되었으며, 우리나라는 1988년 수학, 1992년 물리/화학/정보, 1998년 생물, 2003년 천문 대회부터 참가하기 시작하였다.

국제청소년물리토너먼트
[International Young Physicists' Tournament: IYPT]

'국제청소년물리토너먼트(IYPT)'는 물리 문제의 해결 방법을 토론과 논증에 의해 팀의 우열을 가리는 대회로서 국제물리올림피아드(IPhO)와 함께 청소년 국제물리경연대회의 양대 산맥을 이룬다. 흔히 이 대회를 물리올림피아드와 비교되는 '물리학의 월드컵(Physics World Cup)'이라고도 부른다. 이 대회의 초기 아이디어는 1979년 모스크바 대학교의 이브게니 유노소프(Evgeny Yunosov)로부터 시작하였다. 처음에는 구동구권 국가들로 확대되었다가 점차 서방 국가들이 참여하면서 1988년 제1회 IYPT가 네덜란드에서 개최되었다. 현재는 유럽 국가와 비유럽 국가를 번갈아가며 개최하며, 2017년 싱가포르 대회에는 31개국이 참가한다. 대회는 5~7월 사이에 10일간 열리고 10월 이전에 차년도 대회 문제 17개가 공개된다. 한국은 2000년과 2001년 IYPT에 옵서버로 참가했고, 2002년부터 정식으로 국가대표팀을 파견한 이래 현재까지 네 차례에 걸쳐 우승을 한 바 있다.

문제들은 아직 해가 알려지지 않았거나 현재 물리학계에서 연구 중 혹은 논쟁이 되고 있는 것이 대부분으로 답이 정해지지 않은 '열린 문제'이다. 그러나 물리학의 패러다임 내에서 해결 방법을 찾는다는 점에서 해결의 방향이 존재하는 '제한적 개방성'을 갖는다. 실험 증거와 이론 모형을 놓고 벌어지는 논쟁과 비판은 전문과학자들의 학술 토론에서 볼 수 있는 현상과 매우 흡사하며, 과학 지식이 역사적으로 발전해 온 속성을 잘 반영하고 있기 때문에 세계적으로 물리학자들의 사랑을 받고 있는 대회다. 교과서가 아닌 현실 속에서 벌어지는 현상들을 공동으로 연구하고, 이론과 실험에 의해 문제해결의 모형을 제시하고, 토론을 통해 그 타당성을 검증하는 방식은 전통적 과학 학습에 큰 영향을 주었다. 과학자들의 연구 활동을 문제 풀이(problem solving) 과정과 수수께끼 풀이(puzzle solving) 과정으로 구분했던 쿤(T. Kuhn)의 관점에서 본다면, 이 대회는 학생들이 수수께끼 풀이뿐만 아니라 문제 풀이의 과정까지 경험하는 데 적합하다고 볼 수 있다. 또 대회를 통해 학생들은 과학자 집단이 공유하는 패러다임, 즉 연구 과정, 논쟁 규칙, 소통의 언어, 가치 체계, 사고방식 등을 습득함으로써 전문과학자가 되기 위한 예비훈련의 과정을 거치게 된다.

국가별로 한 팀당 고등학생 다섯 명(팀장 한 명 포함), 팀 리더 1~2명, IOC위원 한 명으로 구성된다. 경기는 3~4팀이 한 조가 되어 진행되며, 대회전 무작위로 편성된 대진표에 따라 다섯 번의 예선을 치른다. 예선전 종합점수와 승점에 의해 선정된 3~4개 팀이 최종 결승전에 진출한다. 경기(Physics Fight, PF)에서 각 팀은 발표, 토론, 평론의 역할을 순차적으로 맡는데, 네 개 팀으로 구성할 때는 관찰의 역할이 추가된다. 한 PF는 3~4회전(stage)으로 구성되며, 각 회전의 소요 시간은 약 1시간이다. PF는 상대방의 해결방법을 실험과 이론의 물리적 측면에서 토론을 통해 비판적으로 고찰하는 과정이다. 이런 점에서 IYPT는 정답이 존재하는 수수께끼 풀이 방식의 물리올림피아드와는 다른 성격을 지니고 있다.

IYPT 참가를 위한 국내 대회는 KYPT이다. KYPT가 도입되기 전인 1993년부터 국내에서는 IYPT 방식을 모형으로 만들어진 공동탐구토론대회가 초·중등학생을 대상으로 운영되고 있다.

참고문헌

위키백과. 국제청소년물리토너먼트.

현장의 물리교육–한국청소년물리토너먼트. 물리학과 첨단기술, June 2010, 한국물리학회.

현장의 물리교육–청소년물리토너먼트의 특징과 가치. 물리학과 첨단기술, November 2010, 한국물리학회.

http://iypt.org

https://en.wikipedia.org/wiki/International_Young_Physicists'_Tournament

귀인
[Attribution]

귀인은 원인지각의 양상에 의해 인간의 행동을 설명할 수 있다는 개념이다. 행위자가 외형적 사건 또는 행동에 대한 원인을 어떻게 귀속시키는가에 따라 행동의 결과에 대한 인식과 이후의 행동이 달라진다고 가정한 것에 기초한다. 이러한 귀인 과정은 주위 환경에서 일어난 사건 및 행동 등의 원인이 무엇인지 알기 위해서 행위자의 밖으로 표출된 행동을 근거로 내적 상태를 추론하는 인지적 과정이다.

하이더(Heider)는 세상을 이해하고자 할 때 실제로는 인과적 관계가 존재하지 않음에도 불구하고 세상에서 일어나는 일들을 인과적으로 해석하려는 사람들이 원인을 규명하는 방식에는 두 가지 종류가 있음을 제시하였다. 첫 번째는, 내적 귀인(internal attribution)으로 타인의 행동이나 사건에 대한 원인을 타인의 성격과 같은 내적 특성으로 귀인하는 것을 의미한다. 이를테면, 지하철에서 노인에게 자리를 양보하지 않은 젊은 학생을 보며 사실은 다리가 불편하여 양보할 수 없었던 학생의 '상황'에 대해서는 인지하지 못하고 학생의 '인성'이 부족하다고 보는 것이 내적 귀인의 예가 될 수 있다. 두 번째 외적 귀인(external attribution)은 행동의 원인을 타인을 둘러싼 상황과 같은 '외부적 요소'에서 찾는 것을 의미하며, 시험 점수가 좋게 나오지 않았을 때 그것은 자신의 능력이 부족해서가 아니라 시험문제가 어려웠던 상황을 그 원인으로 보는 것이 외적 귀인의 예라 볼 수 있다.

존스(Jones)와 데이비스(Davis)는 개인은 타인의 행동을 보고 그 성향이나 기질을 추론한다고 보았다. 켈리(Kelly)는 앞선 이론들에서 나아가 개인은 다방면으로 정보를 얻은 후 그것을 종합하여 원인을 추론한다고 보았다. 이러한 정보의 방향성을 각각 합치성, 특이성, 일관성으로 구분하고 타인의 행동이 모두에게 보편적인지, 특정 상황이나 대상에게만 행해지는지, 일관적으로 일어나는지에 대해 판단한 후 원인을 추론한다고 보았다. 이러한 초기 귀인이론이 인과관계를 추론하는 인지적 과정에 대해서 주로 설명하고 있다면, 이후 연구된 귀인 이론들은 귀인이 정서, 기대, 사고, 행동 등에 미치는 영향에 대해서 집중적으로 다루었다.

와이너(Weiner)는 귀인을 세 가지 차원으로 구분하였다. 요인이 어디에 있는지에 따라 내적 및 외적 차원으로 나눴으며, 그 요인이 변화 가능한지 아니면 변화 불가능한지에 따라 안정성 및 불안정성으로 나눴다. 그리고 이러한 요인을 스스로 통제하거나 조절할 수 있는지에 따라 통제가능과 통제 불가능으로 구분하고, 이러한 귀인에 따라 정서와 기대, 행동에 미치는 영향을 다르다고 주장하였다. 닷지(Dodge)는 사회정보처리 모델로 귀인과정을 설명하였다. 개인은 기본적인 지식, 정서, 기대 등을 바탕으로 사회적 단서들을 해석하고 목표를 세우고, 전략을 생성한 후 반응한다고 보았다.

귀인성향
[Attribution Pattern]

인간이 어떤 현상이나 행동의 원인을 어디에 귀속시키느냐 하는 지각작용으로써 이러한 지각작용은 그 후의 다양한 성취행동과 동기를 매개시킴으로써 앞으로의 성취 기대나 성취 과업의 지속성에 영향을 주는 개념이다. 귀인성향은 행동에 많은 영향을 미치는 인성적 특성의 하나로서 긍정적이거나 부정적인 사태의 원인을 설명하는 습관화된 귀인방식에서의 개인차를 말한다.

로터(Rotter)와 하이더(Heider) 등에 의하면 행동의 결과에 영향을 미치는 요인을 지각하는 방식은 두 가지 경우가 있는데, 첫째는 어떤 사건이나 행동의 결과를 자신의 능력이나 노력 등 개인적인 힘에 의해 일어난 것으로 지각하여 이를 본인 스스로가 통제하거나 조절할 수 있다고 생각하는 경우이다. 둘째는 자신에게 일어난 어떤 사건을 자신의 행동과는 무관한 것으로 지각하여 자신의 그것을 통제할 수 없다고 생각하는 경우이다. 여기서 어떠한 결과가 자기의 행동과는 무관하며, 자기가 통제할 수 없는 상황(예: 우연, 운명, 환경 여건)에 의해 일어난 것이라고 지각한다면 그 사람은 외적 귀인성향의 사람이다.

균형이론
[Equilibrium Theory]

피아제(Piaget)의 균형이론은 동화, 조절 평형화가 반복되면서 인간의 인지구조는 끊임없이 재구성됨을 골자로 하고 있다. 피아제는 지능의 발달에 미치는 요인으로 성숙, 물리적인 경험, 사회적인 상호작용, 그리고 가장 중요한 '균형화'를 들고 있다. 균형화는 인지시스템 안에서 동화와 조절이라는 측면에서 살펴볼 수 있다.

피아제는 인지시스템을 상호보존에 의한 특징으로 보고 있다. 상호보존은 인지시스템을 구성하는 각 도식(쉐마)이 서로 의존하면서 스스로를 보존하는 상태를 말한다. 따라서 이 시스템을 어긋나게 하는 도식(쉐마)이 들어오게 되면, 그 시스템의 균형이 무너지고 또 그 보존성(균형 상태)을 회복하는 작용을 하며, 그 작용이 균형화라고 하는 것이다.

인지시스템이 작용할 때는 두 개의 기본 과정—동화와 조절—이 있다. 여기서 중요한 것은 조절 과정인데, 동화와 조절과의 균형을 불러일으키고 있는 것이다. 인지 시스템을 보존하기 위해 '대상의 특수성에 맞게 자신의 형식을 수정(대상에 대하여 조절함)하게 되면, 대상이 비로소 '내 것이 된다, 이해된다'는 것을 의미한다.

동화란 자신이 이미 가지고 있는 도식(쉐마) 또는 인지구조 속에 외계의 대상들을 받아들이는 인지과정이다. 예를 들어, 자석이 물체에 붙는다는 인지구조를 가진 유아가 여러 가지 물체를 자석에 대어 보는 과정이 동화에 속한다.

조절은 자신이 가진 기존의 도식이나 구조가 새로운 대상을 동화하는 데 적합하지 않을 때 새로운 대상에 맞게 이미 있는 도식이나 구조를 바꾸어 가는 인지적 과정을 의미한다. 자석에 물체가 붙는다는 인지구조를 가진 유아가 나무나 플라스틱, 유리, 종이 등에 자석이 붙지 않을 때 당혹감을 느끼고 여러 물체에 자석을 대어 보고 자석에 붙는 물체와 붙지 않는 물체가 있다는 새로운 구조를 형성하게 되었을 때 조절이 일어난 것이다. 이처럼 동화와 조절은 항상 보다 새로운 상위 도식이나 구조를 생성함으로써 인지발달을 이루는 주요 기능이 된다. 동화와 조절에 의해 평형화, 즉 균형화가 이루어지는 과정은 모든 연령과 인지발달 단계에서 동일하다.

그림 창의성 검사

[Test for Creative Thinking Drawing Production: TCT-DP]

젤렌(Jellen)과 어번(Urban)에 의해 1986년에 개발된 TCT-DP 검사는 유럽에서 사용되고 있는 대표적 도형 산출물 검사이다. 이 검사는 여섯 개의 미완성된 도형(반원, 점, 큰 직각, 곡선, 점선, 작은 열린 사각형)을 이용하여 피검사자들이 새롭고 독창적으로 그림을 표현하는 것으로, 검사 대상은 유아부터 성인까지 광범위하다. 또한 검사 방법은 개인이나 집단으로 실시될 수 있으며, 검사 소요시간은 15분 정도이다. 또한 이 검사는 A형과 B형으로 구성되어 있으며, 채점은 14가지 기준의 창의적 사고를 기준

(도형적인 산출물을 연속성, 완성도, 새로운 요소, 선을 사용하여 이루어진 연결, 주제를 나타내는 연결, 경계선 밖 도형의 종속성, 경계선의 해체, 원근감, 유머감각, 비관습성 A, 비관습성 B, 비관습성 C, 비관습성 D, 속도)으로 평가하여 이들의 총점을 합산한다.

참고문헌

최인실, 최인수(1999). TCT-DP 창의성검사 A형과 B형의 동형성 검증. 생활과학, 4(1), 295-308.

Jellen, H., & Urban, K. (1986). The TCP-DP: An instrument tha tcan be applied to most age and ability groups. *Creative Child and Adult Quarterly, 11*(3), 138-155.

근접발달(영역)
[The Zone of Proximal Development]

비고츠키(Vygotsky)가 제안한 근접발달영역(ZPD)은 실제적 발달 수준(actual developmental level)과 잠재적 발달 수준(potential developmental level) 사이의 간격을 의미한다. 실제적 발달 수준은 다른 사람의 도움 없이 아동 혼자서 어떤 과제를 수행할 수 있는 발달이 완료된 지적 발달 수준이고, 잠재적 발달 수준은 아동이 혼자서는 할 수 없으나 성숙된 교사나 더 유능한 또래와 협동하거나 도움을 받아 문제를 해결할 수 있는 수준이다. 경계가 되는 두 수준 사이에서 나타나는 근접발달영역에서의 교수 활동은 아동에게 생명력을 부여하고 내적 발달이 일어남에 따라 곧 실제적 발달 수준에 도달할 수 있다고 보았다.

참고문헌

홍용희 역(1995). 어린이들의 학습에 비계설정: 비고스키와 유아교육(*Scaffolding children's learning: Vygotsky and Early Childhood Education*). Laura E. Berk & Adam Winsler 저. 서울: 창지사. (원서 1995 출간).

글리아 세포
[Gliacyte]

신경세포와 신경섬유, 혈관계 등과 함께 신경계를 구성하는 구성 단위 중 하나로, 세포체나 신경섬유 사이에 존재하여 지탱, 보호하는 역할을 한다. 뉴런의 영양 작용, 뇌에게로의 이물질 침입을 막는 기능을 가진다.

긍정적 강화
[Positive Reinforcement]

바람직한 행동의 빈도와 강도를 증가시키기 위해 원하는 물건이나 칭찬 등의 유쾌한 보상을 제공해 줌으로써 그 행동을 반복하도록 유도하는 것을 의미한다. 교사나 부모가 아동을 칭찬하거나, 좋아하는 활동을 하게 하거나, 가지고 싶은 물건을 사 주거나, 상을 주거나, 질문 등으로 특별한 관심을 보일 때 긍정적 강화가 주어진다. 즉, 아동과의 관계에서 교사나 부모가 민감하고 따뜻하게 반응함으로써 아동에게 긍정적 강화를 준다.

참고문헌

한국교육심리학회(2000). 교육심리학 용어사전. 서울: 학지사.

긍정적 강화물
[Positive Reinforcers]

바람직한 어떤 행동이 일어난 직후에 개인에게 만족을 주는 보상을 통해 그 행동이 계속 일어날 확률을 높이는 자극물을 긍정적 강화물이라고 한다. 그러나 모든 보상이 긍정적 강화물은 아니다. 만일 한 보상이 바람직한 행동을 강화해 주지 못한다면 긍정적인 강화물이 아니기 때문이다.

참고문헌

한국교육심리학회(2000). 교육심리학 용어사전. 서울: 학지사.

기계적 암기
[Rote Memorization]

'기계적 학습'과 혼용되어 쓰이며, 미국의 심리학자 오수벨(Ausubel)이 제시한 두 가지 학습 유형 중 하나이다. '유의미 학습'과 대비되는 개념으로, 기억해야 할 자료의 의미나 구조를 파악하지 않고 무의미 철자를 학습하는 것과 같이 이해는 하지 못하지만 기계적 반복 연습을 통하여 암기하는 것을 말한다. 장기간에 걸친 반복적 연습을 통하여 구구셈을 외우는 것이 대표적인 기계적 암기에 해당한다. 기계적 암기는 단편적이고 사실적인 지식을 획득하는 데 주로 쓰이는 방법이나, 학습자가 알고 있는 것과 기억하고 있는 것 간에 연결되지 못한다는 한계가 있다고 여겨진다.

참고문헌

서울대학교 교육연구소(1995). 교육학 용어사전. 서울: 하우동설.
한국교육심리학회(2000). 교육심리학 용어사전. 서울: 학지사.
Ausubel, D. P. (1963). *The Psychology of Meaningful Verbal Learning*. New York: Grune and Stratton.

기계적 학습
[Rote Learning]

'기계적 암기'와 혼용되어 쓰이며, 미국의 심리학자 오수벨(Ausubel)이 제시한 두 가지 학습 유형 중 하나로 '유의미 학습'과 대비되는 개념이다. 무의미 철자를 학습하는 경우와 같이 이해는 하지 못하지만 기계적 반복 연습을 통하여 암기하는 것을 말한다. 장기간에 걸친 반복적 연습을 통하여 구구단을 외우는 것이 대표적인 기계적 학습에 해당한다. 기계적 학습은 단편적이고 사실적인 지식을 획득하는 데 주로 쓰이는 방법이나, 학습자가 알고 있는 것과 기억하고 있는 것 간에 연결되지 못한다는 한계가 있다고 여겨진다.

참고문헌

서울대학교 교육연구소(1995). 교육학 용어사전. 서울: 하우동설.

한국교육심리학회(2000). 교육심리학 용어사전. 서울: 학지사.

Ausubel, D. P. (1963). *The Psychology of Meaningful Verbal Learning*. New York: Grune and Stratton.

기능놀이
[Functional Play]

스밀란스키(Smilansky)가 구분한 인지적 놀이의 네 가지 범주(기능놀이, 구성놀이, 상징놀이, 규칙이 있는 게임)중 하나인 기능놀이는 공을 던지거나 장난감이 움직이는 것을 보고 뛰뛰기를 하는 등 사물을 가지고 또는 사물 없이 단순히 기능적인 움직임을 반복하는 놀이다. 즉, 감각운동의 기능적인 즐거움을 위해 자신의 신체인 손과 발을 움직여서 반복적으로 하는 단순한 근육운동 놀이행동으로써 아이는 자신의 감각기관을 이용하여 외부 세계를 탐색하며, 주로 만 2세 미만의 영아의 놀이 유형에서 나타나는 특징이다.

참고문헌

한국교육심리학회(2000). 교육심리학 용어사전. 서울: 학지사.

기능적 고착화

[Functional Fixedness]

주변 자극에 대해 반응해서 정보를 처리하는 사고과정에서 사고의 기능적인 부분이 고착화되는 것을 의미한다. 즉, 어떤 대상에 대한 사고의 활용에 융통성이 전혀 없는 상태로, 어떤 물체를 볼 때 습관적으로 사용하는 기존 방식의 기능만을 생각하여 가장 많이 쓰는 용도로만 사물을 인식하는 현상을 의미한다. 이는 창의적인 문제해결에 방해되는 요소 중 하나로 문제를 새롭게 해석하는 데 장애물이 된다.

참고문헌

한국교육심리학회(2000). 교육심리학 용어사전. 서울: 학지사.

기대가치

[Expectancy Value]

물건, 장소, 행동, 사건과 같은 특정한 대상에 대해 스스로 기대나 신념적 태도를 가지게 되며 그 대상에 대해 긍정적 또는 부정적 가치를 인식하는 것이다. 즉 동기의 요인이 되며, 노력으로 획득할 수 있는 가치에 대한 기대로, 주어진 과제를 어떤 행위를 통해 목표를 달성할 수 있다는 기대와 성공한 목표는 가치 있는 것이라는 믿음이다. 따라서 기대와 가치가 동시에 작용해서 생겨나는 결과가 동기이다.

참고문헌

한국교육심리학회(2000). 교육심리학 용어사전. 서울: 학지사.

기본 정신 능력

[Primary Mental Ability(PMA)]

서스톤(Thurstone)이 인간의 지능에 대해 설명하면서 제시한 개념이다. 서스톤은 인간의 지적 능력이 다음 7개의 기본 정신 능력으로 구성되어 있다고 주장하였다.

- 언어 요인: 언어를 이해하고 사용하는 능력
- 수 요인: 수를 이해하고 사용하며 문제를 해결하는 능력
- 공간 요인: 공간 관계를 이해하고 해결하는 능력
- 지각 요인: 환경을 지각하여 해결하는 능력
- 기억 요인: 대상물을 기억하여 오래 정보를 저장하는 능력
- 추리 요인: 미해결된 구조나 상황을 추리하는 능력
- 언어유창성 요인: 음운, 어휘, 문장을 적절히 사용하고 표현하는 능력

서스톤의 이러한 기본 정신 능력에 대한 개념은 인간의 지적 능력을 단일한 구조가 아닌 다요인 구조로 전환하여 바라보는 관점을 제시했다는 점에서 큰 의의를 지닌다. 또한 기본 정신 능력은 이후 개발된 웩슬러(Wechsler) 지능검사의 언어성-동작성 지능, 가드너(Gardner)의 다중지능이론의 8가지 지능 유형 등과 연관 및 유사성을 가진다.

참고문헌

송명자(2008). 발달심리학. 서울: 학지사.

신종호, 김민성, 최지영, 허유성, 이지은(2015). 교육심리학. 경기: 교육과학사.

Thurstone, L. L. (1938). *Primary Mental Abilities*. University of Chicago Press.

Thurstone, L. L., & Thurstone, T. G. (1941). Factorial studies of intelligence. *Psychometric Monographs, 2*, 94.

기억과잉
[Hypermnemsia]

기억장애의 일종으로 '과잉기억증후군'이라고도 부른다. 일반적으로 오래전 기억이 우측 전두엽(right frontal lobe)에만 저장되는 데 반해 좌측 전두엽(left frontal lobe)

에도 저장되어 더 오래, 더 정확하게 기억할 수 있다는 설명이 있다. 기억과잉은 지능 수준과는 관련이 없으며, 조현병을 앓고 있는 경우에도 이런 현상을 볼 수 있다. 정상인의 경우 최면 상태에 빠지거나 열이 심할 때, 평상시에 생각해 낼 수 없는 것을 쉽게 생각해 내는 경우가 이에 해당한다.

참고문헌

대한간호학회(1996). 간호학대사전. 한국사전연구사.

한국교육심리학회(2000). 교육심리학 용어사전. 서울: 학지사.

기억력
[Memory]

감각기관을 통해 투입되는 정보를 입력 · 저장 · 인출하는 능력을 의미한다. 기억력은 특히 아동기 동안 급격한 발달을 한다. 단기기억은 4세부터 14세까지 두세 배 증가하며, 3세경부터 어휘 수가 급속히 증가하고 영구 기억이 가능한 것으로 여겨진다. 이러한 발달은 전두엽의 성숙과 같은 생리적 변화와 비례한다. 한편, 어린 시절의 기억력은 주로 기계적인 것으로, 10세까지 급속히 발달하나 20세를 전후해서 완만히 퇴보하며, 이후에는 사고력을 바탕으로 한 논리적 기억이 발달된다. 또한 기억력은 단순한 수용 · 저장 · 재생 능력이 아니라, 인지구조의 변화를 포함하는 사고 능력이라 할 수 있다. 따라서 기억력은 지각과 선택적 주의력, 정보의 획득과 조직 및 재생 전략, 인지 능력 및 언어 능력과 밀접한 관련이 있다.

참고문헌

서울대학교 교육연구소(1995). 교육학 용어사전. 서울: 하우동설.

신민섭, 도례미, 김수진, 박미영(2010). 기억력의 발달적 특성: 4세부터 12세 아동을 대상으로. 한국심리치료학회지, 2(1), 13-23.

기억술
[Mnemonics]

정보를 기억하는 방법 및 전략을 말한다. 일반적으로 기억해야 할 정보들 사이에 직관적인 관계가 없는 경우에 기억하기 어려운 정보와 기억하기 쉽거나 이미 잘 알고 있는 정보를 연결하여 기억을 쉽게 하는 데 활용되는 전략을 기억술이라 부른다. 특히 1950년대에서 인간의 정보처리능력과 단기기억이 처리할 수 있는 용량의 한계가 규명되고 밝혀졌다. 그래서 많은 학자는 이러한 과학적 연구 결과를 근거로 정보를 청크(의미덩이)로 나누거나 기억술을 통해 학습자가 더 많은 정보를 기억하고 수용할 수 있는 교수법을 고민하게 되었다. 기억술의 대표적 사례로는 이야기법, 머릿글자법, 장소법, 치환법 등이 있다.

참고문헌

이정모, 강은주, 김민식, 김기택, 김정오(2009). 인지심리학(3판). 서울: 학지사.

Lawless, H., & Engen, T. (1977). Associations to odors: interference, mnemonics, and verbal labeling. *Journal of Experimental Psychology: Human Learning and Memory, 3*(1), 52.

Miller, G. A. (1956). The magic number seven, plus or minus two: Some limits on our capacity for processing information. *Psychological Review, 63*(2), 81.

Neath, I. (1998). *Human Memory: An Introduction to Research, Data, and Theory.* Thomson Brooks/Cole Publishing Co.

기업영재
[Entrepreneurial Gifted Youth Entrepreneurial Giftedness]

기업영재란 최소한의 보상에도 새로운 사업을 일으키고 성공을 이뤄 내는 사람(충족 기업영재)뿐만 아니라 미래 성공에 대한 잠재력이 높은 사람(유망 기업영재)을 지칭한다. 기업영재란 위험을 기꺼이 감수하여 기회 추구 및 혁신을 이루어 내고, 인력과 자원에 대한 관리 · 조정의 잠재력이 뛰어난 사람이다.

참고문헌

최민경(2013). 기업영재의 개념 및 특성에 대한 이론적 고찰. 영재교육연구, 23(6), 1117–1145.

Shavinina, L. V. (2006). Microsocial factors in the development of entrepreneurial giftedness: the case of Richard Branson. *High Ability Studies, 17*(2), 225–235.

기질

[Temperament]

한 사람에게 분명하게 구분되어 나타나는 정서적 특질과 반응을 말한다. 발달심리학에서는 갓 태어난 출생 시부터 사람마다 뚜렷하게 다르게 나타나는 기질의 차이가 발견된다고 이야기한다. 기질은 선천적 영향이 강한 것으로 알려져 있고 비교적 안정성 있게 유지된다고 보는 견해가 지배적이나, 사람의 기질 형성과 유지에 환경 역시 중요한 영향을 미친다는 의견 역시 존재한다. 기질의 예로는 순한 기질, 까다로운 기질, 느린 반응 기질 등이 언급된다.

참고문헌

송명자(2008). 발달심리학. 서울: 학지사.

신종호, 김민성, 최지영, 허유성, 이지은(2015). 교육심리학. 경기: 교육과학사.

Goldsmith, H. H., Buss, A. H., Plomin, R., Rothbart, M. K., Thomas, A., Chess, S., & McCall, R. B. (1987). Roundtable: What is temperament? *Four approaches. Child development*, 505–529.

Rothbart, M. K. (1981). Measurement of temperament in infancy. *Child development,* 569–578.

긴장이완
[Tension Relaxation]

신체적 피로, 우울, 불안, 스트레스 등으로 인해 신체적 긴장과 심리적 긴장 상태가 고양되는 상황을 경험할 경우, 자신을 진정시키기 위해 긴장을 푸는 과정을 긴장이완이라고 한다. 신체적 긴장과 심리적 긴장은 서로 상호적으로 알려져 있는데, 심리적 긴장 없이 생리적 긴장을 경험하게 되면 결국 심리적 긴장이 발생하는 것이 그 원리다. 여러 학자는 이러한 신체적 긴장과 심리적 긴장을 이완하기 위해서는 근육이완법이 효과적이라고 주장하였다. 주요 신체 부위의 근육을 수축시켰다가 풀어 주는 동작을 반복하는 과정을 통해, 심리적 긴장도 해소된다는 연구 결과를 기반으로 신체적 긴장과 심리적 긴장을 경험하는 학습자에게 긴장이완의 노력이 중요하다는 것이 꾸준히 강조되고 있다.

참고문헌

Borkovec, T. D., Mathews, A. M., Chambers, A., Ebrahimi, S., Lytle, R., & Nelson, R. (1987). The effects of relaxation training with cognitive or nondirective therapy and the role of relaxation-induced anxiety in the treatment of generalized anxiety. *Journal of Consulting and Clinical Psychology, 55*(6), 883.

Öst, L. G. (1987). Applied relaxation: description of a coping technique and review of controlled studies. *Behaviour research and therapy, 25*(5), 397–409.

길더 프로젝트 주간
[Gilder Project Week]

길더 프로젝트 주간이란 이스라엘 과학예술고등학교에서 학생의 자기주도적 학습력을 길러 주기 위해 개인 프로젝트를 수행하는 휴일을 뺀 8일 동안을 말한다. 학생은 교내외 교사와 교수의 지도를 받아 개인 연구 과제를 수행한다. 학생들이 스스로 주제를 선정하고, 실제 작업을 하면서 이론을 적용하고, 연구 활동을 해 나가는 과정에서 시간과 자원을 효율적으로 사용하고, 과제 수행에 꼭 필요한 것과 필요하지 않은 것의 우선순위를 결정하며, 관심 영역을 확장하는 기회를 갖고 자신의 연구에 책임을 질 수 있도록 한다. 즉, 학생들이 종합적으로 사고하고, 문제를 해결해 나갈 수 있는 기회를 제공한다. 프로젝트 주간이 종료될 때쯤에는 학부모, 손님, 동료 학생들을 위해 포스터를 제작 전시하거나, 자신이 수행한 과제, 작품을 전시하거나, 연주해 보이거나, 보고회를 가진다. 때로는 과제 수행 동안의 경험을 담은 짤막한 보고서를 낭독하기도 한다.

- 과학 프로젝트의 예: 색과 향기의 결합에 관한 연구, 복잡한 추의 운동에 관한 연구, 땅의 비옥화에 관한 연구 등
- 수학과 컴퓨터 과학 프로젝트의 예: 게임이론 시뮬레이션(죄수의 딜레마), 연산을 통한 대수 방정식 해결 등
- 인문학 프로젝트의 예: 다비드왕에 대한 정신분석, 안락사의 도덕적 정당성, 몸과 마음의 관련성, 스피노자의 인성과 철학 등
- 사회과학 프로젝트의 예: 전체주의, 정치적 태도(학생과 교사들에 대한 설문조사 포함) 등
- 음악 프로젝트의 예: 작곡과 학생들이 구성하는 오케스트라 연주 및 공연
- 시각예술 프로젝트의 예: 그림, 조각, 사진, 기타 다양한 시각적 수단을 통해 표현되는 작품 전시

김나지움

[Gymnasium]

김나지움(독일어: gymnasium, lyzeum)은 독일의 중등학교로서 인문계 고등교육 준비과정(대학진학 예비학교)으로 9년제이다. 독일에서는 초등학교(grundschule)를 마

치고 학업에 능력과 소질이 있는 경우에 중등학교인 김나지움에 진학하여 5학년부터 13학년까지 대학수학에 필요한 능력과 학문을 탐구할 준비 과정을 가르친다. 김나지움에서 가르치는 교육과정은 학교마다 특색이 있기는 하지만 종교/윤리, 독일어, 지리, 역사, 사회, 제1외국어, 제2외국어, 수학, 자연현상, 물리, 화학, 생물, 체육, 음악, 미술 등으로 각 분야의 과목을 고루 이수하여야 대학 입학자격(allgemeine hochschulreife)을 주는 아비투어(abitur)를 치를 수 있다. 독일 김나지움의 교육은 전인교육을 목표로 하고 있다. 아비투어 필답고사에 합격하지 못하면 13학년 과정을 다시 다녀야 하는 낙제 제도가 있다.

참고문헌

주독일한국교육원, http://www.keid.de

깨달음과 생산적 창의성 신장 프로그램
[Program for Enlightened and Productive Creativity(PEPC)]

물리교육에서의 창의성에 대한 서양 중심 사상인 생산성과 동양적 중심 사상인 깨달음을 조합한 무아레 무늬를 이용한 창의성 신장 과학탐구 프로그램이다. 학생들이 주변 환경의 관찰을 통해 스스로 문제를 찾아내고, 계획하여, 탐구하는 과정을 통해서 과학적인 개념과 규칙성을 찾아내는 모델이다. 이를 통해 아하!의 깨달음과 생산적 창의성을 기를 수 있는 모델이다.

참고문헌

육근철, 김용국, B. Cramond(2007). 무아레 패턴을 이용한 깨달음과 생산적 신장프로그램 개발과 적용. 영재교육연구 17(1).

이재복, 김유상, 육근철(2010). 과학영재 프로그램 개발 및 적용 — PEPC 모델을 적용한 회절무늬의 규칙성 찾기. 한국과학영재교육학회.

꿈나무 영재학급
[Dream Tree Gifted Class]

꿈나무 영재학급이란 특정 분야에 재능이 있으면서도 가정 · 사회 · 경제 등의 여건으로 인해 영재교육의 기회를 갖지 못하는 아이들의 영재성을 발굴해 교육함으로써 자신감 향상과 자아실현의 기회를 제공하는, 소외계층의 아이들과 일반 아이들을 대상으로 운영되는 지역공동 영재학급이다.

ㄴ

낙관성
[Optimism]

낙관주의(낙관성)는 긍정적인 사고의 습관이며, 사건이나 상황을 좋은 쪽으로 생각하고 좋은 결과를 기대하는 경향성 또는 성향이다. 낙관적인 사람은 사물이나 사건의 긍정적인 측면을 보며, 좀 더 긍정적이며 희망적으로 생각하고 행동하기 때문에 자신의 능력보다 높은 성취를 보이며 타인에게 호감을 산다(윤현석, 김언주, 2002). 셀리그먼(Seligman, 1991)은 낙관성이란 "자신이 겪는 실패는 일시적인 것이며 역경에 맞서서 견뎌 내며 다음 행동에 의해 극복될 수 있는 믿음이다."라고 하였으며 낙관주의자들은 긍정적이고 행복한 일의 원인을 지속적, 확산적, 내적인 것으로 믿고, 나쁜 일은 일시적, 특정적, 외적이라고 귀인하는 반면, 비관주의자들은 긍정적이고 행복한 것의 원인을 일시적, 특정적, 외적인 것으로 믿고, 나쁜 일은 지속적, 확산적, 내적인 것으로 귀인한다고 보았다. 따라서 낙관적인 사람은 미래에 대해 긍정적 기대를 하는 사람이며 미래를 희망적으로 보는 시각을 가지고 있어 역경에 부딪히고 실패하였을 때 '부정적(비관적)이지 않은 사고방식으로 생각을 조정해 현실에 대해 책임을 지며 긍정적이고 희망적인 자세를 확립해 나가는 것을 의미한다(하종덕, 송경애, 2004).

참고문헌

박노용, 김혜성 역(1996). 낙관성 훈련(*Learned optimism*) (상, 하). Seligman, E. P. 저. 서울: 오

리진. (원서 1991년 출간).
윤현석, 김언주(2002). 영재들의 낙관성 수준에 관한 연구. 영재교육연구, 12(1), 77-96.
하종덕, 송경애(2004). 과학영재의 스트레스, 완벽성, 낙관성과 학업성취도의 관계. 영재교육연구, 14(1), 47-64.

낙오학생방지법
[No Child Left Behind Act: NCLB]

미국의 「낙오학생방지법」은 부시 정부(공화당) 시기인 2002년에 연방정부 차원에서 초·중등 교육개혁을 실시하기 위한 법률적 토대를 구축하기 위해 마련된 입법(연방법전 교육 편에 수록되기 이전의 public law)이고, 이는 한국의 「초·중등교육법」(Elementary and Secondary Education Act)을 개정하는 의미에 해당된다. 미국은 법전체제를 갖추고 있어서 개별 법률안이 연방의회를 통과하면 시행을 할 수 있고, 이 내용이 법전에 수록되는 데에는 상당한(약 1~2년) 시간이 소요된다. 미국은 법률안에 그것을 시행하는 데에 소요되는 예산을 포함하여 제안하고, 법률이 제·개정되면 약 5년 주기로 법률 시행의 효과 등을 평가하여 예산 지원의 지속 여부와 증액 또는 축소 등을 포함한 해당 법률 수정안에 대해 의회가 논의 및 결정한다.

미국은 특수교육 등 일부 사항을 제외하고 주정부가 교육입법 및 정책, 재정 지원 등에 관한 권한을 갖고 있다. 이로 인해 연방정부가 교육입법 및 정책에 관여하기 위해서는 정책 추진 및 예산 지원 등을 포함한 계획안(연방의회 법률 제정을 통해)을 마련하고 주정부와 협의한 후 협약 체결에 동의한 주 및 지역 등을 대상으로 시행하는 방식을 택한다.

「낙오학생방지법」을 시행한 주된 목적은 재정이 열악한 주나 지역에서 적정 교원 유지 및 우수교원 유치 등 최소한의 학교운영을 할 수 있도록 예산을 지원하되 기초학력 미달 학생의 비율을 일정 기준 이상으로 향상하도록 책무를 부과하는 데에 있다. 이를 통해 국가의 기초학력 보장 책무를 다하고, 주정부나 지역 교육청의 재정 여건이나 경제 위기 등 외부 환경 변화에도 불구하고 최소한의 교육 여건을 제공하려는 데에 있다. 최근 「낙오학생방지법」은 당초의 입법 취지에도 불구하고 지난 10년 동안 성과를 제대로 내지 못하였고, 부작용도 상당한 것으로 평가되고 있으며, 최근에는 당초 설정한 목표 자체가 비현실적이라는 주장까지 제기되고 있다. 이에 따라 오바마 1기 정부(민주당)가 2010년 3월 13일에 연방의회에 제출한 「낙오학생방지법」 수정 법률안이 2015년 2월까지 연방의회의 합의가 도출되지 못한 채 재인가가 이루어지지 않았다.

참고문헌

국가법령정보센터 http://www.law.go.kr

염철현(2013). 미국 오바마 2기 정부의 교육정책 방향과 초·중등 교육의 미래. 서울: 한국교육개발.

낙인이론

[Labeling Theory]

낙인이론은 일탈 행동에 관한 이론으로, 베커(Howard S. Becker)는 일탈행동을 일탈행위자의 내적 특성인 단순한 사회병리 현상으로 보지 않고 주위에서 일탈행동이라고 꼬리표(낙인)를 붙임으로써 만들어진다고 보았다.

낙인이론은 사회적으로 세력이 큰 집단이나 사람들(지배층, 상류층)이 그렇지 못한 집단이나 사람들을 일탈자로 이름을 붙여 '낙인을 찍는다.'는 행위에 주목한다. 일탈행동은 특정 행위에 내재되어 있는 것이 아니라 사회 내 다수 세력이 그 행위를 어떻게 보느냐에 따라 달라진다고 보는 것이다. 사람들이 그 행동을 일탈행동이라고 규정하지 않으면 그 행동은 정상적인 행동이 된다. 예를 들어, 사람을 죽인 동일한 행위에 대해서도 전쟁에서 적을 죽이는 것은 정당한 행위가 되고 일상적인 상황에서 사람을 죽이면 살인죄가 되는 것은 사회가 전쟁에서의 살인이 아니라 일상적 상황에서의 살인에 대해 살인죄라는 낙인을 찍은 결과라는 것이다. 만약 사회의 세력 관계가 변화하면 일탈의 내용도 달라지므로 일탈자로 취급을 받는 사람들은 사회 세력 관계의 희생자들이라고 본다.

또한 일탈자에 대한 관점도 사회 구성원들이 규정한 일탈행동을 하는 사람을 일탈자로 낙인찍기 때문에 일탈행동을 하게 된다는 견해이다. 따라서 어떤 사람이 단지 범죄를 저질렀다고 일탈자가 되는 것이 아니라, 그 사람의 행위가 사회가 규정한 꼬리표(낙인)가 붙은 범죄에 해당되어야 범죄자가 된다는 것이다. 일탈자로 낙인찍히는 개인은 일탈자라는 자기정체성을 가지게 되어 낙인찍히지 않았을 때보다 일탈행동을 할 가능성이 더 높아진다.

따라서 낙인이론은 사회적 반응인 낙인이 내재화되고 일단 이런 비행적 낙인이 적용되면 타인들로부터 일관된 재반응을 계속 이끌어 냄으로써 스스로 비행을 지속한다고 설명한다.

참고문헌

김경숙, 남현우(2014). 탈비행 청소년의 비행정체성에 대한 낙인이론과 정체성이론의 변인 비교. **한국청소년연구**, 25(2), 209-236.

최영인, 염건령(2005). **사회통제이론과 범죄낙인이론**. 경기: 백산출판사.

난독증

[Dyslexia]

난독증이란 듣고 말하는 데는 문제가 없으나 단어를 정확하고 유창하게 읽거나 철자를 인지하는 데 어려움을 느끼는 증세로서 학습장애의 일종인 읽기장애다. 어린 아동의 2~8퍼센트에서 나타난다. 이는 시각이 정상이고 다른 학업 영역에서는 적절한 기술을 가지고 있음에도 불구하고 읽기를 하지 못하는 것으로 느리고 부정확하게 읽거나 단어에 들어 있는 글자들을 잘못 읽고 익숙하지 않은 단어를 읽을 때 어려움을 보인다.

난독증의 원인은 우뇌의 공간 지각 기능에 비해 좌뇌의 언어 기능이 상대적으로 떨어지기 때문에 뇌의 불균형으로 인해 뇌가 언어를 처리하는 데 어려움이 있다고 본다.

난독증은 시각적 난독증, 청각적 난독증, 운동 난독증으로 분류한다. 시각적 난독증은 단어를 보고 소리로 연결시키는 데 어려움이 있어 틀리게 읽거나 힘들어하며, 청각적 난독증은 비슷한 소리를 구분하고 발음하는 데 어려움을 가지고 있어 발음이 틀리는 경우이며, 운동 난독증은 글자를 쓸 때 손을 움직이는 방향을 헷갈려 글자를 잘 베껴 적지 못하거나 글쓰기에 어려움을 겪는 경우이다. 난독증은 사물이나 그림, 도표를 이해하는 데는 문제가 없고 지능 수준과도 관련이 없어 사고하고 개념을 처리하는 능력에는 영향을 미치지 않으며 부모의 사회적, 경제적 지위와도 관련이 없다.

내러티브 탐구
[Narrative Inquiry]

내러티브 탐구는 삶을 표현하고 있는 이야기를 분석하고 이를 이해하기 위한 질적 연구 방법이다. 내러티브 탐구는 우리 삶의 구조와 사회의 구조를 밝히는 문제와 연관되어 있어서 교육학, 심리학, 여성학, 역사학, 의학, 철학, 인류학, 신학, 언어학 등 다양한 학문의 분야에서 사용되고 있다. 내러티브 탐구는 인간의 경험을 시간적인 흐름에 따라 이야기하거나 또는 이야기에 대해서 쓰는 질적 연구 방법으로 개인과 사회의 상호작용, 과거와 현재, 미래의 연속성인 시간, 그리고 물리적 공간인 장소가 연구 전체 과정에서 고려된다(Clandinin & Connelly, 2000). 따라서 한두 사람을 대상으로 이들의 삶에 대한 이야기를 수집하고 그 속에 담겨 있는 개인의 경험의 의미를 과거, 현재, 미래의 시간적 흐름에 따라 이해할 수 있는 틀로 재구성함으로써 삶의 풍부함을 하나의 줄거리가 있는 이야기 형식으로 풀어내어 인간의 경험을 이해하고 그것에 의미를 부여하는 연구 방법이다(Creswell, 2010). 내러티브 연구를 위한 자료는 인터뷰, 관찰일지, 저널, 형식적 · 비형식적 문서, 사진, 편지 등을 통해 다양하게 수집된다.

참고문헌

조홍식, 정선욱, 김진숙, 권지성 역(2010). 질적 연구 방법론-다섯 가지 접근(2판)〔*Qualitative inquiry and research design: Choosing among five approaches* (2nd ed.)〕. Creswell, J. W. 저. 서울: 학지사. (원서 2003년 출간).

Clandinin, D. J., & Connelly, F. M. (2000). *Narrative Inquiry: Experience and story in qualitative research.* San Francisco: Jossey–Bass Publishers.

내면화

[Internalization]

사회에 외재하는 신념이나 이념, 규범과 태도, 가치나 지식들이 상호작용을 통해 개인의 사고 체계에 재구성되어 자신의 것으로 받아들이는 것을 일컫는다.

참고문헌

국립특수교육원(2009). 특수교육학 용어사전. 서울: 하우동설.
서울대학교 교육연구소(1995). 교육학 용어사전. 서울: 하우동설.
한국교육심리학회(2000). 교육심리학 용어사전. 서울: 학지사.

내재적 동기

[Intrinsic Motivation]

내재적 동기는 행동을 하는 근본적인 목적이 그 행동의 내부에 존재하는 것을 의미한다. 내재적 동기는 외적 보상이나 불이익의 회피가 아닌 어떤 과제를 스스로 성취하고자 하는 동기로서 개인의 흥미와 적성, 자율적인 의지와 같이 특정행동을 목적의식적으로 하게 만드는 내적인 원동력을 말한다. 즉, 내재적 동기는 행동 자체가 주는 만족감이나 성취감 때문에 행동 자체를 수행하는 데 목적을 둔 동기이다. 따라서 내재적 동기는 성취감, 유능감, 자기결정, 도전감, 호기심, 흥미, 즐거움 등과 관련되어 있다. 일반적으로 내재적으로 동기화되었을 때, 활동 그 자체가 보상으로 작용하기 때문에 어떤 유인물이나 처벌도 필요하지 않다.

참고문헌

권대훈(2009). 교육심리학의 이론과 실제(pp. 312-313). 서울: 학지사.
김아영, 안도희, 양명희, 이미순, 임성택, 장형심 역(2015). 교육심리학(제12판)〔*Educational psychology* (12th ed.)(pp. 435-436)〕. Woolfolk, A. 저. 서울: 박학사. (원서 2013년 출간).
서울대학교 교육연구소(1995). 교육학 용어사전. 서울: 하우동설.

논리수학지능
[Logical Mathematical Intelligence]

논리수학지능은 가드너(Gardner)의 다중지능이론(theory of multiple intelligences)에서 개인의 여덟 가지 독립적인 능력(논리수학지능, 언어지능, 음악지능, 공간지능, 신체운동지능, 대인관계지능, 개인내적지능, 자연관찰지능) 중 하나이다. 논리수학지능은 경험적 준거에 의해 입증된 전통적 지능인 문제해결능력으로 대상과 상징, 그것의 용법과 용법 간의 관계 이해, 정보나 자료를 논리적으로 분류하는 능력과 숫자나 규칙, 명제 등의 상징체계를 효과적으로 사용하고 추론하는 능력 및 추상적 사고 능력을 의미한다.

참고문헌

권대훈(2009). 교육심리학의 이론과 실제. pp. 354-355. 서울: 학지사.
김건, 김태영, 배삼열, 이은진, 김용(2013). 대통령기록물을 활용한 다중지능이론 기반의 교육프로그램 개발. 한국기록관리학회지, 13(3), 99-125.
김아영, 안도희, 양명희, 이미순, 임성택, 장형심 역(2015). 교육심리학(제12판)〔*Educational psychology* (12th ed.)(pp. 129-130)〕. Woolfolk, A. 저. 서울: 박학사. (원서 2013년 출간).

논리적 사고
[Logical Thinking]

국어사전적 의미의 논리적 사고는 주어진 내용을 이치에 맞게 분별하여 끌어가는 과정을 의미하며, 인간의 사고양식 중 직관적 사고와 대응되는 사고방식이다. 교육학에서는 전제를 근거로 하여 필연적인 결론을 이끌어 내는 논리적 형식에 부합하는 추론적인 사고방식으로서 대표적인 유형으로 삼단논법을 예로 들 수 있다. 사실에 근거하여 논리적인 규칙과 형식적 사고를 특징으로 한다.

참고문헌

두산백과. ㈜두산.
서울대학교 교육연구소(1995). 교육학 용어사전. 서울: 하우동설.

논리적 오류
[Logical Fallacies]

오류는 넓은 의미에서 잘못된 생각이나 믿음을 의미하는 말로 사용되며, 좁은 의미로는 추론상의 잘못을 오류라고 한다. 오류에는 크게 형식적 오류와 비형식적 오류가 있다.

형식적 오류는 내용에는 상관없이 논리적 규칙을 준수하지 않을 때 생기는 오류로서 주로 연역 추론에서 연역 규칙을 어길 때 발생한다. 겉으로는 타당해 보이지만 실제로는 그렇지 않은 추론 규칙을 사용하는 오류이다. 비형식적 오류는 논리적 규칙의 준수에도 불구하고 논증을 전개해 가는 과정에서 발생하는 오류로서 추론의 형식이 아니라 추론의 내용에 문제가 있는 오류이다.

참고문헌

김혜주(2008). 논리적 오류를 활용한 비판적 사고력 신장 방안 연구. 아주대학교 석사학위 논문.
한국교육심리학회(2000). 교육심리학 용어사전. 서울: 학지사.

논리적 추론

[Logical Reasoning]

분석적 추론과 형식적 추론을 모두 포괄하는 것으로 기존의 알고 있는 명제를 이용하여 결론을 이끌어 내는 사고.

참고문헌

고은성, 이경화(2007). GSP 환경에서의 중학교 수학영재 학생들의 문제해결 과정 분석: 시각적 추론과 논리적 추론을 중심으로. **영재교육연구**, 17(3), 521-539.

이미순(2009). **병행교육과정**. 서울: 박학사.

뇌간

[Brainstem]

뇌에서 대뇌반구와 소뇌를 제외한 가늘고 긴 부분으로 되어 있는 것의 총칭.

연수, 교, 중뇌, 간뇌를 합해서 말한다. 뇌의 중축이 되고 생명 유지에 관여하는 중요한 중추가 존재하는 등 뇌 전체의 기능에 있어 매우 중요한 위치를 차지하고 있다.

뇌량(뇌들보)

[Corpuscallosum]

인간의 좌우의 대뇌반구 사이를 가로 지르는 약 3억 개의 신경섬유를 포함하는 두꺼운 밴드를 말한다. 뇌량은 신체의 '정보 고속도로'이다. 대뇌의 양반구는 이 신경연결을 통해 지속적으로 정보를 교환함으로써 서로 소통하고 협조한다.

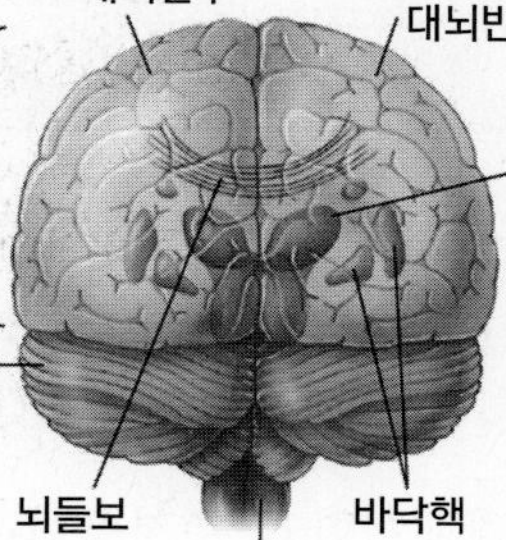

뇌세포
[Brain Cell]

뇌는 두 개의 다른 유형의 세포, 즉 지주세포(glial cell)와 신경세포(neurons)로 이루어져 있다. 지주세포는 신경세포에 영양물을 제공하며, 면역체계를 조절하는 데 도움을 준다. 신경세포, 즉 뉴런이라고 불리는 뇌세포가 가장 널리 알려진 뇌세포로 정보를 수용, 조정, 분석, 전달할 수 있어 우리의 학습을 담당하는 세포이다. 뇌의 능력은 뇌 속의 세포 수가 많을수록 커지는데 인간의 경우 약 1,000억 개의 신경세포를 가지고 있다. 신경세포는 수상돌기와 세포체, 축삭돌기로 구성되어 있다.

전기화학적 정보는 신경전달물질이라는 물질의 형태로 신경세포들 사이를 통과하며, 신경세포는 나뭇가지처럼 생긴 수상돌기를 경유하여 정보를 받아들인다. 수상돌기는 세포체의 정보(메시지)를 통과시키는 통로로 수상돌기를 통해 세포체에 들어온 정보를 다른 세포체와 연결된 축삭돌기에 정보를 전달할 것인지의 여부를 결정하는 역할을 한다. 메시지가 점화되면 세포체에서 축삭돌기 아래로 이동한다. 축삭돌기의 가장 중요한 기능은 화학적 물질과 전기적 정보를 신경세포에 수송하는 일이다.

참고문헌

정종진, 임청환, 성용구 역(2008). 뇌기반 교수학습전략(*Brain-based strategies to reach every learner*). Connell J. Diane 저. 서울: 학지사. (원서 2005년 출간)

뇌파

[Brain Wave]

뇌파는 신경계에서 뇌신경 사이에 신호가 전달될 때 생기는 전기의 흐름이다. 심신의 상태에 따라 각각 다르게 나타나며 뇌의 활동 상황을 측정하는 가장 중요한 지표이다.

뇌의 전기적 활동에 대한 신경생리학적 측정방법은 두피에 전극을 부착하여 이를 통해 기록하는데, 이것이 뇌전도(electroencephalography: EEG)이다.

인간의 뇌에서 나오는 뇌파의 파장은 기본적으로 0~30Hz의 주파수가 나오며 약 20~200μV의 진폭을 보인다. 델타, 세타, 알파, 베타, 감마파는 편리상 임의적으로 분류한 뇌파의 주파수 영역이다.

- 감마(γ)파는 주파수: 30Hz 이상으로 극도의 각성과 흥분 시에 전두엽과 두정(중심)엽에서 비교적 많이 발생한다.
- 베타(β)파는 주파수: 13~30Hz으로 '스트레스파'라고도 한다. 불안, 긴장 등의 활동파이다.
- 알파(α)파는 주파수: 8~12.99Hz로 심신이 안정을 취하고 있을 때의 뇌파다. 안정파라고 하며 사람 뇌파의 대표적인 성분으로, 뇌의 발달과 밀접한 관계가 있다.
- 세타(θ)파는 주파수: 4~7.99Hz로 '졸음파' 또는 '서파수면파(徐波睡眠波)'라고 부른다. 잠에 빠져들 때 통과하는 뇌파다.
- 델타(δ)파는 주파수: 0.2~3.99Hz로 '수면파'라고도 하며, 수면 시 발생한다.

능력별 집단편성

[Ability Grouping]

능력별 집단편성은 학생들의 적성과 수준에 맞는 교육과정과 수업을 제공하기 위한 집단편성 방식이다. 고정적인 형태의 트래킹(tracking)이 사회적, 경제적 불평등을 심화, 고착시킨다는 비판의 소리가 높아지면서 트랙의 이동 가능성을 높이기 위해 교과별로 수강과목을 달리하는 능력별 집단 편성이 보다 보편적으로 활용되고 있다. 능력별 집단 편성이 학업성취에 미치는 효과는 집단 전체로 보면 미미하거나 효과가 없는 것으로 나타나지만 상위 집단의 학생들에게는 학업성취 향상 효과가 있는 것으로 나타나고 있다. 하위 집단 학생들에게는 동기나 자아존중감 등 정의적 측면에서 부정적인 영향을 미치며, 하위 집단의 수업의 질이 높지 않은 경우 서로 다른 수업 내용과 질로 인해 집단 이동의 기회를 제한받게 된다는 문제가 제기되고 있다.

그러나 능력별 집단편성이 하위집단에 미치는 효과는 일반화하기는 어려우며 교사의 지도, 동료들의 반응, 학교의 지원(우수교사 우선 배치, 학급당 학생 수 감축 등) 등 학교 풍토에 따라 달라질 수 있다. 학생들에게 자신의 수준에 맞는 교육을 제공하되 부작용을 최소화하기 위해서는 집단의 이동 가능성을 최대한 보장해 주는 방식으로 기준이 마련되어야 한다. 교과 전체 점수 평균이 아니라 해당 교과목의 성적에 따라 반이 구성되어야 하며, 우열반의 형태로 고정되지 않고 과목별로 운영되어야 한다. 또한 학교 차원에서 개인의 적성과 수준에 따른 교육과정 편성의 의미, 성공적인 사례 등을 통해 긍정적인 학교 풍토를 조성하고 학습과정에 대한 추후 모니터링을 실시할 필요가 있다.

참고문헌

Boaler, J., William, D., & Brown, M. (2000). Students' experiences of ability grouping: Disaffection, polarization and the construction of failure. *British Educational Research Journal, 26*(5), 631–648.

Slavin, R. E. (1990). Achievement effects of ability grouping in secondary schools: a best evidence synthesis. *Review of Educational Research, 60*, 471–490.

ㄷ

다문화 영재
[Multicultural Gifted]

다문화 영재에 대한 개념적 정의는 교육과학기술부에서 발표한 제2차 영재교육진흥종합계획안(2008~2012)에서 출발한다. 소외계층 영재란 "사회, 경제적 지위가 낮은 가정의 학생, 다문화가정의 학생, 북한 이탈주민, 특정 영역에서 수혜가 부족한 학생들로 영재교육의 기회가 상대적으로 제한되어 있는 계층을 의미한다." 소외계층 영재의 범주에 다문화 영재 학생이 포함되어 있다. 일반적으로 영재의 정의를 논할 때 가드너(Gardner)의 '다중지능'과 렌줄리(Renzulli)의 '세 고리' 정의를 사용하여 개념화한다. 그 외 학자들마다 영재의 정의에 대해 다른 요인을 제시한다.

탄넨바움(Tannenbaum)은 각종 활동 분야에서 잠재능력이 있는 사람으로 다섯 가지 요인이 충족될 때 영재라고 한다. 따라서 다문화 영재는 우리와 다른 민족, 문화적 배경을 가진 가정에서 태어난 영재로 정의할 수 있다. 다문화 영재의 경우 언어능력, 의사소통의 어려움, 사회적 편견에 따른 어려움, 경제적 어려움, 가정 해체로 인한 어려움, 이중 문화로 인한 자존감, 이중 문화로 인한 정체성 혼란, 사회적 위축, 자기표현 부족, 자신감 상실 등으로 인한 정서적인 어려움을 가질 수 있다. 또한 일반적으로 영재들이 가지는 '사회적 부적응' '완벽주의로 인한 스트레스' '동시적 문제들' '영역 간 발달 불균형에 의한 문제들' '이중적 예외성' 등 정서적인 문제들도 동시에 가질 수 있다.

참고문헌

이신동, 이경숙(2016). 다문화 영재 교육 현재와 미래에 대한 논의. 영재와 영재교육, 15(3), 103-129.

한기순(2013). 다문화가정 영재의 이슈와 쟁점. 영재교육연구, 23(3), 453-477.

다학년 혼합학급

[Multi-Graded/Combination Classes]

두 학년의 교육과정을 포괄하는 프로그램을 한 반에서 제공하는 것으로 다양한 능력을 갖고 있는 학생들이 한 교실에서 학습하는 형태이다. 영재의 경우는 혼합학급에서 좀 더 어린 학년에 속한다. 다학년 혼합학급 속진은 2년에 걸친 교육과정을 1년 안에 마칠 수 있게 하여 12년 교육과정을 더 빠르게 마칠 수 있게끔 해 준다.

참고문헌

박경빈, 류지영, 박인호, 방승진, 육근철, 윤여홍, 이미순, 이선영, 이재호, 전미란, 전영석, 조석희, 진석언(2014). 한눈에 보는 영재교육. 서울: 학지사.

이미순, 류지영, 이영주, 이현주, 채유정 역(2014). 영재교육(6판)〔*Educaton of the Gifted and Talented*(6th ed.)〕. Gary A. Davis, Sylvia B. Rimm, & Del Siegle 저. 서울: 박학사. (원서 2010년 출간).

조석희, 이미순, 박성익, 이현주(2006). 조기진급 및 조기졸업 활성화 방안. 서울: 한국교육개발원.

Colangelo, N., Assouline, S. G., & Gross, M. U. M. (2004). *A nation deceived: How schools hold back America's brightest students.* Iowa City, IA: The University of Iowa.

대뇌피질

[Cerebral Cortex]

대뇌 양반구의 표층을 형성하는 회백질부를 말하며 대뇌 겉질로 번역한다.

대뇌 겉질은 대뇌의 가장 표면에 위치하고 있으며 두께는 2~4mm 정도이다. 대뇌 겉질은 부위에 따라 기능이 다르며 각각 기억, 집중, 사고, 언어, 각성 및 의식 등의 중요 기능을 담당한다. 대뇌 겉질은 대뇌의 깊은 부분과 비교해 갈색을 띠고 있으며 다른 말로는 회색질이라고 부르기도 한다.

대만 영재교육
[Gifted Education in Taiwan]

대만은 1984년 영재교육을 포함한 「특수교육법」을 제정하여 초 · 중학교 상위 1% 학생을 대상으로 속진 및 방과 후 영재교육을 실시하고 있다. 대만에서 이루어지는 영재교육의 기본 규정은 1984년 12월 17일 개정 · 공포된 「특수교육법」에 의거하고 있다. 이 법의 조문 내용을 토대로 살펴보면, 먼저 영재성 등 개념에 대해서는 ① 일반 능력의 우수성, ② 학문 성향의 우수성, ③ 특수 재능의 우수성의 측면을 포괄하는 것으로 규정하고 있다. 이들 영재성을 지닌 학생 중에서 학업과 품성에 있어 특출한 자에 대해서는 정부가 장학금을 제공할 수 있도록 하며, 가정이 빈곤한 학생에게는 이외의 보조금을 지급할 수 있도록 하고 있다. 그리고 영재교육을 실시하고 있는 학교는 자체적으로 관련되는 하급 또는 상급 학교와 연계하여 이들 학생의 잠재능력을 최대한 발휘할 수 있도록 제반 조치를 강구하여야 한다고 규정하고 있다. 덧붙여 공립교육기관과 학술연구기관은 영재교육의 활성화를 위해 전문 인력과 시설을 제공하며, 필요할 때는 별도로 이들을 위한 특별 프로그램을 설치 · 운영하도록 하고 있다. 1984년에 제정된 「특수교육법」에 의하면 대만의 영재교육 프로그램은 세 유형으로 나뉜다. 그것은 지적인 영재를 위한 프로그램, 수학, 과학에 재능이 있는 학생들을 위한 프로그램, 미술, 음악, 무용에 재능 있는 학생들을 위한 프로그램 등이다. 대만에서는 영재교육을 두 가지 방법으로 운영한다. 그중 한 방법은 상설 영재학급을 설치 운영하는 것이고, 또 다른 방법은 시간제 영재학급을 설치 · 운영하는 것이다. 대만에서는 「특수교육법」의 조문 내용을 토대로 ① 일반 능력의 우수성, ② 학문 성향의 우수성, ③ 특수재능의 우수성 측면의 영재를 다단계 절차를 거쳐서 판별한다.

대만 영재교육의 대상은 다음과 같다. 첫째, IQ 검사에서 평균 지능지수보다 표준편차 2 이상 높으면서 동 학년 학생들에 비해 학업성적이 상위 2%에 속하거나 교육과정의 주요 교과에서 평균보다 표준편차 2 이상 높은 성적을 나타낸 자를 일컫는 '지적 영재', 둘째, 지능지수가 평균보다 표준편차 1.5 이상 높으면서 수학, 과학 영역의 학업성적이 동 학년의 학생들에 비해서 상위 1% 이내이거나 국내외 경시대회에서 입상한 경력이 있는 '수학, 과학 분야의 영재 프로그램 참가 학생', 셋째, 지능지수가 평균 이상이고 그림을 잘 그리거나, 악기를 연주하는 수행검사에서 높은 점수를 받고, 이 분야의 적성 검사에서 점수가 높은 '미술, 음악 분야의 재능반 참가 학생'이다. 이들은 국내외 대회에서 높은 성적을 나타낸 특수 재능반 참가 학생이 대상이 된다. 먼저 어떠한 한 학생이 학교에서의 판별과정을 통해 잠정적인 영재로 판별되면, 교사와 행정가로 구성된 학교 판별위원회는 지역 교육청에 보고서를 제출한다. 교육청의 판별과정을 거쳐서 영재로 확정된 학생들은 적절한 프로그램이나 학급에 배치된다.

참고문헌

김홍원(2005). 싱가포르와 대만의 영재교육. (창의적 지식 생산자 양성을 위한) 영재교육(공통이론) (TM2005-09). 서울: 한국교육개발원.

Ching Chih Kuo(2005). 대만의 영재교육. 수월성교육 및 영재교육 정책 국제 심포지엄(RM2005-15).

대안학교

[Alternative Schools]

대안학교에는 두 가지 유형이 있고, 이와 유사한 시설로 대안교육시설이 있다.

첫째, 「초 · 중등교육법」 제60조의3에 따라 설립 · 운영되는 대안학교이다. 대안학교는 "학업을 중단하거나 개인적 특성에 맞는 교육을 받으려는 학생을 대상으로 현장실습 등 체험 위주의 교육, 인성 위주의 교육 또는 개인의 소질 · 적성 개발 위주의 교육 등 다양한 교육을 하는 학교로서 각종 학교에 해당하는 학교"이다. 이 대안학교에 대해서는 일반학교에 비해 교과서 및 교육과정 등의 특례가 인정되고, 대안학교의 설립 기준, 교육과정, 수업 연한, 학력 인정, 그 밖에 설립 · 운영에 필요한 사항은 대통령령인 「대안학교의 설립 · 운영에 관한 규정」으로 정하고 있다.

둘째, 「초 · 중등교육법 시행령」 제76조 및 제91조에 따라 지정 · 운영되는 대안교육 분야 특성화 학교이다. 특성화 학교에는 특성화 중학교 및 특성화 고등학교가 있다. 특성화 중학교의 특성화 분야에는 체험 위주 교육 등 대안교육 분야, 국제 분야, 예술 또는 체육 분야, 그 밖에 교육부 장관 또는 교육감이 지정하는 분야가 있다(「초 · 중등교육법 시행규칙」 제55조). 특성화 고등학교는 특정 분야의 인재 양성을 목적으로 하는 교육 또는 자연현장실습 등 체험 위주의 교육을 전문적으로 실시하는 고등학교이다. 이 가운데 대안교육 분야 특성화 중학교와 체험 위주 특성화 고등학교가 대안교육 분야 특성화 학교에 해당한다.

「초 · 중등교육법」에 따른 대안학교와 대안교육 분야 특성화 학교는 학력이 인정되고 일반학교에 비해 완화된 설립 · 운영 기준이 적용된다. 이에 비해 대안교육 시설은 일반학교 및 대안학교로 설립 또는 지정되지 않았으므로 학력 인정 및 교육행정기관의 관리 · 감독이 되지 않으며, 그 실태도 제대로 파악되지 않고 있다. 그중 일부는 학원이나 평생교육시설로 등록하여 운영되는 경우도 있고, 그 외에는 사실상 등록되지 않은 형태로 운영되고 있다.

참고문헌

국가법령정보센터 http://www.law.go.kr

대학과목선이수제
[Advanced Placement Program: AP]

대학과목선이수제란 영재교육의 대표적인 속진교육 프로그램의 일환으로 대학수준의 교육과정을 중 · 고등학교 때 미리 배우고 대학에서 해당 과목의 학점을 인정받는 제도이다.

미국에서는 1955년부터 우수한 학생들의 학습욕구를 충족시키기 위해 대학과목선

이수제도(AP)를 운영하고 있다. 미국의 AP는 수학, 정보, 과학 과목뿐만 아니라 인문과 예술 영역을 포함하여 총 37개 교과목이 AP과목으로 운영되고 있다. 약 17,000개의 고등학교에서 AP수업을 제공하고 있으며, 약 100만 명 이상이 고등학교에서 AP과목을 수강하고 매년 90만 명 이상이 AP 시험에 응시하고 있다.

미국을 포함한 세계 80개국에서 AP과목을 개설하고 많은 대학들이 일정 수준 이상으로 AP시험을 통과한 경우 AP과목을 대학의 학점으로 인정해 주고 있다. AP과목을 이수한다는 것은 고등학생이 가장 힘든 과목을 찾아 공부하고 있다는 것을 대학 입학 관계자에게 보여 준다고 할 수 있다.

각각의 AP과목은 대학의 수업들을 모델로 삼고 있고, 대학의 교수들은 AP과목들이 대학 수준의 기준/표준과 일치함을 인정하는 데 중요한 역할을 한다.

AP 프로그램은 CLEP와 같이 대학협의회의 지원을 받고 있다. 대학 학점으로 인정받을 있는 점수는 3점이다. 또한 중 · 고등학교 혹은 대학이나 누구든지 개별적으로 개인지도를 받고 시험에 응할 수 있다.

AP 프로그램에는 문학과 작문, 외국어, 화학, 경제학, 통계학, 음악이론, 계산학, 물리학, 심리학, 역사(미국, 유럽, 미술, 세계사) 등 20개의 영역에서 30개 과정과 시험이 제공되고 있다. 시험은 매주 5월에 2주 동안 시행된다. 과정을 이수하는 데 보통 1년이 소요된다. 3,000여 개 대학 이상이 AP학점을 인정하지만 인정해 주는 최대 학점은 대학에 따라 다르다. 보다 자세한 정보는 미국의 대학준비위원회(www.collegeboard.com)에서 볼 수 있다.

한국의 AP과정은 2013년부터 5개 과학기술특성화대학(DGIST, GIST, KAIST, POSTECH, UNIST)과 4개 과학영재학교(경기과고, 대구과고, 서울과고, 한국과학영재학교)를 중심으로 공동 AP교육과정을 개발 · 운영해 오고 있다.

개설과목은 총 12개 과목으로 수학 영역(미적분학I, 미적분학II, 확률과 통계), 물리 영역(일반물리I, 일반물리II, 일반물리학실험II), 화학 영역(일반화학I, 일반화학II, 일반화학실험II), 생물 영역(일반생물)이다.

참고문헌

이미순, 류지영, 이영주, 이현주, 채유정 역(2014). 영재교육(6판)〔*Educaton of the Gifted and*

Talented(6th ed.)]. Gary A. Davis, Sylvia B. Rimm, & Del Siegle 저. 서울: 박학사. (원서 2010년 출간).
최호성 외 4인(2014). 과학기술특성화대학–과학고등학교 AP 과정 운영 · 교원 연수 모형 개발 및 특목고 재지정 평가 기준 설정 연구(2013BAN001). 서울: 한국과학창의재단.
Davis, G. A., Rimm, S. B., & Siegle, D. (2011). *Education of the Gifted and Talented*(6th ed.).
College Board (2012). *AP Program Guide.* College Board.
College Board (2014). *The 10th Annual AP Report to the Nation.* College Board.

델파이 조사(기법)
[Delphi Method]

델파이 기법은 전문가의 경험적 지식을 통한 문제해결 및 미래 예측을 위한 기법이다. 전문가 합의법이라고도 한다. 전문가들의 의견 수립, 중재, 타협의 방식으로 반복적인 피드백을 통해 하향식으로 의견을 도출하여 문제를 해결하는 기법으로, 1948년 미국의 RAND연구소에서 개발되어 IT 분야, 연구개발 분야, 교육 분야, 군사 분야 등에서 활용되고 있다.

델파이 기법은 어떠한 문제에 관하여 전문가들의 견해를 유도하고 종합하여 집단적 판단으로 정리하는 일련의 절차라고 정의할 수 있다. 이것은 추정하려는 문제에 관한 정확한 정보가 없을 때에 "두 사람의 의견이 한 사람의 의견보다 정확하다."라는 계량적 객관의 원리와 "다수의 판단이 소수의 판단보다 정확하다."라는 민주적 의사결정 원리에 논리적 근거를 두고 있다. 또한 전문가들이 직접 모이지 않고 주로 우편이나 전자 메일을 통한 통신수단으로 의견을 수렴하여 돌출된 의견을 내놓는다는 것이 주된 특징이라 할 수 있다(이종성, 2006).

참고문헌

이종성(2006). 델파이 방법. 경기: 교육과학사.

도서 · 벽지 교육진흥법

[Act on the Promotion of Education in Island and Remote Areas]

「도서 · 벽지 교육진흥법」은 도서(島嶼) · 벽지(僻地)의 의무교육을 진흥함을 목적으로 제정된 법률이다. 도서 · 벽지란 "지리적 · 경제적 · 문화적 · 사회적 혜택을 받지 못하는 산간지역, 낙도(落島), 수복지구(收復地區), 접적지구(接敵地區), 광산지구(鑛山地區)로서 교육부령인 「도서 · 벽지 교육진흥법 시행규칙」 제2조 관련 [별표]로 정하는 지역"이다. 지역별로 각각 가, 나, 다, 라의 네 개 급지로 분류하였고, 2016년 6월 17일 기준으로 도서 174개, 벽지 421개, 접적 123개 지역의 교육 · 교육행정 · 연수 · 야영 · 수련기관 등이 해당된다. 「도서 · 벽지 교육진흥법」은 지난 1967년 1월 16일에 제정되고, 1967년 1월 1일부터 소급하여 적용되었다. 이 법률은 "① 국가는 도서 · 벽지의 의무교육을 진흥하기 위하여 학교 부지 · 교실 등의 구비, 교재 · 교구(教具)의 정비, 교과서의 무상 공급, 통학에 필요한 조치, 교원에 대한 주택 제공, 교원의 적절한 배치 등의 조치 및 필요 경비를 다른 것에 우선하여 지급하도록 하고, ② 지방자치단체는 도서 · 벽지의 의무교육을 진흥하기 위하여 도서 · 벽지 교육의 특수 사정에 적합한 학습지도에 필요한 자료의 정비 등을 하도록 하며, ③ 국가는 도서 · 벽지 학교에 근무하는 교원에게 도서 · 벽지의 급지별(級地別)로 도서 · 벽지 수당을 지급하도록" 규정하였다.

참고문헌

국가법령정보센터 http://www.law.go.kr

독립연구

[Independent Research]

존슨과 존슨(Johnsen & Johnson, 1986)은 독립연구(Independent Research)를 새로운 주제를 혼자 또는 타인과 함께 연구하는 과정으로 정의하였고, 톰린슨(Tomlinson,

2001)은 학생들이 선택한 주제를 중심으로 학생 스스로 자기 흥미와 학습 양식에 맞추어 목표를 설정하고 연구를 실행해서 결과를 발표하는 등의 맞춤식 학습의 한 형태라고 정의하였다. 또는 계획된 연구 과정으로 영재학생들이 전문가와 같은 방법으로 실생활 문제를 탐구하면서 연구자가 되는 방법을 습득하는 일련의 과정으로 정의할 수 있다(임근광, 2009).

참고문헌

임근광(2009). 수학영재학생들의 독립연구절차와 교사의 역할. 박사학위논문. 전남대학교.

Johnsen, S. K., & Johnson, K. (1986a). *Independent study program*. Waco, TX: Prufrock Press.

Tomlinson, C. A. (2001). *Differentiate Instruction in Mixed-Ability Classrooms* (2nd ed.). Upper Saddle River, NJ: Merrill Prentice Hall.

독립연구기술의 개발

[Development of Independent Research Skills]

학생들이 새로운 주제를 선택하여 전문가와 같은 방법으로 연구하는 독립연구를 수행하기 위해 필요한 기술을 개발하는 것을 의미한다. 영재교육 분야에서 독립연구는 영재아의 자기주도적 학습능력을 신장할 수 있는 교수 · 학습 방법으로 많이 활용되는데, 독립연구를 수행하기 위해서는 연구 주제를 선정하고, 연구문제를 발견하고, 연구를 설계하고, 결과를 도출하고, 이를 표현하고, 발표하고, 평가하는 등의 능력이 요구된다.

참고문헌

최현숙, 이길재(2015). 과학영재의 독립연구 수행능력 신장을 위한 생명정보학 활용 교수-학습 프로그램 개발. 한국생물교육학회지, 43(4), 433-444.

독서치료
[Bibliotherapy]

'독서치료'라는 용어는 1916년 사무엘 크로더스(Samuel Crothers)가 최초로 사용한 것으로 보고되며, 독서치료의 어원은 'biblion(책)'과 'therapeia(병을 고쳐 주다, 도움을 주다)'라는 그리스어의 두 단어에서 유래된 것으로 알려져 있다. 독서치료는 학습자가 다양한 종류의 책을 읽으면서 자신에 대한 이해를 깊게 하거나 자신의 문제나 어려움을 해결하는 데 도움을 받는 형태의 치료 과정을 말한다. 독서치료는 일대일이나 집단으로 이뤄지며 글쓰기, 토론, 그림 그리기 등의 다양한 활동과 상호작용을 통하여 학습자 자신의 문제를 해결하는 데 목적이 있다.

한국에서는 1990년대 들어 독서치료나 독서 활용 상담이 활발해지기 시작했으며, 특히 2000년대에 들어서는 독서치료 집단상담 프로그램이 학교 현장에서 활발하게 도입되고 있다고 보고되고 있다.

참고문헌

고용남(2010). 독서치료 집단상담 프로그램의 효과에 대한 메타 분석: 2001~2008년 석박사 학위논문을 중심으로. 석사학위논문. 평택대학교.

한정아(2011). 독서치료를 활용한 진로 프로그램이 여고생의 진로결정 자기효능감과 진로태도성숙에 미치는 효과. 한국심리학회지: 일반, 30(1), 205-225.

Pardeck, J. T., & Pardeck, J. A. (1998). *Children in Foster Care and Adption: A Guide to Bibliotherapy*. London: Greenwood Press.

독일 영재교육
[Gifted Education in Germany]

독일 교육과학부의 영재교육 담당관인 에른스트 아우구스트 블랑케(Ernst August Blanke) 박사는 제3차 아시아 태평앙 영재교육 학술대회에서 1970년대까지만 해도 독일은 대중교육의 확산에 더 초점을 두었고, 장애가 있거나 혜택을 받지 못한 특수교육에 더 초점을 두어 왔다고 밝혔다. 그러나 1980년대 초 이러한 입장은 급진적으로 변화하였다. 통일 독일 이후, 주 정부 각각은 다양한 교수방법과 수업방법을 개발하고 도입하여 영재들의 능력을 계발해 주고자 노력하고 있다. 독일에서는 재능 요소, 매개 요소, 행동 영역의 세 가지 특징을 갖추고 있을 때 영재아로 지칭한다. 즉, 일반지능과 특별 지적 재능, 창의성 등 선천적인 재능을 바탕으로 동기가 부여되고 환경이 뒷받침되어 탁월한 성취를 발휘하는 아동을 영재로 보고 있다.

독일에서는 영재를 위한 교육을 위해 영재학교, 영재학급, 경시대회, 영재 프로그램 제도를 운영하고 있다. 첫째, 영재학교는 국가에서 운영하는 기숙형 영재학교와 일반 영재학교로 구분된다. 일반 영재학교는 수학 · 자연과학 영재학교, 언어 영재학교, 음악 영재학교, 스포츠 영재학교로 나뉜다. 둘째, 영재학급은 주로 김나지움에 개설되어 있는데, 많은 김나지움에서 6학년부터 영재아들을 위한 별도의 학급을 개설, 운영하고 있다. 셋째, 영재성 발굴을 위한 다양한 경시대회가 개최된다. 탐구경시대회, 외국어경시대회, 수학경시대회, 자연과학경시대회, 사회과학경시대회, 정보학경시대회, 음악경시대회, 문화경시대회, 수학올림피아드, 화학올림피아드, 물리올림피아드, 생물올림피아드, 철학올림피아드 등이 주요 경시대회이다. 넷째, 많은 교육기관 또는 청소년 기관이 주로 방학을 이용해 다양한 영재교육 프로그램을 개설, 운영하고 있다. 독일에서는 영재교육을 수행하기 위해 기본 구상을 모델화하고 있다. 이들의 영재교육 모델은 속진학습과 심화학습, 속진학습과 심화학습의 병행으로 구성되어 있으며, 속진학습은 조기입학, 월반, 조기졸업, 상급 학년 수업 참가로 운영되고 있다. 또한 수평 및 수직적 심화학습을 위해 개별화 학습, 공동작업, 심화 코스 선택, 경시대회 참가, 대학 및 기업체와의 협력 교육, 학생 교환 프로그램이 운영되고 있으며, 마지막으로 속진학습과 심화학습의 병행으로는 집중 코스, 연령 초월 학급, 이중언어 수업, 영재학교 및 영재학급이 운영되고 있다.

참고문헌

고형일 편저(2007). 세계의 수월성교육. 서울: 한국교육개발원.

독창성
[Originality]

독창성은 제시된 자극이나 문제 상황에서 기존의 것과는 다르게 새롭고 독특한 아이디어나 반응을 생성하거나 기발한 방법으로 문제를 해결하려는 능력이다. 독창성의 양적 평가는 통계적으로 드문 아이디어의 수로 측정된다(예: '하얗고 차가운 것?'에 대한 보편적인 것(얼음)이 아닌 독특한 반응(공허함)이 많을수록 독창성이 높다고 평가함).

참고문헌

문정화, 하종덕(2005). 또 하나의 창의성 교육. 서울: 학지사.

Guilford, J. P. (1956). The Structure of Intellect. *Psychological Bulletin, 53*(4), 267–293.

Torrance, E. P. (1998). *The Torrance tests of creative thinking norms-technical manual figural (streamlined) forms A & B*. Bensenville, IL: Scholastic Testing Service, Inc.

동기
[Motivation]

인간행동과 학습활동의 에너지이고, ① 인간의 행동을 활성화하거나 ② 행동 방향을 설정하거나 ③ 행동을 지속시키는 심리적 요인을 말한다. 동기는 학습활동에서도 매우 중요한 역할을 차지하며, 수많은 연구물에서 동기가 학업성취도에 중요한 역할을 한다는 것이 증명되었다.

동기는 크게 내적 동기(intrincis motivation)와 외적 동기(extrimsie motivation)로 구분된다. 내적 동기는 외부적 보상이나 가치를 따지지 않고 해당 활동 자체를 성공적으로 해내고 싶은 내적 욕구를 말한다. 외적 동기는 해당 활동의 결과에 대한 기대감으로 행동이 동기화되는 상태를 의미한다. 많은 연구물에서 내적 동기가 강하게 부여된 학습자일수록 학업성취도가 높고 학업의 지속성이 오래 유지되고 있음이 증명되었을 정도로, 교수-학습 상황에서 학습자의 내적 동기의 부여는 중요한 요인으로 간주된다.

참고문헌

송명자(2008). 발달심리학. 서울: 학지사.

신종호, 김민성, 최지영, 허유성, 이지은(2015). 교육심리학. 경기: 교육과학사.

Berliner, D. C. (1985). Laboratory settings and the study of teacher education. *Journal of Teacher Education, 36*(6), 2–8.

Gage, N. L., Berliner, D. C., & Bach, G. (1984). *Paedagogische Psychologie.* Weinheim: Beltz.

동료교수법

[Peer Instruction]

1997년 하버드 대학교의 에릭 마주르(Eric Mazur)에 의해 개발된 것으로, 학생 간 혹은 학생과 교사 간의 상호작용을 통하여 개념을 학습하는 교수법이다. 동료교수법은 수업 전의 읽기 과제(pre-class reading assignments) 부여, 미니 강의(mini-lecture), 개념검사문항(concep test) 실시, 동료 토론(peer discussion), 문제 풀이(problem solving), 시험(examination) 등의 순서로 진행된다. 동료교수법의 순서에서 핵심은 개념검사문항의 실시인데, 개념검사문항은 학습자에게 유의미한 인지 갈등을 불러일으키는 문항으로 수업 전의 읽기 과제를 통하여 제출한 학생들의 질문 내용으로 구성되어 있는 것이 일반적이다. 개념검사문항에 대하여 학생들은 투표–동료 토론–재투표의 과정을 거치면서 상호작용하게 되고, 학습자 자신이 알고 있었던 개념의 변화를 문제풀이와 시험으로 확인하게 되는 것이다.

참고문헌

Mazur, E. (1997). *Peer Instruction: A User's Manual.* NJ: Prentice Hall.

동일시
[Identification]

동일시를 광범위하게 정의하면 특정인이나 집단에 긴밀한 정서적 유대감을 갖게 되는 심리적인 정향성(psychological orientation)으로 동일시 대상의 사고, 정서, 행동들을 취하게 하는 무의식적 과정이다. 프로이트(Freud, 1900)의 정신분석이론에 따르면, 이는 충족되지 못한 소원이 대리만족을 얻고자 하는 무의식적이고 정서적인 기제이다. 동일시는 연령에 따라 다양한 형태로 나타날 수 있는데 어린 영아기에는 자기 자신이 어머니의 일부라고 동일시할 수 있고, 아동기에는 점증적으로 부모의 태도, 기준, 성격 특성들을 채택할 수 있다. 청소년들은 또래집단의 특성을 동일시하며 성인들은 특정 직업이나 정치적 단체와 동일시할 수 있다. 동일시는 방어기제로 사용되기도 하는데 타인과 동일시함으로써 안정감을 얻고 불안감으로부터 벗어날 수 있다.

참고문헌

국립특수교육원(2009). 특수교육학 용어사전. 서울: 하우동설.

Harriman, P. L. (1947). *Dictionary of psychology*. NY: Philosophical library.

Goldenson, R. M. (1984). *Longman dictionary of psychology and psychiatry*. Addison-Wesley Longman Ltd.

동작성 지능
[Performance IQ(PIQ)]

웩슬러는 지능을 언어성 지능(Verbal IQ, VIQ)과 동작성 지능(Performance IQ, PIQ)으로 구분하였다. 웩슬러 지능검사(Wechsler intelligence scale)를 살펴보면 언어성 검사와 동작성 검사 두 영역으로 지능을 측정한다. 동작성 지능검사를 살펴보면 나무토막 조립, 그림 완성, 미로 찾기 등으로 구성되어 있으나, WPPSI, WISC, WAIS에 따라 검사 종류의 차이가 있다. 동작성 지능은 과거 경험과 교육을 통해 습득된 지식 체계에 기초하여 측정하는 언어성 지능검사와 달리 보다 즉각적인 문제해결 능력 등의 유동적 지능과 비언어성 지능과 많은 연관성이 있다. 따라서 언어성 지능이 높고 동작성 지능이 낮을 경우 지적 수준은 높으나 새로운 상황에 대한 문제해결 능력이 약하고 사회적 융통성이 부족하며, 반대로 언어성 지능이 낮고 동작성 지능이 높을 경우에는 지적 수준이나 교육 수준은 낮지만 일상생활에 대처 능력은 높다.

참고문헌

김명소, 오동근 역(2004). 심리검사: 설계, 분석 및 활용(*Psychological testing: Design, analysis, and use*). Fredenberg, L. 저. 서울: 시그마프레스. (원서 1995년 출간).

오상우(1995). 한국판 웩슬러 성인용 지능검사의 개관. 원광정신의학, 11(1), 27-47.

Wechsler, D. (2008). *Wechsler Adult Intelligence Scale* (4th ed.). San Antonio, TX: Pearson.

두정엽
[Parietal Lobe]

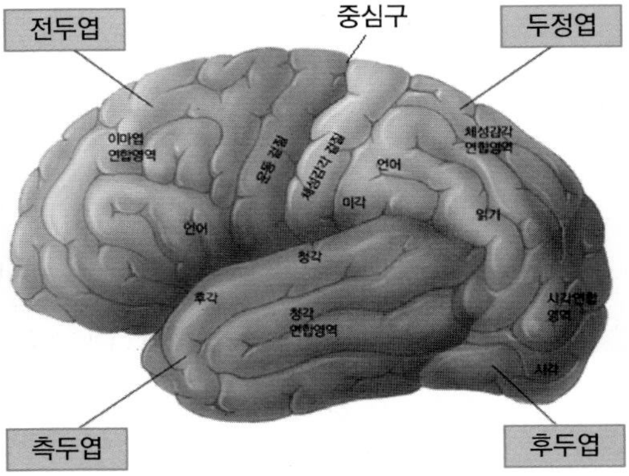

대뇌의 반구를 네 개의 주요 엽, 즉 후두엽(뒤통수엽), 측두엽, 두정엽(마루엽), 전두엽(이마엽)으로 나눈다. 머리의 제일 꼭대기에 위치한 두정엽과 전두엽은 각 반구의 측면 중앙으로 거칠게 내려오는 깊게 갈라진 홈인 중심구에 의해 분리된다.

두정엽은 체감각, 시각, 청각을 통해 입수된 정보를 통합하여 공간적 소재나 신체 부위의 위치 등을 인식하고 운동을 기획하는 통합 중추다.

후방에 위치한 후두엽은 일차적인 시각정보를 받아들이고 처리한다. 측두엽에서는 소리감각을 일차적으로 받아들인다.

디스커버 프로그램

[Discover Program]

충분한 잠재적 능력을 가지고 있으나 영재교육을 받지 못하고 있는 소외계층을 위한 영재교육 프로그램의 한 종류로써, 미국 애리조나 대학교의 메이커(Maker, 1996)에 의하여 문화적으로 언어적으로 소외된 원주민 학생들을 대상으로 한 영재교육 프로그램이다. DISCOVER는(Discovering Intellectual Strengths and Capabilities while Observing Varied Ethnic Responses)의 알파벳 첫 글자의 조합으로 이루어진 것이다. 디스커버 프로그램은 하워드 가드너(Howard Gardner)의 다중지능이론(multiple intelligence)에 근거하여 학교에 있는 모든 학생의 강점과 약점을 평가하여, 각 학생의 프로파일을 작성하고, 학생의 교육적 요구에 맞는 도전적인 프로그램을 제공한다. 동시에 학생들에게 다섯 가지 유형의 문제를 제공함으로써 학생들의 수준에 맞는 교육이 이루어질 수 있도록 돕는다. 다섯 가지 유형의 문제는 배운 것을 기억하여 답하는 문제(1유형), 배운 지식을 응용하여 여러 가지 답을 하는 문제(2유형), 교사가 알고 있으나 학생 스스로 다양한 답을 찾아내기 위해 노력해야 하는 문제(3유형), 교사도 잘 알 수 없는 수준이며 학생이 매우 깊은 탐구를 통하여 답을 할 수 있는 문제(4유형), 전문가 수준의 유형으로 문제를 발견하고 정의하며 해결 방법 및 답까지 학생 스스로 발견해야 하는 문제(5유형)로 이루어져 있다.

디스커버 프로그램과 같이 소외계층 영재학생을 대상으로 시행된 대표적인 프로그램은 볼랜드와 라이트(Borland & Wright, 1994)의 프로젝트 시너지(project synergy), 린치와 밀스(Lynch & Mills, 1990)의 SRP(The Skill Reinforcement Project), 반 타셀 바스카(VanTassel-Baska, 2002) 중심의 project STAR 등이 있다.

참고문헌

Borland, J. H., & Wright, L. (1994). Identifying Young, Potentially Gifted, Economically Disadvantaged Students1. *Gifted Child Quarterly, 38*(4), 164-171.

Lynch, S., & Mills, C. J. (1990). The skills reinforcement project (SRP): An academic program for high potential minority youth. *Journal for the Education of the Gifted,*

13(4), 364–379.

Maker, J. (1996). Identification of gifted minority students: A national problem, needed changes, and a promising solution. *Gifted Child Quarterly, 40*(1), 41–50.

VanTassel-Baska, J., Johnson, D., & Avery, L. D. (2002). Using performance tasks in the identification of economically disadvantaged and minority gifted learners: Findings from Project STAR. *Gifted Child Quarterly, 46*(2), 110–123.

2

러시아 영재교육

[Gifted Education in Russia]

러시아는 1928년 10월혁명 이전부터 상류계층의 자녀들을 중심으로 부분적으로나마 이미 영재교육을 실시하였다고 할 수 있다. 그 후 러시아에서는 발레 분야를 중심으로 영재교육이 활발히 진행되었으며, 점차 수학, 과학, 예술 분야에까지 영재교육이 본격적으로 형성되기 시작하였다. 1950년대 후반 러시아는 특수 영재학교 육성과 영재 프로그램 개발에 많은 재정을 투자함으로써 세계 여러 나라들 중에서도 영재교육의 선두 주자로 발돋움하였다. 1963년에 모스크바 대학교, 레닌그라드 대학교, 노보시비르스크 대학교 등은 수학물리학교를 부설로 개교하여 본격적인 수학 영재교육을 시작하게 되었으며, 이를 기점으로 국가와 대학 주도로 영재를 위한 특수학교, 예술학교 등이 설립되었다. 이렇듯 1980년 이전 러시아의 영재교육은 국가적인 차원에서 엄선된 프로그램하에 동일한 체제 속에서 영재들을 선별하고 훈련시켰다고 할 수 있다. 1980년대 후반에 이르러 사회 전반에 걸쳐 일어난 개혁의 움직임과 함께 교육계에서도 개혁의 바람이 불기 시작하였으며 이러한 교육개혁의 흐름 속에서 러시아의 영재교육은 큰 변화를 겪게 되었다. 즉, 과거와 달리 러시아의 영재교육은 좀 더 폭넓은 교육 시스템으로 변화된 것이다. 민주화의 방향 속에서 시작된 교육개혁을 통해 러시아의 영재교육 프로그램은 더욱 다양하게 변화되었으며 그 수도 급속도로 증가하고 있다.

뿐만 아니라 영재교육을 담당하는 학교 또한 매우 다양한 형태로 발전되고 있으며 이들 학교에서는 교육활동뿐만 아니라 혁신적인 교육 프로그램 개발에도 앞장서고 있다. 또한 일반학교에서도 영재 프로그램을 통해 영재교육을 실시함에 따라 과거 특수학교 중심으로 실시되던 러시아의 영재교육은 오늘날에 이르러 더욱 포괄적인 기관에 의해 다양한 형태로 변화되고 있다.

참고문헌

구자억, 안미숙, 김홍원, 이순주, 박성익, 조석희(2002). 동서양 주요국가들의 영재교육. 서울: 문음사.

리더십 함양 캠프/프로그램
[Leadership Improvement Camp/Program]

리더십 역량의 강화를 위해 개발된 프로그램이다. 청소년들의 리더십이 향상됨으로써 학교의 지식교육 외에도 실제로 가정이나 사회, 학교에서의 친구 등 대인관계를 비롯한 실제 생활에 긍정적인 영향을 미칠 수 있도록 개발된 프로그램이다. 프로그램 참여를 통해 리더십 역량을 강화하고 자기관리나 대인관계, 의사소통, 자기주도적 학습 및 의사결정을 보다 원활하게 할 수 있도록 돕는 것이 리더십 개발 프로그램의 목적이다(김형수, 2010).

참고문헌

김형수(2010). 청소년 리더십 프로그램의 효과 분석. 석사학위논문. 경기대학교.

ㅁ

마그넷 스쿨
[Magnet School]

마그넷 스쿨은 미국의 한 교육청 또는 여러 지역 교육청이 합동으로 운영하는 초·중등학교 수준의 공립교육의 일부다. 각 마그넷 스쿨은 STEM, 예술, IB 국제학력평가시험, 마이크로 소사이어티 등 한 특정 주제에 중점을 두어 교육과정을 운영한다. 마그넷 스쿨은 주 정부, 지역 교육청, 연방정부의 교육과정 표준을 적용하되, 그 학교가 중점적으로 교육하는 주제를 중심으로 적용한다.

대부분의 마그넷 스쿨은 입학시험은 없고, 마그넷 스쿨에서 중점적으로 다루는 주제에 대해서 흥미를 갖는 학생들이 지원하면 추첨으로 선발한다. 마그넷 스쿨 중에서도 영재교육을 하는 마그넷 스쿨은 교사나 학부모의 추천이나 학생의 성적을 활용하여 선발한다. 실험 실습, 탐구, 공연/프로젝트 중심의 수업을 많이 한다.

참고문헌

http://www.magnet.edu/about/what-are-magnet-schools

마인드맵
[Mind Map]

마인드맵은 1971년 영국의 토니 부잔(Tony Buzan)이 개발한 학습 방법으로 자신의 생각을 종이에 지도를 그리듯 이미지화하는 방법이다. 마인드맵은 이미지와 키워드(keyword), 색과 부호 등을 사용하여 중심 내용으로부터 사방으로 뻗어 나가면서 정보를 체계적으로 연결하는 학습 방법이다.

마인드맵은 생각의 핵심이 되는 중심 내용, 즉 주제는 항상 중심 이미지에서 시작한다. 그리고 중심 이미지에 연결되는 핵심 이미지와 핵심어를 나뭇가지의 가지처럼 중심 이미지(중심 내용)에서 주가지로 뻗어 나가면서 연결해 나간다. 핵심어나 핵심 이미지로부터 연결된 개념이나 이미지는 다시 이어지는 부가지, 세부 가지들로 지속적으로 연결하여 구조화해 간다. 이는 학습한 정보를 체계적으로 구조화하여 효과적으로 부호화하는 방법이다.

말랜드 보고서
[Marland Report]

말랜드(Marland) 보고서는 1972년에 영재성의 정의뿐만 아니라 영재교육에 대해 다룬 최초의 미국 교육부 보고서이다. 말랜드 보고서에 따르면, '영재/재능아란 뛰어난 능력을 갖고 있어서 높은 성취를 보일 가능성이 있는 자로서 자신과 사회에 기여하기 위해서 정규학교와 제공하는 것 이상의 특별한 교육 프로그램이나 도움을 필요로 하는 사람'으로 정의하였다. 또한 다음의 6개의 영역으로 영재성을 구분하고, 이 중 한 가지 또는 그 이상의 능력이 있으면 영재로 본다.

- 일반적 지적 능력(general intellectual ability)
- 특수학업 영역에서의 적성(specific academic aptitude)
- 창의적 · 생산적인 능력(creative and productive thinking)

• 지도자적 능력(leadership ability)
• 시각예술능력(visual and performing arts)
• 정신운동능력(psychomotor ability)

이러한 말랜드 보고서는 지적 분야뿐 아니라 사회성이나 리더십, 체육 및 예술 분야의 재능 역시 영재성으로 간주함으로써 개념을 확장시키는 중요한 근거가 되었다고 볼 수 있다. 말랜드 보고서는 영재에 대한 정의 외에도 차별화된 교육과정(differentiated curriculum) 개념을 제시하였으며 영재교육에 관한 연구와 운영을 총괄하는 국가센터와 기구의 설립 제안 외에도 영재교육을 특정한 법률의 제정과 법률에 예산 조항이 반드시 포함되어야 하는 점을 제안함으로써, 이후 영재교육이 법과 제도에 근거하여 이루어지도록 하는 데 영향을 주었다.

메타인지
[Meta-Cognition]

메타인지는 사고에 대한 반성, 인지에 대한 인지 또는 상위 인지를 의미하며, 일반적으로 메타인지 지식과 인지조절을 포함한다(Schraw & Moshman, 1995). 메타인지 지식은 다양한 학습전략을 사용하는 방법과 시기에 대한 지식을 의미한다(Snyder et al., 2011). 이러한 특성의 메타인지는 자기조절학습 능력의 하위 요소에 포함된다(정현철 외, 2004). 메타인지의 인지조절은 인지과정을 점검하고 실제 적용된 전략을 조절하는 것을 의미하며, 계획, 점검, 조절의 하위 요소를 포함한다(Pintrich et al., 1991, p. 23). 특히 학습자가 계획 전략을 잘 활용하게 되면, 비구조화 문제해결의 과정을 정교하게 수립할 수 있다. 점검 전략은 해결해야 할 문제와 문제를 해결하는 과정을 이해하고, 수행 과정을 효과적으로 조절할 수 있는 능력을 포함한다.

메타인지의 하위 요소로 계획, 점검, 조절은 다음과 같이 설명된다(정현철 외, 2004). 계획은 어떤 전략과 어떤 정보처리과정을 사용할 것인지에 대한 생각을 의미한다. 학습 시작 전에 차례를 살펴보거나, 학습할 내용이 무엇인지를 먼저 대략적으로 살펴보기, 문제를 풀기 전에 무엇을 묻고자 하는지를 추측하는 등의 인지활동이다. 점검은 자신의 주의집중을 추적하면서 이해 정도를 확인하는 내용이다. 즉, 자신의 상태를 뒤돌아보는 인지활동으로서, 학습 내용에 집중하는지, 학습하는 내용의 이해 정도를 스스로 평가하거나, 문제를 푸는 속도를 확인하게 된다. 이 활동은 수행 결과와 내재적 흥미를 신장하는 역할을 한다. 조절은 점검과 밀접한 관계를 가지는 활동으로 자신의 인지활동을 점검하다 문제가 생기면 앞으로 되돌아가고, 이해하기 어려운 부분이 있으면 일단 넘어가거나 속도를 줄이는 등의 활동이다.

과학영재들은 메타인지를 활용하여 과학탐구능력을 신장하는 것으로 알려지고 있다. 특히 과학영재들이 문제를 해결할 때 메타인지가 중요하게 작용하는 것으로 조사되고 있다(Schraw & Dennison, 1994). 즉, 과학 지식과 메타인지를 함께 활용할 때 과학영재는 과학적 문제를 해결하는 과학탐구능력을 더욱 효과적으로 발휘할 수 있다. 초등과학영재를 대상으로 조사한 연구(박미진, 서혜애, 2015)에 따르면, 탐구문제를 스스로 제시하고 변인을 스스로 추출해야 하는 비구조화된 상황에서 가설 설정 능력은 메타인지 가운데 특히 하위 요소 조절과 유의미한 상관관계를 보이는 것으로 조사되었다.

참고문헌

박미진, 서혜애(2015). 초등과학영재의 가설설정 능력과 메타인지의 관계 분석. 영재교육연구, 25(1), 59–76.

정현철, 조석희, 서혜애, 신명경(2004). 영재의 자율연구능력 기초탐색연구. 수탁연구. CR 2004-43. 서울: 한국교육개발원.

Pintrich, P. R., Smith, D. A. F., Garcia, T., & McKeachie, W. J. (1991). A manual for the use of the motivated strategies for learning questionnaire (MSLQ). Ann Arbor, MI: National Center for Research to Improve Postsecondary Teaching and Learning.

Schraw, G., & Dennison, R. S. (1994). Assessing metacognitive awareness. *Contemporary Educational Psychology, 19,* 460–475.

Schraw, G., & Moshman, D. (1995). Metacognitive theories. *Educational Psychology Review, 40*, 351–371.

Snyder, K. E., Nietfeld, J. L., & Linnenbrink-Garcia, L. (2011). Giftedness and metacognition:

A short-term longitudinal investigation of metacognitive monitoring in the classroom. *Gifted Child Quarterly, 55*(3), 181–193.

멘토링
[Mentoring]

멘토링이란 풍부한 경험과 지식과 통찰을 가지고 지혜를 제공하는 신뢰할 수 있는 조력자인 멘토(mentor)가 조력을 받는 사람인 멘티(mentee)에게 일대일로 지도와 조언을 하면서 능력과 잠재력을 개발하는 것이다. 멘토링은 현장훈련을 통해 인재를 육성하기 위하여 학교, 기업 장면에서 활발히 사용되고 있으며, 업무에 유능한 경험과 전문지식이 있는 선임자가 일대일로 후임자나 신입사원을 전담하여 지도, 코치, 조언하여 성장시키는 조력 활동이다. 성과, 목표, 결과에 초점을 둔 코칭과 다르게 멘토링은 멘티의 성장과 발전과정을 지켜보는 동료의 개념이 포함되어 있다. 따라서 우수한 경력과 풍부한 경험을 가진 선배가 후배와 신뢰할 수 있는 관계를 맺으면서 역할 모델이 되어 심리사회적인 지원을 하는 것으로, 평등하고 상호 협조적인 학습 동맹관계를 유지한다.

비공식적인 멘토링은 멘토와 멘티 사이의 상호작용이 자연발생적으로 일어나고 비체계적인 매칭으로 이루어지나 공식적 멘토링은 조직적 차원에서 멘토와 멘티의 관계가 계획적으로 매칭되어 진행된다.

명제적 사고
[Propositional Thinking]

명제적 사고는 경험적인 현상에 대해 추리하는 것이 아닌, 체계적인 사상들을 다룰 수 있는 명제를 구성하고 명제 간의 관계에 대해 논리적으로 추론할 수 있는 사고이다. 또한 현실 상황을 고려하지 않고도 언어적 진술에 의한 명제의 논리를 평가할 수 있는 능력이다. 이러한 명제적 사고는 'A인 동시에 B' 'A이지만 B는 아님' 'A도 아니고 B도 아님'과 같은 세 개의 명제를 바탕으로 가설을 설정하고 논리적으로 추론하는 능력을 의미하고, 이 명제적 사고를 통해 보다 추상적이고 융통성 있는 사고를 할 수 있다.

모델링
[Modeling]

모델링은 하나 이상의 모델을 관찰함으로써 나타나는 행동적, 인지적, 정의적 변화를 가리키는 일반적인 용어로, 사회 인지 학습이론에서 핵심적인 요소이다. 모델링은 밴듀라(Bandura)의 사회학습이론에 근거를 둔 하나의 중재기술로써 소개된 개념이다. 이는 어떠한 강화나 반응조건이 주어지지 않고 단지 타인을 관찰함으로써 어떠한 형태의 지식을 기억하고, 그것을 행동으로 다시 실행하는 것으로, 주어진 모델의 행동에 주의를 기울여 주의 집중하여 인지한 자극을 내면화하기 위해 모델 행동을 상징적 표현 형태로 변화시키는 운동·신경적인 재생산을 하고 정신적으로 보유하는 단계를 거쳐서 동기를 유발시키는 조건을 만나면 내적 또는 외적으로 그것을 사용하게 되는 것이다. 학습자는 모델링을 통해서 새로운 행동을 학습하거나, 기존의 행동을 촉진시키거나 행동을 종합하여 개발하기도 한다. 따라서 모델링은 행동주의 이론의 기계적인 모방학습과는 다른 개념이다.

모듈
[Module]

모듈은 교사의 도움 없이 개별적으로 또는 소그룹으로 학습할 수 있도록 필요한 것이 모두 갖추어진 하나의 수업 단원을 가리킨다. 모듈의 목적은 교사의 지속적인 감독 없이 학습을 촉진하는 것이므로 일반적 수업에서 교사가 제공하는 모든 요소가 인쇄물, 시청각 자료, 컴퓨터 기반 자료, 혹은 이를 통합한 형태로 대신하여 모듈에 포함되어야 한다. 즉, 모듈은 학습자의 주의를 집중시키고, 주제를 소개하고, 새로운 내용을 안내하고, 연습과 피드백, 목표 성취를 확인하기 위한 평가, 그리고 추수 활동으로서 심화 및 보충 학습 등을 제공해야 한다. 교과서, 필름 스트립, 비디오, 혹은 컴퓨터 수업과 모듈의 주요 차이는 모듈이 모든 교수적 관리 절차를 포함하고 있다는 점이다.

모험심
[Spirit of Adventure]

모험은 일반적으로 위험한 것으로, 미지의 세계를 찾아 떠나거나 어떤 목적을 이루기 위해 무언가를 찾아 떠나가는 행위이다. 모험을 하는 데 있어서 필요한 도전심, 모험심은 위험을 무릅쓰고 어떤 일을 하는 마음으로, 성취적인 개인은 보다 어렵고 새로운 문제를 찾기 때문에 도전하는 일에 모험심은 어느 정도 필요한 조건이다.

몰입 이론
[Flow Theory]

"외적인 보상이 없어도 활동 그 자체의 즐거움으로 인해 계속 집중하게 되는 심리적 상태"를 몰입(flow)이라고 한다. 심리학자 칙센트미하이에 의해서 본격적으로 연구되기 시작한 개념이며, 이러한 상태를 통해서 개인이 가지고 있는 잠재력이 발휘된다고 해서 최적 경험(optimal experience)이라고 불리기도 한다.

어떤 일을 할 때 몰입을 경험하기 위한 조건은 다음 세 가지로, 첫째, '그 일을 얼마나 어렵게 생각하는가'(난이도, challenge)와 '내가 그 일을 할 수 능력이 얼마나 있는가'(능력, skill)의 조화, 둘째, 분명한 목표, 셋째, 즉각적이면서 명확한 피드백이다. 난이도와 능력이 조화를 이루면 몰입을, 난이도는 높으나 그에 비해 능력이 낮으면 불안을, 난이도가 낮으나 그에 비해 능력이 높다고 생각하면 지루함을 경험한다는 것이다. 몰입 상태에 빠졌을 때 경험하는 현상은 과제에 대한 놀라운 집중력, 행위와 인식이 통합됨, 자의식이 없어짐, 매우 빨리 시간이 지나가는 느낌, 자신이 원하는 대로 일이 진행될 수 있게 만들 수 있다는 통제감, 자기목적성(외부의 보상 없이도 그 일을 하는)을 가진다는 것이다.

참고문헌

최인수(2011). 창의성의 발견. 서울: 쌤앤파커스.
최인수 옮김(2004). 몰입(*Flow*). Csikszentmihalyi, M. 저. 서울: 한울림. (원서 1990년 출간).

무아레 무늬
[Moire Fringes]

백색광하에서 공간적으로 주기적 구조를 가지고 있는 두 개 이상의 반사판이나 투과판이 겹쳐졌을 때 발생하는 물결무늬 형태의 간섭무늬이다. 예를 들어, 잡아 늘인 용수철, 발이나 방충망이 겹쳐졌을 때, 여름 커튼, 선풍기 등에서 나타나는 무늬이다.

참고문헌

육근철, 김용국, B. Crarnond(2007). 무아레 패턴을 이용한 깨달음과 생산적 창의성 신장 프로그램 개발과 적용. 영재교육연구, 17(1), 193-231.
육근철, 조재홍, 장수(2001). 새물리 44, 299.

무학년제
[Non-Graded System]

무학년제란 학생의 진급이나 졸업을 학년제로 운영하지 않고, 학생의 능력과 흥미 등을 고려한 다양한 방식의 학습 및 평가를 통해 운영하는 방식이다. 이에 따라 진급이나 졸업 방식이 특별하게 정해지지 않았다. 「초 · 중등교육법」 제26조 제1항은 "학생의 진급이나 졸업은 학년제로 하도록" 규정하였고, 이에 따라 모든 학교는 학년제를 근간으로 운영된다. 다만, 동법 동조 제2항은 "제1항에도 불구하고 학교의 장은 관할청의 승인을 받아 학년제 외의 제도를 채택할 수 있도록" 규정하였고, 이에 따라 학교장은 관할청(국립은 교육부 장관, 공 · 사립은 시 · 도 교육감)의 승인을 받아 무학년제를 운영할 수 있다. 그리고 교육부 장관 및 교육감은 「초 · 중등교육법」 제61조에 따라 학교 및 교육과정 운영의 특례를 적용받는 학교(자율학교)에 대해서도 학년제 적용의 특례를 부여하거나 인정할 수 있으므로, 무학년제 적용이 가능하다. 다만 이 경우도 교육부 장관 및 교육감이 적용하도록 하거나 학교장의 신청을 승인해야 가능하다.

참고문헌

국가법령정보센터 http://www.law.go.kr

무한재능모형
[Talents Unlimited(TU)]

무한재능모형은 슐리히터(Schlichter)가 제안한 것으로 테일러(Taylor)가 제안한 아홉 가지 재능 영역〔학업적 재능, 생산적 사고 재능, 의사소통 재능, 예측 재능, 의사결정 재능, 계획(설계) 재능, 실행 재능, 인간관계 재능, 기회분별 재능〕에서 학습자의 잠재력을 인식하고, 이를 양성해야 할 교사를 훈련시키기 위한 모형이다. 훈련의 과정에는 네 가지 주요 활동, 즉 테일러의 아홉 가지 재능과 사고기술, 재능 수업 모델링과 시연, 교실에서의 실제 수업, 일대일 또는 소집단 수업의 주요 활동 범주가 포함된다. 슐리히터는 학습자는 자신의 사고 기술을 향상시키기 위해 적극적으로 노력해야 한다는 것을 스스로 깨달아야 한다고 주장한다. 재능 기차는 초등학생에게 무한재능모형을 설명하는 데 사용되고, 맥탤런트 버그는 중등학생에게 무한재능모형을 설명하는 데 사용하고 있다.

문제해결력

[Problem Solving Ability]

문제를 정확하게 표상하고, 전체 문제 및 문제의 부분에 대한 이해를 나타내는 능력이다. 이러한 문제해결력은 교육 및 훈련에 의해 향상될 수 있다.

문제해결 학습

[Problem Solving Learning]

효율적인 문제해결을 위해 다양한 문제해결 전략을 사용하는 학습 방법이다. 문제를 해결하는 데 초보자와 전문가의 전략이 다름을 이해하고, 전문가들이 사용하는 문제해결 전략을 활용하여 다양한 새로운 문제를 해결해 보는 과정을 다룬다. 수단–목표 분석, 유추적인 사고, 후진 작업법, 언어화 같은 연산법과 발견법은 문제를 해결하는 데 도움이 되는 전략이 될 수 있다. 전문적인 문제해결자는 많은 서술적 지식과 절차적 지식, 조건적 지식을 지니고 있으며, 이러한 지식을 일반적인 원리 또는 여러 종류의 문제에 적용되는 패턴을 중심으로 조직한다.

참고문헌

김아영, 백화정, 설인자, 양혜영, 이선자, 정명숙 역(2001). 교육심리학(*Educational Psychology*). Woolfolk, A. 저. 서울: 학문사. (원서 1995년 출간).

문제행동

[Problem Behavior]

사회적 문제로 정의되는 행동으로서 반사회적, 비사회적, 신경증적, 자기과시적 행동들을 일컫는다. 일반적인 사람들도 판단 착오나 문제시되는 행동의 순간을 경험하

긴 하지만 문제행동은 매우 일관성 있는 패턴을 가지고 있다는 점에서 차이가 있다.

문제행동이론의 가장 근본적 전제는 모든 행동은 개인-환경 간의 상호작용의 결과로 발생된다는 것이며, 이는 사회과학의 '장이론(field theory)' 관점을 반영하고 있다. 문제행동에 관한 연구는 1960년대 초반 알코올 중독에 관한 것으로부터 시작하여 수십 년을 거치면서 청소년과 성인 삶의 중요한 사회적 맥락을 상세히 밝혀 주고 스트레스와 만족감과 같이 그러한 맥락의 핵심적 특성을 측정하는 데에 이르기까지 발전해 왔다. 문제행동은 그 행동을 해결하는 것보다 그 발생 요인에 대한 치료나 지도가 더욱 중요하다.

참고문헌

한국교육심리학회(2000). 교육심리학 용어사전. 서울: 학지사.

Jessor, R., Donovan, J. E., & Costa, F. M. (1991). *Beyond adolescence: Problem behavior and young adult development*. New York: Cambridge University Press.

Lewin, K. (1951). *Field theory in social science: Selected theoretical papers*. New York: Harper & Row.

뮌헨 영재성 검사도구
[Münchener Hochbegabungstestbatterie(MHBT)]

뮌헨 영재성 검사도구는 뮌헨 영재성 종단연구를 통해 헬러(Heller)와 그의 동료들에 의해 개발되었다. MHBT는 재능 요인, 비인지적 성격 특성, 수행 영역, 환경 조건으로 구성된 뮌헨 영재성 모델(Munich Model of Giftedness: MMG)을 기초로 한다. 재능 요인에는 지적 능력, 창의적 능력, 사회성, 실용 지능, 예술적 능력, 음악성, 심리-운동 기술이 포함되며, 비인지적 성격 특성에는 성취동기, 성공에 대한 열망 대 실패에 대한 두려움, 통제력, 지식에 대한 열망, 스트레스 대처능력, 자아 개념 등이 포함된다. 수행영역에는 수학, 정보과학, 자연과학, 기술, 공학, 언어, 음악과 미술, 사회적 활동, 지도성, 스포츠 등이 포함되며, 환경 조건에는 가정의 창의적 분위기, 교육

양식, 부모의 교육 수준, 학업성취에 대한 가정에서의 요구, 성공과 실패에 대한 사회적 반응, 가족 분위기, 학교수업의 질, 학교 분위기, 주요 생활 사건, 차별화된 학습과 교수 등이 포함된다(손승남 2007; Heller & Perleth, 2008). MHBT는 학생들의 기본 능력을 가늠하기 위해 다양한 체크리스트를 사용한 영재성 판별 측정도구인 인지능력 검사지와 영재성 판별측정도구 검사지로 구성되어 있다.

참고문헌

손승남(2007). 뮌헨 영재성 유형모델(MHBT)의 적용가능성 탐색. 교육의 이론과 실천, 12(1), 209-229.

Heller, K. A., & Perleth, C. (2008). The Munich High Ability Test Battery (MHBT): A multidimensional, multimethod approach. *Psychology Science Quarterly, 50*(2), 173-188.

뮌헨 영재성 모델
[The Munich Model of Giftedness(MMG)]

영재성의 다양한 특성과 다단계적 접근을 포괄적으로 시도하고 있는 모델이 바로 독일 뮌헨대학의 헬러(Heller)에 의해서 활발하게 연구 · 시행되고 있는 뮌헨 영재성 유형 모델(MMG)이다. 이 모델의 특징은 무엇보다도 영재성을 결정하는 다차원적 변인들을 두루 고려하고 있다는 데 있다. 영재성을 다양한 재능요인들뿐만 아니라 성취동기, 학습전략과 같은 정의적 특성 요인들과 가정과 학교분위기와 같은 환경조건들을 고려하고 있어 전인적인 관점에서 영재성을 판별할 수 있게 해준다는 장점이 있다. 영재를 단순히 지적으로 빼어남 혹은 수학이나 과학 분야에서의 탁월한 능력으로 국한시켜 '좁게' 훈련시키려는 것이 아니라 영재아가 한 인간으로서 올바로 성장할 수 있도록 '넓게' 촉진하고 배려한다는 기본 철학을 전제로 하고 있다. 이러한 전제하에 실제 영재 판별에서도 교사의 체크리스트에 의한 선별을 통하여 약 10%를 선정하고, MMG를 통하여 1~2%를 선발한 후 다양한 영재 프로그램을 차별적으로 적용하는 다단계 전략을 쓰고 있다.

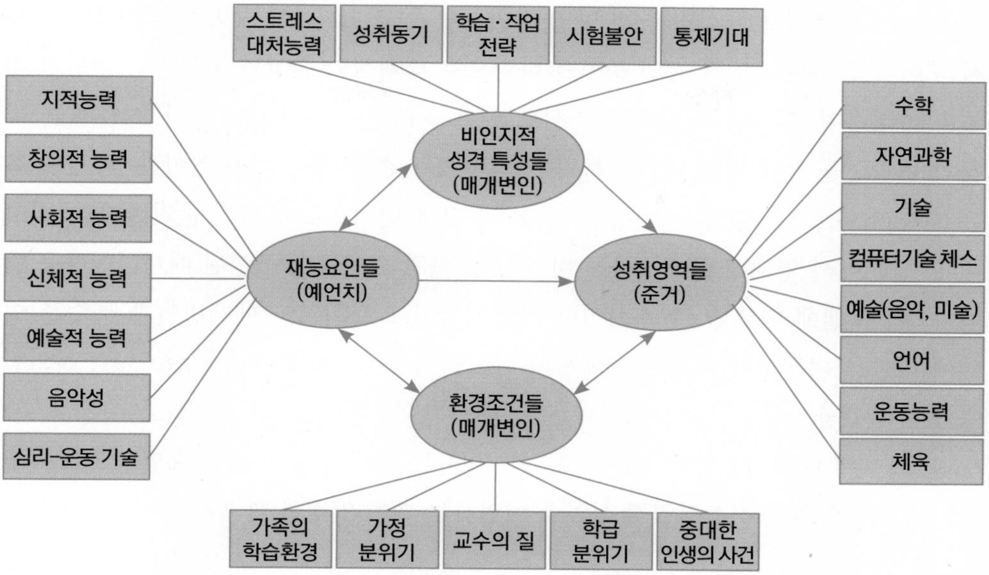

재능요인(예언변인)	환경적 특성(매개 변인)
-지능(언어, 수학, 기술 · 구성 능력 등) -창의성(언어, 수학, 기술, 예능 영역 등) -사회적 능력 -음악성 -미술적 재능 -운동능력 -실천지능	-가정 학습환경의 촉진적 내용 -부모의 교육 수준 -교육방식, 교육목적, 교육실제 -집안의 성취 압력 -성공/실패에 대한 사회적 반응 -형제자매의 수와 일치 -가족분위기 -교육 수준, 수업의 질 -학습 및 성취의 차별화 -학교 분위기 -결정적 삶의 위기 체험
(비인지적) 인성적 요인(매개변인)	**성취영역(준거변인)**
-성취동기, 학습 및 과제동기 -성공에 대한 기대 -실패에 대한 두려움 -노력준비성 -자기통제능력 -귀인요인 -인식욕구 -흥미 -스트레스 대처능력 -자기개념(일반, 학교, 영재 자기개념 등)	-언어 -수학 -자연과학 -기술, 조형적 수공 -컴퓨터, 장기 등 -음악 -미술 -사회과학 -조직 내 지도성 -스포츠 활동

[그림] 다차원적 영재성 개념의 범례로서 뮌헨 영재성 유형 모델(MMG)

MMG는 이론적으로 심리 측정 방법에 기초를 두고 있다. 이 방법은 심리학 영역에서는 이미 입증된 소질과 요인 분석을 바탕으로 영재성의 현상과 구조를 기술하고 재능을 측정하며, 영재성 판별(진단)에서도 이를 최대한 활용하고자 한다. MHBT는 몇 개의 변인군을 통해서 영재성을 보다 종합적으로 진단한다. 그 변인이란 곧 영재 혹은 재능 영역으로 구성된 예언변인, 성취 및 실행 영역으로 구성된 준거변인, 그리고 이 둘 사이에서 영재성을 매개하는 비인지적, 환경 요인들로 구성된 매개변인들을 말한다. 이 모델에 따르면 "영재성이란 비인지적이고 사회적인 매개변인과 특수한 영역에 대한 성취준거의 그물망 안에서의 다요인적 능력구인(Heller, 2006)"으로 정의될 수 있다(손승남, 2007).

MHBT에서 매개변인들을 강조하고 있는 이유는 영재성 혹은 재능 요인만으로 특정 분야에서의 학업성취나 직업적 성공을 예언하는 데는 일정한 한계가 있기 때문이다.

참고문헌

손승남(2007). 뮌헨 영재성 유형모델(MHBT)의 적용가능성 탐색. 교육의 이론과 실천, 12(1), 209-229.

미국국립영재교육센터
[The National Research Center on the Gifted and Talented(NRC/GT)]

미국국립영재교육센터(NRC/GT)에서는 다음의 주제에 대한 연구 활동과 성과를 통해 영재를 발굴하고 육성하는 교육환경을 제공하고 있다. 첫째, '영재란 누구인가?', 둘째, '영재는 어떻게 발현될 수 있는가', 셋째, '영재를 위한 프로그램과 서비스는 어떻게 제공되어야 하는가?', 넷째, '영재들의 학습 기회를 더욱 풍성하게 하기 위해 실제 교육 프로그램과 여러 가지 활동은 어떻게 실현되어야 하는가?', 다섯째, '영재아 및 잠재된 영재아를 위한 독서 교육과 수학 교육들은 어떠한 방법으로 효과적으로 접근할 수 있는가?', 여섯째, '영재학생들을 지원하는 데 있어 학부모와 교사들은 어떠한 방법으로 효과적인 협력체계를 구축할 수 있는가?'

미국국립영재교육센터에서는 영재성의 개념, 영재아를 위한 특별 프로그램 개발 및 제공, 잠재된 영재성 개발을 위한 기초 연구 및 프로그램 개발, 투여 등의 활동을 통해 보다 많은 학생들이 영재교육의 기회를 접하여 그들의 영재성과 잠재력을 계발할 수 있도록 이끌어 주고 있다. 이러한 활동은 석사과정과 6년 학위과정 인증을 위해 디자인된 온라인 프로그램과 예술 장인 개발을 위한 캠퍼스 중심 대학 프로그램, 철학 박사, 6년 학위 과정 인증을 포함한 모든 프로그램과 교육 서비스와도 연관되어 있다. 대학 후 과정은 국가와 세계를 위한 리더십과 연구 역할을 수행하는 데에 초점을 두며 차후에 진행될 연구와 교수 활동 수행을 위한 지원도 제공한다. 미국국립영재교육센터(NRC/GT)는 1990년 이후 다양한 대학과 협력 시스템을 구축하고 있다. 현재 미국국립영재교육센터(NRC/GT)는 다양한 접근법을 통합하여 학문적인 성과들을 평가 · 제공하고 있다.

또한 미국 연방정부로부터 지원받는 다수의 프로젝트를 통해, 현재 많은 호평을 받고 있는 독서(독서 심화 모델)와 수학(M3 프로젝트: 수학적 사고 멘토링 활동) 교육 사업을 진행하고 있으며 새로운 기술 기반 학습 시스템을 개발하고 있다. 이러한 학습 시스템은 학생들의 흥미와 심화된 학습 스타일에 걸맞은 온라인 프로그램으로 이것을 통해 센터는 학생들에게 다양한 배움의 기회를 제공한다. 뿐만 아니라 전문화된 여름 학습 프로그램을 통해 영재들로 하여금 학습활동에 대한 이론적 · 실제적인 접근법을 체험하도록 이끌어 준다.

참고문헌

http://www.gifted.uconn.edu/nrcgt.html

미국영재학회
[National Association for Gifted Children(NAGC)]

미국영재학회 NAGC는 다양한 문화와 인종, 종교적 배경을 안고 있는 아동의 영재성을 촉진 · 발현시키기 위한 정책과 교육 활동들을 개발 · 지원하고자 한다. 또한 교육의 질을 향상시키고자 하는 각종 기관 및 조직과의 협력 · 교류 활동뿐만 아니라 연구 수행 및 개발 활동 그리고 전문인력 양성 활동에 기여하고자 한다. NAGC의 주요 업무는 교육 활동 및 변호, 커뮤니티 조직과 연구 활동을 통해 영재아의 발달과 성장을 촉진하는 데에 있다. 뿐만 아니라 영재아들이 자신의 개인적인 이상을 실현하고 이를 통해 사회에 기여할 수 있도록 그들의 부모와 가족, 유 · 초 · 중 · 고 교육전문가 그리고 교육 커뮤니티 및 영재교육과 관련된 전문 인력들이 더욱 효율적으로 그리고 전문적으로 역할을 할 수 있도록 다양한 도움을 제공하고자 한다. 또한 NAGC는 영재들이 국가의 소중한 자산이 되어 그 역할을 수행할 수 있도록 하는 데에 큰 의미를 둔다. 이를 위해 교육 활동과 변호, 커뮤니티 형성 그리고 연구 활동을 통해 영재들의 성장과 발전에 가치 있는 역할을 수행하고자 한다. 또한 NAGC는 부모와 가족 그리고 유 · 초 · 중 · 고 교육전문가와 고등교육기관 및 연구 인력을 위한 지원 활동도 제공한다. 이 외에도 아동의 영재성과 잠재된 가능성들이 충분히 발현되고 양성되는 것을 지향함으로써 아동이 어떠한 사회 · 문화적 배경에서도 이들의 이상이 실현되고 사회에 기여할 수 있도록 모든 지원 활동을 제공하고자 한다.

2021년까지 NAGC 본부는 각 국가에 설치되어 있는 지부를 통해 영재 및 영재교육에 대한 인식 및 정책, 실제 교육 활동들을 강조함으로써 각종 비전을 실현하고자 한다. NAGC는 영재 및 영재교육에 관한 전문가들의 교류 활동과 지적 결과물들을 알리기 위해, 각 개인 및 집단이 수행한 연구 결과물에 관한 논문을 투고받아 심사를 진행하여 그 결과물들을 학회지로 발행한다. 이를 통해 영재교육에 대한 이슈와 정책, 실제 활동들을 다루는 연구 결과물을 발행 · 배포하며, 실제적인 이슈와 정책 또는 여러 가지 활동에 대한 설명 작업이 필요할 때에는 전문가 집단을 조직하여 이들이 필요한 후속 작업을 수행하도록 여러 가지 여건을 제공한다.

참고문헌

http://www.nagc.org/about-nagc

미국의 영재교육

[Gifted Education in USA]

미국에서의 영재교육의 태동은 존스 홉킨스(Johns Hopkins) 대학교 길먼(Gilman) 총장의 주도하에 1876년에 존스 홉킨스 대학교 심리학연구실에서 시작된 영재아 연구와 하버드(Harvard) 대학교 제임스(W. James)가 1875년 하버드 대학교 심리학연구실에서 시작한 인간 심리에 관한 연구에서 비롯되었다. 특히 이 두 기관의 영향을 받아 터먼(L. M. Terman)은 영재교육에 관한 연구를 본격적으로 시작한 효시자가 되었으며, 그의 50여 년간의 연구를 집대성한 '영재의 발생학적 연구(genetic studies genius)'는 영재에 관한 연구와 교육의 기초를 마련해 주었다. 그러므로 미국에서의 영재교육 연구는 약 120여 년 전부터 시작되었다고 볼 수 있으며, 그 이후부터 영재교육의 필요성이 오랫동안 널리 인식되어 있다. 그리하여 1970년 이전에 펜실베이니아주와 조지아주에서 영재교육을 적극적으로 실시하여 왔으며 캘리포니아주, 코네티컷주, 노스캐롤라이나주에서는 영재교육을 실시하도록 법률을 제정한 바 있다. 1960년대 말에는 일곱 개 주에서 영재교육법이 제정되어 있었고, 영재교육 프로그램을 위한 예산을 지원해 주었다. 이 시기에 영재들을 위한 다수의 프로그램, 즉 AP(advanced placement), the national merit scholarship fund 등도 개발되었다. 1970년에 접어들면서 미국에서는 영재교육을 위한 각종 프로그램이 연구 개발되었고 영재교육을 위한 지역공동 영재교육센터의 설립이 활성화되었다. 1975년에는 8개 주를 제외한 미국의 모든 주에서 영재교육법을 제정하였다. 이 시기에 영재교육 활성화를 위하여 미국 의회에 제출된 정책건의서인 말랜드 보고서(1972)는 미국의 연방정부 및 주 정부에서 영재교육에 보다 적극적인 관심을 기울이게 된 계기를 마련해 주었다. 1988년 미국 연방정부는 The Jacob K. Javits Gifted 그리고 Talented Student Act라는 영재교육법을 제정 · 공포하였고, 각 주 정부에서 추진하는 영재교육 정책을 원활히 수행할 수 있는 기반을 마련하였다. 주별로 영재교육 정책에 약간의 차이가 있기는 하지만, 1990년까지 26개 주는 영재들을 위한 특별 프로그램과 서비스를 학교에서 제공해 주게 되었고, 27개 주는 영재교육 프로그램을 제공할 수 있도록 영재교육법을 제정하였다. 미국 교육부에서 1993년에 발표한 'National Excellence' 보고서에는 영재들을 위한 효과적인 프로그램으로서 영재를 위한 전일제 학교, governor's school과 같은 여름방학 영재 프로그램, 영재 발굴 아카데미 프로그램 등 다양한 교수전략과 흥미로운 교육과정을 개발하였다.

미국에서 유치원 수준에서 제공하는 영재교육 프로그램은 예능(visual and performing arts) 영역이 지배적이다. 그리고 초등학교 수준에서 수학 · 물리 등의 자연과학 분야, 예능 분야와 체육 분야(특히 체조) 등으로 프로그램이 다양하게 제공되고 있다. 중등학교 수준에서는 자연과학 분야(수학, 물리, 생물 등)와 예능 체육 분야로 세분화되어 있다. 특히 고등학교 수준에서는 창작 분야(문학), 인문 · 과학 분야, 공예 분야 등의 영역으로 세분화되어 있다. 요컨대, 미국의 영재교육 과정은 유치원에서부터 고등학교에 이르기까지 정규과정 혹은 특별과정으로 영재들이 자신의 영재성을 계발해 갈 수 있도록 다양한 프로그램을 제공하고 있다. 미국의 대표적인 영재교육기관으로는 일리노이 수학과학고등학교(Illinois Mathematics and Science Academy: IMSA), 토마스 제퍼슨 과학고등학교(Thomas Jefferson High School for Science and Technology), 노스캐롤라이나 과학수학고등학교(North Carolina School of Science and Mathematics), 브롱스 과학고등학교(The Bronx High School of Science), 버지니아주 영재교육센터(The Gifted and Talented Center Program: GTCP) 등이 있다.

참고문헌

구자억, 안미숙, 김홍원, 이순주, 박성익, 조석희(2002). **동서양 주요국가들의 영재교육**. 서울: 문음사.

미래문제해결
[Future Problem Solving Program]

미래문제해결 프로그램은 창의적 문제해결(Creative Problem Solving: CPS)에 근거하여 토랜스가 개발한 프로그램이다. 이 프로그램은 연구나 도구 개발보다는 교육 프로그램을 만들어 창의적 문제해결에 실천적으로 적용하는 데 초점이 있다. 특히 미래 관련의 도전을 다루는 창의성과 혁신적 사고의 중요성을 강조하고 있다. 즉, 변화하는 미래사회에 적응 선도하기 위해 필요한 창의적, 비판적인 사고 기능을 개발하는 것을 목적으로 한다. 프로그램의 구체적인 목표는 학생들의 창의적 사고 능력과 비판적 사고 능력을 기르고, 미래에 대한 관심과 지식을 자극하며, 의사소통 기능과 연구하는 기능을 향상시키고, 자기주도적이고 책임 있는 사람이 되도록 하는 데 있다.

미래문제해결프로그램(FPSP)의 핵심은 학생들에게 '미래에 대하여 창의적으로 사고하는 방법'을 가르치는 것이다. 이 프로그램은 1976~1977년까지는 '미래문제해결대회'(Future Problem Solving Bowl)란 이름으로 교육하였지만 참가학생 수의 확대와 요소 과정의 추가로 '언어 분야'의 세계적으로 대표적인 영재교육 프로그램으로 성장하여 매년 '국제 창의력 올림피아드'를 개최하고 있다(김영채, 2009).

FPSP는 4개의 유형들이 있으며 초등학생부(13세까지), 중학생부(16세까지) 및 고등학생부(19세까지)로 나누어 교육한다. 네 가지 유형은 팀 문제해결(team problem solving), 행위중심 문제해결(sction-based problem solving), 지역사회 문제해결(community problem solving) 및 시나리오 쓰기(scenario writing)이다. 그러나 이들 유형 중 가장 기본적이고 핵심적인 것은 팀 문제해결이다. 4개의 유형들을 살펴보면 다음과 같다.

- '팀 문제해결' 과정: FPSP 가운데 가중 중심적인 것으로 교사나 전문코치의 지도하에 네 명이 한 팀이 되어 6단계 문제해결 모형을 이용하여 문제를 해결하게 된다. 학생들은 팀 속에서 협동적으로 작업하면서 아이디어를 생성해 내는 확산적 사고기능과 생성해 낸 아이디어를 선택하는 수렴적 사고기능을 함께 개발한다.
- '행위중심 문제해결' 과정: 읽기나 쓰기가 제대로 발달하지 못한 아동에게까지 '팀 문제해결'을 확대하거나 또는 교과학습에 적용한 것이다. 유치원이나 초등학교 저학년, 초·중학교에서 교과내용을 가지고 문제해결 단계를 연습한다.
- '지역사회 문제해결' 과정: 팀 문제해결이나 행위중심 문제해결을 통하여 FPSP를 상당 수준 공부한 다음 학교나 지역사회, 국가적인 문제 등을 팀 문제해결과 유사한 과정을 거쳐 해결해 보게 한다. 주제는 환경, 건강, 교육, 문화 등에 걸쳐 다양하게 주어질 수 있다.
- '시나리오 쓰기' 과정: 제시된 특정 미래 문제를 기초로 하여 미래지향적인 단편소

설을 쓰는 활동이다. 이를 통해 학생들은 창의적인 작문 기능을 다듬고 개발할 수 있다. FPSP에서는 말하기와 쓰기의 커뮤니케이션을 강조하지만 특히 이 과정 요소는 창의적인 작문 · 쓰기를 강조한다.

참고문헌

김영채(2009). 창의적 문제해결: 창의력 수업을 위한 코칭 가이드. 경기: 교육과학사.

미성취 영재 프로그램
[Program for Gifted Underachiever]

미성취 영재 프로그램은 뛰어난 영재성을 갖고 있지만, 현재의 성취는 낮은 영재들이 낮은 성취의 문제를 해결할 수 있도록 도와주는 프로그램이다. 미성취 영재의 문제를 해결하기 위한 중재 방안은 크게 상담을 통한 중재와 직접 교수를 통한 중재의 두 가지가 있다. 상담을 통한 미성취 영재의 중재는 개인 및 가족, 집단 상담의 형태로 이루어지고 있으나, 상담을 통한 중재의 효과성 논란이 계속되고 있으며, 미성취 영재를 위한 상담기법 또한 난해하다. 따라서 미성취 영재 프로그램은 학습기능에 대한 직접 교수가 중심이 되어 상담을 통한 중재를 포함시켜 진행되고 있는 것이 일반적이므로, 학습기능에 대한 직접 교수의 측면에서의 프로그램이 미성취 영재를 위한 중재의 핵심이 된다.

대표적인 미성취 영재 프로그램으로 휘트모어(Whitmore, 1980)의 full-time 프로그램인 쿠퍼티노 프로젝트 프로그램, 서플리(Supplee, 1990)의 part-time 프로그램, 바움, 렌줄리, 허버트(Baum, Renzulli, & Herbert, 1995)의 3부 심화학습 모형에 따른 프로그램, 림(Rimm, 1995)의 TRIFOCAL 모형에 따른 프로그램 등이 있다.

참고문헌

Baum, S. M., Renzulli, J. S., & Hebert, T. P. (1995). Reversing underachievement: Creative productivity as a systematic intervention. *Gifted Child Quarterly, 39*(4), 224–235.

Rimm, S. B. (1995). *Why Bright Kids get Poor Grades And What You Can Do About It.* Published in an earlier edition as Underachievement Syndrome; Cases and Cures. Watertown, WI: Apple Publishing Company.

Supplee, P. L. (1990). *Reaching the gifted underachiever: Program strategy and design.* New York: Teacher College Press.

Whitmore, J. R. (1980). *Giftedness, conflict, and underachievement.* Boston, MA: Allyn and Bacon.

미성취 예술영재
[Underachieving Gifted Child in Arts]

미성취는 기대 수준과 실제 성취 사이의 불일치를 의미하는 것으로서, 미성취 예술영재란 잠재된 예술적 능력은 높으나 실제의 성취가 기대보다 훨씬 낮게 나타나는 영재를 의미한다. 미성취 예술영재는 낮은 자아존중감, 자신감의 결여, 열등감, 학업 회피 행동 등을 보인다. 미성취 예술영재의 원인에는 여러 가지가 있으나 주위의 지나친 기대감에 대한 부담을 포함하여 정서적, 인지적 부조화, 발달상의 어려움 등과 같은 개인적 측면과 가정환경이나 사회적 환경 및 교육적 여건 등과 같은 환경적 측면의 복합적인 작용이 영향을 미친다. 미성취 예술영재를 지도할 경우, 약점보다는 강점에 초점을 맞추고, 자존감을 회복할 수 있는 기회를 제공해야 하며, 다른 사람과 비교하는 평가 행동을 자제해야 한다. 또한 집단 학습보다는 개별화 교육과 주위의 교사, 보호자 등과 적극적인 협력이 필요하다.

참고문헌

박성익, 조석희, 김홍원, 이지현, 윤여홍, 진석언, 한기순(2003). **영재교육학원론**, 경기: 교육과학사.

백중열(2010). 미성취 영재의 특성과 지도방안 모색. **미술교육논총**, 24(3), 373-388.

Rimm, S. (2010). Underachievment Syndrome: A Psychological Defensive Pattern. In Steven I. Pfeiffer (Ed.), *Handbook of Giftedness in Children.* FL: Springer, 139-160.

미술영재

[the Gifted in Visual Art]

미술영재는 '미술이라는 영역에서 뛰어난 성취력을 보이거나 보일 수 있는 잠재력을 가진 개인'을 의미하며, 현재적으로 발현된 성취력과 미발현된 잠재력을 포함하는 개념으로 정의된다. 「영재교육진흥법」상의 영재의 정의에 따를 때, 미술영재는 '미술 분야에 대한 재능이 뛰어난 사람으로서 타고난 잠재력을 계발하기 위하여 특별한 교육을 필요로 하는 자'로 정의될 수 있다. 미술영재에 대한 학술적인 정의에 비해 법률상의 정의는 교육적 필요를 적극적으로 제시함으로써 사회적 제도를 운영할 수 있도록 견인하는 지침이 된다는 점에서 특성을 지닌다. 현대에서 미술의 개념이 확장되는 점을 반영하여 시각예술영재로 부르기도 한다. 미술이 회화, 조각, 공예, 디자인과 같은 근대적인 장르적 분류에 기반하고 있는 점에 비해, 시각예술은 시각문화라는 확장된 틀로서 기존의 미술 장르 외에 설치와 영상 및 건축 등 미술의 시각문화 측면을 폭넓게 수용한다. 그런 점에서 미술영재에 비해 시각예술영재는 전통적 미술 장르를 넘어서는 현대적 미술의 확장성에 기반을 둔 정의이다.

참고문헌

박지숙(2013). 시각예술영재 판별의 실제 및 사례 연구. **한국과학예술포럼**, 12, 94-104.

이미경, 강병직(2006). **예술영재교육 대상자선발연구 I**. 서울: 한국예술영재교육연구원.

이용애(2003). 초등학교 아동의 시각예술영재성 판별 준거 개발. **초등교육연구**, 16(2), 397-414.

Clark, G., & Zimmerman, E. (1984). *Educating Artistically Talented Students*. N.Y.: Syracuse University Press.

미술영재교육

[Education for the Gifted in Visual Arts]

미술영재교육이란 미술영재들이 교육의 대상이자 주체가 되며, 미술영재들의 영재성을 개발하기 위하여 제공된 차별화된 교육을 말한다. 이는 미술영재교육은 미술영재를 대상으로 하는 동시에 미술영재 자신이 교육의 주체가 된다는 것을 말하며, 이들을 위한 차별화된 교육환경과 교육내용 및 방법이 제공되는 것을 의미한다. 미술영재교육은 미술영재의 개인적인 삶과 미술의 본질, 교육의 원리를 포괄적으로 구성하여야 하며, 미술영재들이 자신의 미술 세계를 구축하여 우수한 성과로 나타나도록 기여해야 한다.

참고문헌

강주희(2002). 미술영재교육의 가능성. 논문집, 5, 25-70.

김정희, 강병직(2011). 미술영재교육학. 서울: 학지사.

Clark, G., & Zimmerman, E. (1984). *Educating Artistically Talented Students*. N.Y.: Syracuse University Press.

Clark, G., & Zimmerman, E. (2004). *Teaching Talented Art Students: Principles and Practices*. VA: Teachers College Press.

민감성
[Sensitivity]

민감성이란 외부 자극에 반응하는 유기체의 능력을 의미한다. 특별한 종류의 자극에 대하여 그 결과 느끼는 강도를 나타내며, 물리적인 것뿐만 아니라 정서적인 느낌에도 적용된다. 폴란드 정신과 의사인 다브로프스키(Dabrowski, K.)는 대단히 높은 정신 능력을 가진 사람들, 영재 아동과 성인들에게 자주 나타나는 강렬함과 민감성을 과흥분성(overexcitability)이라는 개념으로 표현하고 있다. 과흥분성은 다양한 형태의 자극에 대해 강렬한 방식으로 반응하는 선천적 성향을 의미한다.

민감성은 가치의 위계성 발달과 관련이 있으며, 민감성이 높을수록 감정 인식이 뛰어나 다른 사람이나 동물, 자연, 우주와의 동일시로 인해 감정이 깊어지고, 그로 인해 과도하게 느끼고 경험하고 반응하게 만든다. 민감성이 높을수록 놀라움과 불안을 일으키며, 보다 강하고 다면적인 방식으로 자극을 인식한다. 민감성은 열정과 공감적 요소를 지니고 있다. 열정은 살아가며 경험하는 모든 것에 의미를 부여하는 느낌의 깊이를 말하여 정서적 삶에 강렬함과 복잡함을 부여하고, 창의적인 노력을 하게 하고, 대상에 대한 깊은 애착을 형성하여 상황에 감정적으로 반응하게 된다. 공감은 동정심이 깊어 다른 사람과 사회에 대해 헌신하게 하고 타인을 돌봐 주고 고통을 줄여 주려고 노력하게 만든다.

영재의 경우 강렬함(emotional intensity)과 함께 정서적 민감성(emotional sensitivity)이 주요한 특징으로 나타난다. 높은 정서적 민감성은 주변 자극에 대해 예민하고 과민한 반응을 보이게 할 수 있으며, 일반인들과의 심리적 거리감을 유발할 수도 있다. 그러나 이는 성장과 발전을 위한 긍정적 잠재력으로 기능할 수 있으며, 영재들이 더 높은 수준의 정신활동을 하게 되는 원천이 될 수 있다.

참고문헌

김영아 역(2014). 다브로프스키의 긍정적 비통합이론(*Dabrowski's theory of positive disintegration*). Sal Mendaglio 편저. 서울: 학지사. (원서 2008년 출간).

대한간호학회(1996). 간호학대사전. 한국사전연구사.

서울대학교 교육연구소(1995). 교육학 용어사전. 서울: 하우동설.

윤여홍 역(2009). 영재와 정신건강: 오진단과 이중진단(*Misdiagnosis and dual diagnoses of gifted children and adults*). J. T. Webb, E. R. Amend, N. E. Webb, J. Goerss, P. Beljan, & F. R. Olenchak 저. 서울: 학지사. (원서 2005년 출간).

이미순 역(2008). 영재상담(*Counseling the gifted and talented*). L. K. Silverman 편저. 서울: 박학사. (원서 1993년 출간).

조선희, 이민주, 최유용, 김희백, 이건호(2010). 과학적 창의력과 정서적 감수성의 관계에 대한 뇌영상 연구. 영재교육연구, 20(2), 503-526.

Clark, B. (1983). *Growing up gifted: developing the potential of children at home and at school.* Merril Pub.

Dabrowski, K. (1972). *Psychoneurosis is not an illness: Neuroses and psychoneuroses from the perspective of positive disintegration.* London: Gryf Publications.

두산백과

Wikipedia

ㅂ

반성적 사고
[Reflective Thinking]

자신의 사고 내용이나 사고 과정, 문제해결 과정, 그리고 그 결과에 대해 생각하는 사고이다. 또한 문제의 해결을 위하여 가설적인 생각들을 검토하여 목적을 실현하려고 하는 통제된 사고의 전개 과정이다. 이와 같은 반성적 사고는 체계적이고 논리적으로 진행된다는 점에서 공상이나 백일몽과 같이 통제되지 않고 진행되는 사고와 구별된다.

미국의 철학자 듀이(J. Dewey)는 반성적 사고를 통해 학습자가 경험들 간의 더 깊은 관계를 찾아내어 의미를 부여할 수 있으며 이것이 교육의 본질이라고 보았다.

참고문헌

한국교육심리학회(2000). 교육심리학 용어사전. 서울: 학지사.

Rodgers, C. (2002). Defining Reflection: Another Look at John Dewey and Reflective Thinking. *Teachers College Record, 104*(4), 842–866.

발견적 교수법
[Discovery Method]

학습자가 자력으로 문제의 해결방법을 발견해 나가도록 도와주는 교수법이다. 학습을 위한 보편적 교수방법은 기본적인 구조와 규칙 등을 직접적으로 제시하는 것이다. 그러나 발견적 교수법에 따르면 교사는 단순히 답의 문제를 가르쳐 주기보다는 학습자가 스스로 자신의 기억 속에 저장된 개념들을 회상하고 문제의 해결 방법을 탐구해 나가는 것을 도와주는 역할을 한다. 학습자는 자신의 경험을 구조화하는 과정을 통해 문제를 해결해 나가는 능동적인 학습자가 되며, 교사는 다양한 자원을 제공하고 촉진해 주는 역할을 담당하고, 학습이 이루어지는 환경은 매우 자유롭다는 특징이 있다.

참고문헌

한국교육심리학회(2000). 교육심리학 용어사전. 서울: 학지사.

Dean, D. Jr., & Kuhn, D. (2006). Direct instruction vs. discovery: The long view. *Science Education, 91*(3), 384–397.

발견학습
[Discovery Learning]

탐구에 기반을 둔 학습 방법으로 학습자가 스스로 어떤 사실로부터 원리를 발견하도록 안내하는 학습 방법이다. 학습자는 자신의 경험과 지식을 바탕으로 새로운 사실과 관계들을 발견하게 되는데, 사물을 탐구하고 조작하고, 질문과 모순점들과 씨름하며, 실험을 수행함으로써 세상과 상호작용하게 된다. 그 결과, 학습자는 스스로 발견한 개념과 지식을 더욱 오래 기억할 수 있을 것으로 보았다.

발견학습 이론은 피아제(Jean Piaget), 브루너(Jerome Bruner), 패퍼트(Seymour Papert)와 같은 학습이론가와 심리학자들에 의해 옹호된다. 특히, 브루너는 1960년대에 발견학습이론을 제시하여 이후 교수학습 기술에 많은 영향을 미쳤으며, 발견학습이 문제해결능력을 발달시킬 뿐 아니라 학습자에게 동기를 부여하고 자립성, 책임성, 창의성 등을 촉진한다고 주장하였다. 그는 학습은 반드시 학습자의 경험과 맥락을 고려하여 이루어져야 하며, 학습자가 쉽게 이해할 수 있도록 구성되어야 한다는 '나선형 교육과정'을 제안하였고 발달 상태에 따라 표현양식을 다르게 한다면 복잡하고 어려운 개념도 쉽게 이해할 수 있다고 보았다.

참고문헌

Bruner, J. S. (1961). The act of discovery. *Harvard educational review, 31*(1), 21–32.

Bruner, J. S. (2009). *The process of education*. MA: Harvard University Press.

발달과업

[Developmental Task]

인간 발달 과정에서 인간이 환경에 적응하기 위하여 각 발달 단계에서 반드시 성취해야 할 일들을 뜻한다. 헤비거스트(R. J. Havighurst)는 발달과업의 개념을 발달 전망의 측면에서 정상적인 인간 발달을 기술하는 데 사용하여, 개인이 한 단계에서의 발달과업을 잘 성취하면 행복하게 되고 다음 단계의 과업을 원만히 수행할 기초를 마련하나, 그렇지 못하면 불행해질 뿐만 아니라 앞으로의 과업 수행에 곤란을 겪게 된다고 하였다. 그는 '신체가 성숙하고, 사회가 요구하고, 자신이 어떤 과업을 성취할 준비가 되었을 때 교육의 적정 시기가 온 것'이라고 주장하였다.

각 발달과업들은 대체로 아동의 동기 유발(動機誘發)과 흥미의 핵심을 이루게 되며 과업이 완수된 후에는 아동을 묘사하고 각 아동들을 비교하는 데에 중요한 기점으로 사용하게 된다. 발달과업은 문화, 계층에 따라 차이가 있으나 대체로 연령에 따라 계열화되어 있다.

참고문헌

서울대학교교육연구소(1995). 교육학 용어사전. 서울: 하우동설.

한국교육심리학회(2000). 교육심리학 용어사전. 서울: 학지사.

발달상담
[Developmental Counseling]

영재상담을 목적에 따라 발달상담, 예방상담, 치료상담으로 구분할 수 있다. 발달상담은 영재의 기본적인 성장, 발달을 촉진하며, 자아실현을 위한 발달과 적응을 목표로 이루어지는 상담을 의미한다. 즉, 영재의 교육적 성장을 도와줄 수 있는 가정 및 학교 환경을 형성하여 영재의 인지, 정서적 욕구의 이해에 기반을 두고 이루어지며, 학부모 상담도 여기에 포함된다. 발달상담 모델로는 실버맨(Silverman)의 도덕발달(도덕적 용기, 열정, 이타성), 웰빙(자율성, 자기효능감), 성취(창의성, 사회에의 공헌), 마호니(Mahoney)의 자아정체성 발달(자아정체성 탐색, 내적 자기 강화, 건강과 발달 향상), 반타셀 바스카(VanTassel-Baska)의 학업 계획, 진로지도, 그리고 정서적 차이에 초점을 둔 심리사회적 상담, 콜란젤로(Colangelo)의 영재, 재능학생의 건강한 적응 촉진을 위한 발달상담 모델(예: 영재성 이해, 영재의 인지-정서에 기반을 둔 활동, 개인-가족-교사의 자문 등) 등이 있다.

참고문헌

박경빈, 류지영, 박인호, 방승진, 육근철, 윤여홍, 이미순, 이선영, 이재호, 전미란, 전영석, 조석희, 진석언(2014). 한눈에 보는 영재교육. 서울: 학지사.

이미순 역(2008). 영재상담(*Counseling the gifted and talented*). L. K. Silverman 편저. 서울: 박학사. (원서 1993년 출간).

발레 영재성
[Giftedness in Ballet]

발레 영재성은 춤을 잘 출 수 있는 체력 및 체격을 지닌 신체 조건과 동작기술 능력, 표현성 및 창의성, 동기 등의 속성을 지니고 있다. 현재 발레 분야에서 높은 성취를 이루지 못했을지라도 향후 높은 성취를 이룰 가능성이 있는 잠재적 무용 재능을 지닌 사람까지도 포함한다.

발레에 적합한 순발력과 신체적 조건인 긴 팔과 다리, 목, 유연한 고관절 등을 지니고 있으며 발레 테크닉, 음악에 대한 지각과 청음 능력, 예술적 감성 등 표현력을 지니고 있어야 한다. 또한 발레에 대한 흥미 및 몰입, 인내와 강한 의지 그리고 외부 환경의 끊임없는 관심과 지원, 실현을 위한 결정적인 기회 요인에 의하여 극대화된다고 알려져 있다.

참고문헌

원영실(2013). 예술영재성의 의미와 특성: 음악, 전통예술, 발레 분과를 중심으로. 영재교육연구, 23(6), 919-945.

한국예술영재교육연구원(2010). 무용영재 평가범주 개발. 서울: 문화체육관광부.

발명 영재

[Gifted Students in Invention]

과학 · 기술 관련 지적 능력 및 실천적 지적 능력이 높고, 강한 성취동기, 호기심 등의 개인적 성향을 지니며, 발명 영역에서 뛰어난 성과를 나타내거나 나타낼 잠재력이 있는 사람을 말한다. 발명 지식과 사고, 발명 창의성, 발명 수행과 태도 영역에서의 부분적 혹은 전체적으로 잠재적 역량이 탁월하다고 판별된 영재다.

과학 · 기술 관련 발명 영역에서 남보다 탁월한 능력을 보이거나 발휘할 가능성이 있는 사람 또는 '왜'와 '어떻게'의 입장에서 문제점을 발견하고, 창의적으로 문제를 해결하여 인류에게 유용한 발명품을 만들어 낼 수 있는 창조적 능력을 가진 사람이다.

참고문헌

서혜애, 조석희, 김홍원, 정철, 손연아(2002). 공교육 차원의 발명영재교육 체제 구축 방안 연구. 한국교육개발원, 특허청.

육근철, 최석남, 한승록, 박상태, 류지, 맹동술 외(2011). 발명영재 선발을 위한 자유 선택형 다단계 선발 모형 추천제. 공주학교, 한국발명진흥회.

최유, 이경화, 반재천, 임윤진, 강경균, 김동하 외(2010). 발명영재 선발도구 개발 연구. 충남학교, 특허청, 한국발명진흥회.

발명 영재 교육
[Educational Program for the Inventively Gifted]

발명 영재를 대상으로 발명과 관련된 학문적 지식, 사고, 문제해결, 태도의 촉진과 계발을 위하여 발명 지식 이해, 발명 사고 계발, 그리고 발명 문제해결을 주된 학습 내용으로 실험, 탐구, 체험, 문제해결, 자기주도적 · 팀 주도적 프로젝트를 수행하는 교육이다.

발명 영재 교육은 발명 분야에 특별한 능력과 소질이 인정되는 영재에 대하여 그 능력을 신장하고 탁월한 성과를 내게 하기 위해서 대상자 개인 특성을 고려하여 처치되는 교육 활동을 의미한다.

발명 영재 교육은 개인적 측면에서 발명에 소질이 있는 영재들을 조기에 발굴하여 잠재력을 계발할 기회를 제공하고 질 높은 개인의 삶을 추구하도록 해 주기도 하지만, 교육적 · 사회적 측면에서는 교육기회 균등의 실현과 영재의 능력을 사회에 환원하게 해 주고, 특히 미래 사회에서 요구하는 핵심 역량을 기르는 교육이다.

참고문헌

김희필(2012). 발명 영재 교육의 개념 고찰 및 기술 교과 교육에서의 활성화를 위한 실천 전략. **교육과학연구**, 14(2).

서혜애, 정현철, 손정우, 이봉우, 김주후, 맹희주(2006). 발명영재프로그램의 개발. 연구과제 보고서. 서울: 한국교육개발원.

최유현(2008). 발명 영재 교수 · 학습 자료 개발 연구, [국립중앙도서관 연계] 특허청 발간자료.

발명 영재의 특성
[Characteristics of the Gifted in Invention]

창의적으로 문제를 해결하여 인류 문명에 기여한 네 명의 과학 기술 관련 분야에서의 영재를 선정하여 이들을 분석한 결과 발명 영재의 특성을 네 가지 유형으로 분류하였다.

첫째, 알렉산더 플레밍처럼 과학기술에 관한 지적 능력이 뛰어나다. 둘째, 스티브 잡스처럼 창의적 능력이 뛰어나다. 셋째, 토마스 에디슨처럼 과제 집착력이 뛰어나다. 마지막으로 폰 브라운처럼 제작 능력이 뛰어나다.

참고문헌

박경빈, 류지영, 박인호, 방승진, 육근철, 윤여홍, 이미순, 이선영, 이재호, 전미란, 전영석, 조석희, 진석언(2014). 한눈에 보는 영재교육. 서울: 학지사.

발산적 사고
[Divergent Thinking]

확산적 사고(divergent thinking)라고도 하며 여러 가지 답이 가능한 개방형 문제(open-ended problem)를 풀 때 필요한 사고를 말한다. 이와 대비되는 사고로는 하나의 정답을 생각해야 하는 수렴적 사고가 있다. 길포드(Guilford)가 그의 지능이론에서 제창한 이래로 창의성과 유사 개념으로까지 이해되는 수준에 이르렀으나 발산적 사고가 곧 창의성은 아니다.

현재 많은 창의적 사고기법이나 창의성 측정의 근간이 되고 있는 개념으로서 하위요인에는 유창성(아이디어의 수), 융통성(아이디어의 다양성), 독창성(아이디어의 독특성), 정교성(아이디어 구체화 정도)이 있다. 발산적 사고를 향상하는 기법으로는 브레인스토밍, 스캠퍼, 마인드 맵, 강제 연결법, 창의적 문제해결(CPS) 등 다양하다.

참고문헌

Kaufman, J. C. (2016). *Creativity 101.* Springer Publishing Company.

Runco, M. A. (2014). *Creativity: Theories and themes: Research, development, and practice.* Elsevier.

방과후 심화학급

[After School Advanced Class(일반교육), After-School Class for Gifted Students(영재교육)]

초 · 중등교육의 현장에서 이루어지고 있는 '방과후 학교' 학생 편성 · 운영의 한 방법이다. 학교에서 일반 학생을 대상으로 특정 영역에서의 심화학습을 운영하는 방식(after school advanced class)과 영재교육의 대상으로 선정된 학생들에게 특정 영역에서의 심화학습을 운영하는 체제(after-school class for gifted students)로 구분할 수 있다.

영재교육에서는 영재아를 대상으로 심화학습을 운영하기 위한 '방과후 학교' 학급 편성 및 운영의 방법으로 설명하고 있다.

배치

[Class Placement]

배치는 일반적으로 사람이나 물자 따위를 일정한 자리에 알맞게 나누어 두는 것을 뜻한다(국어사전). 영재교육에서는 영재아의 수준, 학문적 성향이나 개인적 특성 등을 고려하여 적합한 학급(학문적 영역별, 수준별, 활동 단계별 등)에서 활동을 할 수 있도록 편성한다.

배치 기준

[Criteria for Class Placement]

일반적으로 사람이나 물자 따위를 일정한 자리에 알맞게 나누어 두는 기준을 뜻한다(국어사전). 영재교육에서는 영재아의 수준, 학문적 성향이나 개인적 특성 등을 고려하여 적합한 학급(학문적 영역별, 수준별, 활동 단계별 등)에서 활동을 할 수 있도록 편성하는데 이때 적용되는 기준을 의미한다.

버즈 토의

[Buzz Discussion]

대체로 특정한 주제에 대하여 여섯 명으로 구성된 집단이 6분간 토의한다는 의미에서 '6×6토의' 또는 토의가 시작되면 마치 벌집을 건드린 것처럼 윙윙거리며 진행되므로 '버즈 토의'라고 한다. 이 토의는 주로 소수 인원으로 집단을 구성함으로써 학급 내의 교우관계를 활성화하고 기초학력을 향상시키는 데 목적을 둔다.

토의의 진행은 3~6명으로 구성된 소집단별 토의를 먼저 수행한 후에 전체 집단이 함께 모여 토의 결과를 종합하여 결론을 내리는 방법으로 이끌어 간다.

참고문헌

한국교육심리학회(2000). 교육심리학 용어사전. 서울: 학지사.

변별적 교육과정

[Differentiated Curriculum for the Gifted]

카플랜(Kaplan)이 주창한 교육과정 개발 모형으로서 한 주제를 중심으로 교육의 내용, 방법, 산출물 등을 그리드를 이용하여 구성하고 정리하는 것을 말한다. 이는 주제 중심의 교육을 강조하며 내용과 방법, 산출물 등에 걸친 교육과정의 모든 구성 요소를 체계적으로 통합한다.

학교 현장에서 적용하기가 비교적 용이하고 부담이 적으며, 정규 교육과정에서 제시되는 내용을 수정·보완함으로써 영재를 위한 차별화된 교육과정을 보다 쉽게 마련할 수 있다.

참고문헌

한기순(2001). 영재교육과정의 모형과 방향. 사회교육과학연구, 5(1), 35-62.

변별학습
[Discrimination Learning]

변별학습은 몇 가지의 대안 중에 적절한 것을 선택하는 학습이다. 어떤 사물이나 행동의 속성을 한 가지 이상의 측면에서 다른 것과 구별할 수 있는 능력으로서, 가네(Gagné)는 학습 결과(learning outcomes)를 언어 정보, 지적 기능, 인지 전략, 운동기능과 태도로 분류하고, 지적 기능을 다시 변별학습, 개념학습, 원리학습과 문제해결학습으로 분류하였다. 변별학습은 지적 기능에서 가장 하위에 속하는 학습이며, 개념학습을 위한 선수조건이 된다.

참고문헌

서울대학교 교육연구소(1995). 교육학 용어사전. 서울: 하우동설.
한국교육심리학회(2000). 교육심리학 용어사전. 서울: 학지사.

변이성 인식
[the Moticing of Statistical Variability]

변이성 사고 요소는 변화하는 현상을 인식하고 자료를 수집하여 변이성을 예측·설명하고 제어하는 단계로 나뉜다. 그중 변화하는 현상을 인식하는 변이성 인식은 통계적 사고를 계발하는 데 큰 영향을 미친다. 변이성을 인식한다는 것은 주변의 모든 상황에 변이성이 존재함을 인식하는 것으로 시작하여, 변이성 기록의 필요성을 인식하는 것으로 이루어진다.

참고문헌

고은성(2012). 통계적 변이성 사고 요소 간의 관계 연구. 대한수학교육학회, 14(4), 495-516.
고은성(2013). 수학영재학급 학생들과 일반학급 학생들의 통계적 변이성 인식 수준 비교 연구. 한국영재학회, 23(3), 387-406.

복합 판별

[Multiple Identified Methods of the Gifted]

영재를 객관적이고 타당하며 정확하게 판별하기 위해 필요한 다단계적 선별 방법이다. 단일 판별 방법과 달리 두 가지 혹은 세 가지 검사 도구를 조합하여 사용한다. 이는 영재의 판별이 하나의 방법만으로는 타당하게 이루어질 수 없음을 가정하여, 지능검사, 행동특성표, 창의성검사, 성취도검사 등의 다양한 검사 도구를 활용한다.

참고문헌

송인섭(2010). 영재판별의 타당성을 극대화하기 위한 다단계 복합 판별방법 연구. 아동교육, 19(4), 49-61.

부산영재교육진흥원(부산광역시 영재교육진흥원)

[Busan Meropolitan City Institute For Gifted Education & Promotoion]

부산광역시 연제구 연산동에 있는 시립 영재 교육 기관이다. 부산광역시 영재교육진흥원은 영재 교육 관련 정책의 개발과 각종 자료의 개발 보급 및 각종 연수를 통해 영재 교육 기관의 운영을 체계적으로 지원하여 영재 교육의 진흥을 도모함을 목적으로 설립되었다.

2003년 1월 1일에 「부산광역시 영재교육진흥원 설립 및 운영 조례」가 제정[조례 3822호]되었고, 2003년 8월 27일에 한국과학영재학교 내 예지관에서 부산광역시 영재교육진흥원이 정식 개원하였으며, 2010년 12월 27일 국가 지정 영재교육연구원으로 되었다. 2012년 7월에 현 위치로 이전하였다.

주요 사업으로는 교재 개발 및 보급, 영재 교육 자료 DB 활성화, 부산시 영재교육연구회 지원, 영재 교육 유관 기관과의 협조 체제 구축, 영재성 판별 검사 및 상담실 운영, 진흥원 소식지『BIGEP For You』발간, 초빙연구위원제 운영, 영재 교육 학부모 연수, 캠프 운영 등이 있다.

참고문헌

부산역사문화대전 http://busan.grandculture.net

부화
[Incubation]

창의적 문제해결 과정 중 문제에 대한 자료 조사 및 분석을 통해 문제를 명확하게 설정하는 준비 과정 후, 문제에 대해 지속적으로 사고하는 과정을 거쳐 새로운 아이디어를 생성해 보고 해결책을 찾으려고 노력하는 과정이 부화 단계이다. 이 단계에서는 다양한 관점과 시각으로 기존에 가지고 있는 정보와 새로운 지식 및 정보 간의 연결을 통해 독창적인 아이디어를 생성한다.

참고문헌

Wallas, G. (1926). *The art of thought.* Cape: London.

분할 뇌
[Split Brain]

인간의 뇌는 좌반구와 우반구의 두 부분으로 이루어져 있다. 그리고 이 두 개의 반구는 뇌량이라는 신경섬유의 다발로 연결되어 있다. 중증의 간질환자 가운데에는 치료를 목적으로 어쩔 수 없이 뇌량을 절단해야 하는 경우가 있었다. 이와 같이 뇌량을 절단하고 나면 대뇌의 양 반구는 서로 정보소통이 불가능해져 양쪽이 독립적으로 기능하게 되는데 이를 분할 뇌라고 한다.

브레인 리딩

[Brain Reading]

외부 자극에 의해 유발되어 기능자기공명영상(fMRI)으로 확인되는 두뇌의 많은 3D 화소의 반응을 이용하여 원래의 자극을 해독한다. 두뇌 읽기 연구는 해독 유형(분류, 확인, 재구성), 해독 대상(시각적 패턴, 청각적 패턴, 인지 상태), 해독 알고리즘(선형 분류, 비선형 분류, 직접적인 재구성, 베이지안(baysian) 재구성)에 따라 달라진다. 데이터의 질적 향상과 해독 알고리즘의 복잡성 증가로 두뇌 읽기의 정확도는 계속 증가한다.

ㅂ

참고문헌

Kamitani, Y. & Tong, F. (2005). Decoding the visual and subjective contents of the human brain. *Nature Neuroscience, 8*(5), 679−85.

브레인라이팅

[Brainwriting]

브레인라이팅은 그룹 내에서 참가자들이 종이 위에 자신의 아이디어를 적는 기법이며, 브레인스토밍의 기본 규칙을 따른다. 이 기법을 실시할 때는 21(28)개〔가로 3(4)개×세로 7개〕의 정사각형으로 나눠진 종이를 참가자 수보다 한 장 많이 가지고 시작한다. 이 한 장은 가장 먼저 아이디어를 적은 사람이 종이를 교환할 때 가져간다. 참가자들은 종이를 한 장씩 받고 테이블 가운데 한 장을 둔다. 각자 윗줄에 가로로 세 개(혹은 네 개)의 아이디어를 적고 테이블 가운데 있는 종이와 교환한다. 가져 온 종이에 있는 아이디어를 읽고 나서 세 개(혹은 네 개)의 아이디어를 더 적는다. 모든 종이가 다 채워질 때까지 혹은 아이디어가 더는 나오지 않을 때까지 계속한다. 그리고 집단 구성원들은 브레인라이팅을 통해 생성된 아이디어들 중에서 새롭고 유용한 것에 대해서 점 찍기(dot voting)나 비슷한 것끼리 묶어서 분류하는 과정을 통해 아이디어를 수렴하는 과정을 진행한다.

참고문헌

문정화, 하종덕(2005). 또 하나의 창의성 교육. 서울: 학지사.

브레인스토밍
[Brainstorming]

브레인스토밍은 뇌에 폭풍을 일으킨다는 뜻으로, 특정한 주제에 대해 뇌에서 폭풍이 휘몰아치듯이 생각나는 아이디어를 짧은 시간에 밖으로 많이 내놓는 것이다.

브레인스토밍 기법에는 네 가지 규칙이 있다. ① 어떤 아이디어라도 절대로 비판하지 않는다. ② 터무니없고 비현실적인 아이디어일지라도 모두 수용한다. ③ 창의적인 아이디어를 얻기 위해서는 많고 다양한 아이디어가 요구된다. ④ 두 개 이상의 아이디어를 결합하여 또 다른 아이디어를 내놓을 수 있다.

참고문헌

문정화, 하종덕(2005). 또 하나의 창의성 교육. 서울: 학지사.
Osborn, A. F. (1953). *Applied imagination*. Oxford, England: Scribner.

비판적 사고
[Critical Thinking]

어떤 주제나 아이디어, 쟁점이 되는 주장, 즉 많은 정보를 논리적으로 분석하고 종합하며 평가 및 개선해 가는 능동적 사고과정을 말한다. 특히 참이라는 주장의 의미를 파악하고, 제공된 증거와 추론 과정을 통해 확인하며, 객관적인 자료를 바탕으로 사실들에 대해 판단을 내리는 사고이다. 즉, 비판적 사고는 인간의 이성적 능력을 바탕으로 어떤 근거나 이유를 들어 합당하게 추리하는 사고이기 때문에 비판적 사고를 하기 위해서는 증거를 가지고 지속적으로 재검토하며, 의식적이고 반성적인 사고를 끊임없이 해야만 한다. 이러한 비판적인 사고는 여러 가지 사회적 갈등 요인들을 비폭력적으로 해결하는 데 중요한 매개 역할을 하며, 궁극적으로 우리의 삶에서 생산적이고 긍정적인 사고의 활동이다.

참고문헌

한국교육심리학회(2000). 교육심리학 용어사전. 서울: 학지사.

비학업 영역

[Non-scholastic Areas]

학습자의 태도, 흥미, 가치, 감정, 습관, 사회적 상호작용 등을 말하며, 학교에서 다루는 교과 이외의 학습자의 정의적인 특성이나 사회적 관계 및 신체적 상호작용 등을 의미한다. 이러한 영역의 특성은 직접적으로 측정되기보다는 학습자의 행동을 관찰하거나 자기보고나 체크리스트 등을 통해 학습자가 경험한 것으로부터 간접적으로 측정된다.

참고문헌

Hamilton, V. (1968). Scholastic and non-scholastic correlates of University students' academic performance. Research in Higher Education Paper presented to the Fourth Annual Conference of the Society for Research into Higher Education.

Heller, K. A. (2005). Education and counseling of the gifted and talented in Germany. *International Journal for the Advancement of Counselling, 27*(2), 191–210.

ㅅ

사고 과정
[Thought Process]

사고란 개인이 경험한 여러 사건을 느끼고, 해석하고, 예측하는 능력이다. 이러한 일련의 과정을 사고 과정이라고 한다. 사고 과정은 단순히 물을 마시는 행동부터 복잡한 과학 문제를 푸는 것까지 포함된다. 인간의 사고는 신경세포의 전기화학적 과정을 거친다는 공통점이 있다. 사고 과정을 통해서 각자 사고 능력이 형성되고 축적되는데, 단순히 사물의 같고 다름의 차이를 아는 능력에서부터 축적된 지식을 바탕으로 미래를 예측하는 능력까지 포함된다.

참고문헌

Harper, D. (2009). Etymology of Thought. Online Etymology Dictionary. Retrieved.

사고 기능
[Thought Function]

우리는 오감을 통하여 입력된 외부 정보를 기억하고, 사건들 간에 인과관계를 경험 또는 이해하게 되면서 개인마다 독특한 기능을 나타낸다. 사고 기능은 주변 환경에서 느끼는 감각 차원, 그 느낌이 무엇인지를 구분하는 지각 차원, 지각한 내용들 간에 차이를 아는 인지 차원, 인지한 내용을 저장하는 기억 차원, 기억한 내용들을 필요할 때 활용하여 문제를 해결해 나가는 인출 및 창의적 활용으로 구분할 수 있다.

참고문헌

Morsella, E. (2012). What is a thought? www.psychologytoday.com.

사고 기술
[Thought Skill]

기술은 어떤 과업을 해결하는 능력인데, 이때 능력은 개인이 이미 배운 지식 혹은 사고 수준을 의미하고, 또한 과업 달성을 위해서 시간과 에너지를 투입하는 능력이다. 세상의 기술은 일반적인 기술과 영역 특수적인 기술로 나뉜다. 일반적 기술이란 보편적 추론 능력을 기반으로 하고, 영역 특수적 기술은 특정 직업을 수행하는 데 필요한 능력을 의미한다.

참고문헌

Howland, J. L. (2013). *Facts101: Textbook Key Facts.* Contents Technologies Inc. Retrieved 2015-10-03.

사고력 검사
[Thought Ability Test]

일반적으로 사고의 두 가지 측면, 즉 일반 요인(또는 일반 기술)과 특수 요인(또는 영역 특수 기술)을 평가하는 것을 의미한다. 어떤 과제를 해결하는 능력에는 개인차가 있는데, 개인차는 특정한 검사를 통해서 능력이 좋은 사람과 부족한 사람으로 구분할 수 있다. 현대의 사고력 검사는 정상분포 곡선을 표준점수화로 변환해 지능지수(Intelligence Quotient: IQ)로 나타낸다.

참고문헌

Anastasi, A., & Urbina, S. (1997). *Psychological testing* (7th ed.). Upper Saddle River, NJ: Prentice Hall.

사고 성향
[Thinking Disposition]

사고 성향은 사고 능력과 함께 비판적 사고의 필요조건이 된다. 여기서 사고 능력은 비판적 사고를 할 수 있는 지적 능력을 의미하고, 사고 성향은 실천할 수 있는 측면을 강조한다. 사고 성향은 비판적 사고를 실천할 수 있는 태도 및 성향은 개인마다 다르다는 점을 전제로 한다. 개인의 성향은 유전적으로 타고난 성향(inborn dispositions), 사회적 성향(social dispositions), 지적 성향(intellectual dispositions)으로 구분하기도 한다. 타고한 성향은 선천적 호기심 수준에 개인차가 있음을 의미하고, 사회적 성향은 타인에게 인정받기, 공감하기, 관용, 협동 능력에 개인차가 있다는 것이며, 지적 성향은 예측 능력, 문제해결력, 원인과 결과에 관한 추론 능력 등에 관심을 갖는 정도에도 차이가 있다는 것이다.

참고문헌

김태영(2013). 칼 포퍼의 비판적 합리주의에서 본 비판적 사고성향의 중요성(Importance of Critical Thinking Disposition in Viewpoint of Critical Rationalism of Karl Popper). 인문과학연구(STUDIES IN HUMANITIES), 39, 395-415.

Ros-Voseles, D. D., & Fowler-Haughey, S. (2007). Why children's dispositions should matter to all teachers. Beyond the Journal. Young children on the Web. September.

사고 양식

[Thinking Style]

사고 양식이란 능력과는 구별되는 것으로 사람들이 가지고 있는 정보를 처리하고 능력을 사용할 때 선호하는 방식을 지칭하는 개념으로 지능과 성격 사이의 매개체로서 지적 양식을 의미한다. 스턴버그(Sternberg)는 정신자치제 이론을 바탕으로 사고 양식을 단일 차원으로 보지 않고 기능, 형식, 수준, 범위, 경향성이라는 여러 가지 차원으로, 이분법적인 차원이 아니라 연속적인 차원으로, 개인마다 하나의 스타일이 아니라 여러 스타일의 프로파일로 얻을 수 있다고 개념화하였다. 정신자치제 이론의 기본 가정은 개인이 사고하는 방식이 정치적 통치 형태 및 통치 조직의 여러 가지 차원과 유사하다는 것이다. 사회를 지배하는 다양한 방식이 있듯이 일상의 행동을 지배하고 관리하는 다양한 방식이 존재하며 이러한 여러 가지 방식을 사고 양식으로 설명한 것이다.

참고문헌

Sternberg, R. J. (1997). *Thinking Styles*. NY: Cambridge University Press.

사사 과정

[Mentorship Program]

일반적으로 사사는 경험과 지식이 풍부한 사람이 스승의 역할을 하여 배우고자 하는 사람을 지도하며 조언 · 안내하는 역할뿐만 아니라 사회적 지원이나 진로지도, 역할 모델 등에 영향을 주는 것을 의미한다. 영재교육에서는 정규 교육기관에서 제공하기 어려운 영재 학생의 특정 관심 분야 또는 전문적 재능 분야의 교육을 위해 특별한 재능을 갖고 있는 학생을 그 분야의 전문가에게 배정하여 지도를 받으며 연구를 수행하는 과정을 의미한다.

참고문헌

박성익, 조석희, 김홍원, 이지현, 윤여홍, 진석언, 한기순(2003). 영재교육학원론. 서울: 교육과학사.

사사 교육
[Mentorship Education]

사사 교육이란 영재들의 학문적 욕구를 충족시키고 잠재력을 계발할 수 있도록 소수의 학생들을 대상으로 교육이나 경험을 제공함으로써 해당 분야에 대한 학생의 능력과 흥미를 스스로 평가할 수 있는 기회를 제공해 주는 것을 말한다.

영재교육에서 사사 교육은 학교의 정규 교육과정에서 이루어지는 과학실험교육과는 달리 개방된 탐구 환경에서 이루어지는 실제 연구 프로젝트에서 학생들이 과학자 혹은 교사와 함께 소수로 활동하게 함으로써 실질적인 과학탐구의 기회를 제공해 주는 교육이 이루어지고 있다.

참고문헌

손정우(2015). 과학영재 학생들을 위한 사사과정 입문교육의 효과. 교사교육연구, 54(4), 573-580.

Driver, R., Asoko, H., Leach, J., Mortimer, E., & Scott, P. (1994). Constructing scientific knowledge in the classroom. *Educational Researcher, 23*(7), 5-12.

사이버 영재교육
[Cyber Gifted Education Program]

사이버 영재교육은 제2차 영재교육진흥종합계획(2007. 12. 13.)에서 영재교육 대상자 수를 현행 0.6%에서 2010년 1%까지 확대하고 다양한 분야에서 영재교육이 실시될 필요성에 대한 방안으로 제안되었다.

"사이버영재교육원은 사이버 학습을 염두에 두고 대상자와 교사진을 선발하고 사이버 학습을 초점으로 한 제반 운영 계획과 웹기반 학습시스템을 갖추어 교육청이나 정부로부터 설립인가를 받아, 영재들을 대상으로 본 수업 연간 수업시수의 70% 이상을 원격수업으로 교육을 실시하는 영재교육기관이다."로 정의하고 있다(이재호, 홍창의, 2009).

영재교육원 차원에서의 사이버영재교육원의 법적인 설립 근거는 우리나라 영재교육진흥종합계획에 영재교육원으로서의 근거를 가진다고 볼 수 있다. 현재 전국 영재교육기관 중에서 사이버영재교육원(센터)이란 기관을 통해 영재교육을 실시하는 곳은 경상남도사이버영재교육원, 경기도사이버영재교육센터, 강원도교육청사이버영재교실, 울산사이버영재교육원, KAIST사이버과학영재교육원, 전남사이버영재교육원, 부산지역영재교육사이버반, 충북사이버영재교육지원센터 등이다. 여기에서는 초·중·등 수학, 과학, 문학, 정보, 문예창작 등 다양한 분야에서 영재교육을 실시하고 있다.

참고문헌

이재호, 홍창의(2009). 사이버영재교육을 위한 교수-학습 모형의 개발 및 검증. 영재교육연구, 19(1), 116-137.

사이버영재교육센터(원)
[Cyber Education Center of Giftedness]

사이버영재교육원은 사이버 학습을 염두에 두고 대상자와 교사진을 선발하고, 사이버 학습을 초점으로 한 제반 운영 계획과 웹기반 학습 시스템을 갖추어 교육청이나 정부로부터 설립인가를 받았다. 영재들을 대상으로 본 수업 연간 수업시수의 70% 이상을 원격수업으로 교육을 실시하는 영재 교육기관이다.

참고문헌

이재호, 홍창의(2009). 사이버 영재교육을 위한 교수-학습 모형의 개발 및 검증. 한국영재학회.

사회성 발달
[Development of Sociability]

사회성 발달은 한 사람이 다른 사람들과 사회적 상호작용을 하고 그들의 관심과 인정을 구하려는 자발성의 발달을 의미한다. 아동의 사회성은 사회적 권위, 힘, 전문가 의견을 대표하는 다양한 역할을 가진 사회 구성원들(성인)의 (중요하고 적절한 것으로 판단한) 신념, 동기, 가치, 행동을 습득하는 사회화(socialization) 과정을 통해 발달할 뿐만 아니라, 사회적으로 동등한 사람들 혹은 적어도 행동 복잡성 수준에서 비슷하게 행동하는 사람들(또래)과의 상호작용을 통해 발달한다.

참고문헌

송길연, 장유경, 이지연, 정윤경 역(2014). 발달심리학〔(*Development psychology: Childhood and adolescence*)(pp. 623−630)〕. Shaffer, D. R., & Katherine, K. 저. 서울: 박영story. (원서 2014년 출간).

사회 연결망 분석(법)
[Social Network Analysis]

사회 연결망(social network)은 사람들이 연결되어 있는 관계망을 뜻하며, 인위적으로 형성된 것이 아니라 다양한 행위자들이 상호작용을 하면서 만들어진 관계망을 의미한다. 사회 연결망 이론은 관계적 인간관(relational concept of man)에 입각하여 인간 행위와 사회 구조를 설명하려는 시도이며, 특정한 형태의 연결망 안에서 한 노드(node)로의 행위자 위치가 그들의 의식, 효용, 행위에 대한 보상에까지 영향을 미친다는 데 초점을 맞춘 이론이다.

이러한 사회 연결망 이론을 토대로 사회 관계성의 형태(morphology)나 사회적 연결의 패턴(patterns of social linkage)을 분석함으로써 사회 구조를 연구하는 방법이 바로 사회 연결망 분석이다. 사회 연결망 분석은 연결망 안의 행위자들의 관계를 수치화,

통계화, 그래프화하여 관계에 대한 해석을 가능하게 하도록 해 준다.

참고문헌

김용학(2004). 사회 연결망 분석. 서울: 박영사.
손동원(2002). 사회네트워크분석. 서울: 경문사.
윤영수, 채승병(2005). 복잡계 개론. 서울: 삼성경제연구소.

사회적 기술
[Social Skills]

사회적 기술은 학습된 사회적 능력(social abilities)과 전략(strategies)을 의미한다. 특정한 사회적 능력 또는 기술은 대인관계 의사소통을 조절하는 특정 사회적 · 문화적 규범에 영향을 받는다. 일반적으로 보다 높은 수준의 사회적 기술을 가진다는 것은 사회적으로 유리하고 어느 정도 사회적으로 바람직한 것일 수 있다.

사회적 기술은 하나의 단일개체라기보다 오히려 더 많은 기본적 기능들(basic skills)의 집합이라고 할 수 있다. 단일적인 사회적 기술과 사회적 효과성(예를 들어, 긍정적이거나 바람직한 사회적 결과) 간의 관계는 항상 선형적이지 않다. 즉, 어떤 사회적 기술 중 하나를 잘 갖추고 있다 하더라도 이것이 다른 사회적 기술과의 관계에서는 제 기능을 다하지 못할 수도 있다. 예를 들어, 표현력은 매우 높지만 그 기능을 조절하고 통제하는 기술은 가지고 있지 않은 사람은 처음엔 다른 사람들에게 긍정적인 관심과 반응을 얻을 수 있지만 곧 지나치게 지루하고, 경솔하며, 무례하게 비춰질 수 있다. 반면 사회적 통제는 매우 높지만 다른 중요한 사회적 기술이 부족한 사람은 사회적 상황에는 적응할 수 있지만, 자신의 감정을 표현할 수 없고 다른 사람들과 감정적인 관계를 맺지 못할 수도 있는, '사회적 카멜레온'이 될 수 있다. 따라서 각각의 사회적 기술은 그 수(amount)와 정도(degree)도 중요하지만 각각의 다양한 사회적 능력들 간 균형을 유지하는 것 또한 중요하다 할 수 있다.

참고문헌

Riggio, R. E. (1986). Assessment of basic social skills. *Journal of Personality and social Psychology, 51*(3), 649−660.

사회적 배려 대상

[Underprivileged Student]

사회나 집단의 주류 계층에서 벗어난 영재 학생들을 우리는 '소외 영재' 혹은 '소외 계층 영재'라는 말로 일컫는다. 이들은 사회적, 제도적으로 배려를 해 주어야 한다고 간주하여 '사회적 배려 대상'으로 분류하고 있다. 소외 계층에 대한 용어는 이외에도 '사회적 통합 대상' '취약 계층' 등으로 표현되기도 한다. 사회적 배려 대상 혹은 소외 계층에 속하는 영재들은 사회, 경제적 지위가 낮은 가정의 학생, 다문화 가정의 학생, 지리적으로 영재교육 접근성이 제한된 도서, 벽지 학생, 장애가 있는 학생, 북한 이탈주민, 특정 영역에서 수혜가 부진한 학생들로 영재교육의 기회가 상대적으로 제한되어 있는 계층이라고 정의할 수 있다(교육인적자원부, 2007). 김수용 등(2009)은 소외 영재들은 잠재적으로 영재성이 있으나 영재교육에 대한 기회가 제한되어 있는 학생이라고 하면서, 이들은 잠재적 능력이 있지만 영재교육에의 접근이 어려운 계층으로 영재교육의 수혜를 받지 못하는 경우들이 많으며, 현재 그들이 처해 있는 사회·경제적 상황 때문에 자신들의 잠재적 역량을 충분히 발휘하고 있지는 못하지만, 적절한 교육적 서비스가 제공되면 성과를 거둘 수 있는 능력을 가진 아이들일 수 있다고 보았다. 그러나 일반 영재교육 대상자 선발체계하에서는 판별 절차 및 판별 도구의 제한성과 한계성, 문화적 편파 등의 요인으로 인해 이들은 영재교육 대상으로 최종 선발되지 못하고 제외되는 경우가 발생하기도 한다.

참고문헌

교육인적자원부(2007). 제2차 영재교육진흥종합계획(08−12). 2007.12.13.
김수용, 박은영, 박기용(2009). 소외된 과학영재를 위한 사이버교육 운영방안 연구. 한국과학창의재단, 연구보고 2009-53.
류지영, 김미진(2017). 소외영재를 위한 과학영재교육 개선방안 연구. 한국과학창의재단, 연구보고 BD 17060001.

사회적 배려 대상 예술영재
[Socially Underprivileged Gifted Child in Arts]

사회적 배려 대상 예술영재란 예술적 잠재성 또는 성취도가 높은 사회적 배려 대상 계층에 속하는 예술영재를 의미한다. 기존에 '소외 계층 영재'라는 용어가 지니는 부정적 의미를 순화하기 위해 '사회적 배려'라는 용어를 사용하였다. 영재교육에서 규정하는 사회적 배려 대상은 ①「국민기초생활 보장법」 제5조에 따른 수급권자의 자녀, ②「도서·벽지 교육진흥법」 제2조에 따른 도서·벽지에 거주하는 자, ③「장애인 등에 대한 특수교육법」 제15조에 따른 특수교육 대상자, ④ 그 밖의 사회경제적 이유로 교육기회의 격차가 발생하였다고 인정되는 자이다.

사회적 배려 대상에 해당되는 주요 기준은 경제적 측면(저소득 가정), 사회문화적 측면(한 부모 가정, 다문화 가정, 북한이주민 등), 지역적 측면(도서·벽지 가정 등), 신체적 측면(장애 등)이 있다. 이들 계층에 있는 학생들의 경우 개인이 아닌 개인 외적 측면에 의해 영재교육의 기회가 상대적으로 제한된 것으로서, 이들에게 영재성 개발의 기회를 주기 위한 정책적 의지를 할 수 있다. 그 점에서 사회적 배려 대상 예술영재는 학술적인 개념이 아닌 정책적 용어이다.

참고문헌

교육인적자원부(2007). 제2차 영재교육진흥종합계획(2008~2012). 교육인적자원부.
김미숙, 서정연, 김영아, 이희현, 전정민, 한은주(2009). 소외계층 영재교육 프로젝트 S&S: 선발도구와 프로그램 개발. 서울: 한국교육개발원.
김성혜(2012). 사회적 배려대상 예술영재교육 활성화 방안 연구. 서울: 한국예술영재교육원.

사회적 자기효능감
[Social Self-Efficacy]

자기효능감은 밴듀라(Bandura)에 의해 처음 소개된 개념으로 과제를 성공적으로 수행하는 데 있어서 필요한 인지적인 기술, 행동적 요소, 사회적인 기술을 조직하고 실행하는 데 대한 자신감을 말한다.

사회적 자기효능감이란 자기효능감 이론을 사회적 맥락에 적용하여 제안된 것으로, 사회적 상황에서 적절한 기술을 사용해 바람직한 인상을 전달할 수 있는 자신의 능력에 대한 신념을 말한다.

참고문헌

Bandura, A. (1997). *Self-Efficacy: The exercise of Control.* New York: Freeman.

Sherer, M., Maddux, J. E., Mercadante, B., Prentice-Dunn, S., Jacobs, B., & Rogers, R. W. (1982). The Self-Efficacy Scale: Construction and validation. *Psychological Reports, 51*, 663-671.

사회적 적응
[Social Adjustment]

적응이란 개체의 욕구와 사회 환경의 상황 간의 조화를 표현하는 개념으로 개인의 욕구를 저해하는 여러 가지 환경적 요인을 극복해 나가는 과정을 말한다.

사회적 적응은 사회에 대한 소속감과 사회화 욕구를 반영하며 사회 규범, 역할 인식, 윤리적 가치 등을 내포하는 것으로 사회적 활동의 회복과 활성화를 의미하며, 어떠한 스트레스하에서도 자신의 다양한 역할을 충분히 인식하고 매일의 일을 관리하는 능력에 대한 개념이다.

참고문헌

정은이(2002). 일상적 창의성과 개별성-관계성 및 심리사회적 적응의 관계. 박사학위 논문.

고려대학교.
Lazarus, R. S. (1976). *Patterns of adjustment*(3rd ed.). New York: McGrow-Hill.
Schaffer, L. F. (1936). *The Psychology of Adjustment.* Oxford, England: Houghton Mifflin.

사회적 지지
[Social Support]

대인관계를 통해 개인의 정서나 행동에 유리한 결과를 갖도록 정보 조언, 구체적인 원조를 포괄한 개념으로 신체적 · 정서적인 건강상의 문제, 위기 등의 적응상의 문제, 사회적 분리, 독립 등으로 야기된 무력감의 문제 등을 이해하고 해결해 가기 위한 불가결한 요인이다.

사회적 지원의 근본적 체제는 가족, 친구, 이웃 등의 자연발생적으로 존재하는 지원 체제, 자원봉사집단 등의 의도적으로 형성된 지원 체제, 전문기관에 배치되어 있는 전문가 등의 사회 제도화되어 있는 지원 체제가 포함되지만, 이것들을 어떻게 동원, 활용하느냐가 중요한 과제이며 그 일환으로 네트워크 접근방법의 추진이 시도되고 있다.

참고문헌

이철수(2009). 사회복지학 사전. 서울: 블루피쉬.

사회 정의적 특성
[Affective & Social Characteristics]

심리, 사회적인 관점에서 나타나는 특성으로 태도, 흥미, 자아개념, 가치관, 동기, 리더십, 사회성, 도덕성 등이 이에 포함되는 개념이다.

해당하는 주요 특성으로는, 첫째, 동기, 지적 호기심, 과제집착력, 흥미 등이 두드러지게 나타난다. 둘째, 영재의 자아존중감은 높고, 자아개념도 긍정적인 편이다. 셋째, 영재들은 내적 통제소재, 내적 귀인성향을 나타낸다. 넷째, 정서지능을 보면 영재가 일반 학생보다 높은 편이다. 다섯째, 영재는 사교적이고, 책임감이 강하며 지도적인 특성을 보인다. 여섯째, 영재는 도덕적, 윤리적 가치에 대하여 관심이 높고, 이들은 어렸을 때부터 가치, 정의감 등을 내면화한다.

참고문헌

김현철(2005). 정의적 · 사회적 특성 분석과 영재성 판별에서의 시사점. **한국교육**, 32(3), 205-231.

박경빈, 류지영, 박인호, 방승진, 육근철, 윤여홍, 이미순, 이선영, 이재호, 전미란, 전영석, 조석희, 진석언(2014). **한눈에 보는 영재교육**. 서울: 학지사.

이미순, 류지영, 이영주, 이현주, 채유정 역(2014). **영재교육(6판)**〔*Educaton of the Gifted and Talented*(6th ed.)〕. Gary A. Davis, Sylvia B. Rimm, & Del Siegle 저. 서울: 박학사. (원서 2010년 출간).

산출물

[Output]

산출물은 학습의 결과를 의미하며, 자료와 지식의 단순한 집적이 아니라 고차적 사고 능력의 발현이나 학습한 것의 변형이나 창조적 표현을 의미한다. 영재들을 위한 교육과정은 일반 학생들과는 차별화된 교육과정이어야 하는데, 이들이 가지고 있는 인지적 특성을 활용하여 산출물을 생산하는 내용으로 구성되기도 한다. 보고서, 수필, 극, 시, 비디오, 컴퓨터 시뮬레이션, 작곡, 전시, 그림 등의 다양한 양식을 통해 나타내며, 학생들은 자신의 작품을 실제 청중들에게 보여 줄 수 있는 기회를 갖는다. 학생들의 개별 교과에 대한 관심과 흥미, 심화된 학습의 수행 활동 결과로 볼 수 있다. 렌줄리(Renzulli)는 자신의 3부 심화학습을 통하여 영재들을 위한 교육을 제안하였는데, 이 중 세 번째 단계는 개인 혹은 소집단 실제문제 탐구활동이다. 그는 3부에서 실시되는 심화 활동이 그의 3부 심화학습 모형의 핵심 활동이며, 영재학생의 잠재능력을 개발할 수 있는 가장 적합한 학습방법 중 하나라고 평가하고 있다. 이 단계에서 학생들은 일상생활의 문제를 해결하거나, 탐구활동 등을 통하여 작품이나 산출물을 생산하여 전시하거나 발표한다. 반 타셀 바스카(VanTassel-Baska)의 통합된 교육과정 모형에서도 영재들의 고차원적인 사고기술을 장려하고 학생의 흥미 영역을 바탕으로 독립적인 연구를 할 수 있는 기회를 제공하는 것이 중요하다고 하면서 학생들이 스스로 탐구하여 만들어 내는 산출물을 제시하고 있다.

참고문헌

박경빈, 류지영, 박인호, 방승진, 육근철, 윤여홍, 이미순, 이선영, 이재호, 전미란, 전영석, 조석희, 진석언(2014). 한눈에 보는 영재교육. 서울: 학지사.

박성익, 조석희, 김홍원, 이지현, 윤여홍, 진석언, 한기순(2003). 영재교육학원론. 서울: 교육과학사.

삼원지능이론(삼위이론)
[Triarchic Theory of Intelligence]

스턴버그(Sternberg)의 삼원지능이론은 기존의 지능이론을 통합한 이론으로 지능을 한정된 인지 능력으로 보는 것이 아니라 지능을 세 가지 영역, 즉 분석적 능력, 창의적 능력, 실제적 능력으로 확장하였다.

삼원지능이론은 지적 행동의 세 가지 측면이 있는데 핵심 요소는 정보처리기술, 경험, 맥락이다. 삼원지능은 세 가지 하위이론으로 구성되는데, 첫째 요소로 하위이론은 지능을 수행하는 데 있어서 기초가 되는 기본적인 처리 과정으로 분석적 능력과 관련이 높다. 둘째, 경험 하위이론으로 새로운 자극과 장면에 대처하는 능력으로 창의적 능력과 관련성이 높다. 셋째, 상황 하위이론은 실제 생활 속에서 환경에 직면할 때 지능적인 사람들은 자신의 장점과 환경과의 균형을 유지하기 위해 적응, 조성, 선택의 과정을 효과적으로 사용할 수 있는 것으로 실제적 능력과 관련이 높다. 즉, 분석능력은 문제를 풀 때 사용되고, 창의능력은 새로운 자극과 장면에 대처하는 능력으로 새로운 문제를 해결하고자 할 때 정보처리 과정을 신속하게 하면서 자동화할 수 있으며, 실제 능력은 상황 하위이론에 근거하여 실제 현실 생활에서의 문제를 파악하고 이해함으로써 환경에 잘 적응하고 선택하며 조성할 수 있다.

참고문헌

Sternberg, R. J. (1985). *Beyond IQ: A triarchic Theory of Human Intelligence.* NY: Cambridge University Press.

상위이론
[Meta-Theory]

이론을 대상으로 하는 이론이다. 대상이론(object theory)과 상반되는 개념으로써, 대상이론들의 구조, 용어, 개념 등을 연구 대상으로 하는 이론을 의미한다. 특정한 영역에서 다양한 이론들을 포괄하는 보다 큰 관점에서의 이론이며, 교육에서의 상위이론은 교육의 본질적 과정을 탐구하기 위해서 어떠한 연구의 논리와 과정이 타당한지에 관련되는 방법론적 안목이다.

참고문헌

박병기(2015). 장이론의 발전과정 및 내용이 교육학에 던지는 도전적 과제들. **교육원리연구**, 8(1), 165–205.

상위인지
[Meta-Cognition]

자기 자신 및 타인의 인지에 대한 인지로써 메타인지, 초인지(超認知)라고도 한다. 내용을 알고 이해하는 지식(선언적 지식, declarative knowledge), 무엇을 할 수 있도록 하는 방법에 대한 지식(절차적 지식, procedural knowledge), 언제 선언적 지식과 절차적 지식을 적용해야 하는지에 대한 지식(조건적 지식, conditional knowledge)들의 양과 질에 대한 자기 지식(self-knowledge)이다. 그리고 지식 사용을 포함한 문제해결 과정에 대하여 계획 · 점검 · 관리 · 통제 · 평가 · 반성하고 전략을 수립하는 지식이기도 하다.

참고문헌

Bereiter, C. (2000). Keeping the brain in mind. *Australian Journal of Education, 44*(3), 226-238.

Beyer, B. K. (2000). *Improving student thinking: A comprehensive approach.* Boston, MA: Allyn & Bacon.

생득 요인

[Genetic Factor]

생물학적 요인이 강조되는 용어로 인간의 타고난 선천적인 능력을 의미한다. 즉, 인간의 특성은 이미 특정한 유전인자를 출생 시 타고나며 그것은 고정불변하거나 발달에 결정적으로 작용하는 요인이다.

참고문헌

송도선(2007). 지력의 생득 요인과 경험 요인을 통한 영재성 담론. 영재교육연구, 17(2), 280-306.

생산적 사고

[Productive Thinking]

기존의 사고방식이나 정해진 틀을 벗어나서 새로운 생각을 하는 것을 의미한다. 창의적인 아이디어를 도출하는 방법으로 가정 먼저 필요한 것은 생산적 사고이고, 이 단계에서는 다른 사람의 의견을 비판하지 말고 자유롭게 가급적 많은 아이디어를 도출하는 것이 중요하다. 즉, 생산적 사고는 자유로운 환경에서 기존의 사고방식을 깨는 엉뚱한 생각으로 다른 사람의 아이디어를 자극하는 촉매제가 되어 문제해결을 위한 아이디어를 교류해야 한다.

참고문헌

네오넷코리아 편집부(2010). 생산적 사고의 힘. 서울: 네오넷코리아.

생활연령

[Chronological Age]

사람이 태어난 생년월일의 나이를 기준으로 하여 산출된 실제 연령을 의미한다. 즉, 사람이 태어나서 누구에게나 똑같이 매년 증가하게 되는 나이를 실제 연령 또는 생활연령이라고 한다. 생활연령이란 용어는 비네(Binet)식 지능지수에 사용되었는데 지능지수(IQ)는 정신연령(mental age)과 생활연령(chronological age)의 비율에 따라 'MA/CA×100=IQ'라고 하는 공식에 의해 산출된다.

참고문헌

한국교육심리학회(2000). 교육심리학 용어사전. 서울: 학지사.

서번트 증후군

[Savant Syndrome]

선천 혹은 후천적인 요인에 의한 뇌손상으로 여러 가지 뇌 기능 장애를 가지고 있으나 동시에 특정 영역에서 뛰어난 영재성을 나타내는 현상이다. 서번트 증후군을 나타내는 사람들의 영재성은 기억, 계산, 날짜에 대한 계산, 음악, 읽기, 시공간 능력(visuo-spatial) 등 매우 다양한 영역에서 나타난다.

서번트 증후군의 반 이상은 자폐성 장애를 가진 사람들에게서 나타나므로 자폐성 장애를 가진 모든 사람이 서번트 증후군을 나타내는 것으로 보이지만 실질적으로는 그렇지 않다. 또한 지적장애, 발달장애 등 다른 뇌 기능 장애를 가지고 있으면서 서번트 증후군을 나타내는 경우도 있음을 염두에 두어야 한다.

참고문헌

Finocchiaro, M., Di Blasi, F. D., Zuccarello, R., Costanzo, A. A., Cantagallo, C., Amata, M. T., Zingale, M., & Elia, M. (2015). A case of savant syndrome in a child with autism spectrum disorder. *International Journal on Disability and Human Development, 14*(2), 167-174.

선수학습(先手學習)

[Prerequisite, Prerequisite Learning, Pre-study, Prior Learning]

어떤 내용을 학습하기 전에 앞서 받은 학습을 일반적으로 의미하지만, 많은 경우 현재 학습을 위해 필요한 전제조건으로서 앞서 배웠어야 할 학습 혹은 과목을 뜻한다(선수과목 prerequisite courses). '선행학습' '사전학습' '전시학습'의 의미와는 구분된다.

선정심사위원회

[Committee on Selection of Persons Eligible for Gifted and Talented Education]

영재교육 대상자 선정심사위원회는 영재교육기관에 두고, '영재교육 대상자의 선정에 관한 사항, 영재학교 학생의 교육과정 이수의 인정, 조기진급 및 조기졸업에 관한 사항, 그 밖에 학칙에서 선정심사위원회의 심의를 거치도록 정한 사항'을 심의하는 기구이다(「영재교육진흥법 시행령」 제16조). 선정심사위원회는 위원장 1인을 포함한 15인 이내의 위원으로 구성하되, 시행령으로 정한 요건을 갖춘 자 중에서 당해 영재교육기관의 장이 위촉 또는 임명한다(동 시행령 제17조). 이 중 영재교육 대상자의 선정과 관련하여, 「영재교육진흥법」 제5조는 "영재교육기관의 장은 '일반 지능, 특수 학문 적성, 창의적 사고 능력, 예술적 재능, 신체적 재능, 그 밖의 특별한 재능' 중 어느 하나의 사항에 대하여 뛰어나거나 잠재력이 우수한 사람 중 해당 교육기관의 교육 영역 및 목적 등에 적합하다고 인정하는 사람을 영재교육 대상자로 선발하도록" 규정하였다. 이 영재교육 대상자 선발 시 선정신청서를 제출받은 영재교육기관의 장은 선정 기준에 적합한지 등에 대해 선정심사위원회의 심의를 거쳐 영재교육 대상자로 선정하고, 이를 당사자에게 통지하게 된다.

참고문헌

국가법령정보센터 http://www.law.go.kr

선행조직자
[Advanced Organizer]

오수벨(Ausubel)이 최초로 제안한 개념으로, 학습자가 학습 자료를 선행지식에 연관 짓는 데 도움을 주기 위해 학습 전에 제시되는 추상적 · 일반적 · 포괄적인 개념이나 아이디어를 말한다. 선행조직자는 기본적으로 설명식 수업을 전제로 하며 학습 결과는 포섭과 수용을 지향한다.

선행조직자는 보통 설명조직자와 비교조직자로 나뉜다. 학습 자료에 대한 선행지식이 없는 학습자에게는 설명조직자를 제시하여 친숙하지 않은 학습과제를 수행하는 학습자에게 개념적 근거를 제공한다. 선행지식이 있는 학습자에게는 비교조직자를 제시하는데, 이는 기존에 학습자가 가지고 있는 개념과의 유사점과 차이점을 밝히면서 학습을 촉진한다는 데 의의가 있다.

참고문헌

김종석(1989). 교수-학습의 이론과 실제. 서울: 성원사.

신종호, 김민성, 최지영, 허유성, 이지은(2015). 교육심리학. 경기: 교육과학사.

Ausubel, D. P. (1960). The use of advance organizers in the learning and retention of meaningful verbal material. *Journal of Educational Psychology, 51*(5), 267.

선행지식
[Prior Knowledge]

학습자가 수업을 받기 전에 가지고 있는 지식 · 기능 · 능력을 지칭하는 용어이다. 교육심리학에서는 선행지식을 학습과정에서 중요한 요인으로 간주하며, 교수자는 학습자의 최적 학습을 촉진하기 위해서 학습자의 선행지식 수준, 내용, 구조 등을 확인해야 한다. 오수벨(Ausubel)은 학습 내용과 선행지식을 관련짓는 유의미 수용학습을 강조하였는데, 유의미 수용학습을 위해서도 학습 내용과 관련된 선행지식이 필수적으로 요구된다.

참고문헌

신종호, 김민성, 최지영, 허유성, 이지은(2015). 교육심리학. 경기: 교육과학사.
이정모, 강은주, 김민식, 김기택, 김정오(2009). 인지심리학(3판). 서울: 학지사.
Ausubel, D. P. (1963). Cognitive structure and the facilitation of meaningful verbal learning1. *Journal of Teacher Education, 14*(2), 217–222.
Bloom, L., Rocissano, L., & Hood, L. (1976). Adult-child discourse: developmental interaction between information processing and linguistic knowledge. *Cognitive Psychology, 8*(4), 521–552.

선행학습
[Prerequisite Learning]

어떤 학습과제의 학습을 위해 미리 학습 또는 습득하고 있어야 할 학습이다. 주어지는 시간에 배우게 될 학습과제의 성격상 위계적(位階的)으로 하위에 해당하는 과제나 목표를 성공적으로 습득하고 있으면 본 학습과제의 학습이 용이하게 된다. 이때 위계상 하위에 속하는 과제의 습득을 선행학습이라 한다.

또는 시간적인 차원에서, 먼저 일어난 학습을 의미한다. 연령이나 정규 커리큘럼보다 높은 수준의 내용을 미리 학습하는 것(prior learning)을 뜻하기도 한다.

참고문헌

서울대학교 교육연구소(1995). 교육학 용어사전. 서울: 하우동설.

설명식 수업

[Expository Instruction(EI)]

가장 오래된 교수법이며 교수자 주도의 강의식 수업 모형 중 하나이다. 교수자가 학습자의 흥미, 의욕, 능력, 선행학습 수준 등을 고려하여 교수자 중심의 설명을 통하여 학습자에게 중요한 정보를 전달하고 이해시키는 수업 방법을 말한다. 설명식 수업은 학습자의 선행학습 수준을 무시한 주입식 수업과는 구별된다.

설명식 수업모형을 총 5단계로 정리하여 제안되는데, 개별 단계마다 정의된 핵심적인 활동 주도자와 역할은 다음과 같다.

- 1단계–교수: 개념과 용어를 정의하고 명확하게 설명
- 2단계–교수: 상위 개념을 찾아서 연관 지어 설명
- 3단계–교수: 긍정적 · 부정적인 예를 제시하여 설명
- 4단계–학생: 교수가 제시한 다양한 예를 분류하고 설명
- 5단계–학생: 제시된 예 이외의 또 다른 예를 들어 설명

참고문헌

김종석(1989). 교수–학습의 이론과 실제. 서울: 성원사.

신종호, 김민성, 최지영, 허유성, 이지은(2015). 교육심리학. 경기: 교육과학사.

Ausubel, D. P. (1964). Some Psychology and Educational Limitation of Learning by Discovery. The Arithmetic Teacher.

Guthrie, J. T. (1967). Expository instruction versus a discovery method. *Journal of Educational Psychology, 58*(1), 45.

성격 강점
[Character Strengths]

피터슨(Peterson)과 셀리그먼(Seligman)이 주도한 VIA(The Values in Action) 프로젝트의 보고서에서 처음 등장한 개념으로, 다양한 문화권에서 공통적으로 발견되는 '인간의 긍정적 특질'을 성격 강점으로 정의한다. 성격 강점은 능력 · 재능과 대비되는 개념으로, 구체적인 성과보다는 성격 강점 자체의 가치로 긍정적인 측면을 가진다. 성격 강점은 크게 여섯 가지 핵심 덕목(지성, 인애, 용기, 절제, 정의, 초월)으로 나뉘며, 개별 핵심 덕목하에 총 24개의 성격 강점이 분류되어 제시되고 있다.

- 지혜 관련 성격 강점: 창의성, 호기심, 개방성, 학구열, 지혜
- 인간애 관련 성격 강점: 사랑, 친절성, 사회지능
- 용기 관련 성격 강점: 용감성, 진실성, 끈기, 활력
- 절제 관련 성격 강점: 관대성, 겸손, 신중성, 자기조절
- 정의 관련 성격 강점: 공정성, 시민의식, 리더십
- 초월 관련 성격 강점: 감사, 낙관성, 심미안, 유머감각, 영성

참고문헌

권석만, 김지영, 하승수(2010). 성격강점검사(CST-A) 전문가용 지침서. 서울: 학지사.
Peterson, C., & Seligman, M. E. (2004). *Character Strengths and Virtues: A Handbook and Classification*. Oxford University Press.

성공적인 영재(6개 유형 참조)
[Gifted and Talented Child: The Successful (Type 1)]

베츠와 네이하트(Betts & Neihart)가 제안한 영재의 여섯 가지 유형 중에서 성공적인 영재(타입 1)로 분류된 영재학생을 지칭하는 표현이다. 성공적인 영재는 대부분 판별

과정을 통해 선발되어 영재교육을 받고 있으며, 지능검사나 학업성취도 검사를 통해 선발하는 경우가 대부분이라 창의성이 그다지 높지 않은 아동이 상당수 포함된다.

성공적인 영재의 경우, 자신의 성취에 대한 높은 확신과 긍정적인 자아존중감이 장점으로 꼽힌다. 하지만 교사나 부모의 말에 순응하거나 부모나 교사가 제안하는 목표를 따라가는 편이고 자율성 · 창의성 · 삶의 변화에 대한 도전정신 등이 부족한 경우가 많다.

참고문헌

Neihart, M., & Betts, G. (2010, July). *Revised profiles of the gifted and talented: A research-based Approach.* In Keynote Address at 11th Asia Pacific Conference on Giftedness.

성공지능
[Successful Intelligence]

분석적, 창의적, 실천적 지능들 사이의 균형을 통해 강점을 인식 및 활용하고, 약점을 개선 및 보완함으로써 환경에 적응, 또는 그것을 조성, 선택하여 사회문화적 맥락과 개인의 기준 내에서 성공을 달성할 수 있는 능력을 성공지능이라 한다. 분석적 지능(Analytic Intelligence: AI)은 과제를 해결하기 위한 계획, 과제의 성격, 과제 자체의 내용 등을 비교하고 대조하는 과정을 통해 분석하는 지능을 말한다. 창의적 지능(Creative Intelligence: CI)은 새로운 과제를 즐겁게 받아들이는지의 여부와 자동화 능력을 말한다. 그리고 실천적 지능(Practical Intelligence: PI)은 과제를 해결하기 위한 융통성 있고 현실성 있는 방법을 모색하는 지능이다.

참고문헌

Sternberg, R. J. (1997). *Successful Intelligence.* New York: Plume.

성취도 검사 점수
[Achievement Test Scores]

성취도 검사는 일련의 교육 활동이 이루어진 후에 학습자의 성취 정도를 평가하는 것이고, 성취도 검사 점수는 성취도 검사에서 학습자로부터 다양한 검사 도구를 활용하여 학습자의 성취 정도를 얻은 결과이다. 학교에서는 일반적으로 교사가 직접 제작한 검사 도구 또는 표준화된 검사 도구를 활용하여 성취도 검사를 실시한다. 이러한 검사를 통해 얻은 점수는 지식이나 기능 측면에서 학습자들이 어느 수준에 도달했는지, 그리고 얼마만큼 변화했는지를 평가하기 위한 객관적인 자료로 활용할 수 있다. 학교 교육에 있어 학생이 해당 영역에서 어느 위치를 차지하는지에 대한 구체적이고 상대적인 정보를 제공함으로써 수업의 수준을 정하는 데 활용할 수 있다.

참고문헌

이경화, 최병연, 박숙희 역(2005). 영재교육(제5판)〔*Education of the gifted and talented*(5th ed.)〕. Gary A. Davis, & Sylvia B. Rimm 저. 서울: 박학사. (원서 2004년 출간).

성취도 평가
[Achievement Evaluation]

평가는 교육목표를 성공적으로 달성하기 위한 교육과정의 일환으로 다양한 평가 도구와 방법을 통해 성취도와 목표 도달 정도를 확인하고 교육의 질 개선을 위한 자료로 활용하기 위한 활동이다. 그리고 성취도 평가는 교육과정에서 규정하고 있는 교육 목표와 내용을 제대로 학습하였는지 파악하기 위한 평가를 말한다.

학문적 측면에서 학생들의 성취 정도를 평가하기 위해서는 학습목표를 명확하게 설정하고 그 목표를 준거로 하여 평가지표를 개발한 성취도 검사를 실행해야 한다. 성취 정도를 평가하기 위한 방법으로는 사전 사후 검사 비교, 통제 실험 집단 비교, 지필평가, 체크리스트 등 다양한 방법을 활용할 수 있다.

우리나라에서는 교육과정 및 교수-학습 방법을 효과적으로 개선하고 교육 정책을 수립하는 기초 자료를 마련하며, 학교 현장의 평가 방법을 발전시킨다는 목적으로 1960년대부터 국가 수준의 학업성취도 평가를 실시하고 있다. 국제 수준의 성취도 평가로서는 경제협력개발기구(OECD) 본부 주도로 3년 단위로 회원국을 포함한 세계 각국이 공동으로 실시하는 국제학업성취도평가(PISA)가 있다. 학업성취도 국제비교 연구로서 국제학업성취도평가는 의무교육의 종료 시점에 있는 만 15세 학생들의 읽기, 수학, 과학적 소양(literacy)의 성취 수준을 평가하여 각국 교육의 성과를 비교하고 점검하기 위한 것이다.

성취 정도는 다양한 관점에서 평가할 수 있는데, 특히 학문적 재능을 측정할 수 있는 검사로는 아이오와 기초기술검사(Iowa Test of Basic Skills), 스탠퍼드 성취도 검사(Stanford Achievement Tests), 메트로폴리탄 성취 검사(Meteropolitan Achievement Tests), SRA 성취도 시리즈(SRA Achievement Series), 캘리포니아 기초기술검사(California Test of Basic Skills), STEP(Sequential Test of Educational Progress) 등의 표준화된 검사들이 있다. 다만, 특정한 학문적 재능의 판별 수단으로 좋은 도구는 교사들이 제작하여 실시한 성취도 검사와 학교 성적이다.

참고문헌

이경화, 최병연, 박숙희 역(2005). 영재교육(제5판)〔*Education of the gifted and talented*(5th ed.)〕. Gary A. Davis, & Sylvia B. Rimm 저. 서울: 박학사. (원서 2004년 출간).

성취동기
[Achievement Motivation]

성취동기란 어려운 과제를 성공적으로 수행하거나 탁월한 업적을 이루고자 하는 사회적 동기로서 과제를 수행하는 과정에서 어려움을 극복하고 성취 기준에 도달하기 위해 적극적으로 가치 있는 일을 찾으려는 동기이다. 즉, 자신의 능력을 발휘하여 곤란한 일을 해결하고 목표를 달성하려는 욕구, 또는 도전적이고 어려운 과업을 훌륭히 성취하고자 하며 성취 결과보다 성취 과정에서 만족을 얻으려는 내적 의욕을 말한다. 특히 부 또는 지위와 같은 외적 보상을 얻고자 하는 것과는 다른 것으로 성취 결과와는 관계없이 도전적이고 어려운 문제를 마스터하는 과정에서 만족을 얻으려는 기능이다. 성취동기와 관련된 행동 특성으로는 과업 지향성, 적절한 모험심, 자신감, 정력적 · 혁신적 활동성, 자기 책임감, 결과에 대한 지식, 미래 지향성 등이 있다.

참고문헌

서울대학교 교육연구소(2002). 교육학 용어사전. 서울: 하우동설.

이성진, 임진영, 이태철, 김동일, 신종호, 김동민, 김민성, 이윤주(1994). 교육심리학 서설. 서울: 교육과학사.

정범모(1968). 성취동기 육성을 위한 이론 및 실증적 연구. 서울대학교 사범대학.

성취목표
[Achievement Goals]

성취 행동과 관련된 목적에 관한 것으로 성취를 위한 목적이나 이유를 포함할 뿐 아니라 개인들의 행동과 목적에 도달한 것에 대한 성공과 실패를 판단하는 기준을 성취목표라 한다. 성취목표는 과제를 위해 갖는 특정 표적 목표가 아닌 과제나 상황의 성취를 위한 일반적 초점이나 목적으로 표현된다. 성취목표는 숙달 목표와 수행 목표가 있는데 숙달 목표는 자신의 유능성을 발달시키는 것을 목표로 하고, 수행 목표는 동료들보다 잘하는 것에 의해 자신의 유능성을 증명하는 것으로 설명할 수 있다. 숙달 목표를 가진 학습자는 과제를 수행하는 과정에서 다른 사람들과의 비교에 대한 관심보다는 학습 자체에 초점을 맞추는 성향이 있다. 반면 수행 목표를 가진 학습자는 다른 사람들에게 그들의 능력을 증명해 보이기 위해 좋은 성적을 얻거나 이기는 것으로 증명해 보이려는 성향이 있다. 그러므로 한 목표만 강조하기보다는 다중 목표가 더 교육적 이익을 가져온다는 관점도 있다. 그리고 최근에 엘리엇(Elliot, 2005)은 접근-회피라는 새로운 차원을 두 가지 주요 성취목표 차원에 결합한 2×2틀을 제시하였다. 그는 숙달-접근, 숙달-회피, 수행-접근, 수행-회피 등 4차원의 틀을 제시하였는데, 이 틀은 수행 목표와 숙달 목표에 각각 목표 도달 가능성의 접근에 초점을 맞추었는지 아니면 불가능성의 회피에 초점을 맞추었는지에 따라 세분한 것이다.

참고문헌

박병기, 이종욱(2005). 2×2 성취목표지향성 척도의 개발 및 타당화. **교육심리연구**, 19(1), 327-352.

Elliot, A. J. (2005). A conceptual history of the achievement goal construct. In A. J. Elliot & C. S. Dweck (Eds.), *Handbook of competence and motivation*. New York: Guilford Press.

Pintrich, P. R. (2000a). An achievement goal theory perspective on issues in motivation terminology, theory, and research. *Contemporary Educational Psychology, 25*(1), 92-104.

세계영재학회
[World Council for Gifted and Talented Children(WCGTC)]

세계영재학회(WCGTC)는 영재에 대한 지지와 지원을 제공하는 세계적인 비영리단체이다. WCGTC는 모든 연령대의 영재의 발달과 교육에 관심이 있는 교육자, 학자, 연구원, 부모 등을 정회원으로 하여 구성된 다양한 조직의 세계 네트워킹이다. WCGTC는 회원, 집행위원회, 회원국 대표단으로 구성되어 있다. 세계위원회는 35년 이전에 설립되었으며, 세계회의는 홀수년 7월 말 또는 8월 초에 격년으로 개최된다. WCGTC의 임무는 영재아동에게 세계의 관심을 집중하고 인류의 이익에 그들의 소중한 잠재력의 실현을 보장하는 것이다.

WCGTC 미션

- 격년 회의(집회)를 통해 정보, 아이디어, 경험의 전 세계적인 교류 촉진(즉, 세계회의)
- 어떠한 국가나 어떠한 배경에서도 영재아동을 수용하고 인식하는 분위기를 조성

- 영재, 재능, 창의성의 본질에 대한 연구를 전파하고, 영재아동과 교사의 교육을 지원
- 아이디어, 경험, 교사 훈련에 대한 전 세계적 교류의 기회를 수립
- 국가의 영재 아이들을 위한 지원 및 인식을 제공하는 국가 그룹을 지원 및 향상
- 어린이를 위한 국제 프로그램 및 활동 지원
- 모든 아이의 잠재력 계발에 대한 지원과 부모 및 가족 교육을 강화

세계창의력경연대회
[World Creativity Festival]

세계창의력경연대회(2017 World Creativity Festival)는 지난 1997년부터 대전광역시가 주최해 온 전국 규모의 창의력 경연대회를 국제적으로 확대시켜, 세계 각국의 청소년 영재들을 초청, 국내 영재학생들과의 창의적 문제해결 능력을 경연하는 축제의 장이다.

참고문헌

http://wcfestival.or.kr 대회 개요

세 고리 모형
[Three Ring Conception of Giftedness]

렌줄리(Renzulli, 1978)는 사회에서 뛰어난 공헌을 한 사람들은 예외 없이 극단적으로 높을 필요는 없는 '평균 이상의 능력' '높은 창의성' '높은 과제 집착력'들을 갖고 있다고 주장한다. 렌줄리는 영재는 이 세 요소를 모두 갖추고 있어야 하지만 이 세 가지 특성에서 모두 대단히 뛰어나야 할 필요는 없고, 한 특성에서는 적어도 상위 2% 이내에 속해야 하지만 나머지 특성에서는 상위 15% 이내면 된다고 주장한다. 세 고리 모

형은 영재들을 판별하는 기준이 아니고, 창의적인 생산성을 키워 주고자 하는 교육을 할 때, 목표로 삼아야 할 요소를 나타낸다.

참고문헌

Renzulli, J. (1978). What makes giftedness?: Reexamining a definition Phi Delta Kappan, 180−184.

셀프 리더십

[Self-Leadership]

과업이나 직무를 수행하기 위하여 필요한 자기주도(self-direction)와 자기 동기부여(self-motivation)를 이루기 위해 스스로 자신에게 영향력을 행사하는 과정을 말한다. 셀프 리더십은 지시, 명령, 통제, 보상, 처벌 등에 의해 발휘되는 전통적인 리더십보다는 자기 스스로 목표를 설정하고, 자기 통제 등과 같은 자율성을 중심으로 하는 내적 리더십으로 스스로 자신을 리드하기 위해 무엇을 할 것인가라는 자신에 초점을 맞추는 리더십을 말한다. 즉, 셀프 리더십은 자기 자신에게 영향을 미치기 위해 사용하는 행동, 사고방식, 감정 등에 초점을 두는 일련의 광범위한 전략이다. 모든 사람이 자발적으로 과제를 찾고 자기주도적으로 수행하며 스스로 동기화되어 있지는 않기 때문에 셀프 리더십을 개발할 필요가 있다.

참고문헌

김남현 역(2002). 슈퍼리더쉽(*The New superleadership: Leading others to lead themselves*). Manz, C. C., & Sims H. P. 저. 서울: 경문사. (원서 2001년 출간).

신구범(2008). 리더십의 이론과 실제. 서울: 형설출판사.

Manz, C. C., & Neck, C. P. (1999). *Mastering self-leadership: Empowering yourself for personal exellence, Upper Saddle River.* NJ: Prentice−Hal.

소크라테스식 방법
[Dialektike]

산파술(maieutik)이라고도 불리는 문답법은 소크라테스식 진리 탐구 방법이며, 주어진 질문에 대한 학습자의 답에서 모순을 찾아 지적하여 스스로 무지를 자각함과 동시에 사물에 대한 올바른 개념을 형성하도록 유도한다. 이 방법을 통해 소크라테스(Socrates)는 학습자를 직접적으로 가르치는 것이 아니라 학습자 스스로 진리를 깨닫도록 도와주는 역할을 하였다. 이런 소크라테스식 교육 방법은 플라톤의 대화편『메논』에서 분명하게 확인할 수 있다.『메논』에서의 문답법은 3단계로 진행되는데 1단계는 메논의 무지를 깨닫게 하기 위한 두 사람이 문답하는 과정이고, 이후 상기설 증명을 위한 노예 소년과의 문답하는 2단계가 이어진다. 마지막으로 자신의 무지를 인식한 후 새롭게 깨닫는 메논과의 문답 과정인 3단계로 진행된다.

소크라테스의 문답법에서는 반어법(eironeia), 논박법(elenchos), 아포리아(aporia)의 원리를 포함하는데,『메논』의 1단계에서는 메논의 문답이 시작되는 시점부터 아포리아에 이르게 되는 시점까지 해당되며 반어법, 논박법, 아포리아를 포함한다. 그런데 2단계는 소크라테스와 노예 소년의 문답 과정에서 반어법이 생략된 채 무의식적 무지, 논박법 및 아포리아, 기하학 지식 부분으로 진행된다. 그리고 3단계에서는 의식적 무지, 논박법과 합리적 인식 부분으로 구분하여 진행된다. 이런 과정을 통해 소크라테스는 먼저 학습자의 무의식적 무지에서 의식적 무지로 이끌고 그 의식적 무지에서 다시 참다운 진리로 이끌어 가려고 했다. 학습자가 올바른 사고를 하도록 가르치는 문답법은 현대 교육 현장에서도 그 본질은 계승되는 교육방법 중에 하나이다. 대화법은 교사가 학생의 요구를 확인할 수 있어 적절한 수업 처치를 할 수 있을 뿐만 아니라 학습에 대한 학생들의 흥미와 관심을 촉진시킴으로써 자발적이고 적극적인 학습 태도를 갖게 할 수 있다.

참고문헌

이윤경(2008). 도덕 교육 방법으로서의 소크라테스 문답법 고찰:『메논』을 중심으로. 고려대학교 대학원.

속성열거법
[Attribute Listing]

크로퍼드(Robert Crawford, 1968)가 개발한 속성열거법은 제시된 문제를 명확히 확인하고, 그 문제의 속성(크기, 모양, 색깔, 특징 등)들을 자세하게 나열하여, 속성들 간에 결합을 통해 새로운 아이디어를 만들어 낸다. 그리고 아이디어들의 분석 및 평가를 거쳐 현실적으로 유용하게 활용할 수 있는 것인지를 파악한다.

참고문헌

문정화, 하종덕(2005). 또 하나의 창의성 교육. 서울: 학지사.

Crawford, R. P. (1968). *Direct Creativity: With Attribute Listing*. Fraser Publishing Company.

Harrington, H. J., Hoffherr, G. D., & Reid, R. P. (1998). *The creativity toolkit: Provoking creativity in individuals and organizations* (Vol. 1). McGraw-Hill Companies.

속진
[Acceleration]

속진(acceleration)은 학습 속도가 매우 빠른 영재아가 정상적인 나이보다 더 이른 시기에 또는 규정된 기간보다 더 짧은 기간에 정규 교육과정을 이수하도록 허용하여 자신의 속도에 맞게 융통성 있는 학습을 할 수 있도록 하는 것이다. 속진은 크게 다섯 가지 차원, 즉 속도(pacing), 눈에 두드러지는 정도(salience), 또래집단(peers), 접근(access), 시기 적절성(timing)에 따라 조기진급, 조기입학, 교과별 속진, 학년별 속진, 교육과정 압축 등의 형태로 나타난다.

참고문헌

조석희, 이미순, 박성익, 이현주(2006). 조기진급 및 조기조업 활성화 방안, CR 2006-3. 서울: 한국교육개발원.

속진학습

[Acceleration]

학생이 일반적인 기간보다 학업 내용을 더 빨리 학습할 수 있도록 상위의 교육과정을 제공하는 것을 의미한다. 일반적인 입학 연령보다 조기에 입학하는 조기입학, 정상적인 학년보다 높은 학년으로 배치하는 월반, 특별한 시험을 통하여 자격을 부여하는 방법, 빠른 시간에 정해진 학습 과정을 압축하는 방법을 통하여 이루어진다.

참고문헌

http://edglossary.org/acceleration

수렴적 사고

[Convergent Thinking]

문제해결을 위해 가장 적절한 답을 찾는 사고방식으로, 어떤 주어진 문제에 대해 다양한 대안들을 분석 및 평가하는 과정을 통해 가장 적합한 정보를 선택하여 확실한 대안을 산출해서 문제를 해결하는 사고이다. 수렴적으로 사고하는 사람들은 하나의 정답이 있는 문제를 선호한다.

참고문헌

국립특수교육원(2009). **특수교육학 용어사전**. 서울: 하우동설.

수상돌기

[Dendrite]

신경세포에 달려 신경 자극을 중계하는 가느다란 세포질의 돌기로 신경세포체 · 축삭돌기(軸索突起)와 함께 신경 단위의 뉴런(neuron)을 구성한다(그림의 가지돌기).

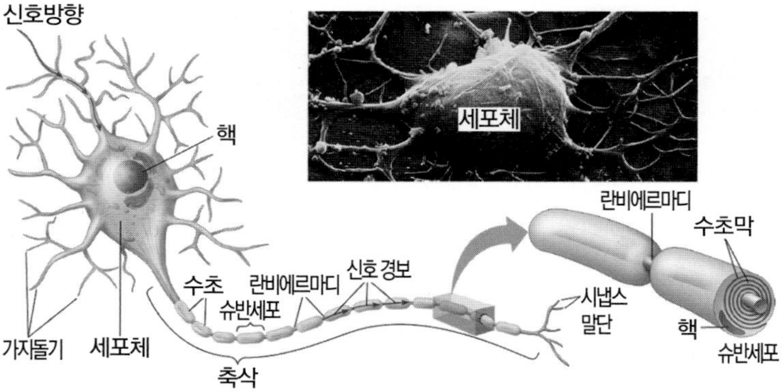

수업 계열 메뉴
[Instructional Sequence Menu]

교육과정 개발자가 내용과 교수전략을 결합하도록 도울 수 있는 실제적인 일련의 기획 지침으로서 다중메뉴모형이 제안되었다. 이 모형은 지식, 수업 목표와 학생 활동, 교수 전략, 수업 계열성, 예술적 변형의 다섯 가지 분야에 메뉴를 제공한다. 그중에서 수업 계열 메뉴는 계획한 학습활동의 결과를 극대화하는 활동을 조직하고 계열화하는 것과 관계가 있다. 즉, 학습과제를 분석한 후, 추출된 학습요소를 토대로 하여 수업 목표 달성에 요구되는 필요 시간, 수업 전개를 위한 내용 구성 및 그룹화, 수업 내용 전개 순서 등을 정하는 것을 의미한다. 이 메뉴에는 주의 집중 유도, 목표 제시, 선수학습과 관련시키기, 자료 제시, 수행평가, 피드백 제공, 전이와 적용을 위한 기회 제공 등이 포함된다.

가네(Gagné)와 브릭스(Briggs)는 학습자가 필수 용어, 기능적 개념, 기본적인 사실 정보뿐만 아니라 학습 내용에 대해 호의적인 태도 등과 같은 선행조건의 내용을 숙달할 수 있도록 교재를 구성할 것을 강조하였다. 그러므로 수업 계열성 메뉴는 학생의 관심을 얻고 동기를 이끌어 낼 수 있는 항목에서 시작된다. 또한 그들은 학습자들이 과거에 학습한 관련 내용과 현재의 주제를 연결시키고 통합시키는 것을 강조했다. 마지막으로 학습자들이 습득한 지식은 효율적으로 전이시킬 수 있도록 교육과정 개발자들이 의도적인 환경을 조성하여 학습된 정보와 그 정보가 적용될 수 있는 다른 상황 사이에 연결 고리를 제공해야 한다고 하였다.

참고문헌

강갑원, 박명순, 김정희, 송의열, 이경화, 임웅, 문은식, 이신동, 한순미, 김미숙, 성은현 역(2008). 영재 교육과정 연구. 서울: 학지사.

이경화, 최병연, 박숙희 역(2005). 영재교육(제5판)(*Education of the gifted and talented*(5th ed.). Gary A. Davis, & Sylvia B. Rimm 저. 서울: 박학사. (원서 2004년 출간).

한국교육심리학회(2000). 교육심리학 용어사전. 서울: 학지사.

수업목표와 학생활동 메뉴
[Instructional Objectives and Student Activities Menu]

다중메뉴모형(multiple menu model)은 지식 메뉴(knowledge menu), 수업 목표와 학생 활동 메뉴(instructional objectives and student activities menu), 교수 책략 메뉴(instructional strategies menu), 교수 계열 메뉴(instructional sequence menu), 예술적 수정 메뉴(artistic modification menu), 교수 산출물 메뉴(instructional products menu)의 여섯 가지로 구성되어 있다.

다중메뉴모형에서 수업 목표와 학생 활동 메뉴는 수업 목표와 학생 활동을 결합시킨 메뉴로서 교육과정 개발자에게 학습의 다양한 면과 관련된 일반적 진술과 광범위한 구체적 행동 영역을 제공하도록 설계되었다. 수업 목표와 학생 활동 메뉴는 동화와 파지, 정보 분석, 정보 종합과 적용, 평가라는 네 개의 하위 범주로 구성되어 있다. 동화와 파지는 정보의 입력과 습득 과정을 다루고, 정보 분석은 상위 차원의 이해를 위한 광범위한 사고 기술에 초점이 맞추어져 있다. 정보의 통합과 적용은 사고 과정의 결과물을 다루고, 평가는 결과물에 대한 과정뿐만 아니라 미학적, 윤리적, 기능적 준거에 따라 정보를 재검토하고 판단하는 것이다.

참고문헌

강갑원, 박명순, 김정희, 송의열, 이경화, 임웅, 문은식, 이신동, 한순미, 김미숙, 성은현 역(2008). 영재 교육과정 연구. 서울: 학지사.

이경화, 최병연, 박숙희 역(2005). 영재교육(제5판)(*Education of the gifted and talented*(5th ed.). Gary A. Davis, & Sylvia B. Rimm 저. 서울: 박학사. (원서 2004년 출간).

Renzullii, J. S. (1988). The multiple menu model for developing differentiated curriculum for the gifted and talented. Unpublished nanuscript, Bureau of Educational Reasearch, University of Conneticut, Storrs.

수월성(교육)

[Excellence in Education]

일반적으로 교육에서의 수월성(excellence in education), 교육의 수월성(educational excellence), 수월성 교육(education for excellence)은 평등성 교육과 대립되는 가치로 인식되고 있다. 수월성은 '성취와 성공을 위한 욕구와 높은 수준의 학습 동기'(Gross, 1989)로서, 모든 개인의 잠재력을 최대한 이끌어 내어 최고 수준에 도달할 수 있도록 조력하는 것이다. 수월성은 특정 소수의 학생에게 국한되는 가치가 아니며, 본질적으로 교육은 학습자 누구나 저마다의 수월성을 추구하는 데 그 목적을 둔다. 즉, 수월성은 학습자마다 자신의 기준에 비추어 무언가 탁월한 수준의 성취에 다다랐다고 판단하면서 일종의 학습 만족감이나 학습 행복감을 느끼는 상태이다. 그렇다면 궁극적으로 모든 교육은 학습자의 수월성을 지향해야 한다.

천재성이나 영재성에 국한되지 않고, 모든 학생의 내면에 잠재된 역량을 최대한 계발할 수 있도록 균등한 기회를 제공하는 것이 수월성 교육이다. 그렇다고 평등성이나 공평성은 모든 학생이 똑같은 수준의 우수한 학업 성취도를 나타내야 한다는 뜻이 아니다. 하나의 일치된 결과를 낳기 위해서, 모든 학생을 '똑같이 대우(equal treatment)하는 것'도 아니다. 오히려 모든 학생이 자신의 재능과 적성에 따라 차별적으로 성장해 갈 수 있도록 '똑같이 제대로 잘 대우(equally good treatment)하는 것'

이 평등하고 공정하며 심지어 정의롭다. 세계적 축구 선수로 성장할 잠재력을 지닌 학생들에게 정규 학교의 체육 수업만으로는 부족하다. 피카소와 같은 예술적 잠재력과 재능을 지닌 학생들에게 정상 학급의 예술 교육만을 고집할 수는 없다. 이러한 맥락에서 수월성 교육은 정규 학교에서의 다양한 차별화 심화학습(differentiated enrichment learning)과 연계하여 실시될 수 있으며, '공평한 수월성 교육(excellence education with equality)'도 성립할 수 있다.

수월성 교육종합대책
[Comprehemsive Plan for Excellence in Education]

평준화 정책 제도하에 교육의 보편성과 형평성과 함께 수월성을 실현하기 위해「수월성 교육종합대책(2004.12.22)」을 발표하였다. 2000년 1월 28일 영재교육진흥법이 제정, 공포되고, 2002년 4월 18일 영재교육진흥법 시행령이 공포, 시행되면서 영재교육이 공교육하에서 본격적으로 체제를 갖추기 시작한 이후, 정부가 영재교육에 한정되지 않고 교육체제 전반에서 수월성 교육 실현을 위한 종합대책을 마련했다는 측면에서 큰 의미가 있다. 영재교육 대상자가 당시 전체 학생의 0.3%(25,000명)이던 것을 특수목적고, 영재학교, 영재교육원, 영재학급을 통해 2010년까지 1%(8만 명)까지 늘리고, 일반 학교에서도 수준별 수업, 조기진급 및 조기졸업, AP 제도 등을 통해 수월성 교육대상자를 4%(32만 명)까지 늘려 전체 학생의 5%(40만 명)에게 수월성 교육을 받게 하겠다는 내용을 골자로 하고 있다. 이때 수월성 교육의 대상 범위를 5%로 설정한 것에 대한 논쟁이 있었다. 수월성 교육을 소수를 위한 엘리트 교육이 아니라, 각자 다른 재능을 가진 학생들의 능력과 잠재력을 최대한 길러 주는 교육으로 개념화할 필요가 있다는 문제가 제기되었다.

참고문헌

교육인적자원부(2004). 창의적 인재 양성을 위한 수월성 교육 종합대책(안).

수초화
[Mylineated]

수초(myelin)는 주로 지질로 구성된다. 철사를 감싸고 있는 플라스틱처럼 수초가 축삭돌기(신경섬유)를 둘러싸는 것을 수초화라고 한다. 이처럼 수초화된 신경을 유수신경이라고 한다. 수초는 신경세포의 일부분이 아니고 축삭을 감싸고 있는 분리된 수초 형성 세포로 구성된다. 유수화된 부위 사이에는 란비에르 결절(마디)이 존재하며, 이 부위는 축삭 세포막이 아무 물질로도 덮여 있지 않아 세포외액에 그대로 노출되어 있다.

수학 불안
[Mathematics Anxiety]

수학 불안(mathematics anxiety)은 수학이라는 특정 상황에서 나타나는 상태 불안(state anxiety)의 한 형태이다. 불안에는 인지적 요소와 정의적 요소가 모두 포함되어 있는데, 인지적 측면에는 수학에 대한 걱정과 부정적 사고가 포함되며, 정의적 측면에는 땀나는 손바닥, 위장장애, 심장박동의 증가 또는 공포와 같은 신체적, 정서적 반응이 포함된다. 이와 같이 인지적 · 정의적 불안 요소를 담고 있는 수학 불안은 일반적으로 낮은 수학 성취도와 관련이 있다.

참고문헌

김아영, 안도희, 양명희, 이미순, 임성택, 장형심 역(2015). 교육심리학(제12판)〔(*Educational psychology*(12th ed.)(pp. 460–461)〕. Woolfolk, A. 저. 서울: 박학사. (원서 2013년 출간).

Hembree, R. (1990). The nature, effects, and relief of mathematics anxiety. *Journal for Research in Mathematics Education, 21*(1), 33–46.

수학영재
[the Mathematically Gifted Student]

수학영재성에 대한 단일한 정의는 없다. 수학영재는 특별한 수학적 능력을 가진 학생이고 질적으로 다른 수학적 사고를 할 수 있다는 연구 결과가 있다. 수학영재들에 관한 대부분의 연구는 러시아의 심리학자인 크루테츠키(V. A. Krutetskii)가 1968년에 발간한 그의 연구에 기반을 두고 있다. 수학적 능력에 대한 그의 12년 동안의 광범위한 조사는 수학적 능력의 본질과 구조를 탐구하기 위해 고안되었다. 그는 수학적 능력을 개인의 특성으로 정의하여 주어진 일을 신속하고 잘 수행할 수 있게 하는 것으로 습관이나 기술과 대비하였다. 이 습관이나 기술은 사람이 수행하는 행동 특성이나 특징과 관련이 있다. 수학영재는 수학적 렌즈를 통해 세상을 보는 경향이 있다. 크루테츠키는 이 특성을 설명하기 위해 '마인드의 수학적 모형'이라는 용어를 사용한다. '수학영재성'은 수학적 활동의 성공적인 수행 가능성을 열어 주는 수학적 능력의 고유한 집합체에 주어진 이름이다. 그의 책은 우리나라 수학영재이론의 기초이며 다음 참고문헌과 같이 번역되어 출판되었다.

참고문헌

송상헌, 임재훈, 권석일, 남진영, 정영옥, 서동엽, 김성준, 김지원 편역(2014). 수학적 능력의 심리학(*The psychology of Mathematical abilities in schoolchildren*). V. A. Krutetskii 원저. 제레미 킬패트릭, 아이작 위르즙 편저. 경문사. (원서 1976년 출간).

수학영재교육
[the Education of Mathematically Gifted Students]

수학영재를 위한 교육이 수학영재교육이며, 수학영재의 행동 특성에 맞게 다양한 교육을 제공할 수 있다. 수학영재들의 수학 지식을 넓히는 교육부터 수학적 창의성 신장을 위한 프로그램을 기획하여 실시할 수 있다.

수학적 사고
[Mathematical Thinking]

수학적 사고는 처음 V. A. 크루테츠키에 의해 조직적으로 분석되었으며 보통 수렴적 사고와 확산적 사고로 나누어 생각한다. 수렴적 사고는 정해진 풀이를 찾아내는 사고로 통상의 수학 시험문제나 수학경시대회 문제의 대부분이 이런 사고를 측정하는 문제들이다. 확산적 사고는 가능한 결론을 학생들이 찾고 이를 입증하는 능력으로, 수학과 밀접한 관련이 있는 능력은 유창성, 융통성, 독창성 등이다.

참고문헌

송상헌, 임재훈, 권석일, 남진영, 정영옥, 서동엽, 김성준, 김지원 편역(2014). 수학적 능력의 심리학(*The psychology of Mathematical abilities in schoolchildren*). V. A. Krutetskii 원저. 제레미 킬패트릭, 아이작 위르즙 편저. 경문사. (원서 1976년 출간).

수학적 상황(비수학적 상황)
[Mathematical Context]

탐구활동의 상황을 실생활 상황과 수학적 상황으로 구분하고, 실생활 상황에 대해 프로이덴탈(Freudenthal)의 수학화 이론에 기초하여 현실 맥락과 형식적 맥락으로 세분화할 수 있다. 수학적 개념 혹은 지식을 도입하는 단계에서 수학적 상황보다 실생활 상황에서 수학적 내용을 이끌어 내는 경우가 더 많다. 실생활 상황을 통해 도입을 전개한 탐구활동을 조직화된 활동과 전 조직화(조직화가 되기 전의, 조직화가 되지 않은) 활동으로 나눌 수 있다.

참고문헌

http://share.ewha.ac.kr/content/?p=000000090026.

수학적 오류
[Mathematical Errors]

수학적 오류는 개념을 제대로 이해 못 해서 일어나거나, 계산 과정에서 잘못 적용하여 일어나는 등 다양하게 나타날 수 있다. 이런 오류는 거의 모든 학생에게 반복적으로 일어날 수도 있어서 이에 대한 분야별 연구가 진행되어 왔다.

수학적 창의성
[Mathematical Creativity]

일반적으로 창의성에 대한 정의는 사용자에 따라 다양하지만 공통적으로 인정하는 것은 '새로움'과 '가치'이다. 새로운 생각을 낳게 하는 사고 본질에 대한 연구는 어렵고 힘든 과제이지만 창의적 활동을 촉진하는 활동이나 측정에 대한 연구는 길포드(Guilford)나 토랜스(Torrance) 등과 같은 사람들에 의해 발달되었다. 창의성 측정을 위한 확산적 사고 요소로 유창성, 융통성, 독창성 등이 있으며, 수학적 창의성을 수학적 소재에서 이들 사고 요소의 합산으로 간주하는 경향이 있었다.

일반 창의성에서 적용되는 요인들을 수학에 대입하여 수학적 창의성을 이들 요소의 합으로 볼 수 없다는 비판과 함께 일부 사람들은 수학적 창의성을 질적인 관점에서 정의한다. 즉, 수학적 창의성은 수학적 문제 상황에서 기존의 지식과 경험 등을 바탕으로 고착된 틀을 벗어나, 주어진 문제를 다양한 방식으로 분석하여, 문제의 요소들이나 수학적 아이디어 등을 새로운 방식으로 결합하여 결과를 얻는 것으로 본다.

수학 창의적 문제해결력
[Creative Problem Solving Ability in Mathematics]

수학 창의적 문제해결력은 수학적인 문제를 창의적으로 해결하는 능력을 말한다.

좀 더 좁은 의미에서 말해 보면, 수학적 창의성을 고정된 사고방식에서 벗어나 새롭고 가치 있는 산출물을 내는 과정이자 능력이라는 관점에서 본다. 그러한 수학 창의성이 발휘되는 곳이 문제해결 과정이고, 따라서 수학적 문제해결에서의 창의성을 수학 창의성과 동일한 것으로 간주하기도 한다. 수학 창의적 문제해결력은 학생이 이미 습득한 지식, 원리, 개념, 사고전략들을 이용하여 새로운 문제의 해법을 산출해 내는 능력이다. 문제해결 과정에서 문제 이해, 계획 수립, 계획의 이행, 답과 문제해결 전반에 대한 검토라는 네 단계를 거치는 동안 수학적 사고력, 수학적 창의성, 수학적 과제 집착력, 지식기반이 수학 창의적 문제해결을 위해 활용된다고 본다. 수학적 창의성의 하위 요소는 융통성, 유창성, 독창성으로, 관련되는 수학적 사고는 직관적 통찰, 정보의 조직화, 추론, 공간화, 공간화 시각화, 직관적 통찰, 추상화, 일반화 등의 영역으로 나누어 생각하는 연구가 있다.

수학 학습동기

[Mathenatical Learning Motivation]

학습 동기란 학습목표의 방향을 설정, 학습 내용에로의 주의집중과 어려운 과제에 대한 과제집착력과 헌신을 일으키는 힘이다. 한편 수학 학습 동기는 학습자가 수학 과제의 수행을 위해 필요한 행위를 조직하고 실행해 나가는 자신의 능력에 대해 내리는 판단과 관련이 있을 것으로 본다. 동기가 높다고 해서 반드시 수행 수준이 높다는 것은 아니다.

참고문헌

김명숙(2007). 자기결정이론에 근거한 초등학생용 수학학습동기검사의 동기유형 및 양호도 검증. 한국교육학회.

숙달학습

[Mastery Learning]

학습의 정도는 학습자에게 주어진 과제를 학습하는 데 필요한 시간에 대해 학습자가 실제 사용한 시간의 비율로 결정된다는 사실에 바탕을 둔 모형이 캐롤(Carroll)의 학교학습모형이다. 블룸(Bloom)은 이를 학습 현장에 적용시키기 위하여 다양한 수업 전략을 구상하고 재조직하여 숙달학습에 관한 이론을 발표하고 실천적인 교수이론으로 전개시키는 데 많은 노력을 기울였다. 그는 전체 학생들 중 약 95%의 학생들이 주어진 학습과제의 약 90% 이상을 완전히 학습해 내는 것이 숙달학습이라고 주장하였다. 이는 신체적 혹은 정신적으로 문제가 있는 약 5%의 학생을 제외한 대부분의 학생들은 학습자의 적성이나 교수 이해력 그리고 지구력에 알맞은 최상의 수업조건이 제공된다면 거의 완전히 학습할 수 있다는 것을 의미한다.

참고문헌

http://www.inpsyt.co.kr/main

슈퍼 사이언스 하이스쿨

[Super Science High School: SSH]

최근 일본에서는 고등학생을 대상으로 수학 · 과학 중심의 슈퍼 사이언스 하이 스쿨(Super Science High School: SSH)을 지정하여 영재교육의 일환으로 교육을 실시하고 있다. SSH의 추진 목적은 일본의 과학 · 기술 창조 입국을 실현할 수 있는 인재 양성이며, 2002년부터 실시되어 현재까지 지속되고 있다. 그 구체적인 사업 내용으로, 첫째, 관찰, 실험 등을 통한 체험학습, 문제해결학습, 둘째, 학습지도 요령에 의거하지 않는 교육과정의 편성, 실시 등에 의한 수학 · 과학에 중점을 둔 교육과정 개발, 셋째, 대학 · 연구기관, 민간기업 등과 연계한 선진적인 수학 · 과학 교육의 실시, 넷째, 대학과 연계한 공동연구 실시, 다섯째, 국제성 함양을 위한 어학능력 강화, 여섯째, 논

ㅅ

리적 사고력, 창의성 및 독창성 등을 함양시킬 지도법 및 교재의 개발, 일곱째, 국제적인 과학·기술 이과(理科)계 대회에의 적극적인 참가, 여덟째, 과학·기술계 클럽 활동의 적극적인 지원, 아홉째, 일류 연구자 및 기술자 등과의 교류를 통한 최첨단 기술에의 경험 및 SSH 실시 학교와의 활발한 교류가 있다.

일본 문부과학성의 추진 목적에 의거하여 전국의 각 고등학교는 추진 계획서를 제출한다. 이것을 교육 경험이 풍부한 기획 평가 협력자가 심사를 진행한 후, 3년간 SSH 실천 학교로 지정된다. 단, SSH 사업이 시작된 2002년도에는 3년으로 기간이 한정되어 있었으나, 2005년도부터는 그 한정 기간을 5년으로 연장하여 실시하고 있다.

참고문헌

김부윤, 전미정(2006). 슈퍼 사이언스 하이스쿨의 실천보고서를 통해 본 일본의 영재교육에 관한 연구. 영재교육연구, 16(1), 1-19.

슈퍼영재
[the Super Gifted]

슈퍼(super)영재는 영재 중의 영재를 가리키는 말로 통용된다. 영재교육 전문 학술 용어는 아니다. 예외적으로 탁월한 재능을 나타내는 극소수의 영재들을 지칭하기 위해 사용된 단어이다. 영재 혹은 영재성은 단일 수준의 동질집단이 아니라 오히려 영재들 간의 현격한 개인차를 목격할 수 있을 만큼 영재 혹은 영재성은 여러 수준(multi levels)으로 발현된다.

흔히 영재성이 엿보이는 학습자의 출현율을 동일 연령대의 상위 10%로 가정할 때, 이를 수준 1의 영재성이라 할 수 있다. 특정 분야에 대해 영재성이 '엿보이는 수준'으로서 보통의 학습자를 약간 상회하는 잠재력과 성취도를 나타내는 경우이다. 그런데 수준 1 영재들의 집단 내에서 또다시 상위 10%에 해당하는 영재 학습자의 출현율을 가정해 본다면, 상위 1%로 그 비율은 현격히 줄어들게 된다. 이를 수준 2 영재 집단이라 지칭할 때, 상위 0.1% 이내의 소수 영재들은 수준 3, 또 그 이상의 0.01% 이내의 영재들은 수준 4에 해당한다고 분류할 수 있다.

이런 방식으로 영재의 출현율을 다층 수준으로 구분하였을 때, 흔히 영재학급이나 영재교육원의 교육 대상자는 대부분 수준 1~2 정도에 속하는 학습자이다. 그들에게는 일반적으로 속진학습보다는 심화학습 프로그램이 적합하다. 반면에 수준 3 이상의 수준 4~5의 극소수 영재들에게는 집합 형태의 교실 수업이나 학습활동보다는 전문가의 밀착형 지도를 받을 수 있는 1:1 혹은 1:소수의 사사교육이 훨씬 더 적합하다. 이때 사사교육에 의한 영재교육 서비스가 적합한 영재성 수준의 학습자들을 흔히 '슈퍼영재'라고 부른다.

동년배에 비해 특정 분야에서 월등히 뛰어난 잠재력과 성취도를 나타내는 영재들을 가리키며, 영재 개인적으로도 발달에 있어 현격한 비동시성을 나타낸다. 가령, 수학 · 과학이나 예술 등 어느 한 영역에서 지나치게 발달된 성취를 보이는 반면, 정서적으로나 신체적으로는 상대적으로 발달 속도가 현격히 느린 형태의 불균형을 나타내는 것이다. 그러므로 이런 슈퍼영재들에게는 예외적으로 발달한 영재성 영역에서는 속진 프로그램의 학습 기회를 제공하는 한편, 여타 발달이 지연되는 영역에서는 개인별로 세심하게 처방된 맞춤형 교육이 필수적이라 할 것이다. 비록 수학적 사고능력이 고등학생이나 대학생 수준에 다다른 초등학생일지라도, 그의 신체적 · 정서적 발달 상태는 그에 훨씬 더 못 미치고 있는 것이다. 따라서 그러한 슈퍼영재들을 위해서는 속진형 수학 · 과학 학습 기회만큼이나 효과적인 정서적 발달을 도모할 수 있는 심리적 · 사회적 상호작용의 기회를 마련해 줘야 한다.

스캠퍼 기법
[SCAMPER]

에벌(Eberle, B., 1972)이 고안한 스캠퍼 기법은 문제나 주제를 확인한 후, 스캠퍼 일곱 가지 목록에 따라 새로운 아이디어가 나올 수 있도록 활용하는 것이다. 일곱 개 목록은 'substitute' 'combine' 'adapt' 'modify/magnify/minify' 'put to other uses' 'eliminate' 'reverse/rearrange'의 약어인 창의성 체크리스트다.

- S(substitute: 무엇으로 대체할 수 있을까?)
- C(combine: 무엇을 결합할 수 있을까?)
- A(adapt: 어떻게 하면 조건이나 목적에 맞도록 조절할 수 있을까?)
- M(modify, magnify, minify: 색, 모양, 형태를 어떻게 바꿀 수 있을까?)
- P(put to other uses: 다른 용도로 사용할 수는 없을까?)
- E(eliminate: 무엇을 제거할 수 있을까?)
- R(reverse, rearrange: 어떻게 하면 거꾸로 돌리거나 반대되는 것을 놓을 수 있을까?, 어떻게 하면 형식, 순서, 구성을 바꿀 수 있을까?)

참고문헌

Eberle, R. F. (1972). Developing Imagination Through Scamper. *The Journal of Creative Behavior, 6*(3), 199–203.

Eberle, B., & Stanish, B. (1996). *CPS for Kids: A Resource Book for Teaching Creative Problem-Solving to Children.* Prufrock Press. Waco. TX.

Harrington, H. J., Hoffherr, G. D., & Reid, R. P. (1998). *The creativity toolkit: Provoking creativity in individuals and organizations* (Vol. 1). McGraw–Hill Companies.

스크리닝 매트릭스
[Screening Matrix of Ideas]

마자로(Majaro, S., 1988)에 의해 개발된 스크리닝 매트릭스는 많은 아이디어 중에서 독창적이고 적합한 아이디어를 선별하기 위한 기법이다. 가로축은 창의성 기준 축으로 아이디어가 얼마나 독창적이며 가치가 있는가를 평가하고, 세로의 혁신 축은 조직의 목적에 대한 아이디어의 적합성과 재정적 · 인적 자원의 이용 가능성 등을 측정하는 것이다.

평가기준 / 가중치	기준1	기준2	기준3	기준4	기준5	홈
	2.0	3.0	2.5	1.0	1.5	
아이디어 1						
아이디어 2						
아이디어 3						
아이디어 4						
아이디어 5						
⋮						
아이디어 n						

스크리닝 매트릭스

참고문헌

Majaro, S. (1988). Morphological Analysis. *Marketing Intelligence & Planning, 6*(2), 4-11.

스키마

[Schema]

피아제(Piaget, J.) 인지발달이론의 기본 개념 중 하나로 우리의 머릿속에 저장된 외부 세계에 대한 정신적 표상, 지식 또는 행동유형을 말한다. 예를 들어, 공에 대한 '운동감각적 스키마'는 공이 말랑말랑하고 둥글다는 것, 공을 던지려면 팔을 휘둘러야 한다는 것이며, 공에 대한 '상징 스키마'는 한글로 '공' 또는 영어로 'ball'이다. 또한 신생아의 '빨기 스키마'는 입에 들어오는 모든 대상을 반사적으로 빠는 행동 유형을 말하고, '유목화 스키마'는 꽃이 개나리와 진달래보다 상위의 개념임을 이해하는 것을 뜻한다.

피아제에 따르면 경험과 학습을 통해 개개의 스키마는 보다 정교화되고, 통합되어 보다 큰 단위의 스키마로 재구조화되거나, 새로운 스키마로 형성되는 과정을 통해 인지구조의 변화와 발달을 가져오게 된다.

참고문헌

신명희, 강소연, 김은경, 김정민, 노원경(2014). **교육심리학**. 서울: 학지사.
http://www.inpsyt.co.kr/main

스탠퍼드-비네 지능검사
[Stanford-Binet]

최초의 지능검사인 비네(Binet) 검사의 미국판이라고 할 수 있다. 1916년에 발행된 터먼(Terman)판을 시작으로 검사 지침서와 규준 자료를 제공하였으며, IQ의 개념을 처음으로 사용한 검사이다. 스탠퍼드-비네 검사는 2세 이상에서 성인 연령에 이르기까지 실시가 가능하며 개인 검사를 원칙으로 하는 검사이다. 개인 검사를 원칙으로 하여 제작되었기 때문에 검사를 실시하는 방법을 훈련받은 실시자에 의하여 검사가 실시되어야 한다. 가장 최근판인 스탠퍼드-비네 검사 제5판은 10개의 하위 검사들로 구성되어 있는데, 언어 영역과 비언어 영역에 걸쳐서 각각 5개의 요인들을 측정한다. 5개의 요인들은 유동적 추론, 지식, 양적 추론, 시각-공간 정보처리능력, 그리고 작동기억이다. 스탠퍼드-비네 제5판은 각 하위 검사당 5분 정도의 시간 안에 실시하도록 설계되었다. 한편, 스탠퍼드-비네 검사 제5판은 2세에서 23세의 4,800여 명을 대상으로 하여 표준화 작업을 실시하였다.

2000년 미국 인구 조사에서의 성별, 지역 크기, 인종 등의 비율에 충실하도록 유층표집하여 표준화하였으며 전체적인 신뢰도도 매우 높은 것으로 나타났다. 검사 점수를 산출하는 데에는 언어 영역과 비언어 영역에서 각각 언어 IQ와 비언어 IQ가 산출되고, 전체 하위 검사 점수에서 총검사 IQ(full scale IQ)가 산출된다. 하위 검사들은 평균 10, 표준편차 3으로 표준화되었으며, 언어 IQ, 비언어 IQ, 그리고 총검사 IQ는 평균 100, 표준편차 15로 표준화되었다. 이 외에도 백분위점수, 54개의 요인들의 각 점수인 요인지수(factor index) 등이 개인의 지능을 나타내는 지수로 제시된다.

참고문헌

백순근(2007). 교육측정의 이론과 실제. 경기: 교육과학사.

한국교육평가학회(2004). 교육평가 용어사전. 서울: 학지사.

홍은숙, 이한규, 김재춘, 김영화, 김재웅(2011). 교육학에의 초대. 경기: 교육과학사.

스트레스 대처전략
[Coping Strategy]

인간의 적응 노력 과정 중의 하나로 자신이나 외부 환경으로부터 오는 스트레스를 최소화하기 위해 행하는 노력을 말한다. 개인의 수용 능력을 위협하는 것으로 평가되는 내적 · 외적 요구들을 다루려는 모든 인지적 · 행동적 노력으로 스트레스 사건과 적응을 매개하는 핵심 기제이다.

참고문헌

Billings, A. G., & Moos, R. H. (1984). Coping, stress and social resources among adults with unipolar depression. *Journal of personality and Social Psychology, 46*, 877-891.

Lazarus, R. S., & Folkman, S. (1984). *Stress, appraisal, and coping.* NY: Springer.

스트룹(효과)
[Stroop Effect]

과제에 대한 반응 시간이 주의에 따라 달라지는 효과를 말한다. '빨강' '초록' '노랑' '파랑' 등의 글자와 이 글자가 나타내는 의미인 실제 색깔이 서로 일치하지 않을 경우, 즉, '빨강'이 빨간색으로 프린트되어 있지 않고, 검은색이나 노란색 등의 다른 색으로 프린트되어 있을 경우에 글자의 색을 말하는 데 있어서 빨간색으로 프린트되어 있는 경우보다 더 오랜 시간이 걸리거나 잘못 말하는 경향이 생기는 현상을 말한다. 이 개념은 1935년 스트룹(Stroop)이 수행한 "세 개의 실험을 통한 시열언어반응 과제에서의 간섭에 대한 연구(studies of interference in serial verbal reactions that includes three different experiments)"를 통해 제시되었다. 스트룹 효과의 검증을 위해서는 스트룹 검사지가 이용되며, 검사를 통해 검사대상자의 선택적 주의, 인지적 유연성 및 처리 속도, 실행 능력 등을 평가할 수 있다.

참고문헌

Monahan, J. S. (2001). Coloring single Stroop elements: Redusing automaticity or showing color processing. *Journal of General Psychology, 128* (1), 98–112.

Stroop, J. R. (1935). Studies of interference in serial verbal reactions. *Journal of Experimental Psychology, 18*(6), 643–662.

스푸트니크

[Sputnik]

구소련이 세계 최초로 인공위성을 띄우는 일련의 우주 개발 계획을 말한다. 스푸트니크 1호는 1957년 10월 4일에 타원형의 지구 저궤도로 발사된 최초의 인공위성이다. 스푸트니크의 성공은 미국 전체를 당혹감과 공포의 도가니로 몰아넣은 거대한 충격을 주었고, 우주시대와 우주 경쟁을 가속화하였다.

스푸트니크 1호의 발사는 새로운 정치, 군사, 기술 및 과학발전을 이끌었다. 미국에서는 스푸트니크 쇼크로 인해 우주정복의 우위를 빼앗긴 것은 전적으로 교육의 수준이 저하된 탓이라고 보고 당시에 학교교육의 기조를 이룬 진보주의 교육관을 비난하면서 '기본으로 돌아가라.'라는 것으로 방법을 제시하였다.

참고문헌

Dickson, Paul(2003). *Sputnik: The shock of the century*. NY: The Berkley Publishing Group.

Good, T. L., & Braden, J. S. (2000). *The great school debate: Choice, vouchers, and charters.* Hillsdale, NJ: Lawrence Erlbaum Associates, Inc.

시각-공간 지능
[Visual-Spatial Intelligence]

하워드 가드너(Howard Gardner)가 제시한 다중지능이론에서 말하는 인간의 지능 중 하나이다. 시각적이거나 공간적인 정보를 인식할 수 있는 능력, 이러한 정보를 전환하고 조성할 수 있는 능력, 기본적인 물리적 자극이 없어도 시각적 상을 재창조할 수 있는 능력을 말한다. 시각-공간 지능이 높은 대표적인 집단으로는 미술가와 건축가, 지리학자, 외과의사, 항해사 등이 있다.

참고문헌

Gardner, H. (1983). *Frames of Mind: The theory of Multiple Intelligences.* NY: Basic Books.

Gardner, H. (1999). *Intelligence reframed: Multiple Intelligences for the 21st.* NY: Basic Books.

시각예술영재성 진단평가도구
[Assessment Instrument of Gifteness in Visual Arts]

전통적인 미술 분야를 포함하여 건축, 디자인, 영상 및 애니메이션 등의 시각예술 분야에서 영재성을 진단하는 도구를 말한다. 일반적으로 진단 평가는 학생의 제반 준비도를 진단함으로써 적절한 교수-학습 방법을 선택하고 학습의 효과를 극대화할 수 있는 정보를 얻기 위해 교수 활동이 시작되기 전에 실시하는 평가이다. 그러므로 시각예술영재성 진단평가는 영재성의 정도와 특성을 평가하고 적절한 교수-학습 방법과 내용을 준비하는 데 도움을 주는 정보를 얻는 사전 검사라고 할 수 있다. 시각예술영재성을 진단하는 도구에는 SRBCSS(Scales for Rating the Behavioral Characteristics of Superior Students, 2002), KEDI 미술영재행동척도(2015), 창의성 검사, 실기 능력을 평가할 수 있는 KEDI 미술영재 과제수행검사(2015) 등과 같은 표준화된 검사 외에도 수업관찰평가, 추천서 등의 방법이 있다.

참고문헌

강병직, 맹희주(2015). KEDI 예체능 영재성 판단 준거: 미술 개발. 서울: 한국교육개발원.
강주희(2013). 시각예술영재성 진단평가도구 개발. 서울: 한국예술영재교육연구원.

시각적 추론
[Visual Reasoning]

시각적 이미지가 동반된 사고로서 개념 형성이나 문제해결에서 시각적 정보에 근거한 추론을 말한다. 시각적인 이미지나 정보를 표현하고, 변형시키고 전달하며, 효율적으로 그 이미지를 사용하는 능력이다. 그림으로 나타난 정보를 해석하거나 그림이 아닌 정보를 시각적인 요소들로 시각화하거나 바꾸어 놓는 시각적인 처리 능력도 포함한다.

참고문헌

Bishop, A. J. (1983). Space and geometry. In R. Lesh & M. Landau (Eds.), *Acquisition of mathematics concepts and processes*(pp. 176-203). NY: Academic Press.
McKim, R. H. (1980). *Thinking visually: A strategy manual for problem solving.* Belmont, Calif.: Lifetime Learning Publications.

시냅스
[Synapse]

뉴런 상호간, 또는 뉴런과 다른 세포 간의 접합관계, 또는 그 접합 부위를 말한다. 시냅스에서 신경흥분은 한 방향으로만 전달된다(그림의 화살표).

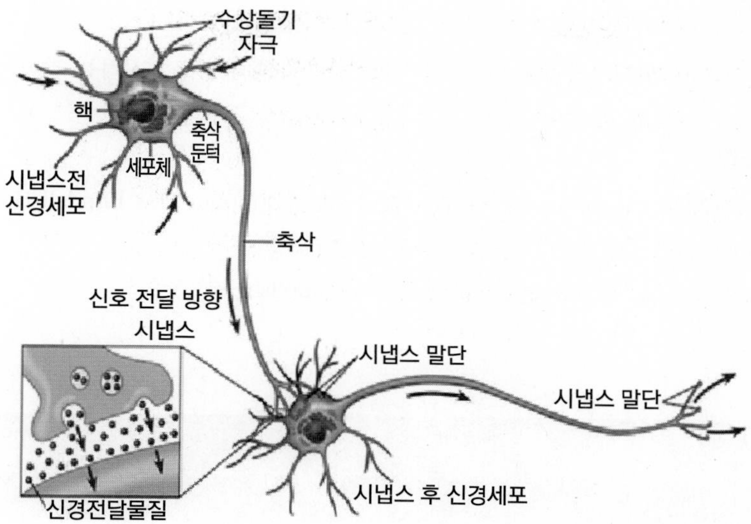

시네틱스

[Synectics]

고든(Gordon, 1961)이 개발한 시네틱스 기법은 유추와 은유에 기초한 각기 다른 두 요소를 함께 결합하기 위한 기법으로, 의식적으로 친숙한 것을 새롭게 보고, 친숙치 않은 것을 친숙한 것으로 보도록 하는 것이다. 시네틱스의 유형에는 크게 직접적 유추(direct analogy), 개인적 유추(personal analogy), 환상적 유추(fantasy analogy)가 있다.

직접적 유추는 우리들 주위에 있는 것들을 해당 문제와 결합하는 것이다. 직접적 유추법에서는 우리에게 관련된 문제들이 해결되어 온 방법들에 대해 생각하게끔 한다(예: 건물의 냉난방비를 어떻게 줄일 수 있을까라는 문제를 해결하기 위해 '동물들은 더위와 추위를 어떻게 견디는가?'와 같은 비슷한 상황을 연상해 보는 것이다).

개인적 유추는 우리가 문제의 일부분이 됨으로써 그 문제에 대한 새로운 관점을 얻는 방법이다(예: 아인슈타인 자신이 광속의 속도로 우주 여행하는 것을 상상한 것은 상대성 이론의 기초가 되었다).

환상적 유추는 문제에 대한 비현실적이거나 이상적인 해결책을 이끌어 내는 방법이다(예: “물을 완벽하게 차단할 수 있는 잠수복을 어떻게 만들까?”라는 문제에 대해서 물고기의 비늘이나 연꽃잎으로 잠수복 만들기와 같은 환상적인 대안을 제시하는 것이다).

참고문헌

Davis, G. A. (2004). *Creativity is forever* (2nd ed.). Dubuque, IA: Kendall/Hunt Publish Company.

Gordon, W. J. (1961). *Synectics.* Harper and Row Publishers.

시상
[Thalamus]

간뇌에 속하고 많은 신경핵군으로 구성되어 있는 부위이다. 주요 기능은 후각 이외의 모든 수용기에서 대뇌피질로 전도되는 감각임펄스를 중계하는 중격핵으로 작용한다.

시상하부
[Hypothalamus]

척추동물 간뇌의 일부분으로 자율신경계의 중추다. 사람에서는 제3뇌실의 상과 벽을 이루고 밑면은 누두를 매개하여 하수체와 연결된다. 시상하부는 여러 자율 기능을 조절, 통합하는 기능이 있고 혈압, 체온, 소화기능, 방광 운동 등에 조절적 기능을 가지며 물질대사 조절 기능도 있어, 음식물 섭취, 수분대사, 지방대사 등에 관여한다.

식역이론
[Threshold Theory]

인간의 능력이란 어떤 과제를 해결하는 데 어느 정도의 필요한 수준을 넘어서면 다른 요인들이 작용하게 된다는 이론으로 일정한 식역을 벗어나거나 필요 수준을 넘어서면 지적 능력은 더는 창의적인 능력에 영향을 미치지 않을 수 있다는 관점을 설명한다.

참고문헌

Anderson, J. E. (1960). The nature of abilities. In E. P. Torrance (Ed.), *Talent and education*(pp. 9-31). Minneapolis, MN: University of Minnesota Press.

Runco, M. A., & Albert, R. S. (1986). The threshold theory regarding creativity and intelligence: An empirical test with gifted and nongifted children. *The Creative Child and Adult Quarterly, 11*(4), 212-218.

신경섬유
[Nerve Fiber]

신경세포로부터 나온 여러 돌기 중 비교적 긴 섬유. 축삭과 같은 뜻이지만 특히 피막에 싸여 있는 것을 가리킨다. 기능적으로 운동섬유와 감각섬유로 나뉜다.

신경세포
[Nerve Cell]

뉴런에서 신경돌기를 제외한 세포체 부분으로 핵과 그것을 둘러싸고 있는 세포질로 구성되어 있으며, 일반적으로 다른 체세포보다 크다. 신경세포에는 미토콘드리아, 중심체, 골지체 외에 그물눈 모양의 신경미세 섬유 니슬소체 등 신경세포 특유의 구조물을 특수 염색법을 통해 관찰할 수 있다.

신기성
[Novelty]

신기성(novelty)이란 '새로움(new)'의 의미를 가진 라틴어로부터 유래된 것으로 독창성 또는 비범함을 말한다. 즉, 현저하여 기존의 틀을 깨거나 기존의 것에 비해 새롭고 혁신적인 질적인 특징을 의미한다. 신기성은 창의적인 산출물이나 창의적인 일의 특징 또는 정의나 준거로 적절성(appropriateness)과 함께 자주 거론되는 용어인데, 신기성이 있어야 한다는 말은 어떤 일이나 산출물이 창의적인 것이기 위해서는 그 일이나 산출물은 새로운 것이어야 한다는 것을 나타낸다.

참고문헌

Mumford, M. D. (2003). Where have we been, where are we going? Taking stock in creativity research. *Creative Research Journal, 15,* 107–120.

Sternberg, R. J. (Ed.) (1999). *Handbook of creativity.* NY: Cambridge University Press.

신데렐라 콤플렉스
[Cinderella Complex]

콜레트 다울링의 저서 『신데렐라 콤플렉스』에서 등장한 용어이다. 자신의 배경과 능력으로는 자립할 자신이 없는 여성이 마치 신데렐라처럼 자신의 인생을 180° 바꿔줄 왕자가 나타나기를 고대하는 심리적 의존 상태를 말한다. 일반적으로 의존성, 두려움, 열등감, 결혼에 대한 집착과 무기력증, 자신 스스로에 대한 회의와 공포심 등의 증상을 나타낸다. 동화 속의 신데렐라처럼 자신의 인생을 뒤바꿔 줄 왕자를 기다리는 꿈을 깨지 못하고 꿈과 현실 사이에 갈등하는 심리가 심해지면, 신데렐라 콤플렉스 증상이 나타나며, 가장 합법적인 안전지대이자 경제적 보루로써 결혼을 선택하여 그 틀에 갇힌 채 남편에게 의존하며 살아간다.

참고문헌

Dowling, C. (1981). *The Cinderella complex: Women's hidden fear of independence.* NY: Simon & Schuster.

신체운동 지능
[Bodily-Kinesthetic Intelligence]

하워드 가드너(Howard Gardner)가 제시한 다중지능이론에서 말하는 인간의 지능 중 하나이다. 전통적인 지능의 관점에서 가장 벗어나는 능력으로서 문제를 해결하거나 산출물을 형성하기 위해 자신의 신체를 전체 또는 일부를 사용하는 능력과 관련되거나 운동이나 그 밖의 신체활동을 하기 위하여 자신의 신체를 세련되게 통제할 수 있는 능력과 사물을 조작하는 능력을 말한다. 신체운동 지능이 높은 대표적인 집단으로는 운동선수, 무용수, 산악 등반가, 마술사 등이 있다.

참고문헌

Gardner, H. (1983). *Frames of Mind: The theory of Multiple Intelligences.* NY: Basic Books.

Gardner, H. (1999). *Intelligence reframed: Multiple Intelligences for the 21st.* NY: Basic Books.

실제적 지능
[Practical Intelligence]

스턴버그(Sternberg)는 '정보의 처리과정'을 이용해 지능을 설명하면서 자신의 지능이론을 '성공지능(successful intelligence)'이라고 명명했다. 그는 개인이 어떤 문제를 다룰 때에 주어진 사회문화적 환경에서 개인이 자신의 목표를 달성하는 데 분석적 지능과 창의적 지능, 실제적 지능이 서로 유기적으로 작용한다고 설명하며, 영재는 이러한 사고를 보통 사람보다 효율적으로 사용한다고 하였다. 그중 '실제적 지능(practical intelligence)'은 새롭게 획득한 정보의 실제 생활에의 적용, 사용, 실행 능력이라고 설명하였다. 즉, 실제적 지능이 우수한 사람은 분석적 지능과 종합적 지능을 일상생활에서 실제로 잘 적용하거나 활용할 수 있는 능력이 뛰어나 실행 능력(지능)이 우수한 사람이라고 볼 수 있다.

참고문헌

박경빈, 류지영, 박인호, 방승진, 육근철, 윤여홍, 이미순, 이선영, 이재호, 전미란, 전영석, 조석희, 진석언(2014). **한눈에 보는 영재교육**. 서울: 학지사.

실존지능
[Existential Intelligence]

미국의 발달 심리학자인 하워드 가드너(Howard Gardner)의 다중지능이론에서 제시된 지능의 유형 중 하나로 인간의 존재 이유나 삶의 근본적인 가치 등의 실존주의 사고가 가능한 능력을 뜻한다. 통찰적이고 직관적인 능력이 뛰어난 학습자의 경우, '나는(우리는) 왜 태어났는가?' '세상에는 다른 차원이 있지 않은가?' '사후에 인간은 어디로 가는가?' '세상에는 왜 악한 사람이 존재하는가?' 등의 근본적 질문을 던지며 이에 대한 답을 찾고자 한다. 이처럼 삶, 죽음, 궁극적 실제 등에 관한 질문을 통해 인간의 존재와 삶의 의미를 탐구하고 고민하는 능력은 실존지능으로 정의된다.

참고문헌

Gardner, H. (1999) — *Intelligence Reframed: Multiple Intelligences for the 21st Century.* NY: Basic Books,

Gardner, H. (2006). *Multiple intelligences: New horizons.* NY: Basic books.

실천적 지능
[Practical Intelligence]

스턴버그(Sternberg)가 제시한 성공지능의 구성 요소 중 하나이다. 스턴버그는 성공지능이란 개인으로 하여금 성공하게 하는 능력을 말하는데, 이는 환경에 적응하고 조성하고 선택하는 데 있어서 분석적, 창의적, 실천적 지능이나 능력이 균형을 이룸으로써 달성할 수 있다고 제시하였다. 특히, 실천적 지능은 주어진 환경과 조화를 이루거나 환경에 적응하는 능력을 말하며, 과제나 문제를 해결하기 위한 융통성 있고 현실적인 방법을 모색하도록 한다.

ㅅ

참고문헌

Sternberg, R. J. (1996). *Successful intelligence: How practical and creative intelligence determine success in life.* NY: Simon & Schuster.

Sternberg, R. J. (1998). Principles of teaching for successful intelligence. *Educational Psychologist, 27*(1), 5-32.

실패 내성
[Failure Tolerance]

실패 상황에서 자아존중감을 보호하고 이후 행동을 촉진하는 결과를 나타내는 것으로 실패 경험에 대하여 건설적인 태도로 반응하는 경향성을 말한다. 개인이 실패 경험 후에 보이는 감정적 반응과 실패를 만회하기 위해 계획을 수립하고 방안을 강구하며, 실패를 극복하기 위한 행동 등을 포함한다.

참고문헌

Clifford, M. M. (1984). Thoughts on a theory of constructive failure. *Educational Psychology, 19,* 109-120.

Kim, A., & Clifford, M. M. (1988). Goal source, goal, difficulty and individual difference variables as predictors of response to failure. *British Journal of Educational Psychology, 58*, 28–43.

심리검사

[Psychological Tests]

심리검사란 한 개인의 지능, 성격 등을 측정하여 그 사람에 대해 보다 심층적이고 분석적인 이해를 돕기 위해 수검자에게 수행하는 일련의 심리학적 측정 절차로, 이를 통해 정신 병리나 개인차를 평가할 수 있다. 심리검사는 표준화된 방식에 따라 전문적인 교육을 받은 임상가에 의해 수행된다. 심리검사는 절차가 구조화되어 있는 정도와 평가와 해석이 표준화되어 있는 정도에 따라 크게 객관적 검사와 투사 검사로 나뉜다. 다음에서 자세히 살펴볼 MMPI, MBTI, WAIS–IV 등이 객관적 검사의 대표적인 예이며, 로르샤흐(Rorschach) 검사, TAT, HTP, SCT 등은 투사 검사의 대표적인 예이다.

수학 과학 영재학생의 MBTI 검사 결과를 보면 직관형(N), 사고형(T)이 많은 편이다.

참고문헌

남현욱(2012). MBTI 성격 · 적성 검사에서 나타나는 발명 영재의 특성. 한국실과교육학회지, 제25권 제2호, 1–18.

한국심리학회(2014). 심리학 용어사전.

심리적 안녕감

[Psychological Well-being]

심리적 안녕감이란 개인이 일상생활에서 주관적으로 경험하는 편안하고 즐거운 마음의 상태를 말한다. 이는 주변 사람들과의 상호교환 속에서 이루어지는 사회적 관계와 관련되어 있으며, 정서적 느낌이나 인지적 판단과도 상당한 관련성이 있다. 심리적 안녕감이 높은 사람은 삶의 목적을 노력과 도전 측면에서 의미를 찾고 자신의 재능과 역량을 최대한 활용하여 개인적인 성장을 이루려고 하는 등 개인의 참된 잠재력을 실현시키기 위한 노력을 하게 된다. 또한 자신의 한계에 대해 지각하게 될 때에도 자신을 긍정적으로 느끼려 하고, 온정적이고 신뢰할 만한 대인관계를 맺고 유지하고자 하며, 개인적 욕구와 소망을 이루기 위해 자신을 둘러싸고 있는 환경을 통제하거나 만들어 나가고, 보다 넓은 사회적 상황에서 자율성을 갖고 자신만의 개별성을 유지하려고 한다.

참고문헌

Ryff, C. D. (1989). Happiness is everything, or is it? Explorations on the meaning of psychological well-being. *Journal of Personality and Social Psychology, 57*, 1069-1081.

심리적 자본
[Psychological Capital]

심리적 자본은 개인의 발전에 대한 긍정적 심리상태를 의미하며, 성공에 대한 갈망, 인지처리, 동기 그리고 성과를 만들어 내는 데 중요한 역할을 하는 가장 기본적인 역량으로 간주된다. 심리적 자본은 네 가지 심리적 구인들로 구성되는데, 첫 번째 구성 요인은 도전적인 과제를 성공시키기 위해 요구되는 노력을 발휘할 수 있다는 자신감, 즉 자기효능감(self-efficacy)이다. 두 번째 구성 요인은 현재 및 미래의 성공에 대한 긍정적인 귀인을 만들어 내는 낙관주의(optimism)이다. 세 번째 구성 요인은 목표를 향한 인내를 유지하고, 성공을 위해 필요한 경로를 재설정할 수 있는 희망(hope)이다. 네 번째 구성 요인은 문제나 역경에 직면했을 때, 목표를 이루기 위해 인내하고, 역경 이전의 상태로 되돌아오며, 극복할 수 있는 적응유연성 혹은 탄력성(resilience)이다.

참고문헌

안병국, 안도희(2015). 발명 · 특허 특성화 고등학교 학생들의 심리적 자본 척도 타당화 연구. **영재교육연구**, 25(4). 629-648.

Luthans, F., Avolio, B. J., Avey, J. B., & Norman, S. M. (2007). Positive psychological capital: Going beyond human and social capital. *Business Horizon, 47*(1), 45-50.

Luthans, F., Youssef, C. M., & Avolio, B. J. (2007). *Psychological capital: Developing the human competitive edge.* Oxford, UK: Oxford University Press.

심리적 저해(요소)

[Psychological Hindrance Psychological Impediment]

인간은 여러 요인에 의해 지배를 받거나 영향을 받는다. 뭔가를 막아서 하지 못하게 하는 요인 중에서 물리적인 요인, 환경적인 요인 외에 심리적으로 발생하거나 작용하는 요인을 심리적 저해(요소)라고 한다. 발달이나 활동, 성장, 특정 행동 등을 저해하는 심리적 요인으로는 인지, 정서, 동기, 행동, 발달적 요인을 포함한다. 인지적 요인으로는 부적응적 인지 도식, 역기능적 신념, 부정적 사고, 인지적 편향, 인지 기능의 결손 등이 작용하며, 정신적 결함, 의욕의 부족, 정신적인 피로, 반항심, 착각 등 여러 가지가 있을 수 있다.

보충 교육 프로그램과 테크놀로지를 포함한 다른 교육적 도구에 접근 기회의 부족, 질적 수준이 낮은 학교, 교사의 낮은 기대 수준, 부모의 낮은 교육 수준과 교육 참여율의 저조함, 문화와 언어의 차이, 친구들로부터의 부정적인 영향, 지리적인 고립, 고등교육에 대한 인식 미흡 등이 포함된다. 또한 학생의 자아정체감과 사회적 정체감 간의 갈등 상황도 저해 요소다. 즉, 능력이나 성취는 뛰어나지만, 사회경제적으로 어려운 가정의 영재는 사회적 정체성과 학문적 정체성 간의 불균형을 극복해야 하는 스트레스를 겪는데, 이 과정에서 영재 프로그램이나 고급 과정에 대한 소속감이 저하된다.

심리측정적 특성
[Psychometric Characteristics]

심리측정적 특성이란 인간의 심리적 속성을 체계적이고 수량적으로 측정하여 나온 결과로, 주로 검사를 사용하여 측정 대상이 심리적 속성과 관련된 행동을 얼마나 많이 보이는지를 평가한 것을 수치로 나타낸 것을 의미한다. 가장 대표적으로 사용하는 검사가 지능지수(IQ) 검사나 학업성취검사다. 이러한 검사는 원래 알프레드 비네가 정신지체 아동을 행동문제 아동과 변별하기 위해 고안한 것이었지만, 이제는 선발 목적, 초등과 중등에서 특별 프로그램과 서비스를 받기 위한 입학으로 이 검사들이 사용되고 있다. 예를 들어, 터먼(Terman)은 영재성을 스탠퍼드-비네 지능 검사에서 IQ 140 이상의 점수로 규정지었으며, 스탠리(Stanley)와 동료들은 무학년용 수학이나 언어추론능력 검사에서 높은 점수를 얻는 것으로 규정하고 있다. 검사는 신뢰도와 타당도가 높아야 하며, 수치가 의미가 있기 위해서는 일정의 대표 집단이나 국가 단위 대표 모집단들의 표준화 절차가 필요하다. 심리측정적 특성은 수량적인 결과로 나타내는 만큼, 형식적이고 객관적이며 운용하기 수월하다는 장점이 있는 반면 피검사자의 언어 배경, 동기, 불안, 심리 혹은 물리적 상태에 따라 잘못 측정될 수 있으며 단일 검사나 일회성 검사에 많은 비중을 두게 되는 제한점이 있다. 심리측정적 특성은 주로 학업적 영재성 정의에 근거를 둔 영재성 평가에 효과적이다.

참고문헌

윤여홍 역(2014). 영재상담모델(*Models of counseling Gifted children, adolescents, and young adults*). Sal Mendaglio, & Jean Sunde Peterson 저. 서울: 학지사. (원서 2007년 출간).

이신동, 이경숙, 강현석, 김정희, 박진규, 박창언, 신재한, 정정희 역(2011). 영재성의 개념과 이론〔*Conceptions of giftedness*(2nd ed.)〕, Robert J. Sternberg, & Janet E. Davidson 저. 서울: 학지사. (원서 2005년 출간).

한국교육심리학회 편(2000). 교육심리학 용어사전.

심층연구
[In-Depth Study]

베츠(Betts, 1985)의 자발적 학습자모형(Autonomous Learner Model: ALM)의 다섯 가지 차원 중 한 가지 차원이다. 자발적 학습자 모형에는 심층연구(in-depth study) 이외에도 오리엔테이션(orientation), 자기계발(individual developmnet), 심화학습활동(enrichment activities), 세미나(seminars) 등의 차원이 제시되어 있다. 이는 모두 학습자를 자발적이고 독립적인 학습자로 발달시키기 위한 목적의 차원들이며, 지적 계발뿐만 아니라 사회 · 정서적 발달도 함께 고려한 전인적인 발달을 목적으로 한다. 그 중 심층연구는 두세 명의 소집단별로 미래의 관심 영역을 심도 있게 연구하되, 학습자는 연구 계획의 수립, 연구 수행, 연구 후 발표 및 평가를 자율적으로 수행하게 된다. 심층연구는 렌줄리(Renzulli)의 3단계 심화학습모형(enrichment triad model) 중 3단계의 프로젝트와 유사하며 개별 프로젝트(individual projects), 집단 프로젝트(group projects), 멘터십(mentorships), 발표(presentations), 평가(assessment) 등의 형태로 이루어진다.

참고문헌

Betts, G. T. (1985). *Autonomous learner model: For the gifted and talented.* Greeley, Co: Autonomous Learning Publication and Specialists.

싱가포르 영재교육
[Gifted Education in Singapore]

싱가포르는 영재교육을 교육부의 주도하에 학생의 학습속도에 적합한 개별화 교육을 실시한다는 새 교육체제(new education system)의 일환으로 1984년부터 실시하였다. 싱가포르 교육부는 1983년 지적인 영재를 위한 영재교육의 목표, 방향 등을 담은 국가영재교육안을 마련하였으며, 교육부에 영재교육과(Gifted Education Branch)를 설럽하였다. 영재교육 안에서는 영재교육제도를 도입하는 데 있어, 영재도 정서적 · 사회적 발달을 위하여 보통 학생들과의 정규적인 접촉이 필요하다는 생각에, 일반 학생들과 함께 생활할 수 있는 일반 학교 안에서의 상설 영재학급 제도를 도입하기로 하였으며, 영재교육의 방법적 원리로서 속진학습보다 일반 학생들이 배우는 정규 교과 내용을 기본으로 한 심화학습을 택했다. 교육부에 영재교육과가 설립된 이듬해인 1984년 초등 2개교(Raffles Girls' Primary School, Rosyth Schoo), 중등 2개교(Raffles Girl's Secondary School, Raffles Institution)에서 처음으로 영재교육을 실시하였다. 이후 연차적으로 영재학급을 운영하는 학교 수를 늘리고 있다.

싱가포르에서의 영재교육은 지적인 영재를 위한 것이며, 일부의 일반 학교 안에 설치되는 상설 영재학급(초등 4~6학년, 중등 1~4학년)을 통해서 이루어지고 있다. 2000년 초 · 중등학교에서 운영되는 상설 영재학급의 수는 초등 58개 학급, 중등 62개 학급이다. 일반 학급의 학생 수는 40명인데 반해 영재학급의 학생 수는 25명을 기준으로 하고 있다. 한 학급 학생 수를 평균 25명으로 볼 때, 영재교육을 받는 학생 수는 2000년을 기준으로 초등학생 1,450명, 중등학생 1,550명 정도이다. 2000년까지 영재학급을 운영하는 중등학교는 6개교였다. 싱가포르 영재교육과정은 일반 교육과정의 심화를 바탕으로 하고 교육부 영재교육과의 지도지침을 준수하기 때문에 각 학교의 영재학급에서 운영되는 교육과정은 학교마다 같다. 다른 것은 학교에서 운영하는 특별활동의 종류와 학교의 분위기이다. 영재를 위한 심화학습은 내용, 과정(고차원적 사고 능력을 강조, 활동 지향적이고 학습자 중심적이며 학생들의 다양한 학습양식을 고려), 산출, 학습환경의 네 가지 차원에서 이루어지도록 하였다. 정규 수업 이외에 영재학생들의 인지적 · 정서적, 그리고 다른 필요를 충족시키기 위해서 심화활동이 수행된다. 여기에는 개인 조사연구(individualized research study), 특별 프로그램(과학 멘토십 프로그램, 발명 프로그램, 인문사회과학 조사 프로그램, 초등수학 심화 캠프, 전문적 멀티미디어 캠프, 지도성 계발 세미나, 교외 프로그램), 현장조사, 컴퓨터 과정 등의 다양한 활동들이 포함된다.

참고문헌

구자억, 안미숙, 김홍원, 이순주, 박성익, 조석희(2002). 동서양 주요국가들의 영재교육. 서울: 문음사.

아스퍼거 영재

[the Gifted with Asperger]

아스퍼거 영재란 영재성을 지니면서 동시에 아스퍼거 장애를 갖고 있는 이중특수아동을 의미한다. 'gifted with Asperger disorder' 혹은 'gifted with Asperger's syndrome'이라고도 한다. 영재이기에 사건이나 사실에 대한 기억력이 탁월하고, 언어가 유창하게 잘 발달되어 있고, 쉴 새 없이 말하고 질문하며, 오감각에 과민감성을 보이며, 특정한 관심 분야에 몰입하고, 공평함과 정의에 대한 관심이 많고, 비동시성 발달을 보인다. 그러나 아스퍼거 영재는 단순히 내향적이거나 사회성이 부족한 정도가 아니라 아스퍼거 장애의 특징을 지니고 있다. 즉, 영재이지만, 공감 능력이 부족하고, 타인의 시각에 대한 인식과 통찰이 현저하게 낮고, 사회적 단서나 뉘앙스를 이해하지 못한다. 소근육 활동이 서투르고, 정서가 부적절하며, 말도 현학적이며, 이음새 없는 말을 하거나, 사회적 상호 관계가 필요한 유머는 잘 이해하지 못한다. 강한 시각적 사고자로서 눈에 보이는 특정 주제에 과잉 초점화하는 경향을 보이며, 변화에 대한 참을성이 매우 낮고 흥분과 공격성을 보이기도 한다. 아스퍼거를 지닌 영재인가 아닌가의 감별 진단은 지적 열정을 공유하는 다른 영재학생과 함께 있을 때의 행동과 또래관계에 대한 동기 등을 통해 이루어진다. 아스퍼거 영재는 아스퍼거 장애와 영재라는 두 영역에서의 전문가를 통해 이루어지는 교수 학습전략과 행동관리 전략, 사회성 훈련, 감각통합 훈련, 행동 교육적 접근 등이 필요하다.

참고문헌

박경빈, 류지영, 박인호, 방승진, 육근철, 윤여홍, 이미순, 이선영, 이재호, 전미란, 전영석, 조석희, 진석언(2014). 한눈에 보는 영재교육. 서울: 학지사.

윤여홍 역(2009). 영재와 정신건강: 오진단과 이중진단(*Misdiagnosis and dual diagnoses of gifted children and adults*). J. T. Webb, E. R. Amend, N. E. Webb, J. Goerss, P. Beljan, & F. R. Olenchak 저. 서울: 학지사. (원서 2005년 출간).

Neihart (2000). Gifted children with Asperger's syndrome. *Gifted Child Quarterly, 44*(4), 222–230.

아스퍼거 장애

[Asperger Disorder]

아스퍼거 장애는 아스퍼거 증후군(Asperger's syndrome)이라고도 한다. 아스퍼거 장애는 신경발달장애의 일종으로 개인의 행동, 언어 사용, 의사소통, 사회적 상호작용 등에 영향을 미친다. 아스퍼거 장애는 2013년 5월 미국 정신장애 진단 및 통계 매뉴얼(Diagnostic and Statistical Manual of Mental Disorders, 5th Edition: DSM-5)에 Autism Spectrum Disorder(ASD)로 포함되었다.

아스퍼거 장애를 가진 사람들은 평균 이상의 지능을 나타내지만, 사회적인 상호작용에 어려움을 보인다. 장애의 특징과 정도는 사람에 따라 매우 다르지만 대개 다음과 같다: 동작이 어설프고, 극단적인 자기중심성으로 인해 사회적인 상호작용이 어렵고, 특정 몇 가지 주제에 대한 집중적인 관심, 반복적인 행동 또는 절차, 기이한 말과 언어, 비언어적 의사소통의 문제 등을 나타낸다.

아스퍼거 장애를 가진 사람들은 분노와 고통을 제외한 다른 감정에 대한 얼굴 표정이 거의 없다. 대체로 뛰어난 기억력, 음악적 능력이 있고, 한두 가지 주제에 대해 집중적인 관심을 보인다. 좋아하는 주제에 대해 오랫동안 이야기하거나 한두 가지 단어나 구절을 여러 번 반복적으로 사용한다. 자신만의 세계에 살며 자기만의 할 일에 사로잡혀 있는 경향이 있다. 불안, 좌절로 인해 우울증이나 산만한 행동을 하게 된다.

치료는 주로 사회적 상호작용, 행동, 교육적 프로그램을 다룬다. 아스퍼거 장애를 가진 사람들에게 나타나는 공통적 성격이나 인지적 특징은 많은 이들로 하여금 전문가로서의 삶을 살아가는 데 기여했다고 보인다.

참고문헌

권준수 역(2015). 정신질환의 진단 및 통계 편람(제5판)—DSM—5(*Dignostic and statistical manual of mental disorders—DSM—5*). APA 저. 서울: 학지사. (원서 2013년 출간).

신민섭, 전혜진, 이진주, 김민재, 고운애, 어유정, 조지훈, 김수림, 김희정, 안류연, 오유경, 최선우 역(2016). 쉽게 배우는 DSM—5 임상가를 위한 진단지침(*DSM—5 made easy: The clinician's guide to diagnosis*). James Morrison 저. 서울: 시그마프레스. (원서 2014년 출간).

윤여홍 역(2009). 영재와 정신건강: 오진단과 이중진단(*Misdiagnosis and dual diagnoses of gifted children and adults*). J. T. Webb, E. R. Amend, N. E. Webb, J. Goerss, P. Beljan, & F. R. Olenchak 저. 서울: 학지사. (원서 2005년 출간).

아스퍼거 장애(Asperger disorder). 서울대학교병원 의학정보, 서울대학교병원.

아스퍼거 장애(Asperger's syndrome, —障碍). 두산백과.

아시아 태평양 영재학회

[APFG: Asia Pacific Fedration for Giftedness]

아시아 태평양 영재학회(APFG)는 아시아 태평양 연맹(APF: Asia-Pacific Federation)으로 필리핀 마닐라에서 1990년에 설립되었으며 1994년 세계영재학회(WCGTC)와 제휴하였다. 2010년에 APF는 이름을 APFG로 변경하고 독립적인 조직이 되었다. APFG의 목적은 아시아—태평양 지역의 영재 아동 또는 개인과 인류의 이익에 대한 그들의 가치 있는 잠재적인 기여에 집중하는 것이다. 영재교육, 특수교육, 심리학 및 기타 분야에서 특수교육 관리자, 학자, 교사, 부모 및 대학원 학생들은 APFG의 미션을 지원하기 위해 회원에 지원할 수 있다.

아시아—태평양 영재학회 대회(Conference for APCG)는 영재교육에 관한 글로벌 대회에 기여할 수 있는 기회를 제공하며, 일반적으로 짝수 연도의 7월 또는 8월에 열리는 격년제 행사이다. 2년마다 다른 곳에서 개최되며 영재교육에 대한 최신 동향을 다루는 회원들과 수많은 사람이 프레젠테이션에 참석한다. 이 대회 기간에 맞추어 학생들의 youth summit도 함께 개최된다. youth summit에서는 여러 나라에서 참여한 영재학생들이 다양하고 유익한 프로그램을 함께하면서 지혜와 협동심을 키우고 다른 나라 친구들을 사귈 수 있는 기회를 가진다. 그동안 컨퍼런스는 마닐라(1990), 타이베이(1992), 서울(1994), 자카르타(1996), 뉴델리(1998), 베이징(2000), 방콕(2002), 대전 (2004), 타이베이(2006), 싱가포르(2008), 시드니(2010), 두바이(2012), 베이징(2014), 마카오(2016)에서 개최되었고, 2018년에는 방콕에서 개최될 예정이다.

알파고

[AlphaGo]

바둑의 영어 표현인 '고'와 첫 번째라는 의미의 그리스 알파벳 첫 자인 '알파'의 결합으로 알파고란 이름이 지어졌다. 알파고는 인공지능을 사용하여 바둑판의 각 점의 가치를 평가하고 다음 수를 선택한다. 각 점의 가치 평가를 위해서는 기존의 바둑 고수들의 대국 기보를 학습한다. 인공신경망이라는 인공지능 기계학습 방법을 활용하여 기보 정보가 입력되면 각 점의 가치가 결과로 계산될 수 있도록 인공신경망의 연결 가중치를 수정하는 방식으로 학습이 이루어진다. 학습 이후 알파고 스스로 대국을 진행하고 그 기보 정보를 학습된 인공신경망으로 평가하는 강화 학습법을 사용한다. 다음 수를 결정하기 위해서는 탐색기법을 활용한다. 정책 네트워크를 사용하여 대안이 되는 여러 수를 도출하고, 해당 수를 놓을 경우 기존 착점의 가치 변화를 학습된 인공신경망으로 계산하는 몬테카를로 시뮬레이션을 수행하여 전체 착점 가치를 증대할 수 있는 다음 수를 선택한다.

참고문헌

Mastering the game of Go with deep neural networks and tree search Nature 529, 484–489(28 January 2016).

알파파
[A-Wave]

뇌파의 하나로 주파수가 8~13헤르츠(Hz, c/s)의 파이다. 〈'뇌파'를 참고〉

암묵적 지식
[Tacit Knowledge]

암묵적 지식(暗默知)은 명시적 지식의 반대로, 헝가리 출신의 물리화학자이며 철학자인 마이클 폴라니(Michael Polanyi)의 조어다. 학습과 체험을 통해 습득된 지식으로서, 개인적이고, 특정 문맥과 관계되며, 언어로 표현하기 어려워 의사소통이 어려운 지식을 뜻하며, 내재적 지식으로 개인 및 조직의 행태에 대한 관찰 등 간접적인 방법을 통해 획득될 수 있는 지식이다. 암묵적 지식을 토대로 명시적 지식을 습득할 수 있다. 모든 지식에 있어서 개인이 언어로 주장할 수 있는 것은 인식아(認識我, knower)가 이미 내면화된 것에 그 뿌리를 두는 것이라야 하고, 우리가 표현할 수 있는 지식은 우리가 갖고 있는 전체 지식의 아주 일부에 국한된다. 결국, 우리는 말이나 글로 표현할 수 있는 것보다 더 많이 알고 있다.

참고문헌

Polanyi M. (1966). *The tacit dimension*. London, UK: Routledge & Kegan Paul.

암묵적 창의성
[Implicit Creativity]

암묵적 창의성은 학자들에 의해 명시되지 않은 개념으로 인간은 누구나 창의적 개념을 가지고 있으며, 창의성은 개인의 배경 요건에 따라 조금씩 다를 수 있다는 것이다. 암묵적 창의성 이론의 효시는 스턴버그(Sternberg)의 지능과 창의성, 그리고 지혜에 대한 암묵적 이론 비교 연구이다.

암묵적 이론(implicit theories)은 개개인의 마음속에 내재하는 지적인 구인으로서 공식적이거나 형식적으로 표출된 것이 아니며, 질문과 추론을 통하여 발견되거나 행동에 의해서 밝혀지는 특성을 지닌다. 암묵적 이론과 대조적으로 나타나는 명시적 이론(explicit theories)은 자료에 기초하여 학자들에 의해 제시된 공시적인 이론 또는 모형이며 문헌을 통해서 제시되고 검증되어 간다. 창의성 연구에서 나타나는 대부분의 이론들은 명시적 지식에 해당한다. 암묵적 이론은 사람들에게 내재되어 있으며 체계적인 검토 과정을 거치지 않지만 사회문화의 영향력을 받아 삶의 전체 기간에 형성되며, 자신과 다른 사람을 판단할 때 사용된다.

베그너(Wegner)와 발라처(Vallacher)는 일반인들이 학자들처럼 이론적인 틀을 의식적으로 구성하지는 않지만 어느 정도 조직화된 규정을 자신의 이론적 틀에 가지고 있으며, 이를 사회적 지식의 도식으로 사용한다고 하였다. 또한 켈리(Kelly)는 암묵적 이론은 개개인이 형성하고 사회적 인지에 의해 발달한다고 제시하였다.

칙센트미하이(Csikszentmihayi)가 제시한 체계모델에서 창의성에 대한 암묵적 이론은 중요한 역할을 하고 있음을 이론적 배경에서 밝혔다. '영역'과 '영역'의 상위체계인 문화는 '개인'에게 창의성 발현을 위해 필요한 지식 체계를 전수함과 동시에 창의성의 기준, 즉 창의성의 암묵적 이론을 전해 준다. 이렇게 '개인'에게 전해진 암묵적 창의성은 '개인'이 타인을 평가하는 '분야'의 역할을 하게 될 때, 창의성을 평가하는 기준으로 사용되며, 또한 창의성을 평가할 때의 기준이 동시에 된다는 것이다.

참고문헌

표정민(2014). 한국인의 문화적 성향과 창의성 평가: 문화적 성향 잠재집단의 따른 창의성에 대한 암묵적 이론, 그리고 자기 및 타인평가를 중심으로. 박사학위청구 논문, 성균관대학교.

액오토프(영재성 모델)
[Actiotope Model]

액오토프 혹은 액티오토프(Actiotope)는 2005년 지글러(Ziegler, A.)에 의해 학습이론, 전기연구, 체계이론, 생물학과 사회학 용어에서 유추하여 나온 영재성 개념이다. 지글러에 의하면, 영재성이나 재능은 개인적인 속성이 아니라 개인이 지닌 우수성을 달성할 수 있는 액티오토프 상태를 의미한다. 액티오토프란 환경과 개인을 포함하는 행동 시스템을 의미하며, 개인의 행동에 의해 규정된다. 액티오토프는 행동 레퍼토리, 목표, 주관적 행동공간, 그리고 환경이라는 네 가지 요소로 구성되어 있으며, 이 요소들이 서로 다층적인 상호작용을 하면서 하나의 시스템을 이룬다. 따라서 수월성이란 학습 잠재력이 아니라 수행을 가리키는 용어로서 매우 효과적인 행동 특징인 액티오토프 상태로 정의한다.

영재 판별은 개인의 액티오토프를 통해 개인이 수월성을 실현할 수 있는지, 수월성을 실현할 것인지, 이미 수월성을 실현하였는지를 판단하는 것으로, 수월성을 달성할 수 있는 학습 경로를 판별하는 것이다. 이를 위해 수월성을 보이는 사람들에게서 볼 수 있는 행동 명세를 분석하고 행동과 행동의 결정 요인을 분석해서, 이를 통해 개인이 학습을 바탕으로 이러한 행동을 하는 데 필요한 역량을 획득할 수 있는지를 살펴본다.

참고문헌

윤여홍 역(2014). 영재상담모델(*Models of counseling Gifted children, adolescents, and young adults*). Sal Mendaglio, & Jean Sunde Peterson 저. 서울: 학지사. (원서 2007년 출간).

이신동, 이경숙, 강현석, 김정희, 박진규, 박창언, 신재한, 정정희 역(2011). 영재성의 개념과 이론〔*Conceptions of giftedness*(2nd ed.)〕, Robert J. Sternberg, & Janet E. Davidson 저. 서울: 학지사. (원서 2005년 출간).

양육 태도

[Child-Rearing Attitude]

부모 또는 양육자가 자녀의 요구에 반응하거나 양육하면서 나타내는 전반적인 태도를 말한다. 이는 실제 자녀양육 시 표현된 행동인 양육행동(parenting practice)과 구분된다. 그러나 심리학에서는 시몬스(Symonds, 1939)가 부모 자녀 관계에 관한 연구를 시작한 이래 이러한 태도와 행동을 망라하는 종합적인 양육 유형(parenting style)을 중심으로 연구해 왔다. 특히 바움린드(Baumrind)는 양육 유형을 민주적, 독재적, 허용적 유형 등으로 구분하여 아동발달에 미치는 영향을 연구하였다. 부모 양육의 질적 특성은 실제 부모와 보낸 양적인 시간보다 중요하며 자녀의 사회정서발달뿐 아니라 인지발달에 많은 영향을 미치는 것으로 보고되고 있다.

참고문헌

Baumrind, D. (1967). Child care practices anteceding three patterns of preschool behavior. *Genetic Psychology Monographs, 75*(1), 43–88.

Becker, W. C. (1964). Consequences of different kinds of parental discipline. *Review of Child Development Research, 1,* 169–208.

Symonds, P. M. (1939). *The psychology of parent-child relationships*. New York: Appleton-Century-Crofts.

언어 네트워크 분석

[Language Network Analysis]

텍스트에서 나온 언어들 사이의 연결과 개념들의 연결망을 추출하는 것이다. 크게 언어 의미 네트워크 분석과 텍스트 네트워크 분석으로 나눌 수 있다. 언어 의미 네트워크 분석은 텍스트에 숨어 있는 맥락까지 고려하여 관계를 측정한다. 텍스트 네트워크 분석에서는 숨어 있는 맥락은 포함하지 않고 텍스트에 직접적으로 드러나 있는 관계만을 대상으로 분석을 실시한다.

참고문헌

박치성, 정지원(2013). 텍스트 네트워크 분석: 사회적 인식 네트워크 분석을 통한 정책이해관계자 간 공유된 의미 파악 사례. 정부학연구, 19(2), 73-108.

언어영재
[The in Lingnistics Gifted]

영재성에 대해 전 세계적으로 통일된 정의가 존재하지 않는 것과 같이 언어영재에 대한 합의된 정의는 존재하지 않는다. 지금까지 이루어진 언어영재에 대한 여러 연구 결과를 종합해 보면, ① 지능검사 중 언어성 지능에서 높은 수치를 보이는 자, ② 말하기, 듣기, 읽기, 쓰기 등 여러 가지 언어 영역 중 하나 이상 뛰어난 능력을 보이는 자, ③ 인문적 가치를 기반으로 창조적 담론을 생산할 수 있는 통합적 사고 능력을 가진 자 등을 언어영재라 이해할 수 있다.

참고문헌

이신동, 홍종선(2013). 언어 영재 판별 도구 개발 및 타당화 연구. 한국교육학연구, 19(1), 199-225.
최지현(2008). 언어문학영재성에 대한 정량적 판별 준거. 문학교육학, 27, 187-230.

언어적 지능
[Linguistic Intelligence]

1983년 미국의 발달심리학자인 하워드 가드너(Howard Gardner)가 제시한 다중지능이론 중 하나의 요소인 언어지능이란 언어(음성언어, 문자언어)를 이해하고 효과적으로 구사하는 능력을 말하며, 언어에 대한 민감성, 언어 습득 능력, 언어를 이용하여 특정 목표를 달성할 수 있는 역량 등이 이에 관련된 개념이다. 이 지능이 높은 사람들은 말이나 글로 자신을 잘 표현하거나, 정보기억 수단으로써의 언어능력이 좋거나, 타인을 설득, 감동시키는 능력이 있다. 학습 영역에서는 말하기, 토론, 글짓기 분야 등에서, 생활 영역에서는 시인, 극작가, 편집자, 평론가, 정치가, 변호사, 기자 등에게서 이 지능이 두드러지게 나타난다. 제시된 지능의 유형 중 하나로 서면과 구두 언어를 이해하고 구사할 수 있는 개인의 능력을 의미한다. 언어지능이 높을수록 언어를 효과적으로 구사할 수 있을 뿐만 아니라 아동의 언어지능이 높을수록 문제해결 능력과 추상적 사고가 뛰어난 것으로 밝혀졌다.

참고문헌

김명희, 김영천(1998). 다중지능이론: 그 기본 전제와 시사점. 교육과정 연구, 16(1), 299-330.

한국교육심리학회(2000). 교육심리학 용어사전. 서울: 학지사.

Gardner, H. (1983). *Frames of mind: The theory of multiple intelligence*. NY: Basic Books.

Gardner, H. (2006). *Multiple intelligences: New horizons*. Basic books.

Luwel, Koen, Ageliki Foustana, Patrick Onghena, Lieven Verschaffel (Apr 2013). The role of verbal and performance intelligence in children's strategy selection and execution. *Learning and Individual Differences, 24*, 134-138.

에고그램(검사)
[Egogram]

한 개인은 어버이(parent), 어른(adult), 어린이(child)의 세 가지 자아 상태로 인격이 구성된다는 번(Berne)의 이론에 근거하여 듀세이(Dusay)는 다섯 가지 유형으로 자아 상태를 세분화하였다. 구체적으로, 어버이 자아는 각각 비판적 어버이(critical parent: CP), 양육적 어버이(nurturing parent: NP)로, 어린이 자아는 각각 자유분방한 어린이(free child: FC), 순응하는 어린이(adapted child: AC)로 다시 구분되며, 이러한 자아 상태는 개인의 독특한 성격을 나타내게 된다. 에고그램 검사는 자아 상태를 총 다섯 가지 유형으로 구분하여 쉽게 분석할 수 있도록 고안된 검사이며, 자아 상태에 흐르는 에너지 양을 그래프로 나타내어 개인의 독특한 성격 프로파일을 보여 준다.

참고문헌

신은영, 최명구(2002). 청소년기 에고그램과 자아정체감간의 관계연구. 교육심리연구, 16(4), 275-301.

Dusay, J. M. (1977). *Egograms: How I see you and you see me*. New York: Harper & Row.

엔터 모델

[ENTER Model]

지글러(Ziegler, A.)와 슈퇴거(Stoeger, H.)가 영재성 개념에 근거하여 제시한 영재 판별 방법 및 상담 모델이다. 지글러는 영재성이나 재능을 개인적인 속성이 아니라 개인이 지닌 수월성을 달성할 수 있는 액티오토프 상태를 의미한다고 보고, 영재를 판별하기 위해서는 그 사람이 지닌 액티오토프 상태를 진단 평가해서 그 사람에게 수월성을 달성할 수 있는 학습 경로를 평가하는 것이다. 재능 영역에서 내담자의 학습 경로를 진단 평가하고 창조해 나가는 과정으로 총 5단계를 제시하고 있다. 5단계는 explore(탐색하다), narrow(좁히다), test(검사하다), evaluate(평가하다), review(검토하다) 단계이며, 5단계의 첫 글자를 따서 ENTER 모델이라고 한다.

ENTER 모델의 5단계를 살펴보면, 탐색하기 단계에서는 개인의 액티오토프에 대한 일반적인 조사가 이루어지고, 좁히기 단계에서는 구체적인 재능 영역에서 수월성으로의 발달을 위한 잠재적인 가능성으로 한정시켜 액티오토프를 분석하며, 검사하기 단계에서는 학습 경로를 구체적으로 살펴보며, 평가하기 단계에서는 제안된 학습 경로가 성공적으로 수행되어 가는지, 즉 학습 경로의 질을 평가한다. 마지막 단계인 검토하기 단계에서는 수월성 조사의 적합성과 관련하여 학습 경로 자체를 검토하며, 다른 가능한 학습 경로와 비교해 본다.

ENTER 모델에서는 사람의 액티오토프가 수월성을 향해 진화하도록 하는 학습 경로의 위치에 좀 더 관심을 두고 이루어지며, 잠재적인 학습 경로가 드러난 후인 검사하기 단계에서 본격적으로 상담을 진행한다. 검사하기 단계에서 진행하는 상담 과정은 총 11단계로 구성되어 이루어지며, 이 과정을 11단계 상담 사이클(11-SCC)이라 부른다.

참고문헌

윤여홍 역(2014). 영재상담모델(*Models of counseling Gifted children, adolescents, and young adults*). Sal Mendaglio, & Jean Sunde Peterson 저. 서울: 학지사. (원서 2007년 출간).

이신동, 이경숙, 강현석, 김정희, 박진규, 박창언, 신재한, 정정희 역(2011). 영재성의 액티오토프 모형. 영재성의 개념과 이론(2판)(Conceptions of giftedness, 2nd ed.). Robert J. Sternberg & Janet E. Davidson 저. 서울: 학지사. (원서 2005년 출간).

여왕벌신드롬

[Queen Bee Syndrom]

여왕벌신드롬은 1973년 스테인즈(Staines, G.), 자야라트네(Jayaratne, T. E.), 태브리스(Tavris, C.) 등에 의해 정의된 개념으로, 여왕벌이 유일한 권력을 지닌 것처럼 조직에서 인정받는 여성은 본인 한 명이어야 한다는 생각을 나타낸 용어이다. 여성 부하직원에게 더욱 비판적으로 대하고 본인이 조직 안에서 이룬 성공을 다른 여성과 나누지 않으려는 경향을 말한다. 그러나 최근 성공한 여성들이 다양한 네트워크를 형성하고 더 많은 여성과 협력하는 예가 많아 이 개념을 현대 사회에 적용하는 것은 적절하지 않다는 비판이 제기되었다.

참고문헌

Davis, G. A., & Rimm, S. B. (2003). *Education of the gifted and talented* (5th ed.). Boston, MA: Allyn & Bacon.

역동적 평가
[Dynamic Assessment]

역동적 평가는 비고츠키(Vygotsky)의 근접발달영역 이론의 영향을 받아 형성된 평가로, 이미 발달된 능력에 초점을 맞추기보다는 평가과정에서 지속적으로 발생하는 변화의 흐름에 초점을 둔다. 즉, 정적인 학습 결과보다 교수자와 학생 간의 역동적인 상호작용 과정 자체에 관심을 갖고 그 과정에서 학생의 변화되는 정도를 관찰하여 평가하게 된다. 따라서 역동적 평가에서는 출발점과 도달점을 측정하여 향상된 정도를 평가하며, 교육자는 그 과정에서 학습자에게 피드백을 제공함과 동시에 학습자 개인의 잠재력을 최대한 계발하도록 적극적인 역할을 수행한다.

참고문헌

한순미(2008). 개별화 교수-학습에서의 평가 방안: 역동적 평가를 중심으로. 교육방법연구, 20(1), 49-73.

연관적 사고
[Associative Thinking]

연관적 사고는 별개의 사건으로 보이는 기존의 사건과 새로운 사건을 연관 지어 기존 사건의 특징을 새로운 사건에 도입하며, 이를 통해 새로운 사건을 이해하고 특징을 발견할 수 있게 해 주는 방법이다. 연관적 사고는 두 가지로 구분하여 볼 수 있다. 첫째, 유사성 추론으로 외형, 성질이나 특성, 개념 등에서 공통적으로 유사한 특성이 있을 때 아이디어를 빌려 오는 사고이며, 둘째, 비유사성 추론으로 겉으로 볼 때 유사성이 없는 것 간에 연결 지어 사고하는 것을 말한다. 배경지식이 풍부할 때 연관적 사고를 통해 다양한 지식을 창안해 낼 수 있다는 여러 연구 결과들이 있으나 오히려 배경지식이 사고를 관습적으로 제한하여 개방성을 저해한다는 부정적인 결과도 있다.

참고문헌

박종원(2004). 과학적 창의성 모델의 제안: 인지적 측면을 중심으로. 한국과학교육학회지, 24(2), 375-386.

연꽃기법
[Lotus Blossom Technique]

연꽃기법은 다양한 아이디어를 생성시키고 그 아이디어를 구조화하고 체계화할 수 있는 기법으로 일본 클로버 경영연구소(Clover Management Research)의 마스무라 야스오(Matsumura Yasuo)가 개발하였다. 연꽃기법은 다음과 같은 방법으로 진행한다.

① 중심문제 또는 주제를 가운데에 적는다.
② 중심문제 또는 주제로부터 나온 아이디어를 A~H 칸에 적는다(만약 8개 이상의 아이디어가 나오면 다이어그램을 추가해서 사용해도 됨).
③ A~H 아이디어들이 각각 또 다른 중심주제가 되어 아이디어들을 산출한다.
④ 연꽃 다이어그램이 완성될 때까지 진행한다.

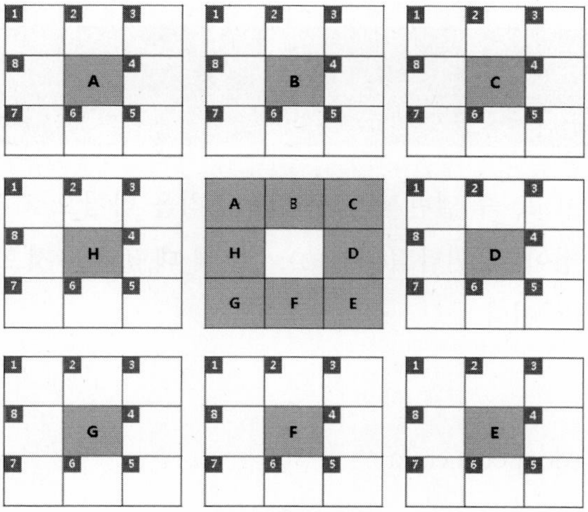

[그림] 연꽃기법

참고문헌

Michalko, M. (1994). Lotus blossom technique. *Thinkpak: How do I increase my creativity*.

연역법
[Deductive Method]

연역(deduction)은 한 개 이상의 증명된 명제를 전제로 논리적 규칙에 따라 결론을 이끌어 내는 사고 방법이며, 이와 같은 방법과 절차를 체계화한 것을 연역법(deductive method)이라 한다. 즉, 경험에 의한 판단을 배제하고 논리적 추론에 의해 어떠한 결론에 도달하는 방법이다. 아리스토텔레스, 데카르트 등의 이성주의자들의 철학적 방법론이며, 아리스토텔레스의 삼단논법이 대표적인 연역적 추리 방법 중 하나이다.

참고문헌

두산백과 http://www.doopedia.co.kr

연역적 사고
[Deductive-Thinking]

연역법을 이용한 사고, 즉 일반적인 원리와 법칙을 바탕으로 하여 특수한 원리를 이끌어 내는 사고과정이다. 귀납적(歸納的) 사고에 대립되는 것으로 삼단논법(三段論法)이 그 대표적인 형식이다.

참고문헌

두산백과 http://www.doopedia.co.kr

연역적 추론

[Deductive Inference]

연역법을 이용한 추론 방법으로, 일반적인 원리와 법칙을 바탕으로 하여 특수한 원리를 이끌어 내는 추론이다. 즉, 한 개 이상의 증명된 명제를 근거로 논리적 규칙에 따라 특수명제를 이끌어 내는 추론법을 말한다. 연역적 추론의 타당성을 확보하기 위해서는 전제가 참이어야 하며, 논증의 과정이 타당해야 한다.

참고문헌

한국교육심리학회(2000). 교육심리학 용어사전. 서울: 학지사.
한국교육평가학회(2004). 교육평가 용어사전. 서울: 학지사.
두산백과 http://www.doopedia.co.kr

ㅇ

열린교육

[Open Education]

열린교육은 학습자 중심의 개별화된 교육으로서, 학생에게 교육활동 선택권을 주고, 본인의 흥미와 수준에 맞는 수업을 받을 수 있는 기회를 제공하며, 이 과정에서 풍부한 자료를 자유롭게 이용할 수 있는 환경을 마련해 줌으로써 창의성 및 자기주도 학습능력을 신장하는 것을 목표로 한다. 열린교육은 1980년대 국내의 획일적, 폐쇄적, 정답형 교육이 창의성을 저해한다는 비판과 함께 창의적이고 주체적인 인간을 양성하기 위해 제안된 교육이었으며 교육내용관, 교재관, 평가관의 개방을 주장하였다. 열린교육을 위해 고려해야 하는 최소 조건은 ① 개별화(학습 내용, 방법, 속도와 평가의 개별화), ② 자율화(교사와 학생에게 선택의 여지 부여, 자기주도적 학습), ③ 적극적인 상호작용적 교수−학습(학생의 능동적인 참여와 수업 운영에 있어서의 교사의 역할−대집단과 소집단에서의 강의, 토론, 시범, 개별적 학습 및 소집단학습의 감독, 학생 활동의 점검과 개별지도), ④ 다양화(학습 내용, 학습방법, 학습자료, 교실환경, 평가방법, 특별활동의 다양화), ⑤ 융통성(교육과정 구성, 수업운영, 공간 구성 등에 있어서의 융통성)이다. 이와 같은 다섯 가지 요건은 학생의 전인적인 발달을 위해 필수적으로 포함되어야 한다.

참고문헌

서울대학교 교육연구소(1995). **교육학 용어사전**. 서울: 하우동설.

한국민족문화대백과 http://encykorea.aks.ac.kr

열망

[Aspiration]

열망이란 미래에 어떤 일을 성취하고자 하는 욕구를 의미하며, 이는 개인이 도달할 수 있을 것으로 예상하는 자신의 모습을 의미한다. 열망은 내재 열망과 외재 열망으로 구분된다. 내재 열망에는 공동체 기여, 자아성장, 소속감, 신체적 건강이 포함되며, 외재 열망에는 경제적 성공, 이미지, 명성이 포함된다. 내재 열망을 지향하는 사람들은 비교적 높은 수준의 안녕감을 보이며, 외재 열망을 지니고 있는 사람들은 경쟁 지향적이며 스트레스와 압력을 더 많이 경험하는 경향이 있고 상대적으로 낮은 수준의 안녕감을 보인다.

참고문헌

임다명, 안도희(2013). 청소년의 열망 군집유형에 따른 주관적 안녕감, 학업성취 및 부모의 자녀양육 관련 심리적 특성. **교육심리연구**, 27(3), 673-698.

Kasser, T., & Ryan, R. M. (1993). A dark side of the American dream: Correlates of financial success as a central life aspiration. *Journal of Personality and Social Psychology, 65*(2), 410-422.

열정

[Passion]

열정은 '개인이 좋아하고, 중요하게 여기는 활동에 자신의 시간과 에너지를 쏟아붓고자 하는 강한 성향'을 일컫는다. 열정은 조화 열정(harmonious passion)과 강박 열정(obsessive passion)으로 구분되는데, 조화 열정을 지니고 있는 개인은 특정 활동에 반드시 참여해야 한다고 느끼지 않으며, 자신이 그 활동에 참여할지의 여부를 스스로 결정한다. 즉, 자신이 좋아하는 활동에 대해 스스로 통제하는 것이라 할 수 있다. 반면, 강박 열정은 특정 활동을 향해 개인이 밀어붙이는 동기적 에너지를 일컫는다. 예를 들어, 음악에 대한 강한 열정을 지니고 있는 개인은 자신을 통제하는 내면적인 힘으로 인해 음악 활동에 반드시 참여해야만 한다고 느끼며, 음악이 없는 자신의 삶은 상상조차 하기 힘들다고 말한다.

참고문헌

안도희, 정재우(2009). 음악재능 청소년의 열정이 성취목적과 유능감에 미치는 영향. **교육학연구, 47**(1), 73–93.

Vallerand, R. J. (2008). On the psychology of passion: In search of what makes people's live most worth living. *Canadian Psychology, 49*(1), 1–13.

영국의 영재교육

[Gifted Education in U.K.]

영국의 영재교육은 개혁적이고 특별한 정책으로 발전되어 왔다기보다는 일반 학교교육 체제 안에서 지속적이고도 점진적으로 추진되어 왔다. 다양한 학교교육 체제에도 불구하고 특히 초등학교의 경우에는 교사 나름대로 읽기 능력 등과 같은 특정 능력에 따라 한 반을 소규모 집단으로 분류해서 다른 수준의 과제를 부과하면서 학습 우수아를 대상으로 영재교육을 실시해 왔다고 할 수 있지만, 일반적으로는 학년별로 동질의 교육을 제공해 왔다. 이에 비해 중등학교의 경우에는 1960년대에 종합중등학교(comprehensive school)가 확대 · 발전되기 이전까지는 다른 유럽의 김나지움(gymnasium)의 형태와 같은 11+(eleven-plus)라고 불리는 시험에 의해 선발된 우수한 학생을 위한 인문계 중등학교(grammar school)를 통해서 특히 지적으로 우수한 영재를 위한 교육이 실행되었다고 볼 수 있다. 11+ 시험이 폐지된 이후에는 다양한 선발 과정을 통해서 3.5%의 학생이 인문계 중등학교를 다니고 있다. 종합중등학교에서도 학교 사정에 따라 인문계 중등학교와 같이 특정 과목(일반적으로 영어와 수학과 같은 과목)에 대해서는 지적 능력에 따라 다른 집단으로 구분하여 이동 수업의 형태로 다른 수준의 교육을 제공하기도 한다. 몇몇 학교의 경우에는 시험을 통해 전체 학생 중 반수 정도를 월반시키는 체제를 유지하기도 하고 특정 과목에 대해 우수한 학생에게 속진수업 체제를 적용하기도 한다.

1980년대 영국에서는 영재교육에 대해 비교적 많은 관심과 연구가 활발히 진행되었음에도 '영재'라는 개념에 대해서 여전히 합의된 정치를 내리지 못하고 있었다. 또한 영재에 대한 정책이 '특수교육(special education)'의 영역에서 포괄되고 있기 때문에 장애아를 위한 교육에 비해 상대적으로 그 비중이 덜한 상황이었다. 영국은 '영재를 위한 유럽평의회'(The European Council of High Ability: ECHA)의 회원이지만 대부분 특수 교육 교사훈련 분야에 대한 활동만 활발히 하고 있는 상황이었다.

그러던 중 영재를 위한 최초의 단체라고 할 수 있는 전국영재협회(National Association for Gifted Children: NAGC)가 학부모들에 의해 결성되었다. 전국적으로 50개의 지사와 4,000명의 회원을 보유하고 있는 이 협회는 일반 학교에서 영재들을 발굴하고 학교가 그들에게 적합한 교육을 제공하도록 하는 것을 주목적으로 하고 있다. 협회는 영재와 그의 가족을 위한 심화과정 주말학교를 운영하고 있을 뿐만 아니라, 특정 과목의 심화학습을 위해 방학 중 계절학교를 운영하고 있다. 1982년에는 일반 학교에서 보다 높은 능력을 가진 학생들을 지도할 수 있도록 교사들에게 유익한 정보와 자료를 제공하기 위해 교육과정 심화 및 확대 전국협회(National Association for Curriculum Enrichment and Extension: NACE)가 교사들에 의해 조직되었다. 현재는 전국영재학회와 연합하여 '국립영재센터(National Center for Able and Talented Children)'로 설립되어 활발한 활동을 하고 있다. 잠재력위원회(Potential Trust)는 영재교육을 위한 사설기관으로 여름방학 캠프 등과 같은 다양한 프로그램을 운영·지원하고 있다.

참고문헌

구자억, 안미숙, 김홍원, 이순주, 박성익, 조석희(2002). 동서양 주요국가들의 영재교육. 서울: 문음사.

영역

[Domain]

현대 인지심리학에서는 인지의 여러 측면, 즉 영역은 서로 다른 진화적인 기원을 지닌 다양한 학습 기제에 의해 지지된다고 보고 있다. 이는 마음에 관한 모듈이론과도 관련되지만 보다 일반적인 개념이다. 언어, 수 등의 영역별 학습기제가 있음을 주장하는 영역 특수성을 지지하는 연구자들과 피아제(Piaget)와 같이 모든 학습은 소수의 일반 학습 도구에 의해 작동한다는 영역 일반성을 지지하는 연구자들이 있다. 블룸(Bloom)은 학습의 영역을 크게 인지(Cognitive), 정서(Affective), 심리동작(Psychomotor) 영역으로 구분하기도 하였다.

참고문헌

박병기(2010). 인간심리의 영역성 논점 및 그 함의. 교육심리연구, 24(2), 371-395.

송인섭, 최지혜(2011). 학업정서의 영역성 탐색: 영역 일반성, 영역 특수성, 영역 복합성의 비교. 학습자 중심 교과교육 연구, 11(4), 227-243.

이정규(2005). 창의성의 영역성의 연령집단별 차이. 교육심리연구, 19(1), 291-310.

Gelman, S. A., & Noles, N. S. (2011). Domains and naïve theories. *Wiley Interdisciplinary Reviews: Cognitive Science, 2*(5), 490-502.

영역 상보성
[Domain-Complementarity]

스턴버그(Sternberg, 1989)는 영역 일반성과 영역 특수성은 상보적인 것이며, 양자는 수행의 차이에 따라 상호 작용한다고 보았다. 이러한 영역 일반성/특수성의 논쟁은 인지 자체에 대한 수준이나 세부적인 정보 특성(언어 vs. 그림), 인지 특성(창의성) 등에서 논의가 되어 왔으며 영역 상보성 또한 마찬가지이다. 예로 인지 자체의 수준에서 영역 상보성은 인지의 구조적인 영역과 계산적 영역(algorithmic processes)이 서로 상보적인 특성을 지닌다고 논의되어 왔다(Kornwachs, 1988). 국내 연구를 통해 이정규(2003) 또한 이를 지지하는 보고를 한 바 있다.

참고문헌

이정규(2003). 창의성 연구에 있어서 영역성과 측정에 대한 문제점 분석연구. **교육심리연구,** 17(4), 1-24.

Kornwachs, K. (1988) Cognition and Complementarity. In M. E. Carvallo (Eds.), *Nature, Cognition and System I. Theory and Decision Library* (Series D: System Theory, Knowledge Engineering and Problem Solving), vol 2. Springer, Dordrecht.

영역 일반성
[Domain-Generality]

수행의 바탕이 되는 기능, 특질 또는 지식이 모든 영역에 관련되어 영향을 미친다는 것이다. 따라서 한 영역에서의 수행이 우수한 개인은 다른 영역에서도 유사한 수준의 수행을 보인다는 것이다. 한편 최근 학자들은 언어와 같은 여러 세부 영역의 인식론적 문제를 극복하기에는 영역 일반적 학습기제는 제한이 있다고 보고 영역 특수성을 지지하고 있다. 이들은 특히 신생아기부터 가지고 있는 수, 목표지향적인 행동, 물리적 현상에 대한 이해 능력 등을 설명하기 위해서는 연합학습과 같은 범영역적 학습기제는 제한점이 있다고 보았다. 이러한 인지 자체에 대한 영역 일반성/특수성의 논쟁은 세부적인 인지 특성 예로 창의성의 분야 등에서도 논의가 되어 왔다. 토랜스(Torrance, 1998), 길포드(Guilford, 1967) 등의 창의성 검사와 같이 영역 일반적인 창의성을 측정하는 검사가 있는 반면 합의적 측정기법(Consensual Assessment Technique: CAT)과 같이 특정 영역의 창의적 산출물을 해당 영역의 전문가가 측정하는 검사가 있다.

참고문헌

Gottfried, G. M., & Gelman, S. A. (2005). Developing domain-specific causal-explanatory frameworks: The role of insides and immanence. *Cognitive Development, 20*, 137−158.

Csikszentmihaiyi, M. (1990). The domain of creativity. In M. A. Runco &. R. S. Albert (Eds.), *Theories of creativity* (pp. 190−212). Newbury Park. CA: Sage.

영역 일반성 척도
[Domain Generality Scale]

어느 한 영역에서 수행 수준이 다른 영역에서도 유사한 수준의 수행을 발휘하는 정도를 측정하는 척도이다. 창의성의 분야에서 영역 일반적인 창의성 검사는 토랜스(Torrance, 1998), 길포드(Guilford, 1967) 등의 창의성 검사가 있다. 1966년에 개발된 토랜스의 창의성 검사는 창의적 사고의 핵심을 확산적 사고로 간주하여 독창성, 유창성, 융통성, 정교성의 측면에서 이를 측정한다. 또한 길포드도 '대안적 사용(alternative uses)'이라는 측정 도구를 통해 기존의 지능검사에 비해 다양한 반응을 요구하여 확산적 사고를 측정하였다.

참고문헌

이정규(2005). 창의성의 영역성의 연령집단별 차이. **교육심리연구**, 19(1), 291−310.

Sternberg, R. (1989). A three-facet model of creativity. In R. J. Sternberg (Ed.), *The nature of creativity: Contemporary psychological perspectives*. (pp. 125−147). NY: Cambridge

University Press.
Torrance, E. (1998). *Torrance test of creative thinking: Norms-Technical manual-Figural(Streamlined) forms A & B*. Bensonville, Illinois: Scholastic Testing Services, INC.

영재
[the Gifted(Gifted and Talented)]

영재는 특정 분야에서 환경이나 경험이 유사하거나 비슷한 나이 또래에 비해 고도의 재능을 가진 자이다. 이들은 지적인 능력, 특정 학업 분야, 창의력, 리더십, 시각 및 공연 예술 등의 특정 분야에서 뛰어난 잠재력과 탁월한 성취를 보여 준다. 이들의 타고난 잠재력을 계발하기 위해서는 정규 학교에서 제공하지 않는 특별 교육 프로그램과 서비스가 필요하다.

참고문헌

영재교육진흥법.
International Encyclopedia of Marriage and Family COPYRIGHT 2003 The Gale Group Inc.

영재교육기관
[Gifted Education Institution]

영재교육기관은 「영재교육진흥법 시행령」 제19조, 제20조, 제21조에 의거 법정 심사를 거쳐 지정받은 공공기관을 말한다. 대한민국의 영재교육기관은 크게 영재학교, 영재교육원, 영재학급으로 구분되며, 2017 현재 2,457개의 영재교육기관이 운영 중이다. 영재학교는 영재교육을 목적으로 설립된 고등학교급 국공립학교로써 전일제로 운영한다. 영재교육원 및 영재학급은 초·중·고등학교급으로 운영되며, 정규학교가 아니므로 주로 방과 후, 주말 또는 방학기간에 영재교육을 실시하고 있다.

참고문헌

교육부. 영재교육진흥법 시행령.

영재교육종합데이터베이스(GED)(https://ged.kedi.re.kr) 한국교육개발원.

영재교육 담당교사

[Teachers for Gifted Education]

영재교육 담당교사의 법적 정의인 「영재교육진흥법」 제12조 1항에 따르면 영재교원은 「초 · 중등교육법」 제21조 규정에 따른 교원 이외에도 영재교육을 위하여 필요하다고 인정하는 경우 영재교육을 담당할 능력이 있다고 인정되는 자로서 대통령령이 정하는 자격을 가진 자를 임용할 수 있다고 밝히고 있다. 실천적 지침인 「영재교육진흥법 시행령」 제25조에서는 영재학교 교사와 영재학급 담당교사를 「초 · 중등교육법」 규정에 의한 초등 또는 중등학교 정교사 자격증을 가진 자로서 교육부 장관 또는 교육감이 인정하는 소정의 연수과정을 이수한 자로 정의하고 있다. 그러나 최근 「영재교육진흥법」 개정 후에는 영재학교의 경우 교원자격증 소지자뿐만 아니라 전문성을 갖춘 인력을 영재학교 교원으로 임용할 수 있다고 밝히고 있다.

영재교육원

[Gifted and Talented Education Center]

「영재교육진흥법」 제2조 제6호 및 제8조는 "영재교육을 실시하기 위하여 시 · 도 교육청, 대학, 국공립 연구소, 정부출연기관 및 과학 · 기술 · 예술 · 체육 등과 관련 있는 공익법인 등에 설치 · 운영되는 부설기관"을 '영재교육원'이라고 규정하였다. 영재교육원의 설치 기준 및 운영 방법 등 필요한 사항은 대통령령인 「영재교육진흥법 시행령」 제21조에서 규정하고 있다. 영재교육원을 설치 · 운영하고자 하는 자는 영재교육원의 설치 · 운영 예정일 90일 전까지 그 설치계획서를 당해 교육감에게 제출하여야 한다. 설치계획서에는 "명칭, 목적, 위치, 학칙, 교원(영재교육원에 파견 또는 겸임되어 영재교육을 담당하는 자를 포함), 시설 · 설비, 소요 경비의 조달 계획 등 수강료의 징수 및 장학금, 설치 · 운영 예정일 등"이 포함되어야 한다. 계획서를 제출받은 교육감 또는 관계 중앙행정기관의 장은 시 · 도 위원회 또는 중앙위원회의 심의를 거쳐 설치 승인 여부를 결정하고, 그 결과를 당사자에게 통보한다.

참고문헌

국가법령정보센터 http://www.law.go.kr

영재교육종합데이터베이스
[Gifted Education Database(GED)]

영재교육종합데이터베이스(Gifted Education Database: GED)는 「영재교육진흥법」 제38조에 근거하여 구축되었으며 교육부와 한국교육개발원이 17개 시 · 도 교육청과 연계하여 대한민국 영재교육에 관한 다양한 정보를 종합적으로 운영 · 관리하는 시스템이다. GED는 영재학교, 영재교육원, 영재학급 및 영재교육연구원 등의 기관 정보와 영재학생, 영재교사, 영재교육전문가 등의 인재 정보, 영재교육과정에 관한 교육 정보, 영재교육 정책자료, 교수-학습자료, 연수자료, 연구보고서 등의 자료 정보를 제공하고 각종 영재교육 지표와 통계를 제공한다. 또한 GED 교사추천선발시스템을 통해 영재교육대상자의 선발을 지원하고 있으며, GED 국가창의인재관리시스템을 통해 영재학교 졸업생들의 교육 이력 · 성취 등 우수인재를 관리하여 영재교육 정책 추진을 위한 객관적인 정보를 제공하고 있다.

참고문헌

교육부. 영재교육진흥법.
영재교육종합데이터베이스(GED)(https://ged.kedi.re.kr) 한국교육개발원.

영재교육진흥법

[The Gifted and Talented Education Promotion Act(GTEPA)]

「영재교육진흥법」은 「교육기본법」 제12조 및 제19조의 규정에 따라 재능이 뛰어난 사람을 조기에 발굴하여 타고난 잠재력을 계발할 수 있도록 능력과 소질에 맞는 교육을 실시함으로써 개인의 자아실현을 도모하고 국가 · 사회의 발전에 기여하게 함을 목적으로 제정된 법률이다. 「교육기본법」 제12조 제2항은 "교육내용 · 교육방법 · 교재 및 교육시설은 학습자의 인격을 존중하고 개성을 중시하여 학습자의 능력이 최대한으로 발휘될 수 있도록 마련되어야 한다."라고 규정하였고, 제19조는 "국가와 지방자치단체는 학문 · 예술 또는 체육 등의 분야에서 재능이 특히 뛰어난 자의 교육에 필요한 시책을 수립 · 실시하여야 한다."라고 규정하였다. 이는 「헌법」 제31조 제1항이 규정한 "능력에 따라 균등하게 교육을 받을 권리"를 보장하고, 「헌법」 전문이 밝힌 "정치 · 경제 · 사회 · 문화의 모든 영역에 있어서 각인의 기회를 균등히 하고, 능력을 최고도로 발휘하게" 하려는 취지를 반영한 것으로 해석된다.

「영재교육진흥법」은 지난 2000년 1월 28일에 제정되고, 2002년 3월 1일에 시행되었다. 이 법률의 주요 내용은 "국가는 영재교육에 관한 종합계획을 수립하고, 영재학교를 설치 · 운영하는 등 영재교육의 진흥을 위하여 노력하며, 영재교육에 관한 주요사항을 심의하기 위하여 교육부 및 시 · 도 교육청에 각각 영재교육진흥위원회를 설치하고(동법 제3조 및 제4조), 영재교육 대상자가 영재교육기관에서 이수한 영재교육과정에 대하여는 이에 상응하는 정규 교육과정을 이수한 것으로 인정하는(동법 제11조)" 것 등이다. 이 법률에서 영재는 "재능이 뛰어난 사람으로서 타고난 잠재력을 계발하기 위하여 특별한 교육이 필요한 사람"이고, 영재교육은 "영재를 대상으로 각 개인의 능력과 소질에 맞는 내용과 방법으로 실시하는 교육"이라고 정의되었다(동법 제2조 제1호 및 제2호).

참고문헌

국가법령정보센터 http://www.law.go.kr

영재교육진흥법 시행령
[The Gifted and Talented Education Promotion Decree(GTEPA)]

「영재교육진흥법 시행령」은 「영재교육진흥법」에서 위임된 사항과 그 시행에 관하여 필요한 사항을 규정함을 목적으로 제정된 대통령령이다. 지난 2002년 4월 18일에 제정 및 시행되었다. 동법 시행령은 제정 이후 여러 차례 개정되었으나, 이 중 다른 법률 개정에 따라 행정부처의 명칭 등이 변경된 것을 제외하고는 2회 일부 개정되었다. 2006년 12월 21일에 개정된 주요 사항으로는 영재교육 대상자의 선정 권한 및 절차를 변경했다는 점, 사회 취약계층 자녀에 대한 영재교육 대상자 선정기준 및 절차를 마련했다는 점을 들 수 있다. 영재학교 교원임용의 특례 및 파견 근무자의 파견 취소 조항 신설, 대학교육과의 연계성 확보 구체화(영재교육기관에서 이수한 대학교육 과정을 대학의 학점으로 인정), 영재교육 특례자 선정 절차 마련 등이다. 그리고 2008년 10월 14일에 개정된 주요 사항으로는 특수교육 대상자에 대한 고려를 통해 영재교육 대상자 선정 기준을 확대하였으며, 영재교육기관 교원의 자격 기준을 완화하여 학위가 없어도 특수한 능력을 보유할 수 있으면 임용할 수 있도록 해당 분야 전문가가 영재교육기관에 임용될 수 있는 근거 마련 등이다.

참고문헌

이재분, 강병직, 이덕난(2012). 영재교육진흥법 개선을 위한 연구. 한국교육개발원.
국가법령정보센터 http://www.law.go.kr

영재교육진흥위원회
[Committee on Promotion of Gifted and Talented Education]

영재교육진흥위원회는 교육부에 두는 중앙영재교육진흥위원회(이하 '중앙위원회'라 한다)와 시 · 도 교육청에 두는 시 · 도영재교육진흥위원회(이하 '시 · 도 위원회'라 한다)를 말한다(「영재교육진흥법」 제4조부터 제4조의4까지).

중앙위원회는 교육부 차관을 위원장으로 하고, 15명 이내의 위원으로 구성하며, "영재교육에 관한 기본 정책, 종합계획 수립, 제도의 개선, 영재학교의 지정 · 설립, 국립학교에 설치하는 영재학급의 설치, 관계 중앙행정기관의 장의 승인을 받아 설치하는 영재교육원의 설치 승인, 영재교육에 드는 예산의 확보 및 경비의 지원 등"의 사항을 심의한다. 시 · 도 위원회는 부교육감을 위원장으로 하고, 15명 이내의 위원으로 구성하며, "해당 시 · 도의 영재교육에 관한 기본정책, 공립 · 사립 학교에 설치하는 영재학급의 설치, 교육감이 설치 · 운영하는 영재교육원의 설치, 교육감의 승인을 받아 설치하는 영재교육원의 설치 승인, 영재교육 특례자 선정에 관한 재심, 해당 시 · 도의 영재교육에 드는 예산의 확보 및 경비의 지원에 관한 사항 등"의 사항을 심의한다. 여기에서 '영재교육 특례자'란 「영재교육진흥법」에서 정한 영재교육 대상자 중에서 하나 또는 그 이상의 분야에서 타고난 재능과 잠재력이 현저히 뛰어나 특별한 교육적 지원이 필요한 사람을 말한다(「영재교육진흥법」 제2조 제8호).

참고문헌

국가법령정보센터 http://www.law.go.kr

영재교육진흥종합계획

[Comprehensive Plan for Promoting Korean Gifted Education]

국가와 지방자치단체는 「교육기본법」 19조(국가와 자방자치단체의 영재교육 시책 수립 의무)와 「영재교육진흥법」 제3조와 동법 시행령 제2조(영재교육진흥종합계획의 수립)에 근거하여 2002년 이후 5년마다 영재교육진흥종합계획을 수립하고 있다. 영재교육진흥종합계획은 영재교육의 중장기 발전 비전과 정책과제들을 제시하며 영재교육 발전의 견인차 역할을 하고 있다.

제1차 종합계획(2003~2007)은 영재교육이 국가 차원에서 처음 도입되면서 한국형 영재교육 체제의 기틀을 마련하는 역할을 하였다. 고등학교 단계에서 영재학교를 통해 소수의 영재학생들을 위한 전문심화교육이 이루어지고, 초 · 중등학교 단계에서는 영재학급과 영재교육원을 통해 비정규교육과정을 통해 영재 발굴에 중점을 둔 기초심화교육이 이루어지도록 하였다. 1차 종합계획 추진 결과 영재교육 대상자가 크게 늘었으며(0.1%에서 0.5%), 연수를 이수한 영재교원 확보(2천 명에서 1만 3천 명)를 통해 영재교육의 실시 기반을 구축하였다.

제2차 종합계획(2008~2012)은 영재교육의 질 관리 미흡과 영재교육의 연속성의 문제가 해결해야 할 과제로 제시되면서 영재교육기관 운영 개선과 연속성 확보를 중요한 과제로 제시하였다. 영재학급-영재교육원-영재학교의 기관별 특성화를 통해 영재교육 체제를 체계화하고, 교사관찰 추천제 도입을 통해 교육의 연속성을 확보하고 선발의 패러다임을 바꾼 것은 제2차 종합계획의 성과이다.

제3차 종합계획(2013~2017)은 영재교육의 질적 고도화를 위한 영재교육 기회 확대, 영재교육기관의 운영 내실화, 수요자 중심 영재교육 과정 제공에 초점이 맞추어져 수립되었다. 제3차 종합계획 추진을 통해 영재교육 영역의 다양화, 소외계층 영재교육 확대, 국가 영재교육 프로그램 기준의 개발, 보급 등의 성과를 보였다.

참고문헌

관계부처 합동(2002). 제1차 영재교육진흥종합계획(2003~2007).
교육인적자원부(2007). 제2차 영재교육진흥종합계획(2008~2012).
교육인적자원부(2013). 제3차 영재교육진흥종합계획(2013~2017).

영재 상담
[Counseling for the Gifted]

도움을 필요로 하는 영재 내담자에게 상담자가 영재 및 상담 관련 전문적 지식과 기능을 가지고 영재 자신 및 영재의 특성에 대한 이해와 자신을 둘러싼 환경에 대한 이해를 증진시키며, 합리적이고 현실적이며 효율적인 행동양식을 증진시키거나, 의사결정을 내릴 수 있도록 상담자가 진행하는 상호작용 과정을 의미한다. 영재 상담은 영재가 영재의 특성과 생활 속에서 생기는 문제와 과제를 해결하고, 영재의 사고 및 행동, 감정의 변화를 도모하여 정신적인 성숙과 성장을 이루어 미래의 창의적인 문제해결자로 성장할 수 있도록 조력하는 과정을 포함한다.

영재 상담에도 이론적 배경에 따라 정서-인지, 가족체계 접근, 발달심리학, 인본주의 심리학, 행동주의 심리학 등과 밀접하게 관련되어 있으며, 영재의 요구와 상담 목적에 따라 발달상담, 예방상담, 치료상담 등으로 분류하기도 하고, 영재가 지닌 문제에 따라 성격상담, 학업상담, 미성취상담, 진로상담 등으로 분류하기도 하고, 형태에 따라 개인상담, 부모상담, 가족상담, 집단상담 등으로 분류하기도 한다.

참고문헌

박경빈, 류지영, 박인호, 방승진, 육근철, 윤여홍, 이미순, 이선영, 이재호, 전미란, 전영석, 조석희, 진석언(2014). 영재상담. **한눈에 보는 영재교육**. 서울: 학지사.

서울대학교 교육연구소(1995). **교육학 용어사전**. 서울: 하우동설.

윤여홍 역(2014). **영재상담모델**(*Models of counseling Gifted children, adolescents, and young adults*). Sal Mendaglio, & Jean Sunde Peterson 저. 서울: 학지사. (원서 2007년 출간).

이미순 역(2008). **영재상담**(*Counseling the gifted and talented*). L. K. Silverman 편저. 서울: 박학사. (원서 1993년 출간).

영재성
[Giftedness]

일반인에 비하여 소질과 적성이 상대적으로 높은 사람들이 가지고 있는 능력들을 칭한다. 영재성은 수학, 음악, 언어 등 특정 기호를 동반하는 학문 분야나 감각운동 능력을 동반하는 예술, 운동 등의 능력들을 포함한다. 영재성에 대한 정의는 미연방정부 교육부의 마랜드(Marland) 정의, 렌줄리(Renzulli)의 정의, 탄넨바움(Tannenbaum)의 정의, 가네(Gagné)의 적성이론에 의한 정의를 주로 인용한다. 미연방정부 교육부의 마랜드의 영재성에 대한 정의는 일반 지적 능력, 특수 학문 적성, 창의적이고 생산적인 사고, 지도력, 시각 및 공연 예술, 정신운동 능력의 분야에서 일반적인 아동이 가진 능력에 비하여 훨씬 뛰어난 능력을 의미하며, 정규 교육이 아닌 특별한 교육을 통해서 향상할 수 있는 특별한 능력을 의미한다. 렌줄리는 영재성을 '평균 이상의 능력 또는 지능' '높은 창의성' '높은 과제 집착력'으로 정의하였다. 탄넨바움은 영재성을 인간의 윤리적, 신체적, 정서적, 사회적, 지적, 심미적 생활에서 새로운 아이디어를 생산해 낼 수 있는 능력이나 그런 일들을 수행할 수 있는 가능성으로 정의하였다. 가네는 영재성을 생득적으로 타고나서 특별한 교육이나 훈련이 없어도 발휘되는 특별한 인간의 능력이라 정의하며, 영재성이 교육과 훈련으로 전문적 능력으로 발달할 경우 이것을 특수 재능이라 정의하였다.

참고문헌

조석희(2005). 영재성 개념의 정의와 발달. 한국교육개발원 2005년 영재 교육 연수 워크숍 자료집.

http://www.nagc.org/resources-publications/resources/definitions-giftedness

영재성 차별화 모형
[Differentiated model of giftedness and talent]

가네(Gagné)가 제안한 모형으로 영재성(giftedness)과 재능(talent)은 구분되어야 함을 강조하였다. 영재성은 지적, 창의성, 운동 능력 등 선천적으로 가지는 우수한 능력인 반면 재능은 학문, 예술, 운동 등의 특정 분야에서 특별히 잘 발달된 능력을 의미한다. 재능이 뛰어난 학생은 영재성이 뒷받침되었을 수 있으나, 영재성만으로 재능을 보장할 수 없다. 가네는 영재성을 가지고 태어난 사람은 개인의 내적 영역 또는 환경의 다양한 요인을 통하여 발전시킬 수 있거나 그렇지 않을 수 있다고 하였다.

참고문헌

https://tip.duke.edu/node/1245

영재아 수업전략

[Teaching Strategies for Gifted Students]

영재들의 심리적 특성이나 학습 특성에 비추어 볼 때, 일반 학생들을 위한 교수방법이나 학습전략과는 어느 정도 차별성을 지니고 있어야만 한다(Maker, 1982). 중등학교 영재를 위한 교수-학습 방법이나 전략을 선택할 때는 기본적으로 다음과 같은 몇 가지의 관점을 고려해야만 한다.

- 창의적 문제해결 능력을 향상시키는 데 도움을 줄 수 있어야 한다.
- 자기주도적인 학습능력을 향상할 수 있어야 한다.
- 영재들에게 인지적 자극을 줄 수 있는 고급 사고기능을 다루어야 한다.
- 자신의 학습 속도에 맞추어서 능력을 개발할 수 있을 만큼 융통성이 있고 개방적인 교수-학습 방법이어야 한다.
- 개개인의 흥미와 관심에 집중할 수 있어야 한다.

참고문헌

Maker, J. C. (1982). *Curriculum development for the gifted*. USA: Aspen Systems Cor.

영재의 유형

[Types of the Gifted and Talented]

베츠와 네이하트(Betts & Neihart)는 영재의 유형을 다음의 여섯 가지로 구분하였다. 성공적인 유형, 도전적인 유형, 숨겨진 유형, 탈락된 유형, 중복 낙인된 유형, 자율적 학습자 유형이다.

대부분의 영재는 성공적인 유형으로 정해진 과정을 성실히 학습하고 높은 성취도와 지능을 통하여 영재 프로그램을 성공적으로 수행한다. 도전적인 유형은 높은 수준의 창의성이 있지만 고집과 주관이 강하고 권위에 도전적이어 성과를 인정받기 어렵거나 정해진 프로그램을 이수하는 데 어려움을 겪는다. 숨겨진 유형은 평범한 집단에 소속감을 높이기 위하여 스스로 영재성을 숨기는 유형이다. 탈락된 유형은 스스로 거부되거나 무시되어 왔다고 생각하여 억울해하거나 감정이 격렬하여 자존감이 낮은 집단이다. 중복 낙인된 유형은 지능은 우수하나 정규 교육과정에 실패하여 낮은 성취도를 보인다. 스트레스, 낙담, 고립감 등이 높다. 자율적 학습자 유형은 지능과 창의성이 모두 우수하고 정규교육에서도 높은 성취도를 보인다. 독립적이고 자기주도적으로 학습할 수 있으며, 타인으로부터 존중받고 높은 리더십을 발휘한다.

참고문헌

Betts, G. T., & Neihart, M. (1988). Profiles of the gifted and talented. *Gifted child quarterly, 32*(2), 248–253.

영재의 정서-인지치료
[Emotive-cognitive Therapy of Giftedness]

멘달리오(Mendaglio)가 로저스(Rogers), 펄스(Perls), 엘리스(Ellis), 설리번(Sullivan), 루이스(Lewis), 다브로프스키(Dabrowski) 등에 영향을 받아 정서의 인지 이론에 근거하여 제시한 영재상담 모델이다. 루이스의 '정서의 인지 이론'과 엘리스의 발생한 사건 A가 믿음체계 B에 의해 해석되어 결과 C를 유발한다는 'ABC 이론'에 의거하여, 영재의 인지-정서 치료는 개인이 발생 상황에 따라 자극 사건을 해석함으로써 그에 해당하는 감정을 일으킨다는 기본 개념에서 출발한다. 다양한 인지 과정, 정서적 기억, 상황과 사건과 연관된 경험에 의해 해석이 일어나고, 그로 인해 긍정적 혹은 부정적인 감정이 발생한다. 자극 사건은 실제 발생한 사건일 수도 있지만, 상상의 결과물일 수도 있다. 이때 영재는 높은 지능으로 인해 많은 정보가 빠르게 들어와 빠르게 처리됨에 따라 내적 갈등과 외적 사건이 빠르게 감정의 기복을 일으키고 정서적 민감성, 자기비판, 강렬함 등이 영재에게 고조된 형태의 강력한 감정을 일으키게 한다. 정서적 강렬함의 결과는 긍정적일 수도 있지만 부정적일 수도 있다. 영재의 자아개념 또한 반성적 평가, 사회 비교, 귀인 과정에 의해 발달되어 상호 영향을 주고받는다. 처음 해석의 결과는 일차적인 정서를 일으키지만, 그 과정에서 작용하는 요소로 인해 이차적인 해석이 일어나고 그 결과 이차적인 정서가 발생한다. 이차적 정서는 이차적인 평가로부터 발생하는 감정이 기존의 감정에 더해져 이를 받아들이기 더 어려워진다.

영재의 인지-정서 치료는 바로 내담자의 경험과 관련된 정서를 탐색하고 내담자의 모호한 가정을 분명하게 해 주는 것이다. 치료 과정으로, 첫째, 자신이 추측한 것이 자신의 행동과 감정을 유도한다는 사실을 가르치고, 둘째, 내담자의 강한 부정적인 정서를 일으키는 내담자의 상황 해석 저변에 깔린 내담자의 가정을 재구성하여 논리적이고 이성적인 가정으로 교체함으로써, 새로운 개념적 틀을 세우게 한다. 자기감정을 이해함으로써, 자기감정에 대한 자기 조절 능력을 키우게 하고, 부정적인 감정을 바꾸게 하여 문제를 해결하는 방식으로 치료 과정이 이루어진다. 기법으로는 공감, 일치, 비판단, 직면, 영재의 정의적 특성과 다브로프스키 개념 가르치기, 인지적 재구성, 과제, 정서 인식과 조절 및 표현 향상하기 등이 사용된다. 영재의 인지-정서 치료는 학업적 미성취, 사회 정서 행동 장애(예: 우울, 불안, ADHD, 적대적 반항장애) 등에 효과적으로 사용된다.

참고문헌

윤여홍 역(2014). 영재상담모델(*Models of counseling Gifted children, adolescents, and young adults*). Sal Mendaglio, & Jean Sunde Peterson 저. 서울: 학지사. (원서 2007년 출간).

영재전문 상담교사
[Counselling Teacher for the Gifted Student]

영재의 판별, 관리, 교육을 전담할 수 있는 교사로, 영재성과 영재학생에 대한 높은 이해를 통하여 잠재된 영재성을 발달시키고 영재가 가진 다양한 문제를 해결할 수 있는 전문능력을 갖춘 교사이다.

영재 코디네이터
[Coordinators for Gifted]

영재교육 프로그램의 코디네이터란 영재교육 프로그램의 전반적인 기획과 운영에 관련된 행정적인 일을 하고, 때로는 교사의 일도 함께 수행하는 사람을 말한다(Borland, 1989). 클락(Clark, 2008)은 영재교육 프로그램이 영재학생들에게 재능 개발을 위한 기회를 제공할 수 있도록 여러 서비스를 조정(coordinate)하고 효율적으로 운영하기 위해서는 영재프로그램에 코디네이터가 반드시 있어야 한다고 주장하였다. 실제로 학자들은 영재교육 프로그램이 성공적이기 위해서는 적어도 한 사람은 영재교육에 헌신적이어야 하고, 많은 학생에게 봉사할 수 있어야 한다고 주장한다(Coleman, Gallagher, & Foster, 1994). 미국과 영국은 영재 코디네이터 제도를 통하여 영재 학급의 행정적인 측면과 교육적 측면을 함께 고려하여 원만한 영재교육 프로그램의 운영과 함께, 영재학생들을 위한 수월성 교육이라는 영재교육의 최대 과제도 동시에 해결해 나가고 있다. 외국의 많은 영재교육기관들과 관련 학자들은 풀타임 코디네이터는 학생들에게 교육적 서비스를 제공하는 데 많은 장점이 있기 때문에 효과적인 코디네이터의 선정은 영재교육 프로그램의 성공을 확신하게 한다고 보고 있다(Clark, 2008).

영재판별
[the Identification of the Gifted Student]

학생이 영재성을 가졌는지 다양한 검사를 통하여 확인함으로써 영재와 비영재를 구분해 내는 과정이다. 영재 판별의 일반적인 과정은 영재의 정의, 판별 절차의 확립, 선발의 과정을 따른다. 영재의 정의 단계에서는 영재를 선발하고자 하는 주체가 요구하는 영재의 특성과 능력을 정의하는 단계이다. 요구하는 영재의 특성과 능력이 정해지면 두 번째 단계로 어떤 정보를 근거로 영재를 판단할 것인지 방법과 절차를 결정한다. 이 과정에서는 판별하고자 하는 영재의 특성에 맞게 다양한 측면의 평가를 실시하여야 한다. 마지막으로 선발 단계에서는 먼저 10~20%의 넓은 범위로 1차 선발을 시행하고, 보다 면밀한 방법을 통하여 3~5% 정도의 범위로 영재를 선택한다. 영재는 일반적으로 인구의 3~5% 정도로 분포하여 이 수준의 사람을 영재라 할 수 있다. 영재를 판별할 때는 단편적인 정보를 토대로 판별해서는 안 된다. 학교가 가진 기록물, 교사 및 주변인 추천, 집단 평가 등을 통하여 1차 선발을 하고, 추가 정보, 면접 등으로 2차 선발을 하며, 최종적으로 영재선발전형위원회 등에서 영재를 판별한다.

참고문헌

이신동, 박춘성, 윤미, 최병연(2009). 영재판별을 위한 지능검사로서의 K-WISC-Ⅲ와 K-RPM의 관계 분석. 영재와 영재교육, 8(1), 69-81.

이재호, 류지영, 진석언(2011). 미래사회 영재 판별 방법에 관한 연구. 정보교육학회논문지, 15(2), 307-317.

영재학교

[School for the Gifted]

「영재교육진흥법」 제6조에 의하여 설치된 전일제 영재교육기관인 영재학교는 뛰어난 재능을 가진 학생들에게 적절한 교육을 제공하지 못하는 공교육의 한계를 해결하기 위해 설립되었다. 「영재교육진흥법」 제2조 4항에 따르면 '영재학교'란 영재교육을 위하여 이 법에 따라 지정되거나 설립되는 고등학교 과정 이하의 학교를 말한다. 2017년 현재 8개의 영재학교가 운영되고 있으며, 고등학생을 중심으로 특정 분야 잠재력을 지닌 소수정예의 과학 영재학생을 대상으로 전문 분야별 집중 교육을 실시하고 있다. 현재까지는 과학고등학교에서 전환된 형태의 '과학영재학교'와 새롭게 신설된 융합형 '과학예술영재학교' 두 유형이 있다. 과학영재학교는 한국과학영재학교, 서울과학고등학교, 경기과학고등학교, 대구과학고등학교, 광주과학고등학교, 대전과학고등학교 6개교이며, 과학예술영재학교로는 세종과학예술영재학교, 인천과학예술영재학교 2개교이다.

참고문헌

교육부. 영재교육진흥법 시행령.

교육부. 영재교육진흥법.

한국교육개발원(2015). 대한민국의 영재교육.

영재학급

[Gifted Class]

「영재교육진흥법」 제7조에 의하여 고등학교 과정 이하의 각급 학교에서 교과 영역의 전부 또는 일부에 대하여 설치 · 운영하는 학급으로, 지역 여건에 따라 지역공동 영재학급, 단위학교 영재학급으로써 특별활동, 재량활동, 방과후 활동, 주말 또는 방학을 이용하여 영재교육 프로그램을 제공하고 있다. 2017년 현재 2,115개의 영재학급이 운영 중이다.

참고문헌

교육부. 영재교육진흥법.

영재교육종합데이터베이스(GED). 한국교육개발원.

한국교육개발원(2015). 대한민국의 영재교육.

영재학급 또는 시간제 영재학급

[Gifted and Talented Class 또는 part-time Gifted and Talented Class]

「영재교육진흥법」 제2조 제5호 및 제7조는 "국가나 지방자치단체가 영재교육을 실시하기 위하여 초 · 중 · 고교에 교과 영역의 전부 또는 일부에 대하여 설치 · 운영하는 학급"을 '영재학급'이라고 규정하였다. 영재학급의 설치 기준 및 운영 방법 등 필요한 사항은 대통령령인 「영재교육진흥법 시행령」 제20조에서 규정하고 있다.

영재학급을 설치 · 운영하고자 하는 학교의 장은 교육감(공 · 사립) 또는 교육부 장관(국립)에게 영재학급설치계획서를 제출하여야 한다. 설치계획서에는 "학칙, 영재교육 담당교원(강사, 영재학급에 파견 또는 겸임되어 영재교육을 담당하는 자를 포함) 현황 및 확보 계획, 시설 · 설비 현황 및 확보 계획, 소요 경비의 조달계획 및 재정운영계획, 학교법인의 설치 · 운영동의서(사립학교에 한한다), 그 밖에 영재학급의 설치 승인을 위하여 교육부 장관 또는 교육감이 정하는 사항"이 포함되어야 한다. 계획서를 제출받은 교육부 장관 또는 교육감은 중앙위원회 또는 시 · 도 위원회의 심의를 거쳐 설치 승인 여부를 결정하고, 그 결과를 당사자에게 통보한다.

영재학급은 학교별로 일부 운영상 차이는 있으나 국 · 공 · 사립의 설립 형태나 지정권자에 따른 차이는 크지 않다. 영재교육 대상자로 선정된 학생의 입장에서 볼 때 거의 해당 학교 정규수업 이외의 시간에 참여가 가능하다는 현실적인 측면을 고려할 때 시간제 영재학급이라고 할 수 있다.

참고문헌

국가법령정보센터 http://www.law.go.kr

예술영재

[the Gifted in Arts]

예술영재는 예술 분야에서 '재능이 뛰어난 사람으로서 타고난 잠재력을 계발하기 위하여 특별한 교육을 필요로 하는 사람'이다. 한편 예술영재는 다양한 예술 분야의 영재학생을 총칭하는 용어로서, 편의상 여러 예술 분야의 각기 다른 영재들을 '예술'이라는 공통분모로 묶어 지칭하는 용어일 뿐, '예술영재'라는 어떤 정형화된 실체가 존재하는 것은 아니다. 따라서 음악, 미술, 무용, 전통예술, 대중예술, 문학 등 예술 분야의 하위 영역에 따라 각 분야의 영재들이 보유한 재능상에 적지 않은 차이가 존재한다. 그럼에도 예술 분야의 영재학생들이 타 분야의 영재들과 구별되는 보편적 특성이 있음을 고려해 예술 분야 영재로서 조작적으로 통칭하고 있다. 현재 끊임없이 예술 분야가 연합, 확장, 변형되고 새롭게 탄생하는 만큼 전통적 예술 분야의 기능이 우수한 재능아뿐만 아니라, 뛰어난 예술성을 토대로, 예술적 지식들을 내면화하고 새롭게 발전시켜 나가는 능력, 예술을 찾아가는 능력을 잘 갖춘 창의적 인재를 지칭하는 개념으로 이해할 필요가 있다.

참고문헌

태진미, 이행은, 김인숙, 이정규(2013). 예술영재와 과학영재의 창의성 비교. 창의력교육연구, 13(2), 101-118.

한수연, 호사라, 정진원, 김정희, 장인주, 권용선, 김경대(2006). 예술영재교육과정 연구. 서울: 한국예술영재교육연구원.

예술영재교육

[Gifted Education in Arts]

예술영재교육은 음악, 미술, 무용, 국악, 연극, 뮤지컬, 애니메이션 등 다양한 예술적 영역에서 탁월한 재능을 발휘하거나 잠재성을 보이는 학생들의 재능 계발을 위하여 지속적으로 지원하고 교육의 기회를 제공하는 것을 의미한다. 이는 기능을 위한 교육만이 아닌 창의성 교육과 잠재성 개발을 위한 교육이라고 할 수 있다. 우리나라의 예술영재교육은 2002년 「영재교육진흥법」 시행령이 제정 및 공포된 후부터라고 볼 수 있으며, 지역별로, 학교급별로 확대되고 있다. 또한 창의적인 예술인재 양성을 위하여 예술 내 여러 장르가 만나 융합하여 새로운 장르를 개척하고 있는데 이러한 예술영재교육은 사회·문화적 배경에 영향을 받는다고 볼 수 있다.

참고문헌

이경진, 강병직, 최영숙(2016). 예술영재교육 컨설팅 프로그램 개발 및 적용 연구. 서울: 한국예술영재교육연구원.

한국과학창의재단(2010). 예술영재교육 활성화 방안 연구. 서울: 한국교육개발원.

예술영재 교육과정
[Curriculum for the Gifted in Arts]

교육과정이란 표적 학습 집단에 가장 적합한 교육적 경험을 체계적으로 선정하거나 조직해 놓은 것으로서, 뚜렷한 교육 목표가 설정되고 그 교육 목표를 달성하기 위해 계획되고 의도된 학습 경험의 연속된 과정이다(DeHaan & Havighurst, 1965). 이에 따라 예술영재 교육과정이란 예술영재에게 가장 적합한 교육을 제공하기 위해 교육 목표와 내용이 체계적으로 조직된 연속된 학습 경험의 과정이라고 할 수 있다. 교육 프로그램이 교육과정을 이루는 하나의 단위 개념이라는 점에서 차이를 지닌다.

예술영재에게 적합한 교육과정이 이루어지기 위해서는, 첫째, 예술영재의 빠른 학습 능력을 고려한 속진적인 교육이 가변적으로 운영될 수 있어야 하며, 둘째, 예술영재들의 개별적 특성에 맞춘 개별화된 교육과정이 운영되어야 하며, 셋째, 예술영재들의 비구조적이며 직관적인 특성과 호기심을 함양할 수 있는 실천적인 교육과정이 운영될 필요가 있다.

참고문헌

김정희, 강병직(2011). 미술영재교육학. 서울: 학지사.

한수연, 호사라, 정진원, 김정희, 장인주, 권용선, 김경대(2006). 예술영재교육과정 연구. 서울: 한국예술영재교육연구원.

DeHaan, R. F., & Havighurst, R. J. (1965). *Educating gifted children.* Chicago & London: The University of Chicago Press.

예술영재교육기관
[Institution for the Gifted in Arts]

「영재교육진흥법」(제2조 3항)에 따를 때, 영재교육기관이란 영재학교, 영재학급 및 영재교육원을 말한다. 이에 따를 때, 예술영재교육기관이란 예술영재를 교육하는 예술영재학급 및 예술영재교육원이라고 할 수 있다(예술영재학교의 경우, 미설치로 인해 정의에서 제외함). 예술영재학급은 국가 또는 지방자치단체가 고등학교 과정 이하의 각급 학교에 예술 분야 영재교육을 위해 설치 · 운영하며, 학교 단위의 영재학급과 지역공동 영재학급이 있다. 학교 단위의 예술영재학급은 개별 학교 학생을 대상으로 하여 설치되는 학급으로서 학교장이 설립 주체가 된다. 지역공동 예술영재학급은 관내 한 학교의 장소를 이용하여 여러 학교 학생들을 모집하여 운영하는 방식을 말한다. 예술영재교육원은 시 · 도 교육청, 대학, 국공립 연구소, 정부출연기관 및 예술과 관련 있는 공익법인에 의해 설치 운영되는 기관이다. 예술영재교육기관에는 각급 학교나 교육청에서 운영하는 예술영재학급, 국가나 시 · 도 지자체, 대학, 교육청에서 운영하는 예술영재교육원이 있다. 국립으로 운영되는 예술영재교육원은 한국예술종합학교 부설 예술영재교육원이 있으며, 시 · 도 교육청에서 지정 또는 운영하는 대학 부설 예술영재교육원 및 교육청 예술영재교육원이 있다.

참고문헌

이미경, 강병직(2010). 예술영재교육 활성화 방안 연구. 서울: 한국교육개발원.
영재교육진흥법(2014. 11. 19. 타법 개정).

예술영재교육 담당교원

[the Faculty in Charge of the Education for the Gifted in Arts]

「영재교육진흥법」 및 동법 시행령에 정의된 영재교육 담당교원이란 영재교육기관(영재학급, 영재교육원, 영재학교)에 임용, 파견 또는 겸임되어 영재교육을 담당하는 자'를 의미한다. 「영재교육진흥법」은 제3조 6항(영재교육 담당교원의 임용과 연수), 제12조(교원의 임용 · 보수 등)을 통해, 그리고 「영재교육진흥법 시행령」은 제2조 3항(영재교육 담당교원의 연수에 관한 사항), 제20조 2항(영재교육 담당교원 현황 및 확보계획), 제25조(영재학교 및 영재학급에 두는 교원의 임용), 제26조(영재교육원에 두는 교원의 임용), 제30조(영재교육 담당교원의 근무조건 등), 제31조(영재교육 담당교원의 교육 및 연수)를 통해 영재교육 담당교원에 관한 사항을 다루고 있다. 「영재교육진흥법」 및 동법 시행령의 규정에 따를 때, 예술영재 담당교원이란 '예술영재교육기관(영재학급, 영재교육원)에 임용, 파견 또는 겸임되어 영재교육을 담당하는 자'라고 할 수 있다. 그러므로 예술영재교육 담당교원에는 정규 교사뿐만 아니라 예술가 등 전문가 등으로 구성된 강사를 포함한다.

참고문헌

영재교육진흥법(2014. 11. 19. 타법 개정).
영재교육진흥법시행령(2008. 10. 14. 일부 개정).

예술영재 선별(선발) 도구
[Identification Tools for the Gifted in Arts]

예술영재를 선발하기 위해 활용되는 도구로서 대게 전공 실기 시험, 예술 능력 검사 등이 있다. 음악 분야의 경우 음악적성검사, 창의성검사, 음악실기테스트, 음악성취도검사 등이 활용되며, 미술 분야의 경우, 미술영재행동특성검사, 창의성 검사, 과제수행검사, 미술실기테스트 등이 사용된다. 무용 분야의 경우, 신체검사와 실기능력검사 등이 활용된다.

참고문헌

이미경, 강병직, 조주현, 홍소영(2006). 예술영재교육 대상자 선발 모형 개발 연구(Ⅰ). 서울: 한국예술영재교육연구원.

예술영재 판별
[Identification of the Giftedness in Arts]

예술영재 판별은 예술영재교육을 실시하기 위해 대상자를 평가하는 과정으로서 예술영재성의 정도와 특성을 확인하는 체계적이고 전문적인 절차이다. 예술영재의 판별은 예술영재를 선발하기에 앞서 예술영재성을 확인하는 과정이라고 할 수 있다.

영재성이 이른 나이에서부터 발현되는 예술 분야의 특성을 고려할 때, 예술영재 판별은 조기에 이루어지는 것이 좋으며, 대략 음악은 5~6세경, 미술은 8~9세경, 무용은 10세경을 전후로 하여 영재성을 판별할 수 있다.

예술영재를 판별하기 위해서는 숙련된 예술가의 안목과 세심한 관찰이 필요하며 기초 능력을 평가할 수 있는 표준화된 검사 외에도 교사 · 부모 · 동료 추천서, 전문가의 평가 등의 방법을 활용할 수 있다.

참고문헌

원영실(2011). 예술영재의 관찰 · 추천 판별에 관한 연구. 서울: 한국예술영재교육연구원.

이미경, 강병직, 조주현, 홍소영(2006). 예술영재교육 대상자 선발 모형 개발 연구(Ⅰ). 서울: 한국예술영재교육연구원.

예술적 수정 메뉴
[Artistic Modification Menu]

예술적인 수정 메뉴는 교사의 지식과 경험, 신념, 학생들의 정보, 해석, 논쟁, 편견 등의 다양한 요인에 따라 수업자료를 수정하거나 새롭게 구성하는 것을 의미하며, 학생들로 하여금 지식을 소비하는 것이 아닌 창조하는 역할을 수행하도록 독려하는 역할 담당이 교사라고 설명하고 있다. 특히 구성주의 이론에 기초한 여섯 가지 메뉴인 지식 메뉴, 교수목적과 학생활동 메뉴, 교수책략 메뉴, 교수계열 메뉴, 예술적 수정 메뉴, 교수 산출물 메뉴 등 다중메뉴모델을 통해서 학생들은 지식은 물론 그 방법론에 대한 심층적 이해를 도모하게 되고 이어서 창의적인 산출물 설계를 위한 기초를 마련한다고 보고 있다. 이 중 예술적 수정 메뉴에 대해 렌줄리(Renzulli)는 창의적인 수업을 구성하고 학생들의 흥미와 관심을 유도하는 수업으로 예술적 수정 메뉴를 제안하는 것으로 알려져 있다.

참고문헌

이경진(2014). 예술영재교육원 교육과정 개발 연구. 서울: 한국예술영재교육연구원.

이미순, 조무정(2014). 다중메뉴모델에 기초한 학교현장에서의 STEAM 교육과정 제안. 교육과정연구, 32(1), 77-102.

Renzulli, J. (1977). The enrichment triad. Wethersfield, CT: Creative Learning Press.

오리엔테이션 차원
[Orientation Dimension]

베츠(Betts)의 자율적 학습자 모형의 1단계이다. 이 차원은 영재, 교사, 학교 행정가와 부모에게 영재교육의 주요 개념(예: 영재교육의 본질과 창의성)과 자율적 학습자 모형의 특성(예: 프로그램의 목표, 기회, 기대 등)을 알리는 것을 목적으로 한다. 이 차원에서 영재들은 자기 자신에 대한 이해와 이 프로그램을 통해 본인이 무엇을 얻을 수 있는지에 관하여 배운다. 모든 학생을 위한 정규 교실에서는 영재성의 이해를 강조하는 것이 아니라 다중지능이나 창의성과 관련된 내용으로 수업을 구성한다. 영재들은 다른 영재들과 집단을 형성하고 자기를 이해하는 지속적인 연습을 통해 자신과 타인, 나아가 영재 집단의 특성을 더 잘 이해하게 된다.

참고문헌

원영실(2014). 예술영재교육원 교육과정 개발 연구-전통예술 분야를 중심으로-. 서울: 한국예술영재교육연구원.

완벽주의
[Perfectionism]

완벽주의는 정상적 완벽주의와 신경증적 완벽주의로 구분할 수 있다. 정상적 완벽주의는 자신에게 높은 기준을 세우고 이 기준을 성취하기 위해 노력하며 만족감을 경험하고 자신의 완벽 성향을 긍정적으로 느끼면서 자신을 향상시키려고 노력한다. 신경증적 완벽주의는 비현실적인 높은 기준을 세우고 이에 부합하기 위해 실수를 허용하지 않고 성취욕구보다는 실패에 대한 두려움에 의해 동기화되기 때문에 새로운 일을 시작하기 전에 불안해하는 경향이 있다.

참고문헌

Hamachek, D. E. (1978). Psychodynamics of normal and neurotic perfectionism. *Psychology, 15,* 27-33.

완벽주의 검사
[Perfectionism Inventory(PI)]

힐 등(Hill et al., 2004)에 의해 개발된 PI척도는 여덟 개의 하위 요소, 총 59문항으로 이루어져 있으며, 5점 리커트형 척도로 평정되고 점수가 높을수록 완벽주의 성향 수준이 높다는 것을 의미한다. 이 척도는 위계적인 요인 구조를 가지고 있는데, 성실성 완벽주의(conscientious perfectionism)와 자기평가적 완벽주의(self-evaluative perfectionism)로 구분된다. 성실성 완벽주의에는 조직화, 뛰어나려는 노력, 계획성, 타인에 대한 높은 기준이 포함되어 있고, 자기평가적 완벽주의에는 실수에 대한 염려, 인정 욕구, 반추, 지각된 부모의 압력이 포함되어 있다. 힐 등(2004)의 연구에서 원척도의 내적 합치도는 .83이었으며, 여덟 개 요인의 내적 합치도는 .83~.91로 나타났다.

윤소영과 한기순(2015)은 힐 등(2004)에 의해 개발된 PI 척도의 한국판 타당화를 실시하였다. 영재학생을 대상으로 한 탐색적 요인분석 결과 '높은 성취 추구' '지각된 부모의 압력' '계획성' '뛰어나려는 노력' '타인에 대한 높은 기대' '조직화'의 6요인 구조가 산출되었다. 이는 원척도의 8개 하위 요인 구조를 지지하지 않는 결과이다. 연구 결과 각 하위 요인의 내적 합치도는 .78~.92 사이로 양호한 편이었고, 전체 척도의 내적 합치도 역시 .93으로 신뢰할 만한 결과를 얻을 수 있었다. 측정모형의 적합도는

χ^2=1257.618 (df=792, p=.00), TLI=.903, CFI=.911, RMSEA=.047로 나타나 적합도가 양호한 것으로 확인되었다. 또한 공인타당도를 검증한 결과 다차원적 완벽주의 척도와 비교적 높은 상관관계를 나타내었다. 한국판 PI는 영재학생을 대상으로 하여 영재의 특성과 한국 문화를 반영한 완벽주의의 요인 구조를 확인하여 이를 타당화하였다는 점에서 의의가 있다. 또한 완벽주의 성향이 영재들에게서 나타나는 가장 대표적인 특성 중의 하나임을 고려할 때 PI가 향후 영재들에게 보다 적합하고 타당한 완벽주의 측정 도구로서 활용될 수 있는 가능성을 시사하였다.

참고문헌

윤소영, 한기순(2015). 한국판 PI(Perfectionism Inventory)의 타당화 연구: 영재학생을 대상으로. 영재교육연구, 25(5), 749–765.

Hill, R. W., Huelsman, T. J., Furr, R. M., Kibler, J., Vicente, B. B., & Kennedy, C. (2004). A new measure of perfectionism: The Perfectionism Inventory. *Journal of personality assessment, 82*(1), 80–91.

외적 강화

[Extrinsic Reinforcement]

행동을 촉진하는 자극물인 강화물(reinforcer)을 통해 행동 빈도를 높이는 전략을 의미한다. 교육 상황에서 강화물은 금전적 보상, 높은 점수 등과 같은 이차 강화자(secondary reinforcer)를 통하여 행동을 변화시키려는 전략을 의미한다. 특정한 행동을 하였을 때 칭찬이나 금전적 보상 등과 같은 외적 강화를 처치할 경우 학습자의 외적 동기는 높아지며 학습이 촉진될 수 있다.

참고문헌

Flora, S. R., & Flora, D. B. (1999). Effects of extrinsic reinforcement for reading during childhood on reported reading habits of college students. *The Psychological Record, 49*(1), 3–14.

외적 동기
[Extrinsic Motivation]

행동을 야기하는 심리학적 요인인 동기 중에서 즐거움, 기쁨과 같은 내재 동기와 달리 금전적인 보상, 점수 등과 같이 추구하는 결과물을 얻고자 하는 의지에서 촉발되는 동기이다. 외적 동기는 자율성이라는 관점에서 상당히 다양할 수 있다. 예를 들어, 어떤 행동을 하고자 하는 동기가 그 행동을 하지 않았을 때 야기되는 잠재적인 사건에 대한 두려움, 공포 등에 의하여 행동을 하는 경우가 있으며, 행동을 하였을 때 발생되는 금전적 이득, 보상, 점수와 같은 요소에 의하여 자발적으로 행동을 하는 경우도 있다. 두 사례의 경우 자율성이라는 관점에서는 차이가 있으나 모두 외적 동기라 한다.

참고문헌

Ryan, R. M., & Deci, E. L. (2000). Intrinsic and extrinsic motivations: Classic definitions and new directions. *Contemporary educational psychology, 25*(1), 54-67.

외적 보상
[Extrinsic Reward]

어떤 행동에 대한 반응으로서 금전적 보상, 칭찬, 상장 등과 같이 외부에서 제공되는 보상을 의미한다. 특정 행동을 촉진하는 자극물을 강화물(reinforcer)이라 하는데, 외적 보상도 강화물이 될 수 있다. 교육 상황에서 외적 보상은 좋은 행동을 하였을 때 제공되며 외적 보상에 대한 기대는 외적 강화로 연결될 수 있다. 외적 보상과 달리 만족감이나 기쁨과 같이 내재적으로 생성되는 심리적 요소는 내적 보상이라 하며, 외적 보상의 경우 외적 보상에 대한 가치를 학습해야 되므로 보상을 통한 행동의 변화는 학습과 조건적으로 연합되어 있다.

참고문헌

Wiersma, U. J. (1992). The effects of extrinsic rewards in intrinsic motivation: A meta-analysis. *Journal of Occupational and Organizational Psychology, 65*(2), 101–114.

우수반(honors) 프로그램

[Honors Program]

상대적으로 높은 수준의 학업성취도를 보이는 학생들을 대상으로 특별히 계획된 교육 프로그램이다. 우수한 인재를 유인하고 양성하는 것을 목적으로 다양하게 운영되고 있다. 대부분의 우수반 프로그램은 고등교육을 수행하는 기관에서 특별히 준비된 프로그램으로 우수한 학생들을 선발하여 이루어진다. 교육프로그램은 운영하는 기관의 상황과 교육 목적에 따라 심화학습, 선행학습, 세미나, 도제교육 등 다양하게 운영될 수 있다.

참고문헌

Bastedo, M. N., & Gumport, P. J. (2003). Access to what? Mission differentiation and academic stratification in US public higher education. *Higher Education, 46*(3), 341–359.

우수한 학습자(여섯 가지 영재 유형)

[Excellent Learner(6 Types of Gifted Students)]

베츠와 네이하트(Betts & Neihart, 1988)는 영재를 여섯 가지 유형으로 정리하였다. 첫 번째는 성공적인 유형으로 지능과 학업 성취도는 높으나 창의성과 자율성은 특별히 높지 않은 집단이다. 두 번째는 발산적인 유형으로 창의성과 도전성이 높으나 탈권위적이며 시스템에 순종하지 않는 유형이다. 세 번째는 잠복된 유형으로 또래와의 어울림을 위하여 자신의 영재성을 드러내지 않는 유형이다. 네 번째는 중도 탈락

하는 유형으로 자신의 요구가 학교나 부모로부터 거절되어 존중감이 낮은 유형이다. 다섯 번째는 중복 낙인된 유형으로 신체 및 정서에 장애가 나타나는 유형으로 심리적으로 불안한 유형이다. 여섯 번째는 자율적 학습자 유형으로 지능 및 창의성이 모두 높고 독립심 및 모험심이 강하고 성공 가능성이 높은 유형이다.

참고문헌

Betts, G. T., & Neihart, M. (1988). Profiles of the gifted and talented. *Gifted child quarterly, 32*(2), 248–253.

원격교육
[Distance Education]

지리적으로 멀리 떨어져 있는 학습자와 교사들이 초고속의 멀티미디어 통신망을 연결해서 서로 그들이 필요로 하는 학습 자료를 양방향으로 교환하면서 상호작용적으로 이루어지는 학습을 말한다. 가르치는 곳과 분리된 곳에서 일어나는 학습으로, 의사소통 과정에서 시공간의 분리가 개입하며 비동시적인 의사소통 구조에 기초하여 우편, 테크놀로지와 같은 매개물을 필요로 하는 교육이다. 또한 학생들은 자신의 필요에 맞는 학습을 원하는 시간과 공간에 맞추어 받을 수 있는 교육 환경이다.

참고문헌

강승문, 탁진현, 이재호, 이윤수, 이세훈, 윤경섭, 왕창종(1995). 초고속 정보 통신망에서 원격교육을 위한 개방형 시스템. 한국정보과학회.

김신자(1998). 원격 교육의 코스 설계 요소 연구. 이화여자대학교 교과교육연구소.

최경호, 이재호, 이수정(2001). Web기반 원격교육에서 학습자 분석 시스템의 설계 및 구현. 한국정보교육학회.

한경석, 이재호(2003). 기업구성원의 효율적 원격교육을 위한 연구. 한국인터넷비즈니스학회.

원격 연합 검사
[Remote Associates Test(RAT)]

메드닉(Mednick)은 창의적 사고과정을 연상 요소들로 특정한 조건을 충족시키는 것 또는 유용할 수 있는 어떤 방식의 새로운 조합으로 만드는 것이라고 정의하였다. 그는 또 창의적인 사람일수록 서로 동떨어진 것을 새롭게 결합할 수 있는 능력, 다시 말해 원격 연합을 잘할 것이라고 하였다. 그는 이러한 맥락에서 연상 요소들을 결합하는 창의적인 사고를 측정하기 위해 RAT라는 원격 연합 검사를 1962년에 개발하였다. 이 검사는 총 30개의 문항으로 구성되며, 각 문항은 표면적으로 서로 상관없어 보이는 세 개의 단어를 통하여 세 개 단어들의 연관성을 예상하여 공통적인 단어를 도출하는 것이다. 검사 시간은 40분 정도이다.

참고문헌

한윤영(2012). 통찰문제의 재구조화를 활용한 문제발견 검사로서의 K-RAT 개발 및 타당화. 박사학위논문. 숙명여자대학교.

월반(제도)
[Grade-Skipping]

다른 학생들에 비하여 학문적으로 뛰어난 학생이 자신의 수준에 맞는 상위 학년과 함께 학습을 수행할 수 있도록 특정 학년을 건너뛰는 제도이다. 월반은 속진(acceleration)학습을 가능하게 하는 다양한 방법 중 하나이다. 능력이 같은 학년의 다른 학생에 비하여 뛰어난 경우 학년 배치고사(grade-level placement) 등의 방법을 통하여 능력에 맞는 학년에 배치된다. 월반은 학기의 시작이나 중간에도 이루어질 수 있다. 월반에 관한 주된 연구 주제는 월반한 학생들이 상대적으로 나이가 많은 학생들과 사회적, 심리적으로 안정된 상태에서 학습할 수 있는지에 관한 것이다. 월반을 결정하는 평가에서 널리 활용되는 방법이 Iowa Acceleration Scale이다. 이 스케일은 학교와 부모에 대한 정보, 학생의 IQ, 형제자매의 정보, 월반에 대한 학생의 감정, 학생의 학교에서의 생활과 다양한 능력, 적성, 성취도 등을 포함한다. Iowa Acceleration Scale의 다섯 가지 세부 항목은 (1) 학업 능력, 적성 및 성취도, 업적, (2) 학교 및 학업 요소, (3) 발달적 요소, (4) 대인 관계 기술, (5) 태도 및 지원으로 구분한다.

참고문헌

Colangelo, N., Assouline, S. G., & Gross, M. U. M. (2004). A Nation Deceived: How Schools Hold Back America's Brightest Students, University of Iowa, Volume I.

유동지능
[Fluid Intelligence]

유동지능이란 카텔(Cattell, R., 1905~1998)에 의해 제안되고 그의 제자인 혼(Horn, J. L., 1928~2006)에 의해 발전된 지능 개념으로서, 일반 지능의 2개 유형인 결정체적 지능(crystallized intelligence)과 유동지능(fluid intelligence)의 하나이다. 유동지능은 선천적으로 타고난 능력으로서 문화와 환경의 힘으로는 변화되지 않는 지적 능력이며, 논리를 활용하여 문제를 분석하고 관계성을 확인하는 추론 능력(reasoning)을 말한다. 유동지능은 연령이 높아짐에 따라 점점 감퇴하는 경향을 지니고 과거의 경험이나 학습으로부터의 영향이 적다. 반면 결정체적 지능은 경험, 지식, 기술을 활용하는 지적 능력으로서, 교육이나 경험을 통해 후천적으로 획득되는 지적 능력을 말한다. 결정체적 지능은 장기 기억과 관련성이 높으며 학습과 경험이 많을수록, 지식이 많을수록 높아지는 특성이 있다.

참고문헌

Cattell, R. B. (1971). *Abilities: Their structure, growth, and action*. New York: Houghton Mifflin.

유럽영재교육학회
[European Council for High Ability: ECHA]

ECHA는 대부분의 동부와 서부를 포함한 유럽 국가에서 협력에 대한 압도적인 수요에 의해 1988년도에 생성되었다. ECHA의 주요 목표는 높은 능력에 관심이 있는 사람들-교육자, 연구자, 심리학자, 부모와 영재 자신 사이에 정보의 교환을 촉진하기 위해 공동체 네트워크로서 역할을 하는 것이다. ECHA는 기관회원과 개인회원제가 있다. ECHA는 다음과 같은 활동을 하고 있다.

- 매년 두 번씩 〈ECHA News〉라는 신문을 내고 있다.
- 매년 두 번씩 〈High ability studies〉라는 저널을 발간하고 잇다.
- 영재교육에 종사하는 교사와 전문가를 위한 특별 과정을 개설하여 'ECHA 영재교육 전문가'로서 인정받는 diploma를 수여한다.
- 학술대회를 2년에 한 번씩 유럽 여러 나라에서 개최한다.
- 유럽 재능 지원 네트워크(European Talent Support Network)

2014년 학술회의에서 European Talent Support Network를 구성하고 지원할 것을 결정했다.

학회는 2년마다 다른 곳에서 개최되며 2018년에는 아일랜드의 더블린(Dublin)에서 제16회 유럽영재학회 컨퍼런스가 개최된다.

유의미 학습
[Meaningful Learning]

오수벨(Ausubel, D.)이 제시한 학습이론으로, 학습이란 새로운 정보를 학습자가 선행적으로 알고 있는 것에 관련시킬 때 이루어지는 것을 말한다. 즉, 새로운 지식은 선행 지식과 언어적으로 유의미하게 연결될 때 이루어지는 것으로서, 언어에 의해 학습 내용이 학습자의 인지구조에 포섭되거나(subsumed) 정착(anchoring) 혹은 연결될 때 학습이 일어난다고 보는 이론이다. 이러한 이론은 피아제의 인지발달이론과 도식(scheme) 개념의 영향을 받았다. 오수벨에 따르면 사람들은 발견을 통해서보다는 지식 그 자체에 노출됨으로써 지식을 얻는다고 보았다.

유의미 학습이론은 암기적 학습(rote learning)과 대비되는 학습이론으로서 학습 단편적이고 사실적인 지식 획득에 유리한 암기적 학습과 달리 포괄적이고 이론적인 거대한 지식 체계를 얻고자 할 때 사용되며, 학습자의 인지구조와 유의미하게 연결될 때 학습이 일어난다는 점을 강조한다. 유의미한 학습이 이루어지기 위해서는 먼저 의미 있는 언어 학습을 통한 수용(reception)이 있어야 하며, 그다음으로 개념 형성과 문제해결의 과정에서 의미를 발견하여야 한다. 그리고 의미(meaning)는 수용된 언어와 정신적 문맥(mental context) 사이에 재현적인 일치성이 발생될 때 이루어진다. 이와 같이 언어의 사용과 이해를 중심으로 새로운 지식과 개념 형성을 강조한다는 점에서 유의미 언어 학습(meaningful language learning)이라고도 한다.

참고문헌

Ausubel, D. (1963). *The psychology of meaningful verbal learning*. New York: Grune & Stratton.

Ausubel, D. P. (2000). *The acquisition and retention of knowledge: a cognitive view.* Boston: Kluwer Academic Publishers.

Flok, W. (2010). *Educational psychology* (4th ed.). Toronto: Persin Canada.

Thompson, T. L. (2004). *The Learning Theories of David P. Ausubel: The Importance of Meaningful and Reception Learning.* University of Alaska-Southeast.

유창성
[Fluency]

창의적 사고의 기초적인 요소인 유창성은 제시된 자극이나 문제 상황에서 많은 아이디어나 반응을 생성하는 능력을 의미하며, 양적 평가는 아이디어의 수로 측정된다(예:

'하얗고 차가운 것?'에 대한 반응의 수가 많을수록 유창성이 높다고 평가함).

참고문헌

문정화, 하종덕(2005). 또 하나의 창의성 교육. 서울: 학지사.

Guilford, J. P. (1956). The Structure of Intellect. *Psychological Bulletin, 53*(4), 267-293.

Torrance, E. P. (1998). The Torrance tests of creative thinking norms-technical manual figural(streamlined) forms A & B. Bensenville, IL: Scholastic Testing Service, Inc.

융통성
[Flexibility]

융통성은 제시된 자극이나 문제 상황을 고정적인 사고방식에서 벗어나 다양한 영역의 관점과 범주에서 아이디어나 해결책을 찾아내는 능력이며, 아이디어의 범주 수로 측정된다[예: '하얗고 차가운 것?'에 대한 반응의 범주 수가 다양할수록(음식, 사물, 감정 등) 융통성이 높다고 평가함].

참고문헌

문정화, 하종덕(2005). 또 하나의 창의성 교육. 서울: 학지사.

Guilford, J. P.(1956). The Structure of Intellect. *Psychological Bulletin, 53*(4), 267-293.

Torrance, E. P. (1998). The Torrance tests of creative thinking norms-technical manual figural(streamlined) forms A & B. Bensenville, IL: Scholastic Testing Service, Inc.

융합
[Canvergence]

융합이란 단어의 정의는 『표준국어대사전』에 따르면 "다른 종류의 것이 녹아서 서로 구별이 없게 하나로 합하여지거나 그렇게 만듦."이라고 되어 있고, 『고려대 한국어대사전』에서는 (1) 둘 이상의 사물을 서로 섞거나 조화시켜 하나로 합함, (2) [생물] 섬모류 이하의 원생동물에서, 두 개체가 합쳐 하나의 개체가 되는 현상. 유의어 합체(合體), (3) [심리] 둘 이상의 요소가 합쳐져 하나의 통일된 감각을 일으키는 일. 정신분석에서는 생(生)의 본능과 죽음의 본능을 동시에 만족시키려는 충동을 이른다.

여러 융합의 의미 중에서 학문의 융합을 설명하기 위한 사전적 의미는 "다른 종류의 학제(學制, discipline)에 기반을 둔 학문이 하나로 합하여지거나 그렇게 만듦."이라고 정의할 수 있다. 지금 사용하고 있는 '융합' 키워드는 일종의 대표어이자 레토릭이다. 한때 '통섭(統攝, consilience)'을 일부 대체하며 부상한 개념이다. 통섭이란 용어는 원래 자연과학과 인문학 사이의 '넘나듦'과 '두루 통합'을 뜻하는 말이며(Wilson, 2005; 최재천, 주일우, 2007), 특별히 신생 학문의 등장을 전제하거나 규범화하고 있는 것은 아니다(홍성욱 외, 2013).

참고문헌

최재천, 주일우(2007). 지식의 통섭. 서울: 이음.

홍성욱 외 10인(2013). 융합이란 무엇인가?. 서울: 사이언스북스.

Wilson, E. O. (1998). 통섭. 최재천, 장대익 역(2006). 서울: 사이언스북스.

네이버 국어 사전 http://krdic.naver.com/search.nhn?query=%EC%9C%B5%ED%95%A9&kind=all에서 발췌

다음 국어 사전 http://dic.daum.net/word/view.do?wordid=kkw000200739&supid=kku000254848에서 발췌

융합영재교육
[Convergence Gifted Education]

영재교육에서 융합인재교육을 적용한 것으로 영역 간 소통능력을 강조하는 영재교육 방법이다. 특정 영역에 대한 전문성보다 영역 간 소통이 가능한 전인적, 자율적이며, 다양한 경험을 통한 융합적 문제를 해결할 수 있는 영재를 양성하는 교육이다. 특

정 교과에 편중하지 않고 영재의 잠재성, 지적 호기심, 흥미를 이끌어 주는 수업을 통해 이루어진다.

참고문헌

서보경, 맹희주(2016). 중등 영재 지도교사들의 융합인재교육(STEAM)과 융합영재교육에 대한 인식. 영재교육연구, 26(1), 53-76.

융합인재교육
[STEAM Education]

문제해결을 위하여 다양한 분야의 지식을 통합하여 활용할 수 있거나, 학문의 경계를 넘어 다른 분야의 전문가와 의사소통할 수 있는 융합형 인재를 양성하기 위한 교육 방법이다. 과학 · 기술의 복잡성이 증가하면서 단일 분야의 지식으로는 해결할 수 없는 문제들이 출현하면서 단편적인 지식을 이해하고 문제에 활용하기보다 다양한 분야의 지식을 통합하여 문제를 해결할 수 있는 인재를 양성하는 것이 주된 목표이다.

참고문헌

서보경, 맹희주(2016). 중등 영재 지도교사들의 융합인재교육(STEAM)과 융합영재교육에 대한 인식. 영재교육연구, 26(1), 53-76.

음악영재
[the Gifted in Music]

「영재교육진흥법」(2000)의 정의에 따르면 음악영재란 "음악적 재능이 뛰어난 사람으로서 타고난 잠재력을 계발하기 위해 특별한 교육이 필요한 자"라고 할 수 있다. 한편 음악적 잠재력을 가진 자 중에는 그 잠재력이 충분히 계발되어 가시적으로 음악적

성취를 이룬 사람과 구체적인 음악적 성취를 아직 이루지는 못했으나, 우수한 음악적 잠재력을 보유한 미성취 상태의 사람이 있다.

일반적으로 높은 음악적 성취에 필요한 능력(ability)으로는 음의 지각력과 분별력, 메타인지, 창의적인 해석 능력, 연주활동, 음악활동에의 열정과 높은 동기 외에도 일반적 재능(예, 기초학습능력)의 조화가 필요한 것으로 보고되고 있다. 따라서 우수한 '음악성'과 더불어 새로운 음악적 해석과 연주, 창작을 성공적으로 수행하기 위한 '창의성'과 '정의적 특성'을 보유한 사람을 지칭하는 용어로 이해할 필요가 있다.

참고문헌

이미경, 강병직, 조수현, 홍소영, 윤영길, 홍은정(2006). **예술영재교육 대상자 선발모형 개발 연구(I)**. 서울: 한국예술영재교육연구원.

박은경(2015). 국내 음악영재교육 운영실태(2002-2015) 및 발전방안 연구. 이화여자대학교 대학원 박사학위 청구논문.

태진미(2006). **음악영재**. 인천: 도서출판 예종.

음악영재 선별 교사관찰정보지

[The Observation Scale for Teachers of the Gifted in Music]

음악영재 선별 교사관찰정보지는 사교육의 영향을 받는 실기 중심의 주관적 판별로부터 탈피하여 음악영재에게 내재되어 있는 잠재성과 창의성, 동기적 측면을 객관적으로 판별하기 위해 만든 음악영재 선별을 위한 양적 검사도구이다.

참고문헌

원영실(2013). 음악(국악) 영재성 선별을 위한 교사관찰정보지(OSTG)의 구인타당화. **영재교육연구**, 23(1), 1-24.

음악영재 선별 부모관찰정보지
[The Observation Scale for Parents of the Gifted in Music]

음악영재 선별 부모관찰정보지는 실기 기량과 평가자의 주관성에 중심을 둔 기존 판별의 문제점을 지양하고, 잠재성과 창의성에 초점을 둔 판별을 지향하고자 만든 객관적인 검사도구이다. 조기에 발현되는 영재성을 발견하고 이를 지속적으로 관찰할 수 있는 부모의 타당하고 신뢰할 수 있는 도구가 필요하다는 인식에 따라 작성되었다고 볼 수 있다.

참고문헌

원영실(2012). 음악(국악) 영재성 선별을 위한 부모관찰정보지(OSPG)의 구인타당화. 영재교육연구, 22(1), 61-85.

음악적성검사
[Music Aptitude Test]

음악적성검사의 목적은 학생들의 잠재적 음악성취 능력을 미리 측정하여 음악교육을 효과적으로 하는 데 있으며, 이 검사를 통해 학생들의 적성과 능력을 바르게 측정하여 개인의 능력에 따라 교육하는 것이 목적이다. 고든(Gordon)은 음악적성(music aptitude)을 '음악을 배울 수 있는 잠재력(potential to learn music)'이라고 정의하고 있으며, 음악적성(music aptitude)의 다양한 용어로 음악적 능력(musical ability), 음악적 감수성(musical sensitivity), 음악성(musicianship 또는 musicality), 음악적 재능(musical talent), 소질 등의 의미로 표현되고 있다. 한편 음악적성은 선천적인 음악 소질뿐만이 아닌 학습이나 교육 등 후천적 경험을 통해 형성된 음악성취도까지도 포함하는 개념이다.

참고문헌

현경실(2006). 한국음악적성검사(KMAT)의 공인타당도 연구. 이화음악논집, 10(2), 243-263.

음악적 지능
[Musical Intelligence]

가드너(Gardner, H.)는 그의 다중지능이론(multiple intelligence)에서 여러 지능 중의 하나를 '음악적 지능'이라고 하였다. 하우투니안(Haroutounian)은 음악적 지능은 지속적인 음악적 자극과 경험, 다양한 음악활동을 통해서 드러나며 학습과 훈련을 통해서 보다 높은 수준의 음악적 사고와 표현을 가능하게 하는 핵심능력으로 설명하고 있다. 이처럼 음악적 지능은 소리의 경험을 통해서 음악 개념을 이해하고 음악을 구성하며 조직하는 원리, 음악 이해의 범위를 확장할 수 있는 능력 등을 뜻하며, 음악적 구조에 대한 감수성(sensitivity), 음색, 리듬, 음률 등을 분명하게 구별할 수 있고 가창, 기악, 감상, 창작 등 여러 가지 음악적 활동을 즐기는 것으로 알려져 있다.

참고문헌

김영연, 오주일(2004). 유아의 음악영재성에 대한 고찰. 유아교육연구, 24(3), 189-209.
신혜경, 정진원(2012). 음악영재 교육을 위한 음악 창의성 프로그램의 개발. 음악교육연구, 41(1), 25-47.
Haroutounian, J. (2002). *Kindling the spark.* Oxford: Oxford University Press.

의미기억
[Semantic Memory]

장기기억의 한 유형으로 '지식을 기억'하는 것이다. 기억은 여러 종류가 있다. 그중 30초에서 수분 내에 사라져 버리는 기억을 단기기억(short-term memory)이라 하고, 오랜 시간 지속되는 기억을 장기기억(long-term memory)이라 한다. 장기기억은 기억의 특성에 따라 다시 서술기억(declarative memory)과 절차기억(procedural memory)으로 나뉜다. 서술기억은 개인적으로 떠올릴 수 있는 의식적인 기억으로 단어를 외우거나 계산하는 법을 기억하는 것인 데 비해, 절차기억은 무의식적으로 반응하게 만드는 기억으로 자전거 타기나 수영하는 법을 기억하는 것이다. 서술기억은 쉽게 형성되고 쉽게 잊어버리는 데 비해, 절차기억은 일단 기억하게 되면 오랫동안 잊어버리지 않는다.

서술기억은 다시 각자가 겪은 경험을 주관적으로 기억하는 '일화기억(episodic memory)'과 객관적으로 알려진 지식을 기억하는 '의미기억(semantic memory)'으로 구분된다. 일화기억은 본인이 과거에 겪은 사건이나 과거에 만난 사람, 과거에 가 본 장소를 기억하는 것이다. 의미기억은 사람이나 동물의 이름, 사물의 명칭, 각국의 수도, 역사적 사건, 숫자, 계산법 등 누구나 인정하는 객관적인 개념이나 지식을 기억하는 것이다. 예를 들어 '한글을 창제한 왕은 세종대왕' '대한민국의 수도는 서울' '미국의 수도는 워싱턴' '3 더하기 3은 6' '정사각형은 가로와 세로 길이가 같은 네모 도형'이라고 기억하는 것이다.

의사결정
[Decision Making]

의사결정(意思決定)은 여러 대안 중에서 하나의 행동을 고르는 일을 해내는 정신적 지각활동이다. 모든 의사결정의 과정은 하나의 최종적 선택을 가지게 되며 이 선택의 결과로 어떤 행동 또는 선택에 대한 의견이 나오게 된다. 정보처리 관점에서 의사결정은 정보와 반응 사이의 다 대 일 대응으로 나타난다고 볼 수 있다. 즉, 대개 많은 정보를 지각하고 평가하여 하나의 선택을 하는 것이다.

심리학적 관점에서는 개별 의사결정들이 어떤 개인의 필요, 선호에 의해 가치를 갖는 상황 안에서 내려지게 되는지를 연구한다. 한편 인지심리학적 관점에서 의사결정 과정은 환경과 계속적으로 상호작용을 일으키는 가운데에서 행해지는 연속적인 과정으로 보아야 한다. 그러나 다른 차원에서 의사결정은 만족할 만한 해결책이 나올 때까지 수행해야 할 문제해결 활동으로 여긴다. 그러므로 의사결정은 이성적이거나 비이성적일 수 있으며 어떤 분명한 혹은 불분명한 가정에 기반을 둔 논리적 이유나 감성적 이유에 의해 내려지는 결정이다.

모든 과학연구에서 의사결정은 반드시 주어진 정보와 지식에 기초하여 결정하여야 하는 논리적 의사결정이어야 한다. 하지만 예를 들어 의학적 결정을 위해서 진단과 처방을 통해 의사결정을 하는 경우 대단히 시간에 쫓기고, 위험도가 높으며 불확실성이 크다. 따라서 최적의 의사결정을 내리는 것이 쉽지 않으며 불확실한 가운데에서도 최적의 의사결정을 위한 여러 가지 방법이 의사결정분석을 통해 이루어져야 한다.

참고문헌

위키백과

의사소통능력

[Communication Competence]

의사소통능력은 언어학, 특히 사회언어학에서 많이 언급되는 개념으로 모어화자가 제2언어(L2)를 학습할 때 필요로 하는 언어능력을 지칭한다. 학습자가 문법을 이해하고 응용할 수 있는 능력뿐 아니라 잘못된 발화를 수정하고 어떻게 적절한 발화를 할 수 있는지 판단할 수 있는 능력까지를 포함한다. 라일 바하만(1990)은 의사소통 능력을 조직능력(organizational competence)과 활용능력(pragmatic competence)으로 다시 나누었다. 조직능력은 문법적인 것뿐 아니라 담화적인 것까지를 포함하는 재구성 능력을 의미하고, 활용능력은 사회언어적인 면을 의미한다. 예전에는 문법적 능력이 더 중요했으나 언어교육의 역할이 커질수록 의사소통 능력은 언어교육의 최종 목표로 간주되고 있다. 이런 변화는 화용론과 언어철학이 발전되면서 점차 강화되고 있는 추세이다.

참고문헌

위키백과

이란성 쌍생아 연구
[Dizygotic Twin Study or Fraternay]

이란성은 모체에서 2개의 난자가 각각 별도의 정자를 만나서 태어나기 때문에 유전적 비율 혹은 바탕은 형제자매와 동일하다. 이론적으로 이란성 및 형제자매는 유전적으로 50% 정도가 동일하다. 후천적 환경은 두 가지로 구분할 수 있는데, 즉 동일한 환경 경험과 개인별 독특한 환경 경험이 있다. 부모의 양육방식은 형제자매에게 동일한 환경 경험을 했을 것이라고 가정하고, 가정 이외의 환경이나 양자로 가서 다른 부모의 양육을 받았다면 독특한 환경을 경험했을 것이라고 가정할 수 있다.

참고문헌

Jinks, J. L., & Fulker, D. W. (1970). A comparison of the biometrical-genetical, MAVA and classical approaches to the analysis of human behavior. *Psychological Bulletin, 73,* 311–349.

이스라엘 영재교육
[Gifted Education in Israel]

이스라엘에서 영재교육은 국가의 최우선 과제이며 이에 따라 영재아 개발을 위한 특수 프로그램도 다양하다. 이스라엘 국민의 강한 평등주의적 교육철학 때문에 영재를 위한 특별한 교육 형태가 제공되지 않다가, 테크니온(Israel Institue of Technology, Haifa)과 텔아비브 대학의 수학과와 같은 고등교육기관에서 영재들이 처음으로 심화 프로그램과 함께 개인적인 지도를 받게 되었다. 이후 1970~1971년에 문교부는 영재를 위한 미래정책을 세우는 위원회를 설립하였다. 이 위원회는 영재를 위한 교육프로그램을 개발할 수 있도록 고등교육기관에 재정적 지원을 추천하였고 문교부 산하에 영재교육과를 설립할 것을 제안하였다. 이후 1978년 10월 영재 및 과학청소년부(The Department for Gifted Children and Science Oriented Youth)를 설치하였다. 1988년

10월, 이스라엘 문교부는 영재교육을 진작시키기 위한 가능한 방향을 모색하려고 집행기구를 조직하였다. 이후 텔아비브와 하이파에 25명으로 구성된 영재학급이 일반 학교 내에 실험적으로 개설되었고, 다양한 형태의 교육제도를 통해 20,000여 명의 영재들에게 프로그램을 제공해 왔다. 영재교육 프로그램의 운영은 영재교육과의 임원들이 주축이 되어 학교 고문, 장학사, 지역교육장, 그리고 문교부 영재교육과장의 협력하에 이루어진다. 나아가서 영재교육과의 지방 교육청, 대학교, 이스라엘 국내외에 있는 고등교육기관 및 전문가들과 함께 심화 프로그램을 조정한다. 이스라엘의 영재교육을 실시하는 영재교육기관의 형태는 1993년에 11개 유형의 영재교육기관이 존재하였고, 1998년 이후에는 이 중 네 가지 유형(방과 후 심화학습 영재교육센터, 주중 1일 영재교육센터, 일반 학교 내의 영재학습, 영재학교)만 남았다.

이스라엘의 교육과정의 특징은 간학문적 접근방법을 그 어느 나라보다 많이 강조하며 심화학습 프로그램이 영재교육의 주를 이룬다. 음악, 미술, 자연, 환경, 과학 등의 특정 분야에서 뛰어난 학생들을 위한 영재교육 프로그램은 다양하다. 3~9학년의 영재를 위한 교육 프로그램은 주로 심화학습 프로그램으로 주로 일반 학교의 교육 내용을 보다 심화시킨 것이며 정규 교육과정에서는 다루지 않은 주제를 다루는 것이 특징이다. 과학영재를 위한 심화학습 프로그램은 예술 분야와 접목하여 운영하는 심화학습 프로그램과 과학만을 다루는 프로그램으로 나뉠 수 있다. 이스라엘의 다양한 영재교육 프로그램이나 기관 중 가장 대표적인 것으로 이스라엘 예술과학고등학교(Israel Arts and Science Academy)를 들 수 있다. 이 학교 학생들은 생물학, 화학, 컴퓨터 과학, 수학, 음악, 물리학 또는 시각 예술의 일곱 가지 영역 중 하나를 선택하여 전공한다. 간학문적 프로그램은 이 학교의 모든 학생이 만나는 중심점이 되며, 그것은 인간성을 신장하는 기본이 된다. 이 학교 외에도 이스라엘에는 오펙 스쿨(Ofek School: 주 1일 영재교육센터), 이갈 알론 스쿨(Yigal Alon School)의 특별 학급, 텔아비브 대학 부설 청소년 과학예술 영재교육센터(The Young Person's Institute for the Promotion of Art and Science), 와이즈만 과학연구소(Weizmann Institute of Science), 텔아비브 대학교 부설 과학기술고등학교(The High School for Sciences and Technology at Tel-Aviv Universtity) 등의 영재교육기관이 있다.

참고문헌

구자억, 안미숙, 김홍원, 이순주, 박성익, 조석희(2002). 동서양 주요국가들의 영재교육. 서울: 문음사.

이중 등록

[Dual Enrollment]

영재에 대한 속진(acceleration)교육 방법 중 하나이다. 고등학교에 재학 중인 영재가 뛰어난 성취를 보이는 과목에 대해 지역 대학에서 수강할 수 있도록 한 뒤, 대학 입학 후 학점을 인정해 주는 것이 대표적인 예이다. 이중 등록은 학생이 수준에 맞는 수업을 수강함으로써 학습 동기를 높일 수 있고, 자신에게 적합한 교육을 받을 수 있다. 추후 학점 인정을 통해 대학 졸업 후 대학원 진학의 수월성을 높임으로써 교육의 효율성을 높이는 기능도 한다. 또한 이중 등록은 영재학교나 영재교육원에 입학하지 않고도, 영재들에게 적합한 교육을 제공할 수 있는 교육 시스템의 일환으로 기능한다는 점에서 효율성을 기대할 수 있다.

참고문헌

조벽(2004). 차세대 성장동력과 영재/창의력교육 무엇이 문제인가. 코리아 리더스 포럼, 6, 17.

Burns, H., & Lewis, B. (2000). Dual-enrolled students' perception of the effect of classroom environment on educational experience. *The Qualitative Report, 4(1)*, 1–10.

Hoffman, N., Vargas, J., & Santos, J. (2009). New directions for dual enrollment: Creating stronger pathways from high school through college. *New Directions for Community Colleges, 2009*(145), 43–58.

이중특수아

[the Twice-Exceptional Gifted]

영재성과 장애를 동시에 가진 아동을 일컫는다. 보통 아동의 경우에는 지적 수준과 정신적 수준이 근접한 범위 내에서 고루 발달하는데, 이중특수아는 그 수준이 큰 편차를 보이는 범위로 발달한다. 이중특수아의 예로는 지적 수준은 보통 아이들보다 매우 높아서 영재성을 보이는 데 비해 정서적 수준은 보통 아이들보다 매우 낮은 아동, 영재아인데 자폐성을 동반하거나 학습장애나 언어장애를 동반하는 아동, 영재아인데 신체적 장애를 동반하는 아동을 들 수 있다.

이중특수아를 위해서는 각자의 특성과 필요에 맞춘 '개별화 수업 플랜'(Individual Education Plan: IEP)을 작성하여 개별화 수업을 실행한다. 예를 들어, 언어적 지능이 뛰어나지만 신체적 장애를 가져 글을 쓸 수 없는 아동의 경우 특수 장비를 동원해서 자신이 생각하는 내용을 글로 옮길 수 있게 해 준다거나, 좋은 생각이 많아도 구강 장애로 발음을 제대로 못 하는 아동의 경우 언어치료사와 관련 장비의 도움을 받아 말을 할 수 있도록 IEP를 작성하고 실행한다.

인간친화지능

[Interpersonal Intelligence]

하워드 가드너(Howard Gardner)가 제시한 다중지능이론에서 말하는 인간의 지능 중 하나로서 대인지능이라고도 한다. 다른 사람들의 감정, 신념, 의도 등을 인식하거나 구별할 수 있으며, 대인관계에서 생기는 문제를 해결하고 사람들을 동기화할 수 있는 능력을 말한다. 인간친화지능이 높은 대표적인 집단으로는 치료사, 상담가, 정치가 등이 있다.

참고문헌

Gardner, H. (1983). *Frames of Mind: The theory of Multiple Intelligences.* NY: Basic

Books.

Gardner, H. (1999). *Intelligence reframed: Multiple Intelligences for the 21st*. NY: Basic Books.

인성
[Personality]

한 인간의 발달과정에서 수많은 요인들의 영향을 받아서 나타나는 개인차를 의미한다. 이때 발달과정에서 주변 환경에 의하여 영향을 받는 것으로는 가치, 태도, 개인의 독특한 경험, 사회적 관계, 습관 기술 등이 있다. 이런 수많은 요인이 서로 상호작용하여서 개인마다 중요하게 여기는 것이 다르게 되면서 개인의 행동, 사고, 태도를 형성하게 된다.

참고문헌

McAdams, D. P., & Olson, B. D. (2010). Personality Development: Continuity and Change Over the Life Course. *Annual Review of Psychology, 61*: 517–42.

인지발달 단계
[Cognitive Development Stages]

출생 후에 나이가 들어가는 중에 개인의 신체 및 신경발달과 외부 환경 간의 상호작용으로 인하여 지적 능력이 변화하는 과정을 의미한다. 지적 능력을 다른 말로 인지능력이라고도 하는데, 인지능력은 두뇌의 신경세포와 외부 자극에 의하여 변화되며 발달한다. 현대에 많은 연구자들은 인지발달 단계를 피아제(Piaget)의 인지발달이론으로 이해하는 경향이 있다. 피아제는 인간의 인지발달은 처음에는 행위(action)와 지각(perception)에 따라서 변화하다가 점차 관찰을 통하여 배우고 청소년기가 되면 최종적으로 추론 과정으로 세상의 여러 사건을 이해하게 된다고 하였다. 피아제가 제시한 인지발달 단계는 감각운동기(sensorimotor), 전조작기(preoperational), 구체적 조작기(concrete operational), 형식적 조작기(formal operational period)이다.

참고문헌

Schacter, D. L. (2009). *PSYCHOLOGY*. Catherine Woods. pp. 429–430.

인지양식
[Cognitive Style]

인지양식은 개인이 정보를 처리하고 조직화하는 인지과정 접근방식의 일관된 특성이다. 라이딩(Riding, 1997)은 인지양식을 전체적(wholist)–분석적(analytic), 언어적(verbal)–심상적(imagery)으로 구분하였다. 전체적 인지양식은 원리로부터 사례들을 살펴보는 특성이며, 분석적 인지양식은 세부 내용과 절차에 중점을 두어 전체적인 개념화를 구성하는 귀납법적인 스타일이다. 그리고 언어적 인지양식은 쓰기, 듣기, 읽기 등과 같은 언어로 학습하는 것을 선호하고, 심상적 인지양식은 그림, 도표 등의 시각적인 정보를 선호하는 특성을 지니고 있다.

참고문헌

Riding, R. J. (1997). On the nature of cognitive style. *Educational psychology, 17*(1–2), 29–49.

인지적 조합 요인
[Co-cognitive Factors]

인지적 조합 요인은 영재 행동의 근간이 되는 요소들을 의미하며, 사회적 자본

(social capital)의 향상을 위해 영재성을 지닌 학생들의 역량을 촉진할 수 있는 방법을 설명한다. 이는 렌줄리(Renzulli)의 영재의 세 고리 모형(three-ring conception of giftedness)의 배경이 되는 개념으로, 영재성에 대한 개인적 특성과 환경적 특성 사이의 상호작용으로 영재성을 발현하고자 하는 것이다. 인지적 조합 요인에는 낙관주의(optimism), 용기(courage), 주제 혹은 학문 분야에 대한 애정(romance with a topic or discipline), 인간 관심사에 대한 민감성(sensitivity to human concerns), 신체 및 정신적 에너지(physical and mental energy), 비전과 운명지각(vision and a sense of destiny)이 있으며, 이 여섯 가지 요인들은 서로 상호작용한다. 낙관주의는 인지, 성향, 동기적 요인을 포함하는 것으로 미래에 긍정적인 결과가 있을 것이라는 믿음이다. 즉, 희망과 어려운 과제에 대한 긍정적인 태도를 말한다. 용기는 어려움 혹은 위기에 직면했을 때 이를 극복할 수 있는 능력으로, 사회적 자본을 향상시킨 창의적인 사람들의 두드러진 특징 중 하나이다. 주제 혹은 학문 분야에 대한 애정은 개인이 가진 어떤 주제나 학문에 대한 열정을 뜻하며, 이는 오랜 기간 과제에 대한 헌신을 가능하게 하는 동기가 된다. 인간 관심사에 대한 민감성은 타인의 정서를 이해하는 능력으로, 이해한 내용을 행동으로 정확하고 섬세하게 나타낼 수 있으며, 이타주의와 공감의 특성으로 대표된다. 신체 및 정신적 에너지는 자신이 하고자 하는 바를 이루기 위해서 기꺼이 투자할 수 있는 에너지의 양으로, 이는 과제에 대한 집착의 주요 요인이며, 호기심과 카리스마로 대표된다. 비전과 운명지각은 정의하기 복잡하고 어려운 것으로, 개인 내적 통제(internal locus of control), 동기(motivation), 의지력(volition), 자기효능감(self-efficacy)으로 대표된다. 즉, 개인이 미래의 행동과 투자 등을 계획하는 데 있어 자신의 행동의 방향을 설정하는 것이다(Renzulli, Koehler, & Fogarty, 2006). 이러한 인지적 조합 요인은 사회적 자본의 형성 및 증대에 영향을 주고, 개인 행복과 함께 개인의 잠재력 계발에도 영향을 미치므로, 영재아들의 능력 계발과 동시에 사회를 바람직한 방향으로 이끌어 갈 리더의 능력을 갖추도록 도와줄 수 있다.

참고문헌

Renzulli, J. S. (2002). Expanding the conception of giftedness to include co-cognitive traits and to promote social capital. *Phi delta kappan, 84*(1), 33−40, 57−58.

Renzulli, J., Koehler, J., & Fogarty, E. (2006). Operation houndstooth intervention theory: Social capital in today's schools. *Gifted child today, 29*(1), 15–24.

Sytsma, R. E. (2003). *Co-cognitive factors and socially-constructive giftedness: Distribution, abundance, and relevance among high school students.* Unpublished doctoral dissertation, University of Connecticut, Storrs.

인지전략
[Cognitive Strategies]

인지전략은 시연(rehearsal), 정교화(elaboration), 조직적 전략(organizational strategies)으로 나뉘며, 이는 교실에서의 학업적 수행과 연관된 주요한 인지전략이다. 시연 전략은 배운 내용을 반복해서 암송하고 외우는 것이며, 정교화 전략은 이전에 학습한 내용을 요약하거나 다른 말로 대체하는 것, 유추적으로 생각하는 것, 생산적인 노트 필기, 질문하고 답하기 등과 같은 것이다. 조직적 전략은 문맥에서 주요한 내용을 선택하는 것, 학습한 문장 혹은 정보의 개요를 짜는 것, 주요한 생각들의 네트워크 혹은 지도를 그려보는 것과 같은 생각을 조직화하는 행동 등을 포함한다.

참고문헌

Pintrich, P. R. (1989). The dynamic interplay of student motivation and cognition in the college classroom. In C. Ames & M. L. Maehr (Eds.), *Advances in motivation and achievement: Motivation-enhancing environments*(Vol. 6, pp. 117–160). Greenwich, CT: JAI Press.

Weinstein, C., & Mayer, R. (1986). The teaching of learning strategies. In M. Wittrock (Ed.), *Handbook of research on teaching and learning*(pp. 315–327). New York: Macmillan.

일란성 쌍생아 연구
[Monozygotic Twin Study or Identical Twin Study]

인간의 지능 및 성격, 행동특성 등에 영향을 미치는 유전적 요인을 밝히기 위한 연구방법이다. 일란성이란 모체로부터의 난자 한 개에서 유래되었음을 의미하는데, 수정된 한 개의 난자가 일차세포 분열 후에 각자 태아로 성장하기 때문에 둘 간에 100% 동일한 염색체를 갖게 된다. 그럼으로 일정한 성장 시점에 두 명 간에 지능, 성격, 행동 검사 등에 차이가 있다면 그 차이의 정도는 전적으로 후천적 환경의 영향이라고 결론내릴 수 있다는 가정하에 행하는 연구방법이다.

참고문헌

Plomin, R., DeFries, J. C., Knopik, V. S., & Neiderhiser, J. M. (2014). *Behavioral Genetics*(6th ed.). New York, NY: Worth Publisher.

ㅈ

자기(아)효능감

[Self-Efficacy]

어떠한 목표를 성취하고자 할 때, 이와 관련하여 스스로 평가한 자신의 능력을 의미한다. 즉, 성공할 수 있는 능력을 가졌는지에 대한 스스로의 확신이라 할 수 있다. 이와 관련하여 밴듀라(Albert Bandura)는 자기효능감이 높은 사람은 어려운 과제가 주어졌을 때, 실패에 대한 두려움으로 회피하기보다는 숙달하는 데 목표를 두는 경향이 있다고 하였다. 이는 과제해결에 대한 자신의 능력을 신뢰하는 데서 오는 것이므로 자아존중감과도 밀접한 연관이 있다. 한편, 자기효능감이 낮은 사람은 실패에 대한 원인을 자신의 능력이나 노력 부족과 같은 내적 귀인에서 찾고, 성공은 운이나 쉬운 난이도 등의 외부 귀인으로 돌려 생각하는 경향이 높다. 이로 인해 자기효능감이 낮은 사람은 그렇지 않은 사람에 비해 더 쉽게 포기하고 더 많이 낙담하여 결과적으로 더 낮은 성취를 보이게 된다. 따라서 자기효능감은 특정한 과제를 완료하고 목표를 성취하는 데 중요한 요인인 동시에, 성취 결과를 측정하는 핵심 기준으로 활용할 수 있다.

참고문헌

한국심리학회(2014). 심리학 용어사전. 한국심리학회.

Bandura, A. (1982). Self-efficacy mechanism in human agency. *American Psychologist, 37*(2), 122–147.

자기성찰지능
[Intrapersonal Intelligence]

하워드 가드너(Howard Gardner)가 제시한 다중지능이론에서 말하는 인간의 지능 중 하나로서 자기 자신의 감정을 구별하고 자신의 능력을 인정하고 자신과 관련된 문제를 잘 풀어내는 능력을 말한다. 가드너는 사람들이 자신에 대한 정확한 정신적인 모델을 형성하거나 삶에서 합리적인 결정을 내릴 때, 이 지능이 중요한 역할을 한다고 하였다. 이 지능은 개인으로 하여금 자신의 능력을 알 수 있게 해 주고 그러한 능력을 어떻게 잘 사용할 수 있는지를 인식할 수 있게 한다. 자기성찰지능이 높은 대표적인 집단으로는 종교 지도자, 철학가, 정치가 등이 있다.

참고문헌

Gardner, H. (1983). *Frames of Mind: The theory of Multiple Intelligences.* NY: Basic Books.

Gardner, H. (1999). *Intelligence reframed: Multiple Intelligences for the 21st.* NY: Basic Books.

자기조절
[Self-Regulation]

자신이 정한 목표에 도달하기 위해 사고, 행동 및 감정 등을 스스로 조절하는 심리적이고 행동적인 통제력이다. 자기조절의 개념은 밴듀라(Albert Bandura)가 자기 관찰, 자기 판단, 자가 반응의 3단계 과정으로 설명하면서 발전되어 왔으며, 이후 셩크(Dale Schunk), 짐머만(Barry Zimmerman), 바우마이스터(Roy Baumeister) 등의 여러 학자에 의해 연구되어 왔다. 특히 자기조절이론에 가장 큰 영향을 미친 사회심리학자 바우마이스터는 자아 고갈(ego depletion)이라는 개념을 통해 한정된 능력 안에서 자기조절이 가능하다고 주장했다. 그가 밝힌 자기조절의 네 가지 요소는 바람직한 행동의 기준, 그 기준에 도달하기 위한 동기, 기준에 어긋나는 상황과 생각을 위한 감시, 자기통제를 위한 내적인 의지이다. 자기통제를 위해서는 위의 네 가지 요소들이 상호작용하는 복잡하고 다면적인 과정이 필요하다.

참고문헌

Bandura, A. (1991). Social Cognitive Theory of Self-Regulation. *Organization Behavior and Human Decision Processes, 50*, 248−287.

Baumeister, R. F. (1998). The self. In D. T. Gilbert, S. T. Fiske, & G. Lindzey (Eds.), *Handbook of Social Psychology*(4th ed.), pp. 680−740. New York: McGraw−Hill Press.

자기조절 학습전략

[Self-Regulated Learning Strategy]

학습자가 자신이 가진 학습 요구를 파악하고 목표를 성취하기 위하여 자신의 학습 활동을 스스로 통제하고 평가하고 점검하기 위하여 사용하는 전략이다. 자기조절 학습전략은 학습자가 자신의 학습과 관련한 환경 및 활동을 통제해야 하므로 무엇보다도 학습자의 능동적이고 적극적인 태도가 요구된다. 자기조절 학습전략은 크게 인지와 동기, 행동 조절이라는 세 가지 요소로 구성되어 있는데, 인지적 요소에서는 과제의 암송이나 정교화, 조직화 등의 인지 및 초인지적 전략을 활용할 수 있다. 동기적 요소에서는 자아효능감을 증가시키고 숙달 목적 지향성을 높이며 성취 가치를 중심으로 하는 전략이 포함되며, 행동 조절 요소로는 시간과 환경을 관리하여 행동을 통제하고 필요한 도움을 구하는 전략이 포함된다. 미성취 영재는 성취 영재에 비해 자기조절 학습전략의 활용 수준이 낮은 경향이 있다.

참고문헌

Corno, L. (1986). The metacognitive control components of self-regulated learning. *Contemporary Educational Psychology, 11*, 333−346.

Schunk, D. H. (1990). Goal setting and self-efficacy during self-regulated learning.

Educational Psychologist, 25, 71–86.
Zimmerman, B. J., & Martinez-Pons, M. (1990). Student Differences in Self-regulated Learning: Relating Grade, Sex, and Giftedness to Self-efficacy and Strategy Use. *Journal of Educational Psychology, 82*, 51–59.

자기주도적 학습
[Self-Directed Learning]

학습자 스스로 학습에 대한 참여 여부를 결정하는 것은 물론, 학습목표의 설정 및 교육 프로그램의 선정과 평가 등 교육의 전 과정을 자율적으로 선택하고 결정하여 실행하는 학습 형태이다. 자기주도학습이 제대로 실행되기 위해서는 학습자가 자신의 욕구와 능력을 정확히 파악을 하고 있어야 하며, 적절한 수준의 학습목표를 구체적이고 명확하게 세워야 한다. 또한 성취 결과를 평가할 때에도 학습자 스스로의 평가가 먼저 이루어져야 한다. 이러한 특성으로 인해 자기주도적 학습은 성인 학습 및 평생교육의 주요 원리로 활용된다. 아동 및 청소년의 학습에서도 자기주도적 학습 능력을 키우기 위한 교수–학습전략의 설계가 필요하다.

참고문헌

서울대학교 교육연구소(1995). 교육학 용어사전. 서울: 하우동설.
이영은(2011). 학습동아리 참여공무원의 집단효능감 및 자기주도학습 능력이 학습만족도에 미치는 영향. 박사학위논문, 숭실대학교.

자기지각
[Self-Perception]

개인이 자신의 특성과 능력에 대해 지니고 있는 생각, 판단, 태도, 감정, 기대 등을 포함하는 개념으로 영재아들은 자기지각 수준이 높게 나타나는 경향이 있다.

참고문헌

Lehman, E. B., & Erdwins, C. J. (1981). Social and emotional adjustment of young intellectually gifted children. *Gifted Child Quarterly, 25,* 134–138.

자기지향 완벽주의
[Self-Oriented Perfectionism]

휴잇과 플렛(Hewitt & Flett, 1991)이 제시한 다차원적 완벽주의 척도(HMPS)의 세 가지 차원 중 하나의 유형이다. 이들은 완벽성을 추구하는 행동적 특성만을 판단 기준으로 삼는 것이 아니라 완벽행동이 향하는 대상 및 완벽행동 기준의 설정자가 누구인지를 기준으로 분류하였다. 완벽주의의 세 차원은 '자기지향 완벽주의' '타인지향 완벽주의' '사회적으로 부과된 완벽주의'이다. 이 중 자기지향 완벽주의(self-oriented perfectionism)는 스스로 높은 개인적 기준을 설정하고 자신의 수행을 평가하는 기준이 매우 엄격하며 강한 내적 동기를 갖는 성향을 의미한다. 이와 달리 타인지향 완벽주의는 자신에게 의미 있는 타인에게 지나치게 높은 기준을 부여하고 이를 완벽하게 해내기를 기대하며, 사회적으로 부과된 완벽주의는 타인의 과도하고 비현실적인 기대를 만족시켜야만 인정받을 수 있다는 신념을 가지는 특징이 있다.

참고문헌

Hewitt, P. L., & Flett, G. L. (1991). The Multidimensional Perfectionism Scale: Reliability, Validity and Psychomentric Properties in Psychiatric sample. *Psychological assessment: A Journal of consulting and clinical psychology, 3*(3), 464–468.

Flett, G. L., Hewitt. P. L, Blankstein, K. R., & O'Brien, S. (1991). Perfectionism and learned resourcefulness in depression and self-esteem. *Personality and Individual Differences, 12*, 61–68.

자료실 프로그램
[Resource Room Program]

자료실 프로그램도 풀아웃 프로그램처럼 파트타임으로 이루어지는 영재교육으로 학생들은 일반 학급에 있다가 일정한 시간에 필요에 의해 자료실에 잠시 가서 학습을 하고 다시 교실로 돌아간다. 수업은 주로 개별화된 프로그램을 실시하며 학생의 관심사에 따라 프로젝트의 주제를 정하고, 자기주도적으로 프로젝트를 진행하며 교사는 학생의 프로젝트가 성공적으로 마무리될 수 있도록 옆에서 도와주는 역할을 한다.

참고문헌

이미순, 류지영, 이영주, 이현주, 채유정 역(2014). 영재교육(6판)〔*Educaton of the Gifted and Talented*(6th ed.)〕. Gary A. Davis, Sylvia B. Rimm, & Del Siegle 저. 서울: 박학사. (원서 2010년 출간).

자연탐구지능
[Naturalist Intelligence]

가드너(Gardner)는 학교 밖의 현실에서 가치 있게 여기는 능력들을 포함하지 않거나 측정하지 못하는 전통적 지능의 개념 및 측정에 대해 비판하면서 새로운 인간 지능에 대한 관점을 소개하였는데, 이것을 다중지능이론(MI: Multiple Intelligence)이라고 한다. 다중지능이론 중 하나의 지능인 자연탐구지능(naturalist intelligence)은 자신이 살아가고 있는 환경의 동식물군을 비롯한 방대한 종들에 대한 인식과 분류에 탁월한 전문지식과 능력을 포함하고 있다. 도시에서 자란 사람의 경우 각종 차나, 신발, CD 표지 등의 정확한 구별 등과 관련된 능력을 말하기도 한다. 다중지능이론은 처음에 일곱 개의 지능으로 시작하였으나, 검증을 거쳐 후에 자연탐구지능이 추가되어 여덟 개의 지능으로 늘어났다. 생물학자, 동식물 연구자, 환경학자, 수의사 등에게 필수적인 이 능력은 이전에는 공간지능, 논리수리지능으로 분류되었던 일부 능력들이 이

지능으로 범주화되었다. 대부분의 아동들은 동식물에 관심과 애정을 보이는 경향이 있지만, 특히 자연탐구지능에 강점을 보이는 아동들은 어려서부터 동식물에 대해 많은 호기심과 분류 충동을 보여 준다고 한다.

참고문헌

김주현(2005). 다중지능이론에 기초한 진로교육 프로그램 개발 연구. 교육학박사학위 논문, 서울대학교대학원.
류지영(2004). 다중지능이론의 영재교육에의 적용. 교육과정연구, 22(1), 147-163.

자율적 학습자(6가지 영재 유형 중에서)

[Autonomous Learner]

베츠와 네이하트(Betts & Neihart)는 수년간 관찰, 인터뷰, 문헌연구 등을 통해 영재의 여섯 가지 유형을 발표하였는데, 그중 여섯 번째 유형인 자율적 학습자 유형은 지능과 창의성이 모두 높은 영재를 말한다. 자존감이 매우 높고, 자기조절학습 능력이 뛰어난 집단으로, '성공적인' 유형과 같이 이들은 학교 구조와 체제 속에서 매우 효과적으로 학습한다. 그러나 최대한 적게 노력하려는 '성공적인' 유형과 달리 학교 구조에 자기 자신을 그저 맞추는 것에서 탈피하고 스스로 학습 구조를 만들어 나가며, 자기 지향적이고 독립심도 높고, 모험심이 강하다. 이들은 자율적인 아동으로, 가장 성공 가능성이 높으며, 부모나 학교 환경의 많은 지지를 받아 자신의 잠재력을 이미 충분히 발휘하고 있다.

자폐증

[Autism]

지적 능력과는 관계없이 대개 생후 1~2년 사이에 나타나며 감각적 자극에 대한 반웅, 언어, 인지능력, 대인관계 및 사물이나 사건처리 능력에서 결함을 나타내는 발달장애증후군의 일종이다. 거의 모든 자폐증 아동에게 나타나는 증후로는 사람과 눈맞춤을 꺼린다거나 사람을 기피하는 대인관계 형성의 장애, 말을 전혀 하지 못하거나 반향음(反響音)을 내는 것과 같은 언어장애, 낯선 물건이나 장소 혹은 사람에 접근하지 않으려고 하는 것과 같은 변화에 대한 저항이다. 이 밖에 아동에 따라서 차이를 보이는 증후로는 동일한 행동을 반복하는 경향, 집중력의 부족과 과잉행동, 자기 자신을 물어뜯는다거나 머리를 처박는다거나 하는 자해행동 등이다. 이러한 자폐증의 원인에 대해서는 여러 가지 종류의 중추신경계의 결함에서 기인한다는 기질론과 대인관계의 장애 및 결핍에 의한 정신적 외상에서 기인한다는 환경론이 있다. 아스퍼거증후군으로 불리는 발달장애를 동반한 자폐성 영재군도 볼 수 있다. 사회적으로 서로 주고받는 대인관계에 문제가 있고, 행동이나 관심 분야, 활동 분야가 한정되어 있으며 같은 양상을 반복하는 상동적인 증세를 보이는 질환이다.

참고문헌

서상문(2011). 영재교육을 위한 Lacan 정신분석학적 토대 탐색. 교육철학, 44, pp. 113-156.
한국교육심리학회(2000). 교육심리학 용어사전. 서울: 학지사.

작업기억

[Working Memory]

기억의 정보처리모형에서 현재 주의를 기울여 의식하고 있는 기억을 의미한다. 작업기억은 단기기억(short-term memory)과 동일한 것으로 볼 수 있는데, 단기기억이라는 용어가 기억시간이 짧다는 의미를 강조한 것이라고 한다면, 작업기억은 현재 사용 중인 기억이라는 의미를 강조한 용어이다. 영재학생들은 일반 학생보다 작업기억 기능이 우수한 것으로 나타났다(단기기억 참조).

참고문헌

이지은, 김유미(2011). 영재와 일반아의 뇌 기능 비교. 교육심리연구, 25(1), pp. 111-130.

한국교육심리학회(2000). 교육심리학 용어사전. 서울: 학지사.
한순미(2005). 지식사회에서 영재들에게 요구되는 지식과 전략. 영재와 영재교육, 4(1), pp. 85-104.

잠복된 영재(6가지 영재 유형 중에서)
[Underground Gifted]

베츠와 네이하트(Betts & Neihart)의 여섯 가지 영재 유형 중에서 영재성이 잠복된 영재를 의미한다. 또래 집단과의 관계를 유지하기 위해 자신의 높은 잠재적인 능력을 스스로 퇴보시키고, 늘 걱정이 많고 불안정하다. 특히 사춘기 여학생들이 이러한 경향을 보이고 모든 흥미와 동기를 상실할 수 있기 때문에 이를 충족해 줄 수 있도록 교사나 부모의 이해와 지원이 요구된다.

참고문헌

한국발명진흥회(2013). 잎세. 겨울호.

잠재된 영재
[Potential Gifted]

영재성이 겉으로 드러나지 않는 영재로, 어떠한 원인에 의해 자신이 가지고 있는 영재성을 겉으로 나타내지 못하는 아동을 의미한다. 토랜스(Torrance)에 따르면 열등생의 약 30% 정도가 잠재된 영재성을 지닌 아동이라고 한다.

참고문헌

이순주(2000). 아동의 잠재된 영재성 개발 프로그램. 영재교육연구, 10(2), 71-86.

잠재력

[Potential]

생득적으로 지니고 태어났지만 겉으로 드러나지 않고 숨어 있는 역량으로 잠재적 가능성 또는 그 힘을 의미한다.

장기기억

[Long-Term Memory]

ㅈ

장기기억은 감각기억-단기기억-장기기억의 과정을 거쳐서 아주 오랜 시간 동안 지속되어 의식 속에 유지하는 기억작용을 의미하며, 무한정한(영속적인) 저장이 가능하다. 장기기억은 대부분 심상 부호와 의미 부호로 저장되는 부호화, 자서전적인 일화 기억, 지식의 표상 등을 통해 이루어진다. 즉, 기억 용량이 거의 무한대인 영구적인 기억저장고로 학습자가 정보를 능동적인 과정을 통해 저장, 인출하는 전략을 사용하여 학습하고 경험한 것을 통해 형성된다. 장기기억은 크게 외현기억과 암묵기억으로 나눌 수 있다. 첫째, 외현기억은 사람들이 의식적으로 과거의 경험을 인출하여 기억하는 것으로 대한민국의 국기가 태극기라는 일반적인 지식에 대한 '의미기억'과 생일이나 졸업식 등 개인이 경험한 과거 사건들에 대한 '일화기억'이 있다. 둘째, 암묵기억은 스스로 어떤 것을 기억하고 있다는 것을 인지하지 못하지만, 과거의 경험들이 나중에 영향을 주는 기억이다. 그 예로 과거에 자전거를 탔다면 특별히 기억하려 애쓰지 않아도 탈 수 있는 것을 말하며 암묵기억에는 '절차기억, 점화, 고전적 조건화, 비연합 학습'이 포함된다. 절차기억은 연습의 결과로 피아노 치기와 같이 우리가 배운 신체적 기술을 유지하는 것을 말하고, 점화는 최근에 노출된 자극의 결과로 더 잘 생각나는 능력을 말한다. 고전적 조건화는 조건화된 자극으로 인해 무조건적 반응을 하는 것으로 개에 물린 경험이 있는 경우는 개만 보아도 그 기억이 떠올라 무서워하는 것을 말하고, 비연합 학습은 환경에 익숙해져서 반응을 하지 않는 습관화와 위협적인 자극에 과하게 반응하는 민감화의 형태로 나타난다.

참고문헌
한국심리학회(2014). 심리학 용어사전. 한국심리학회.

장애영재
[Handicapped Gifted]

장애영재는 장애자(handicapped)이면서 동시에 영재(gifted)이다. 시각장애, 청각장애, 언어장애, 정서장애, 신체장애, 학습장애 또는 기타 장애 등에서 한 가지 또는 몇 가지 장애가 혼합되어 있는데도 특별한 능력이나 잠재력을 가지고 있어 우수한 성취를 보이는 영재로서 이중특수(twice-exceptional) 영재라고 한다. 이들은 영재교육 분야에서 영재의 하위집단(sub-population)으로 장애자의 2~3%가 영재로 추정된다. 에디슨이나 아인슈타인은 학습장애 영재이며 스티븐 호킹은 신체장애 영재이고, 헬렌 켈러, 팝송가수 스티비 원더 등도 장애영재로서 장애를 극복하고 재능을 발휘한 경우이다.

참고문헌
전경원(1991). 과학동아. 1991년 2월호.
이미순, 류지영, 이영주, 이현주, 채유정 역(2014). 영재교육(6판)〔*Educaton of the Gifted and Talented*(6th ed.)〕. Gary A. Davis, Sylvia B. Rimm, & Del Siegle 저. 서울: 박학사. (원서 2010년 출간).

재능
[Talent]

영재는 'the gifted and talented'로서 영재성과 재능을 구분 없이 사용하기도 하지만 영재성과 재능을 구분해야 한다는 견해도 있다(이신동, 이정규, 박춘성, 2015).

테일러(Taylor, 1978)는 재능에는 일반적인 지능이 아닌 여러 다른 유형의 재능이 존재한다면서 '다중재능토템기둥(multiple-talent totem pole)'을 제시하여 사람들은 아홉 가지 재능토템기둥 중에 특별한 기술이나 재능을 가지고 있다고 주장했다. 콘(Cohn, 1981)은 영재성과 재능을 구분하여 영재성 모형을 제안하였는데, 영재성을 지적, 예술적, 사회적 영역 등으로 나누고 하위 범주로서 각각을 특수한 재능으로 세분화함으로써 영재성을 다양한 재능들의 상위 개념으로 보았다. 가네(Gagné, 1985)는 영재성은 하나 이상의 영역에서 나타나는 평균 이상의 능력이며 재능은 하나 이상의 분야에서 보이는 평균 이상의 뛰어난 수행에 해당된다고 영재성과 재능을 차별화했다. 따라서 영재성은 타고난 능력으로서 환경과 동기, 학습과 훈련을 통해 체계적으로 계발된 기술인 재능으로 발현된다고 본다.

참고문헌

이신동, 이정규, 박춘성(2015). 최신영재교육학개론(2판). 73-76. 서울: 학지사.

Cohn, S. J. (1981). What is giftedness? A multidimensional approach. In A. H. Kramer (Ed.), *Gifted children: Challenging their potential*(pp. 33-45). NY: Trillium Press.

Gagné (1985). Giftedness and Talent: Reexamining a reexamination of definitions. *Gifted Child Quarterly, 29*(3), 103-112.

Taylor, C. W. (1978). How many types of giftedness can your program tolerate. *Journal of Creative Behavior, 12*, 39-51.

재능자원

[Talent Pool]

전통적인 영재 선발 방법은 지능, 학업성취도 점수, 지명 등을 통해 상위 3~5%의 학생이 선발된다. 이에 반해, 렌줄리(Renzulli)의 '학교전체심화학습모델(SEM)'의 재능자원은 영재 판별을 위해 능력, 성취도, 평정, 지명, 활동 등을 바탕으로 유연하게 해당 학교 전체 학생의 약 15~20% 정도를 영재로 판별하여 영재교육 대상자 집단을 구성하는 것을 말한다. 우수한 학생이 많이 분포한 지역에서는 재능자원이 25%가 될 수도 있으며, 심지어 100% 학생이 재능자원으로 판별될 수도 있다. 이는 기존의 소수를 위한 제한적 영재판별이 아니라 '넓은 그물망'과 같이 다양한 영재를 판별하기 위해 사용되는 접근으로서 융통적이며 다차원적 판별을 말한다.

또한 일회적인 판별이 아닌 연중 계속적 판별을 통해 많은 학생이 재능자원에 포함되게 하여 영재교육 프로그램의 참여 기회를 확대하는 것이다. 또한 동기가 높은 학생은 자기지명을 통해 영재 프로그램의 대상자가 될 수 있으며 교사 지명이나 검사에 의해 판별할 수 없는 재능이나 능력을 가진 많은 학생이 특별 프로그램에서 제공하는 기회를 통해 재능자원에 진입할 수 있다. 따라서 재능자원에 의한 영재판별은 엘리트 영재교육의 부담을 줄일 수 있으며, 다양한 판별기준과 다단계의 판별을 통해 영재교육 대상자가 15~20% 이상으로 선발되므로 영재판별 방법의 융통성이 크기 때문에 영재판별의 오류를 줄일 수 있다.

이러한 재능자원에 포함될 영재판별은 5단계의 절차를 통해 이루어진다(Renzulli & Reis, 1997). 1단계는 검사 점수에 의한 지명으로 재능자원 집단의 약 50% 정도는 표준화 지능검사와 성취도 검사를 통해 선발한다. 이 중 상위 8% 이내의 점수를 획득한 학생은 추가 평정 없이 영재로 선발된다. 2단계는 교사 지명으로 교사가 창의성, 동기, 흥미나 재능, 특수 영역에서의 수행을 중심으로 학생을 지명한다. 3단계는 다양한 기준으로 지명하는 것으로 자기 지명, 부모 지명, 또래 지명으로 지명하여 판별위원회에서 심사 후 재능자원에 포함될지를 결정한다. 4단계는 특별 지명으로 현재의 교사의 편견에 의해 영재판별의 오류가 생길 가능성이 있으므로 지명된 학생의 명단을 모든 교사에게 공개해서 이전 학년의 교사나 다른 교사들의 추천을 받을 수 있도록 한 안전장치라 할 수 있다. 5단계는 활동 정보를 바탕으로 한 지명으로 연구 주제나 독립적 프로젝트 수행에 관심을 보이는 활동 정보를 판별위원회에서 심사하여 1~4단계까지 판별되지 않은 영재학생을 판별하는 두 번째 안전장치라 할 수 있다.

참고문헌

이미순, 류지영, 이영주, 이현주, 채유정 역(2014). 영재교육(6판)〔*Educaton of the Gifted and Talented*(6th ed.)〕. Gary A. Davis, Sylvia B. Rimm, & Del Siegle 저. 서울: 박학사. (원서 2010년 출간).

Renzulli, J., & Reis, S. (1997). *The schoolwide enrichment model: A how-to guide for educational excellence*(2nd ed.). Mansfield Center, CT: Creative Learning Press.

재능탐색모형
[Talent Search Model]

1971년 미국 존스 홉킨스 대학교의 스탠리(Stanley)에 의해 소개된 모형으로서 수학영재에 관한 연구(study of mathematically precocious youth: SMPY) 프로그램을 말한다. SMPY는 수학에 재능이 있는 7학년 학생들에게 수학이나 수학과 관련된 교과(물리학, 컴퓨터공학)에서 더 나은 성취와 속진을 위한 기회를 제공해 주기 위해 고안되었다. SMPY에 참여하는 7학년 학생들은 고3 학생의 상위 49% 이내에 드는 학생들로 SAT 수학점수로 선발한다. 초기에는 SAT 수학점수를 중심으로 수학에 뛰어난 능력을 가진 학생들을 판별하였으나 1979년 Johns Hopkins Center for Academically Talented Youth(CTY)를 설립해서 수학 중심의 SMPY 프로그램이 확장되어 언어재능을 보이는 학생도 선발하여 운영하였으며, SAT 수학점수, SAT 언어점수, SAT 총점, ACT 점수를 토대로 영재를 발굴한다. SMPY 프로그램 참가학생은 시간제로 대학수업에 등록하여 학점을 취득하고, AP(대학과목 선수이수제)로 대학학점을 취득하고 1~3년의 수학과정을 1년으로 줄이며, 월반, 대학 조기입학을 선택하도록 권장된다. 교육 방법은 여름방학 동안 캠프를 통해 교육 기회와 관련된 상담과 속진학습 과정으로 융통성 있는 교육과정을 활용하여 학습의 수월성을 촉진하거나, 속진학습을 할 수 있는 프로그램을 개발하여 제공한다. SMPY 프로그램을 모방하여 여러 대학에서 재능탐색 프로그램을 개발하였으며 대부분 여름캠프를 통해 이루어진다.

참고문헌

송인섭, 이신동, 이경화, 최병연, 박숙희(2001). 영재교육의 이론과 방법. 서울: 학문사.

https://my.vanderbilt.edu/smpy

재생산적 사고

[Reproductive Thinking]

재생산적 사고는 조건화, 연습, 반복, 습관, 익숙한 지적 내용에 대한 기계적인 반응들과 관련된 사고이다. 주로 행동주의 학습이론에서 지적인 과정이나 자극이나 사물에 대한 이해를 통하지 않고 자극과 반응의 연합 또는 시행착오나 강화에 의한 행동을 할 때 일어나는 사고를 말한다. 창의적 해결안을 산출하는 것이 아닌 틀에 박힌 문제를 해결할 때처럼 습관적 동작이나 학습된 개념 등 기존의 지식체제를 단순히 반복 적용할 때 일어난다. 반면 생산적 사고는 새로운 아이디어, 통찰을 요구하는 새로운 문제 상황에서 직면했을 때 일어나는 사고로서 기존에 학습된 지식과 정보 또는 행동 및 행동 양식으로는 새로운 문제를 해결할 수 없기 때문에 기존의 방법들과는 다른 다양하고 새로운 해법들로 문제를 해결하게 된다. 이때 기존의 지식 체제를 재구성하고 지식을 재구조화하여 새로운 문제에 대한 해결안을 생산해 내는 사고활동을 생산적 사고 또는 창의적 사고라고 한다.

저명

[Eminence]

저명은 특정 분야에서 탁월성을 인정받거나 명성을 떨치는 것을 말한다. 저명은 창의적 생산성(창의적이거나 눈에 띄는 작품)의 함수이다(Simonton, 1977). 창의적 생산성은 창의적인 수명(창의적인 작품을 생산하는 기간)에 달려 있다. 시먼턴(Simonton)은 작곡가의 창의성과 저명의 관계를 확립하고자 여러 공식을 시험해 본 결과, 창의적 생산성과 창의적 수명은 해당 분야에서의 저명을 직접적으로 예언하는 것을 확인했다.

참고문헌

Simonton, D. K. (1977). Eminence, creativity, and geographic marginality: A recursive structural equation model. *Journal of Personality and Social Psychology, 35,* 805–816.

적성
[Aptitude]

적성이란 어떤 일에 적합한 타고난 능력과 기질, 소질, 적응 능력을 지칭하며, 어떤 기능을 훈련이나 경험에 의하여 획득하기 전에 예측할 수 있는 개인의 잠재성을 가리킨다. 따라서 적성에 따라 특정한 활동의 성취도나 직업의 적절성을 바탕으로 진로를 설계하고 선택한다. 구체적인 활동의 성질에 따라 학업적성과 직업적성으로 나눌 수 있으며, 과학적성, 언어적성, 음악적성, 논리 수학적성, 기계적성 등의 특수 적성과 교직적성 등의 직무 적성으로 세분화할 수 있다.

참고문헌

서울대학교 교육연구소(1995). 교육학 용어사전. 서울: 하우동설.

적성검사
[Aptitude Test]

개인의 적성 유무나 정도를 판단하는 데 활용되는 검사를 적성검사라 하는데, 특정 분야의 교육이나 직업 관련 활동을 성공적으로 수행하는 데 필요한 능력을 갖추고 있는지의 여부나 적응가능성을 예측할 수 있다. 적성검사는 학교 현장에서의 생활지도나 장래 어떤 영역의 활동 분야에 적합할지 개개인의 효율적인 교육 및 진로 선택을 위한 자료로 활용된다. 검사의 측정 내용은 대체로 언어, 수리, 공간, 도형, 과학, 변별지각, 기계추리, 지각속도, 정보처리 등으로 구성된다.

참고문헌

한국교육개발원(1998). 초 · 중 · 고등학생용 적성검사 개발 연구(II). 검사 제작편.
한국교육평가학회(2004). 교육평가 용어사전. 서울: 학지사.

적응

[Adjustment]

개인의 내면세계와 환경적 여건이 영향을 미쳐 조화를 이룬 상태를 뜻하며, 보다 능동적으로 연계된 개인과 환경과의 상호관계를 나타낸다. 적응은 개인의 잠재능력 개발이나 자아실현을 위해 필요하다.

참고문헌

한국교육심리학회(2000). 교육심리학 용어사전. 서울: 학지사.

전뇌 또는 앞뇌

[Forebrain]

척추동물의 개체발생에서 세 개의 노포 최전부. 곧 전뇌의 좌우에는 안구가 돌출하고 있다. 전뇌는 대뇌, 시상, 시상하부로 발달한다.

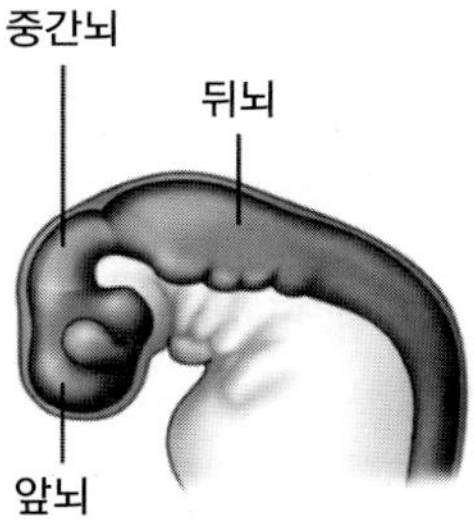

1개월 된 배

전두엽

[Frontal Lobe]

대뇌반구의 앞에 있는 부분으로 기억력, 사고력을 주관하고 다른 연합영역으로부터 들어오는 정보를 조정하며 행동을 조절하는 기관이다.

전문성
[Expertise]

전문성은 학자들에 의해 다양하게 정의되어 왔지만, 일반적으로 특정 영역의 고도화된 지식과 기술을 말하며 일반인들이 수행할 수 없는 수준의 높은 성과를 내는 능력을 의미한다. 즉, 전문성이란 개인이 특정 분야에서 뛰어난 성과를 창출하기 위해 지니고 있는 능력이라고 할 수 있다(오헌석, 2006). 전문성 연구는 특정 분야에서 탁월한 성취를 보이는 현상에 대한 오랜 관심에서 유래하였다(Chi, 2006; Ericsson & Smith, 1991). 많은 연구자들이 특정 분야에서 일반적인 수준을 넘어서는 탁월한 성취를 보이는 개인을 전문가로 보고 이들이 지니는 특성을 전문성이라고 가정하고 있지만, 전문성에 대한 단일 개념이나 정의는 존재하지 않는다.

참고문헌

오헌석(2006). 전문성 개발과정 및 핵심요인에 관한 연구. 직업능력개발연구, 9(2), 193-216.

Chi, M. T. (2011). Theoretical perspectives, methodological approaches, and trends in the study of expertise. In Y. Li & G. Kaiser (Eds.), *Expertise in mathematics instruction* (pp. 17-39). Springer.

Ericsson, K. A., & Smith, J. (1991). Prospects and limits of the empirical study of expertise: an introduction. In K. A. Ericsson & J. Smith (Ed.), *Toward a general theory of expertise* (pp. 1-38). Cambridge University Press.

전통예술영재교육
[Gifted Education in Traditional Arts]

전통예술영재교육이란 전통음악(기악과 성악), 전통무용(민속무와 궁중무), 연희(줄타기와 풍물)를 중심으로 한 전통예술 분야에서 뛰어난 능력을 보이거나 발현될 잠재력이 높은 영재를 대상으로 이루어지는 교육을 말한다. 전통예술영재교육이 공식적으로 실시된 것은 2009년 한국예술영재교육원(한국종합예술학교)에서 전통예술을 대상으로 한 예술영재교육을 실시하면서부터이다. 현재(2016년 12월 기준) 한국예술영재교육원에서는 기악 전통무용, 연희를 대상으로 영재교육을 실시하고 있다. 기악 분야로 가야금, 거문고, 해금, 대금, 피리, 아쟁, 민요, 판소리를 교육하며, 전통무용과 근현대 창작 무용, 연희 분야로는 풍물과 탈춤 교육이 실시되고 있다.

참고문헌

한국예술영재교육원 http://kniga.karts.ac.kr/3_education/raditional_1.asp 2015.12.12.

전통예술영재성
[Giftedness in Traditional Arts]

전통예술을 지칭하는 다양한 용어로서 전통 음악, 국악, 전통공연예술, 민속 예술 등이 사용되고 있으나, 전통예술 분야에서 이루어지는 영재교육에서는 전통예술의 범주를 크게 전통음악(국악), 전통무용, 연희의 영역으로 구분하고 있다. 전통음악은 기악과 성악, 전통무용은 민속무와 궁중무, 연희는 줄타기와 풍물의 하위 분야로 구성된다. 이에 따라 전통예술영재성은 전통음악, 전통무용, 연희의 전통예술 분야에서의 뛰어난 성취력이나 발현 가능성이 높은 잠재력으로 정의되며 전통음악영재성, 전통무용영재성, 연희영재성으로 구분될 수 있다.

전통예술 분야에서 오랜 세월 속에서 최고의 경지를 이룬 사람을 장인 혹은 명인으로 부르기도 하였으나, 2000년대 영재교육의 등장과 함께 뛰어난 학습 능력을 지칭하는 용어로서 전통예술영재성의 개념이 논의되기 시작한다. 전통예술영재성의 요인은 해당 분야에 대한 높은 수준의 능력, 창의성, 동기의 조합(원영실, 2013), 혹은 선천성(타고난 몸의 형태나 성대 등의 신체 조건), 지능(관찰력, 이해력, 응용력 등), 예술성(예술적 표현력 및 창조 능력), 태도(동기), 인성의 요소로 구성되기도 한다(변미혜, 2013).

참고문헌

권도희, 정수년, 이진원(2008). 사례를 통한 전통예술분야의 영재개념 및 선발에 관한 기초연구.
변미혜(2013). 전통예술 영재성 탐색과 영재교육 방향. 국악교육연구, 7(1), 107-124.
원영실(2013). 예술영재성의 의미와 특성: 음악, 전통예술, 발레 분과를 중심으로, 23(6), 919-945.

절차적 지식

[Procedural Knowledge]

절차적 지식은 분수의 나눗셈을 하거나 웹사이트를 설계하는 것과 같이 어떤 일을 '어떻게 하는지를 아는 것'이다. 즉, 절차적 지식은 행동으로 드러나는 지식이며, 행해져 보여야만 한다. 가령, 분수를 나누는 문제가 주어졌을 때 학생은 옳은 답을 계산해 내야 하는 것이다. 학생들은 영어로 된 문장을 스페인어로 번역하거나 기하도형을 옳게 분류하거나 제대로 된 문장을 만들어 내거나 할 때 절차적 지식을 드러낸다.

읽기부터 의학적 진단에 이르기까지 모든 분야에서 전문가와 초보자를 구분하는 특징의 하나는 전문가의 선언지식이 '절차화'되었다는 점이다. 즉, 그들은 일상에서 작업기억에 큰 부담을 주지 않고 자동적으로 지식을 적용할 수 있다. 의식적 사고 없이 적용되는 기술을 자동화된 기초기술(automated basic skills)이라고 한다. 수동변속 자동차에서 기어를 바꾸는 것이 한 예가 될 수 있다. 처음에는 기어를 바꾸는 절차를 순서대로 일일이 생각해야 하지만 점차 익숙해짐에 따라 절차가 자동화된다. 그러나 모든 절차가 다 자동화될 수 있는 것은 아니다. 그것은 전문가의 경우에도 마찬가지다. 예를 들어, 아무리 운전에 능숙한 사람이라 해도 주변의 교통 상황을 의식적으로 살펴야만 하는 것이다. 이러한 의식적인 절차를 영역 특정적 전략(domain-specific strategy)이라고 한다.

참고문헌

김아영, 안도희, 양명희, 이미순, 임성택, 장형심 역(2015). 교육심리학(제12판)[*Educational psychology* (12th ed.), p. 296, p. 312]. Woolfolk, A. 저. 서울: 박학사. (원서 2013년 출간).

정교성

[Elaboration]

정교성은 기존의 아이디어에 보다 구체적이고 정교하게 세부사항을 추가하여 보다 가치 있고 매력적인 것으로 발전시키는 능력이다. 정교성의 양적 평가는 아이디어의 기본 구성 이외에 추가된 것들의 수로 평정한다(예: '하얗고 차가운 것?'에 대한 구체적이고 세련된 반응 내용이 많을수록 정교성이 높다고 평가함).

참고문헌

문정화, 하종덕(2005). 또 하나의 창의성 교육. 서울: 학지사.

Guilford, J. P. (1956). The Structure of Intellect. *Psychological Bulletin, 53*(4), 267-293.

Torrance, E. P. (1998). The Torrance tests of creative thinking norms-technical manual figural(streamlined) forms A & B. Bensenville, IL: Scholastic Testing Service, Inc.

정보과학영재

[the Gifted in Information Science]

발생된 문제 또는 과제에 대하여 흥미와 관심을 갖고, 이의 해결을 위해 정보에 대한 지식과 우수한 지적 능력을 동원하여 문제를 정확히 이해하며 수학적 모델을 구성할 수 있고, 컴퓨터 또는 인터넷 등의 새로운 기술이나 지식을 보다 빠르고 유연하게 습득할 수 있는 능력과 정보 기술 활용 능력을 바탕으로 수렴적 또는 발산적 사고과정을 거쳐 과제 해결에 필요한 정보를 수집하며, 또한 수집된 정보를 분석, 종합, 일반화, 특수화의 과정을 통하여 가공함으로써 문제를 해결하고, 새로운 정보를 창출해 낼 수 있는 능력을 지닌 자를 말한다.

- 컴퓨터 관련 분야에서 창의력, 응용력, 문제해결력, 과제집착력을 보이거나 그 가능성이 큰 자

• 창의적 사고력, 우수한 지적 능력, 과제집착력을 바탕으로 정보 분야에 대한 흥미와 호기심, 재능이 있으며, 정보기기를 활용하여 뛰어난 창의적 아이디어를 바탕으로 논리적이고 창의적인 사고력을 발휘하여 정보 분야에 기여할 수 있는 자

참고문헌

이길복, 전우천(2003). 초등학교 정보영재를 위한 창의성 개발 연구.

이재호(2009). 정보과학 영재교육과정 및 교수학습 자료개발. 한국교육개발원 제9기 영재교육 담당 교원 직무 연수.

이재호, 나동섭(2001). 정보과학영재를 위한 교육 분야 정의. 한국정보교육학회 하계학술대회 발표논문집.

ㅈ

정보통신기술
[Information & Communication Technology]

ICT(Information & Communication Technology)는 정보기술(Information Technology: IT)과 통신기술(Communication Technology: CT)의 합성어로 정보기기의 하드웨어 및 이들 기기의 운영 및 정보 관리에 필요한 소프트웨어 기술과 이들 기술을 이용하여 정보를 수집, 생산, 가공, 보존, 전달, 활용하는 모든 방법을 의미한다. 데니스 스티븐슨(Dennis Stevenson)의 보고서(Information and Communications Technology in UK Schools: An Independent Inquiry)와 2000년 잉글랜드, 웨일스, 북아일랜드의 개정된 커리큘럼(national curriculum)에서 이 용어를 사용하였다.

참고문헌

이강원, 손호웅(2016). 정보통신기술(情報通信技術). 지형 공간정보체계 용어사전. 경북: 구미서관.

정의적 특성
[Affective Characteristics]

인간 행동의 사회·정서적인 측면을 포괄하는 개념으로서 그 사람의 성격, 정서, 심리, 태도, 동기, 자아개념, 가치관과 같은 특성을 말한다. 한 개인이 어떤 사람인지 판단하려면 다양한 측면을 고려해야 하는데, 그중 대표적인 것이 인지적 특성과 정의적 특성을 보는 것이다. 인지적 특성은 지능, 기억력, 사고력, 문제해결력, 초기억, 초인지 능력과 같은 지적 수준을 의미하고, 정의적 특성은 정서, 심리, 동기, 자아개념, 가치, 태도 등 그 사람을 둘러싼 비지적 수준을 의미한다. 영재아동의 경우 두 특성이 고루 발달하지 못해서 고도로 지적인 영재아동이 보통 수준보다 낮은 정의적 특성을 보이기도 하므로 각별한 관심과 배려가 요구된다. 영재들은 과제집착력, 정확한 자아개념, 깊은 호기심, 열정, 몰입 등과 같은 정의적 특성을 보인다.

조기입학
[Early Admission]

조기입학은 「초·중등교육법」에서 규정하는 취학 연령보다 일찍 학교를 입학하는 것을 의미한다. 조기입학과 관련하여 우리나라에서는 먼저 '조기진급 및 조기졸업에 관한 규정'을 마련하였다. 이 규정은 1995년 9월 13일 대통령령 제14761호로 제정되었으며, 제정 이유는 교육법의 개정(1995. 1. 5., 법률 제4879호)으로 재능이 우수한 자가 조기진급 또는 조기졸업을 할 수 있는 제도가 도입됨에 따라 조기진급 및 조기졸업의 방법 및 절차와 그 대상자의 선정 및 교과목별 조기이수의 인정 등 동 제도의 시행에 필요한 사항을 정하려는 데 있었다. 그리고 1995년 12월 29일자로 개정된 교육법 제8조에 따라 1996년 2월 22일 대통령령 제14920호로 일부 개정되었다. 개정 이유는 만 5세 아동의 조기취학을 허용할 수 있도록 교육법이 개정됨에 따라 조기취학의 절차 및 방법을 정하는 …… 등 교육의 경쟁력과 자율성을 높이기 위한 제도를 마련하려는 데 두었다(법제처). 이로써 우리나라 아동들이 만 6세로 일률적으로 정해져 있는 초등학교의 취학연령을 조기교육의 추세에 부응하여 만 5세 아동의 경우에도 보호자가 희망하는 때에는 학교의 수용 능력의 범위 안에서 취학이 가능하도록 한 것이다. 이후 이 규정은 2012년 '조기진급 등에 관한 규정'으로 전부 개정되었는데, 이를 통해 상급 학교 조기입학 자격의 기준과 절차를 법령으로 명확하게 규정하고 있다.

다른 한편, 「영재교육진흥법 시행령」 제14조(영재학교의 입학자격 등)는 "영재학교에 입학할 수 있는 자는 중학교를 졸업한 자 또는 법령에 의하여 이와 동등 이상의 학력이 있다고 인정하는 자로 한다."로 규정하고 있다. 이 규정에서 '법령에 의하여 이와 동등 이상의 학력이 있다고 인정하는 자'의 의미는 영재교육진흥법이 영재교육 대상자 선발에서 「초·중등교육법」에 따른 의무교육의 연령주의를 준용하지 않고 「영재교육진흥법」의 특례가 적용되어 선발할 수 있으며, 이에 따라 우리나라에서는 중학교를 조기졸업하고 영재학교에 조기입학을 허용하는 것으로 볼 수 있다.

ㅈ

참고문헌

박창언, 서혜애(2008). 영재에 대한 의무교육 제도의 교육법적 검토. **영재교육연구**, 18(3), 543-568.

법제처. 초·중등교육법, 교육법, 영재교육진흥법시행령, 조기진급 및 조기졸업에 관한 규정, 조기진급 등에 관한 규정.

조기졸업

[Early Graduation]

생활 및 생물학적 연령에 따라 학년을 배치하는 것이 아니라 학생의 타고난 능력, 학습 속도 및 학습 준비도에 따라 교육을 받을 수 있기 위하여 상급 학교에 진학할 수 있도록 허용하는 속진 방법이다.

참고문헌

이미순(2009). 조기진급 및 조기졸업 이후 학생적응에 대한 부모지각. **영재교육연구**, 19.

이미순, 류지영, 이영주, 이현주, 채유정 역(2014). **영재교육(6판)**〔*Educaton of the Gifted and*

Talented(6th ed.)]. Gary A. Davis, Sylvia B. Rimm, & Del Siegle 저. 서울: 박학사. (원서 2010년 출간).
조석희, 이미순, 박성익, 이현주(2006). 조기진급 및 조기조업 활성화 방안, CR 2006-3. 서울: 한국교육개발원.
Colangelo, N., Assouline, S. G., & Gross, M. U. M. (2004). A Nation Deceived: How schools hold back America's brightest students. Iowa City, IA: The University of Iowa.

조기진급
[Skipping]

조기진급은 크게 학년별 속진, 과목별 속진, 대학 수준의 교과 개설의 세 가지로 나뉜다. 학년별 조기진급(grade skipping)은 정규 교육과정에 정해진 교육과정 중 일개년 이상의 학년을 뛰어넘어 상급 학년으로 학년 전체를 속진하는 경우이다. 학년별 조기진급을 하면, 학교생활 모두를 상급 학년과 함께하며, 속진한 아동을 담당하는 교사가 속진 아동에 대한 별도의 교과 과정을 마련하지 않고 해당 학년의 교과과정을 동일하게 적용하게 된다. 과목별 조기진급(subject acceleration)은 부분적 조기진급이라고도 하며, 학생이 하나 이상의 과목에서 뛰어날 때 그 해당 과목을 상급 학년에서 본인보다 나이 많은 학생과 같이 학습하는 것이다. 때로는 과목별 속진 프로그램은 아동이 물리적으로 상급반으로 이동하지 않고, 동일 반에서 상급 학년의 교과목 자료를 학습하거나, 여름 방학 프로그램 등을 이용함으로 또래 집단과 사회적 격리를 줄일 수도 있다. 대학 수준의 교과 개설(advanced placement)은 대학 수준의 과목을 고등학교에 제공하여 학생이 이 과목을 수강한 후 시험을 치르고 그 결과가 만족스러운 경우 학점을 인정받는 제도이다.

참고문헌

조석희, 이미순, 박성익, 이현주(2006). 조기진급 및 조기조업 활성화 방안, CR 2006-3. 서울: 한국교육개발원.

조기 판별
[Early Identification]

조기 영재판별은 어려서의 영재성으로 후기 저명할 정도의 성취를 예측할 수 있을 때 정당화될 수 있다. 낸시 로빈슨(Nancy Robinson)은 "세계적인 명성을 떨친 인물들은 어려서 조숙함을 보였다. 그중 일부는 놀라울 정도의 조숙함을 나타냈고, 가족으로부터 강력한 지지를 받았다."라고 기록하였다. 그러나 아직은 그 상관관계나 예언 가능성에 대해 확립되어 있지 않다. 이에 따라 영재판별을 하기에 가장 적절한 시기에 대해 논란은 아직도 많다. 일반적으로 영재교육 대상자의 선발과 교육은 초등학교 2, 3학년 이후부터 이루어진다. 그 이유 중 하나는 대부분의 표준화된 검사 도구가 이 시기 학생들을 대상으로 실시하기 적합하기 때문이다. 조기 판별은 학령기보다 더 이른 시기에 영재성을 판별하는 것을 뜻한다.

아주 어린 나이에 영재성을 판별하는 방법은 그 이후 시기에 영재교육 대상자를 선발하는 것과는 방법이 달라야 할 것이다. 발달 단계에 따라 영재들이 나타내는 특성이 다르기 때문이다. 학령 이전의 영재성 판별은 나이 어린 영재를 위한 교육 프로그램이 거의 없어 판별만 하고 교육을 하지 않을 가능성이 많아 젊은 부모들에게는 다급함, 불안감을 조성하고, 비체계적인 교육 경험을 어린 아기에게 제공함으로써 오히려 해를 끼칠 수도 있음을 염두에 두어야 한다.

조기 판별은 다양한 판별 도구를 사용하여야 한다. 예를 들면, 행동 특성 체크리스트를 활용한 부모의 추천, 수업 관찰, 개인 지능검사〔예: 아동용 웩슬러 지능검사, Wechsler Intelligence Scale for Children(WISC)〕. 2~4세 아동의 부모들은 파이퍼(Steven Pfeiffer)가 개발한 유아 영재성 척도(The Gifted Rating Scales) 중 유아용(GRS-P)을 사용하여 자녀를 추천한다. 이 척도에는 지적, 학문적, 창의적, 예술적, 동기적 측면에서의 특성을 체크할 수 있다.

수업관찰은 여러 번에 걸쳐 수업을 하면서 아동의 행동을 교사가 관찰하는 것이다. 이때 교사들은 부모가 사용한 유아영재성 척도를 사용할 수 있다. 중국의 천진실험소학교에서는 3일간의 수업을 하며 6세 아동 대상 영재판별을 하는 것으로 알려져 있다.

참고문헌

Robinson, N. (2007). Early childhood. In J. Plucker & C. Callahan (Eds.), *Critical Issues and Practices in Gifted Education: What the Research Says* (pp. 179–194). Waco, TX: Prufrock Press, Inc.

존스 홉킨스 대학교 영재청소년센터
[Johns Hopkins Center for Talented Youth: CTY]

존스 홉킨스 대학교 영재청소년센터(Johns Hopkins University Center for Talented Youth: CTY)는 유 · 초 · 중 · 고 학생들의 우수한 재능을 발굴하고 계발하는 데에 그 목적을 두며, 이러한 목적은 세계에 기여하는 젊은 인재를 양성하고자 하는 존스 홉킨스 대학교의 교육목표에 근거한 것이다. CTY의 설립 기반은 1979년까지 거슬러 올라간다. 매년 진행되는 센터의 재능 발굴 활동을 통해 젊은이들의 우수한 학문적 성과를 발굴하고, 영재 여름 프로그램과 온라인 프로그램, 그 외 기타 서비스 프로그램을 통해 이들의 지성과 재능, 개인적 성장 가능성을 양성하고자 한다.

존스 홉킨스 대학교 영재청소년센터(CTY)에서는 2~6학년 학생을 위한 영재캠프(썸머캠프) 프로그램을 제공하고 있다. 영재캠프는 기숙사 거주 형태(residential program)와 통학하며 참여하는 데이 프로그램(day program)으로 나뉜다. 두 프로그램은 같은 교육 내용으로 구성되나 residential program에 참여하는 학생들에게는 주말 동안 여가활동, 공동체 생활, 봉사 등의 프로그램이 추가적으로 제공된다. day program은 2~6학년 학생들에게, residential program은 5~6학년 학생들에게 제공된다. CTY 영재캠프는 지정된 미국 내 여러 지역의 학교에서 진행되며 이 캠프에 참가하기 위해서는 SCAT(School and College Ability Test) 시험을 보아야 한다. SCAT 시험은 언어능력을 측정하는 verbal section(언어)과 수학능력을 측정하는 quant section(수학)으로 나뉘어 각각 55문제로 구성된다. 섹션당 시험시간은 22분씩 전체 54분이 소요되며 각 섹션의 점수는 400점부터 516점까지이다.

참고문헌

http://cty.jhu.edu

종합적 사고력
[Synthetic Thinking]

종합적 사고력은 창의성, 통찰력, 직관, 혹은 새로운 것에 대처하는 능력과 관계되는 사고력이다. 개인이 무엇인가를 배우고 나면 그것을 종합하고 연합해 새로운 가치를 만들거나 문제를 해결하는 과정에서 발휘되는 사고력을 의미한다. 새로운 것을 창조하거나 대처하는 것과 관계가 있으므로 '종합적 사고'는 '창의적 사고'로 불리기도 한다.

참고문헌

Sternberg, R. J., Jarvin, L., & Grigorienko, E. L. (2009). *Teaching for Wisdom, Intelligence, Creativity, and Success.* CA: SAGE.

좌뇌
[Left Brain]

좌뇌는 주로 지능적인 면과 관련된 기능과 역할을 하는데, 구체적으로는 ① 오차 없는 수학적인 능력, ② 정확한 언어 표현 능력, ③ 추론과 관련된 논리 능력, ④ 합리적인 사고 능력, ⑤ 세부적인 분석 능력, ⑥ 장단점을 파악하는 비판 능력, ⑦ 계열적 사고 능력, ⑧ 인체의 오른쪽 부분 조절 능력 등이 이에 해당한다. 독서, 쓰기, 계산 등에 능숙한 좌뇌 선호형 학생은 객관적이고 논리적인 판단을 좋아하는 것으로 연구되었고, 문제해결과정에서도 뇌 선호 유형의 특성에 따라 문제해결 요인이 바뀌었다. 영재학생들은 안정 상태에서는 일반 학생보다 좌뇌의 베타파의 활성도가 낮으나 과제수행 시에는 좌뇌의 베타파 활성도가 높아졌다.

참고문헌

김재희, 송상헌(2013). 수학영재들의 뇌선호유형에 따른 문제해결 과정 사례 분석: Schoenfeld의 문제해결 행동요인을 중심으로. 한국초등수학교육학회지, 17(1), 67-86.

함주리(2010). 영재집단과 일반집단의 전두엽 활성 및 정서 성향에 관한 연구. 한국정신과학학회지, 14(2), 77-90.

두산백과. 두산두피디아(www.doopedia.co.kr).

주의력 결핍/과잉행동 장애

[Attention Deficit Hyperactivity Disorder (ADHD)]

주의력 결핍/과잉행동 장애(ADHD)는 1902년에 처음 소개된 이래 계속 관심을 받아 왔으며, 주의력 부족(inattention), 과다행동(hyperactivity) 및 충동성(impulsivity)이 주 특징인 아동기에서 가장 흔한 행동장애다.

발병 원인은 정확히 밝혀지지 않았지만, 유전적 · 발달적 요인, 임신 중 흡연 · 음주 그 외 약물에 대한 노출, 도파민이나 아드레날린 시스템과 관련된 신경생물학적 요인, 뇌와 척수의 감염 등의 복합적인 요인이 작용하는 것으로 보인다. 또한 그 외에 식용 색소나 방부제 섭취 혹은 유해물질에 노출되거나 조산 등도 원인으로 알려져 있다. DSM-5에 의하면, 최근 미국 아동의 약 6% 정도가 ADHD를 보이는 것으로 보고되고 있으며, 한국에서의 보고는 다양하지만, 주로 학교 장면에서는 한 반에 3~4명 정도가 있는 것으로 보고되어 있다. 2:1 또는 그 이상의 비율로 남자 아동이 더 많이 발생하는 경향이 있다.

ADHD의 주요 특징인 과잉행동적 양상으로는 쉴 새 없이 움직이며, 안절부절못하거나 꼼지락거리는 행동으로 수업을 방해한다. 의자에서 뛰어내리거나 끊임없이 말하며, 다른 사람을 방해하거나 참견하고, 자신의 순서를 기다리거나 차분히 노는 것이 불가능해 보인다. 충동을 억제하지 못하며, 생각하지 않고 우선 행동에 옮긴다. 또한 주의력 결핍 양상으로는 다른 사람의 말을 귀 기울여 듣지 않으며, 일이나 놀이에 주의를 기울이고 유지하는 것을 힘들어하며, 쉽게 주의가 분산되기 때문에 세부사항을 간과하고 부주의한 실수를 저지른다. 그래서 아이들은 숙제처럼 정신적 노력을 유지할 필요가 있는 것을 좋아하지 않으며 회피한다. 계획성이 없고 조직화 기술이 빈약하기 때문에, 한 가지 일을 마치기 전에 다른 일을 시작하고, 과제나 기타 자료를 분실하거나 집안일 혹은 약속을 이행하지 못한다.

이런 아동들은 예민하고, 쉽게 자극을 받으며, 많이 울고, 잠도 잘 안 자는 등 유아기 때부터 다른 아동과 다르다는 부모의 보고가 있다. 또한 화를 잘 내고, 충동적이고, 감정도 불안정하여 기분 변화가 심하며, 행동을 예측하기 어렵다. 물건을 잘 잃어버리고, 기억력이 저하된 상태에 있다. 학교에서 종종 문제아동으로 전해지기도 하고, 교우와의 관계에서 좌절을 겪게 되면서 학교 적응에 어려움을 보인다. 학습장애(특히 읽기 관련 문제)와 소근육 협응의 문제나 우울증과도 관련이 있다. 공병 장애로는 적대적 반항장애와 품행장애, 특정 학습장애, 강박장애, 틱장애가 있으며, 특히 『정신질환의 진단 및 통계 편람』 제5판(DSM-5)에 새로 포함된 파괴적 기분조절부전 장애가 특히 관련이 높다고 한다. 성인기에는 물질사용장애 및 기분장애, 불안장애를 동반할 수 있으며, 반사회적 성격장애를 보일 수 있다. ADHD의 특징은 학교생활, 가족관계, 또래관계와 같은 생활 전반에 걸쳐 영향을 미친다. 이러한 증세는 청소년기와 성인이 되면서 점차 나아지지만 부분적으로만 좋아지고, 약 15~20% 정도는 성인이 되어서도 증세가 지속적으로 나타날 수 있다.

진단은 동등한 발달 수준에 있는 아동에 비하여 주의력과 과잉행동의 정도가 심하게 일탈된 정도가 장애의 진단기준을 충족시킬 때 내려진다. 7세 이전에는 보통 ADHD를 진단하지 않지만, 대개 초등학교 입학 전에 증상이 시작되며, DSM-5 진단기준에서는 12세 이전에 일부 증상이 나타나야 한다고 한다. DSM-5에는 ① 주의력 결핍 우세형, ② 과잉행동/충동 우세형, ③ 복합형, ④ 기타 달리 명시된/명시되지 않은 유형으로 분류할 수 있다.

치료 방법으로는 일반적으로 놀이치료, 행동치료, 학습치료, 인지치료, 사회기술훈련, 부모교육 등과 더불어 약물치료가 병행된다. 이는 아이의 사회적 관계를 향상하고, 바람직한 학교생활을 유도하며, 파괴적이고 위험한 행동을 최소로 억제하는 것에 목적이 있다.

참고문헌

권준수 역(2015). 정신질환의 진단 및 통계 편람(제5판)—DSM-5(*Dignostic and statistical manual of mental disorders—DSM-5*). APA 저. 서울: 학지사. (원서 2013년 출간).

박경빈, 류지영, 박인호, 방승진, 육근철, 윤여홍, 이미순, 이선영, 이재호, 전미란, 전영석, 조석희, 진석언(2014). 한눈에 보는 영재교육. 서울: 학지사.

신민섭, 전혜진, 이진주, 김민재, 고운애, 어윤정, 조지훈, 김수림, 김희정, 안류연, 오유경, 최선우 역(2016). 쉽게 배우는 DSM-5 임상가를 위한 진단지침(*DSM-5 made easy: The clinician's guide to diagnosis*). James Morrison 저. 서울: 시그마프레스. (원서 2014년 출간).

윤여홍 역(2009). 영재와 정신건강: 오진단과 이중진단(*Misdiagnosis and dual diagnoses of gifted children and adults*). J. T. Webb, E. R. Amend, N. E. Webb, J. Goerss, P. Beljan, & F. R. Olenchak 저. 서울: 학지사. (원서 2005년 출간).

한국교육심리학회(2000). 교육심리학 용어사전. 서울: 학지사.

주지사 학교(프로그램)

[Governor's School]

미국은 35개 주에서 다양한 형태의 영재교육을 실시하고 있는데, 주마다 영재교육을 실시하는 비율은 차이가 있다. 한편 주지사 학교 프로그램은 미국 주 정부의 지원으로 영재 고등학생들을 위해 시행하는 여름 기숙형 프로그램이다. 주지사 학교 프로그램은 주로 수학, 과학, 과학기술 분야나 예술과 연예, 인문학이나 사회과학 프로그램으로 진행된다. 영재학생들의 지적, 예술적 역량, 관심, 요구를 고려해 비전통적인 교육 및 학습기술을 교육한다. 예를 들어, 소그룹지도로 직접 경험해 보거나 연구, 현장실습, 예술작품을 만드는 과정에서 학생들은 다양한 과학자, 작가, 예술가 등의 전문인들과 교류하게 된다. 특색 있는 다양한 영재교육 프로그램으로 운영이 성공적으로 되고 있는 대표적인 영재교육 프로그램 중의 하나이다.

참고문헌

이신동, 이정규, 박춘성(2015). 최신영재교육학개론(2판). 서울: 학지사.

https://en.wikipedia.org/wiki/Governor%27s_School

중국의 영재교육

[Gifted Education in China]

중국이 영재교육이란 제도를 공교육 속에 도입하게 된 것은 바로 덩샤오핑이 개혁 개방을 천명하고, 시장경제를 도입한 1978년부터이다. 중국은 일반아 대상 교육과의 조화 속에서 아주 조용히, 실험이라는 이름을 빌려 영재교육을 실시하고 있다. 중국의 영재교육은 횡적으로나 종적으로 커다란 발전을 이룩하여, 초 · 중 · 고등학교와 대학을 망라한 비교적 완전한 형태의 영재교육체계를 가지고 있다. 또 과거 문화 예술이나 체육에만 치중되던 영재교육이 지적 능력이 발달한 아동을 대상으로 하는 영재교육으로까지 그 범위가 넓혀져 운영되고 있다. 1984년 11월 천진교육과학연구소와 천진실험소학이 연합해서 소학 영재아동에 대한 실험반을 설치하고, 실험을 시작하였고, 그것이 초등 수준에서 영재교육을 시작한 시초가 된다. 중등학교 단계의 영재교육은 모두 초급 중학교와 고급 중학교의 6년을 4년 내에 완성하는 것을 목표로 하고 있다. 중등 단계의 영재교육의 형식은 크게 대별해 보면 개별 속진교육과 실험반 교육 그리고 중등학교 대학 소년반, 예비반 교육의 세 가지 부류로 나누어 볼 수 있다. 또한 고등교육 단계의 영재교육은 대학 소년반의 형태로 실시되고 있다. 중국의 영재교육을 실시하는 학교로는 대표적으로 대학 소년반(중국과학기술대학 소년반, 서안교통대학 소년반), 초 · 중등학교 영재실험반(북경 제8중학, 북경화라강학교, 천진요화중학 실험반, 천진시 실험소학 영재반, 북경육민소학 영재실험반)이 있다.

중국에서는 천진실험소학의 영재실험반 운영과 같이 영재아동과 일반아동을 함께 교육하면서, 한편으로는 학교 속에 조그만 또 하나의 학교를 두어 영재아동에 맞는 교육을 하고 있다. 또한 중국의 경우 영재아동에 대한 집단교육 실험과정에서 대상 아동의 판별과 선발은 기본적으로 각 학생의 특성을 고려하는 다양한 판별 방법을 사용하고자 노력하고 있다. 아동에 대한 일반적인 지적 능력 외에 인지능력 검사, 아동의 학업성적과 기타 방면의 활동 상황을 종합적으로 고려하여 대상 아동을 선발하고 있다. 또한 중국에서는 일반적으로 영재교육의 과정에서 도덕교육의 문제를 상당히 중시하고 있다. 이는 중국이 영재교육을 국가 수준의 인재 양성이라는 차원에서 관리하고 감독하기 때문이다. 이러한 중국의 영재교육은 비록 20여 년이란 짧은 역사를 가지고 있지만, 그 기간에 비교적 성공적인 영재교육체계를 구축한 것으로 판단되고 있다.

참고문헌

구자억, 안미숙, 김홍원, 이순주, 박성익, 조석희(2002). 동서양 주요국가들의 영재교육. 서울: 문음사.

중복 낙인 영재(6가지 영재 유형 중에서)
[the Double-Labeled Gifted]

중복 낙인 영재는 베츠와 네이하트(Betts & Neihart, 1988)가 제시한 영재의 여섯 가지 유형 중의 하나이다. 이들은 신체적 또는 정서적 장애를 가진 영재이거나 학습장애아로 분류되어 영재성이 있어도 영재로 판별되지 못하고 장애아로 먼저 판별되어 영재교육 프로그램을 제공받을 기회를 갖지 못한다. 또한 학교 시스템 내에서는 영재로 판별될 기회가 적어 좌절과 무력감을 느낀다. 우선적으로 장애를 갖고 있어 치료를 받아야 하는 대상으로 인식되어 학교시스템에서는 그들의 결점에만 초점을 두고 재능의 육성에 실패하는 경향이 있다.

참고문헌

이신동, 이정규, 박춘성(2015). 최신영재교육학개론(2판). 서울: 학지사.

Betts, G. T., & Neihart, M. (1988). Profiles of the Gifted & Talented. *Gifted Child Quarterly, 32*(2), 248–253.

중앙영재교육진흥위원회

[Central Committee on Promotion of Gifted Education]

교육부는 「영재교육진흥법」 제4조(중앙영재교육진흥위원회의 설치 · 기능)에 의하여 영재교육에 관한 다음 각 호의 사항을 심의하기 위하여 중앙영재교육진흥위원회를 두고 있다.

① 영재교육에 관한 기본정책에 관한 사항
② 영재교육에 관한 종합계획의 수립에 관한 사항
③ 영재교육 관련 제도의 개선에 관한 사항
④ 제6조에 따른 영재학교의 지정 · 설립에 관한 사항
⑤ 제7조에 따른 영재학급 중 국립학교에 설치하는 영재학급의 설치에 관한 사항
⑥ 제8조에 따른 영재교육원 중 관계 중앙행정기관의 장의 승인을 받아 설치하는 영재교육원의 설치 승인에 관한 사항
⑦ 영재교육에 드는 예산의 확보 및 경비의 지원에 관한 사항
⑧ 그 밖에 영재교육의 진흥을 위하여 필요한 사항

「영재교육진흥법」 제4조의2(중앙위원회의 구성)에 따라 교육부 차관을 위원장으로 두고 부위원장 1명을 포함한 15명 이내의 위원으로 구성한다. 「영재교육진흥법 시행령」 제6조(중앙위원회의 회의)에 따라 중앙위원회의 위원장은 중앙위원회의 회의를 소집하고 그 의장이 된다. 중앙위원회의 위원장은 교육부 장관으로부터 회의의 소집을 요구받은 때에는 지체 없이 이를 소집하여야 한다. 회의는 재적위원 과반수의 출석과 출석 위원 과반수의 찬성으로 의결한다.

참고문헌

교육부. 영재교육진흥법.

지각

[Perception]

감각기관을 통해 들어온 정보를 조직하고 해석하는 과정으로 대상물이 개별적으로 시각, 촉각, 후각, 미각, 청각의 감각에 나타나는 감각작용(sensation)과는 구별된다. 감각작용이 생리적인 현상이라면 지각은 심리적인 현상으로 계속적으로 변화하며 과거 경험에 의해서도 영향을 받는다. 따라서 지각이란 경험에 의미와 해석을 부여하는 과정이다. 구성주의적인 입장에서는 지각적 경험에 의해서 감각 정보를 지각 자극으로 구성하는 것이며 정보처리이론에서는 감각기억고에 들어온 자극에 주의 집중을 함으로써 지각이 이루어지며 지각된 자극은 '객관적 실재'로서의 자극이 아니라 개인마다 다르게 받아들이는 '주관적 실재'로서의 자극이 된다. 같은 사물을 보고도 다르게 해석하는 경우가 생기는 것은 지각한 자극을 주관적으로 다르게 의미 부여하고 해석하기 때문이다.

참고문헌

임규혁, 임웅(2007). 교육심리학. 서울: 학지사.
한국교육심리학회(2000). 교육심리학 용어사전. 서울: 학지사.

지그소 기법

[Jigsaw Technique]

1978년 아론슨(Aronson)이 개발한 지그소 기법은 모든 학생이 학습의 주체가 되어 서로 배우고 상호작용하는 소집단 협동학습의 형태이다. 이 기법은 소집단이 전문가 집단으로 나뉘어졌다가 다시 소집단으로 돌아오는 모습이 jigsaw puzzle(조각 맞추기)와 흡사하여 지그소 기법이라고 명명되었다. 지그소 기법은 다음과 같은 방법으로 진행된다.

① 학생들은 5~6명의 집단으로 나눈다.

② 집단별로 주어진 학습과제에 대한 일부분을 연구한다.

③ 집단 내에서 연구한 내용들을 다른 집단들과 함께 협동 학습함으로써 각자 맡은 부분에 대해서 상호작용한다.

참고문헌

이수련(2009). 유아를 위한 협동학습 모형 개발 및 적용효과. 박사학위청구논문, 성균관대학교 일반대학원.

Aronson, E. (1978). *The jigsaw classroom.* Beverly Hills, CA: Sage Publishing Company.

지능구조모델
[Structure of Intellect Model]

길포드(Guilford)는 전통적인 지능이론들이 일차원적인 관점에서 지능을 보고 있기에 지능의 본질을 정확하게 설명할 수 없다는 주장을 한다. 그리고 서스톤의 7PMA를 확장해 지능을 단일 구조가 아닌 다차원적 관점에서 설명하는 지능구조이론을 제안한다. 길포드는 인간의 지능을 상호 독립적인 세 가지 차원인 내용 영역, 인지적 조작, 산출의 상호작용을 제시하며, 인지과제를 수행하는 것은 산출을 얻기 위한 어떤 내용에 대한 인지적 조작으로 본다. 즉, 내용 영역은 무엇을 생각하는가, 인지적 조작은 사고 과정, 산출은 사고의 결과로 설명하고 있다. 그리고 이러한 세 가지 각 과정은 180개의 요소로서 분류된다.

지능지수
[Intelligence Quotient: IQ]

지능지수(IQ)는 지적 능력을 수치적으로 측정하기 위해 고안된 시험에 의해 산출되는 점수이다. IQ라는 용어는 독일의 intelligenz-quotient에서 변화한 것으로 독일의 정신학자 윌리엄 스턴(William Stern)이 1912년에 현대의 어린이들의 인지검사(20세기 초에 비네(Alfred Binet), 시몽(Theodore Simon)이 개발한 것과 같은)의 점수를 매기는 방식으로 제안한 것이며, 이 용어는 생활 속에서 일상적으로 쓰인다. 오늘날에 이르러서는 웩슬러 지능검사와 같이 통계적으로 일반화한 지능검사로 점수를 매기는 방법이 사용되고 있다.

참고문헌

위키백과 https://ko.wikipedia.org

지력
[Intelligence]

지력은 도전적인 새로운 과제를 성취하기 위한 사전지식과 경험을 적용할 수 있는 능력으로, 지능과 같은 의미로 쓰인다. 지능은 학업 성취와 같은 개인이 실제로 학습한 것과는 다르며, 지능은 반드시 영구적이고 변하지 아니하는 특성이라고 볼 수 없다. 즉, 지능은 경험과 학습을 통해 변화될 수 있다.

지식 공간
[Knowledge Space]

지식 공간론은 지식의 위계성에 바탕을 두고, 문항 간에 내재되어 있는 지식의 상태를 분석할 수 있는 이론이다. 비교적 위계가 강한 과학 교과의 내용에 적합하다. 또한 이 이론을 이용하여 평가 결과를 해석할 때, 학생들의 점수나 성적 등의 숫자 요소를 사용하지 않고 단지 문항을 맞추었느냐 그렇지 않느냐의 사실만을 다룬다. 그러므로 점수를 평균한다든지 하는 등의 정량화 과정에 따른 오류가 없다.

지식 메뉴

[Knowledge Menu]

지식 메뉴는 렌줄리(Renzulli)의 다중메뉴모형에서 제시하는 다섯 가지 계획 수립 메뉴, 즉 지식 메뉴, 교수목적과 학생활동 메뉴, 교수전략 메뉴, 교수계열 메뉴, 교수 내용에 대한 교사의 창의적 수정 메뉴 가운데 하나이다. 지식 메뉴는 특정 영역의 지식을 가르치는 데 바람직한 계열성을 제시하고 있으며, 4개의 하위 범주로 구성되어 있다. 네 가지 하위 범주는 위치, 정의 및 구조, 기본 원리 및 기능적 개념들, 방법론에 관한 지식, 세부적인 지식으로 되어 있다. 이들 네 가지 하위 범주에서 앞의 세 가지 범주는 수단적인 기능들이며, 마지막 네 번째 범주는 수단적 기능이 적용될 수 있는 다양하고 구체적인 내용에 관한 것이다.

지식 상태

[Knowledge State]

지식 상태는 평가문항이 맞음과 틀림의 두 가지로 판명할 수 있는 문항만으로 구성된 평가의 결과, 어떤 학생이 맞힌 문항의 집합을 일컫는다. 각 문항은 배경지식이 있기 때문에 맞힌 문항의 집합은 배경지식의 집합이고, 한 학생이 지니고 있는 지식의 상태가 된다. 많은 학생이 같은 평가문항으로 평가를 받았다면 다른 학생의 지식 상태와 비교하여 그 학생의 현재의 지식 수준을 알 수 있다. 많은 학생에 대한 정보를 기준으로 삼는 이유는 정보를 최대한 객관화하기 위함에 있다. 아무리 많은 학생이 평가에 참여하더라도 학생 각자의 답안은 몇 가지의 유형으로 분류될 것이고, 평가에 참여하는 학생의 수가 어느 정도 이상이라면 지식 상태의 종류와 개수는 일정할 것으로 예상하기 때문이다. 따라서 어떤 평가에 대해서 지식 상태의 모임 전체는 대체로 일의적으로 결정된다.

직관적 사고
[Intuitive Thinking]

대상이 가지고 있는 여러 가지 속성 중에서 한 가지 두드러진 지각적 속성에 의해 판단하는 사고로 세밀한 논리적 추리나 경험적 검증의 과정을 거치지 않고 문제의 해답을 생각해 내는 사고 양상을 말한다. 예컨대, 피아제(J. Piaget)에 의하면 크기, 색깔, 모양과 같이 한 가지 속성에 근거하여 대상을 이해하려는 전조작기 유아의 특성에 따라서 보존 개념을 획득할 수 없으며 이러한 직관적 사고의 특징은 구체적 조작기에 접어들게 되면 극복된다고 한다.

참고문헌

서울대학교 교육연구소(1995). 교육학 용어사전. 서울: 하우동설.

한국교육심리학회(2000). 교육심리학 용어사전. 서울: 학지사.

직무연수
[Job Training]

일반적으로 직무연수는 직무 능력을 더욱 향상하기 위해 직장에 취업한 사람을 대상으로 직장 내에서 실시하는 교육이다. 교육과 관련된 직무연수는 교원연수의 일종으로 「교원 등의 연수에 관한 규정」에 제시되어 있다. 교원연수는 자격연수와 직무연수로 구분이 된다. 자격연수는 1, 2급 정교사와 교(원)장, 교(원)감, 비교과 교사 등 교원의 자격을 취득하기 위한 연수이다. 이에 비해 직무연수는 교원능력개발평가 결과 직무수행 능력 향상이 필요하다고 인정되는 교원을 대상으로 실시하는 직무연수와 그 밖에 교육의 이론 · 방법 연구 및 직무수행에 필요한 능력 배양을 위한 직무연수로 구분된다(「교원 등의 연수에 관한 규정」 제6조 제1항). 직무연수의 연수과정과 내용은 연수원장이 정하도록 되어 있다.

직접유추
[Direct Analogy]

서로 관련이 없어 보이는 것들을 조합하여 발상 전환을 통해 새로운 것을 도출해 내는 시네틱스(Synectics) 발상법의 유추 방법 중 하나이다. 시네틱스 발상법은 비유를 활용함으로써 창의성이 의식화하는 방법을 모색하는데, 이 중 직접유추 방법이란 두 가지 개념들 간의 직접적인 단순비교이다. 시네틱스 발상법은 프린스(George M. Prince)와 고든(William J. J. Gordon)에 의해 개발되었다.

참고문헌

Gordon, W. J. (1961). *Synectics: The development of creative capacity*. Chicago.

ㅈ

진로성숙도
[Career Maturity]

슈퍼(Super)는 진로성숙도를 직업적 발달과업에 대한 준비도로 개인이 진로발달의 연속선상에서 도달하는 위치로 정의하였으며, 진로성숙의 하위변인으로 진로계획, 직업탐색, 의사결정, 직업세계에 대한 지식, 선호하는 직업군에 대한 지식 등으로 구성하였다. 크리츠(Crites)는 진로발달 이론을 근거로 진로성숙도를 개인의 발달 단계에 적합한 진로 발달적 과업을 수행한 정도로 보았으며, 특히 개인으로 하여금 진로 선택 과정에서 동일한 연령층의 학생들과 비교해서 나타나는 인지적 · 정서적 특성의 상대적인 위치를 의미한다고 하였다.

참고문헌

Crites, J. O. (1978). *Administration and use manual for the career maturity inventory*(2nd ed.). Monterey, CA: CTB/McGraw-Hill.

Super, D. E. (1955). The dimensions and measurements of vocational maturity. *Teachers College Record, 57*(3), 151-163.

진로결정 자기효능감

[Career Decision-Making Self-Efficacy]

진로결정 자기효능감이라는 개념은 밴듀라(Bandura)의 자기효능감 이론을 테일러(Taylor)와 베츠(Betz)가 진로발달 분야에 응용하여 개념화한 것으로 개인의 진로 결정과 관련된 과제들을 해결할 수 있다고 느끼는 자신감의 정도로 정의하였다(Betz & Voyten, 1997). 이현주(2001)는 진로결정 자기효능감을 개인이 자신의 진로목표를 성취할 수 있을 것인지에 대한 신념 또는 유능감으로 정의하였으며, 전공이나 직업의 선택과 같은 직업행동을 성공적으로 수행할 수 있는 자신의 능력에 관한 지각을 의미한다고 하였다.

참고문헌

이현주(2001). 대학생의 심리 사회적 특성과 진로탐색활동의 인과관계 연구. 한국심리학연구, 15(3), 257-280.

Betz, N. E., & Voyten, K. K. (1997). Efficacy and outcome expectations influence career exploration and decidedness. *Career Development Quarterly, 46*, 179-189.

진로교육

[Career Education]

진로교육은 '개인으로 하여금 자신의 진로를 계획하고 준비하여 진로를 선택하며 선택한 진로에 들어가서는 계속 발전해 나갈 수 있도록 도와주는 과정'이다. 진로교육이란 청소년들이 자신의 적성, 흥미, 능력에 따라 적합한 진로를 찾고, 그에 필요한 지식과 기능, 태도를 배워서 적응과 발달을 꾀하도록 돕는 종합적인 교육활동이라고 볼 수 있다.

참고문헌

이향순(2008). 초등 영재아와 일반아 부모의 진로의식 차이. 석사학위논문, 상명대학교.

한국교육개발원(1982). 중학교 학생, 학부모, 교사의 진로의식에 관한 기초조사 연구. 서울: 한국교육개발원.

진로유형
[Career Type]

진로유형이란 개인이 일생 자신의 삶을 구성하는 활동, 교육, 훈련, 직업, 가정, 가족, 그리고 지역사회서비스 등의 진로활동을 종합하여 나타나는 다양한 종류의 진로경로를 총칭한다.

참고문헌

이지연, 진미석, 정윤경(1998). 한국인의 진로유형에 따른 진로교육모형 개발. 한국직업능력개발원[편]. 서울: 한국직업능력개발원.

진로의사결정유형
[Career Decision Making Styles]

진로의사결정유형이란 어떤 개인이 진로에 대한 결정을 내릴 때 선호하는 접근방식을 말한다. 하렌(Harren)은 의사결정이 필요한 과제를 인식하고 그에 반응하는 개인의 특징적 유형, 개인이 의사결정을 내리는 방식이라 정의하였다. 의사결정에 대한 아이디어는 딩크라게(Dinklage)에서 시작되었으며 개인의 의사결정을 계획형, 직관형, 순응형, 운명론형, 충동형, 지연형, 번민형, 마비형의 여덟 가지로 분류하였다. 이어 하렌이 딩크라게의 분류를 재분류하여 좀 더 포괄적인 유형 분류 방식을 제시하였다. 하렌은 유형을 ① '합리적 유형–신중하고 논리적으로 의사결정, ② 직관적 유형–감정과 정서적인 만족을 기반으로 의사결정, ③ 의존적 유형–기대와 타인의 의견을 기반으로 하여 의사결정'으로 구분하였다.

참고문헌

김봉환, 이제경, 유현실, 황매향, 공윤정, 손진희, 강혜영, 김지현, 유정이, 임은미, 손은령 (2010). 진로상담이론. 서울: 학지사.

Dinklage, L. B. (1968). *Decision strategies of adolescents*. Harvard University Graduate School of Education.

Harren, V. A. (1979). A model of decision making for college student. *Journal of Vocational Behavior, 14*(2), 119-133.

진로의식

[Career Consciousness]

진로의식은 개인의 진로발달 과정에서 개인이 일의 진가와 진로선택의 준거를 이해할 수 있으며 여러 가지 직업에 대한 소양을 갖추는 것이다. 즉, 직업관의 개발, 진로의 종류에 대한 이해, 직업과 여가활동과의 관계 이해, 각 진로 추진에 필요한 기초 기능, 학력, 기술 등에 관한 소양, 자신의 잠정적 능력과 앞으로 사회인으로서 이러한 것들을 개발하고, 이해하며, 사고하게 되는 것이라고 정의한다. 진로의식이란 곧 개인이 전 생애에 걸쳐 이루어지는 진로발달 과정에서 일의 진가와 직업관 및 진로선택의 준거로 이해할 수 있다. 또한 진로를 선택·결정해 나가는 과정에서 이루어지는 자아발달 과정이라고 할 수 있다.

참고문헌

이향순(2008). 초등 영재아와 일반아 부모의 진로의식 차이. 석사학위논문, 상명대학교.

집단지능검사

[Group Intelligence Test]

다수의 수검자들에게 동시에 실시하는 지능검사이다. 대개는 지필검사 형태이고,

다지선다형이며, 채점도 객관적으로 된다. 대비되는 개념인 개별지능검사에 비해 사물의 조작이나 다른 사람과의 상호작용이 없으므로 검사자에 대한 고도의 훈련이 필요 없으며, 편리하고 경제적이다. 따라서 학교, 기업, 입사시험, 또는 기타 다수의 수검자를 대상으로 하는 검사가 필요한 곳에서 사용되고 있다.

참고문헌

한국교육심리학회(2000). 교육심리학 용어사전. 서울: 학지사.

집단편성
[Grouping]

학습자의 원활한 학습과 학습목표 달성을 위해 학급을 편성하거나 분단 · 모둠 등의 학습 단위를 조직하는 방법이다. 집단편성은 지능, 성숙, 동기, 가정환경, 선행학습 수준 등 학습에 영향을 미치는 다양한 기준을 고려하여 이루어진다. 특히 집단편성은 학습자의 학습 수준에 따라 이루어지는 경우가 대부분이므로, 능력별 집단편성의 관점에서 논의된다. 능력별 집단편성의 방법은 능력별 동질집단편성(streaming, tracking), 능력별 이질집단편성(heterogeneous grouping, mixed ability), 밴딩(banding), 세팅(setting, regrouping), 학급 내 능력별 집단편성(within class ability grouping, cluster grouping) 등이 있다. 특별히 밴딩은 학생들의 일반적인 능력을 기준으로 몇 개의 학급을 포함하여 2~4개의 밴드로 재집단 편성을 하는 것이며, 세팅은 학생들의 특정 교과 성적을 기준으로 집단편성을 하되 시간표 · 학생의 연령에 제한받지 않고 집단편성을 하는 것이다. 학급 내 능력별 집단편성은 교과 및 학생의 특성에 따라 학급 내에서 몇 개의 집단편성을 하는 방법이다. 동질 집단편성 및 이질 집단편성에 따른 학습효과의 차이는 교육적 상황에 따라 다르게 나타나지만, 영재학생들의 인지적 특성상 영재학생들을 위한 집단편성은 매우 신중하게 고려되어야 하는 요소이다.

참고문헌

이상철(2012). '세팅(setting)'에 의한 능력별 집단편성 수업의 효과 분석. 수산해양교육연구,

24(3), 446-458.
Ireson, J., & Hallam, S. (2001). *Ability grouping in education*. London: Paul Chapman Publishing.

쫄드연구소
[Henrietta Szold Institute]

쫄드연구소는 이스라엘의 영재교육을 위한 판별도구 및 교육과정을 개발하고 전문적인 측면에서의 지원 활동을 제공하는 기관이다. 이스라엘 문교부의 영재교육과가 영재교육의 목표, 영재의 정의, 영재의 특성, 영재교육과정, 영재교육기관 등과 관련된 제반 사항을 관할하고, 판별도구 개발이나 교육과정의 개발과 같은 전문적인 측면은 쫄드연구소가 지원한다. 즉, 매년 이스라엘 문교부는 심화학습 프로그램을 제공하는 지역의 영재들을 발굴하려는 목적으로 영재 선발을 위한 검사를 실시하며 이 검사는 쫄드연구소가 매년 개발하여 공동으로 실시한다. 쫄드연구소는 이스라엘 문교부와 함께 불우한 학생들 중에서 영재선발 검사 결과 선발된 학생이 적은 것에 의문을 품고 새로운 판별방법을 연구 · 시도하기도 하였다. 불우한 아동은 교과 영역에 접할 기회가 적기 때문에 검사를 실시했을 경우 불리한 결과가 나올 가능성이 매우 높다는 점에 착안하여 불우한 아동에게 학습활동과 학습 경험을 제공하고, 학습과정을 관찰하여 영재성 여부를 판별하고자 노력하고 있다. 쫄드연구소 연구원인 졸만(Zolman, 1995)이 발표했던 구체적인 방법은 초등학교 102학생을 대상으로 과학 예술 교과를 가르친다. 이를 위해서 쫄드연구소가 교사에게 교수 기법, 관찰 기법에 관한 자료를 제공하고 지도한다. 그 과목의 수업을 처음 시작할 때와 비교하여 수업 후 향상이 두드러지면 영재로 판별한다. 새로운 활동에 노출하는 것을 목적으로 한 교과서를 중심으로 2년간 지도하며 다양한 평가 관점을 적용하여 영재성을 판별하는 것이다.

참고문헌

구자억, 안미숙, 김홍원, 이순주, 박성익, 조석희(2002). **동서양 주요국가들의 영재교육**. 서울: 문음사.

차별화 교육과정

[Differentiated Curriculum]

학생 개개인의 능력과 적성, 흥미에 맞게 고안된 교육과정을 말한다. 차별화라는 용어는 다양한 능력을 가진 학생들을 집단으로 가르치게 되면서 어려움을 겪는 학생을 고려하면서 나타나기 시작하였다. 차별화는 더딘 학습자나 학습장애아, 영재아만을 위한 것이 아니라 모든 학생에게 적합하게 제공되는 것을 의미한다. 개개인에 맞는 교육과정이라는 의미에서 차별화 교육과정은 개별화된 교육과정으로 해석될 수 있다. 교사는 차별화된 학습활동을 할 때 과제의 차별화와 산출물의 차별화라는 두 가지를 다 고려해야 한다.

참고문헌

George, D. R. (1993). Instructional Strategies and Models for Gifted Education.

창발(성)

[Emergence]

하위 수준에서 나타나지 않았던 새로운 패턴이나 속성, 구조 등이 상위 수준에서 나타남을 의미한다. 즉, '전체는 부분의 합보다 크다.'는 게슈탈트 심리학의 주장과 궤를 같이한다. 예측을 넘어서 갑작스럽게 나타나는 창발성은 자연의 여러 곳에서 관찰할 수가 있다. 물을 예를 들어 보자. 개별적인 물 분자가 가지고 있던 특성은 그 수가 많아지면서 새로운 특성을 갖게 된다. 온도의 변화에 따라 기체나 고체라는 새로운 특성을 가질 수도 있고, 액체의 형태로는 파장이나 파도가 생겨나기도 한다. 즉, 물 분자 자체의 특성보다 더 많은 특성들이 집합체에서 나타나는 것이다. 생물학에서도 곰팡이, 개미와 같은 생명체는 집합체가 되었을 때 훨씬 다양한 생물학적 속성을 보여 주고 있음을 알 수 있다.

창발성이 창의성과 관련하여 중요한 것은 다양한 개별 아이디어들이 머릿속에 있는 표상 공간 안에서 결합되어 전혀 새로운 창의적인 아이디어를 형성하는 과정이 창발성의 과정과 비슷하기 때문이라고 할 수 있다.

창발성은 최근 들어 노벨상 수상자인 일리아 프리고진의 연구를 기반으로 해서 다양한 영역으로 확대되고 있는데, 생명체의 자기조직화(self-organization)와 창발의 결과로 나타나는 복잡계(complexity) 및 프랙탈 구조(fractal structure)의 이론 등이 그것이다.

최근 창의성의 발현이 뛰어난 개인 혼자보다는 그룹이나 집단에 의해 나타나는 현상을 생각하면, 이러한 창발성은 개인적 수준이 아닌 여러 사람이 모인 집단의 활동에서 나타나는 특성이라고도 할 수 있다. 집단 창의성 분야에서 창발성이라는 용어가 직접 언급되고 있진 않지만, 집단적 활동에 의해 나타나는 창발성의 새로운 모습에 대하여 소이어(Sawyer, 2008)는 그룹 지니어스(group genius)라고 표현하였다.

참고문헌

Goldstein, J. (1999). Emergence as a construct: History and issues. *Emergence, 1*(1), 49-72.

Sawyer, K. (2008). *Group genius: The creative power of collaboration.* Basic Books.

창의 생산 영재
[Creative-Productive Giftedness]

미국의 교육 심리학자 렌줄리(Joseph Renzulli)가 제시한 두 가지 영재 유형 중 하나로 독창적인 지식, 자료 및 물건 생산에 뛰어난 적성을 보이는 아동을 의미한다. 이는 지식 습득 능력이 뛰어나며 전통적인 지능 및 인지 평가에서 높은 점수를 보이는 학교 학습 관련 영재(schoolhouse giftedness)와 반대된다.

참고문헌

Kaufman, J. C., Kaufman, S. B., Beghetto, R. A., Burgess, S. A., & Persson, R. S. (2009). Creative giftedness: Beginnings, developments, and future promises. In *International handbook on giftedness*, pp. 585–598. Springer Netherlands.

Renzulli, J. S. (1978). What makes giftedness? Reexamining a definition. *Phi Delta Kappan, 60*, 180–184, 261.

Renzulli, J. S. (2005). The three-ring definition of giftedness: A developmental model for promoting creative productivity. In R. J. Sternberg & J. E. Davidson (Eds.), *Conceptions of giftedness*(2nd ed.), pp. 246–280. New York: Cambridge University Press.

창의성
[Creativity]

창의성에 관한 정의는 매우 다양하나, 대표적으로 다음 두 가지가 가장 많이 쓰인다. 첫째는 실용 기능적 정의이다. 여기에서 창의성은 새롭고(독창적)이고 적절한(유용한) 산물을 생성해 내는 개인의 능력으로 정의한다. 창의실용정부, 창의(창조)경제, 창의시정 등 언론매체에서 '창의성'을 말할 때는 거의 이 관점에서 다루고 있다고 보면 된다. 다른 하나의 정의는 자아 실현적 정의이다. 여기서는 인간은 누구나 정도는 다르더라도 창의성을 발휘할 재능을 가지고 있다는 전제에서 시작한다. 창의적인 인간은 이 잠재적 능력을 최적으로 발휘하고 사는 사람이라는 것이다. 이 두 번째 정의는 창의성 교육이나 영재교육의 관점에서 매우 중요한 의미를 갖는다. 아동의 창의적 잠재력을 끄집어내는 것이, 지금 당장 실용적 산물을 만들어 내는 것보다 중요하기 때문이다. 이 외에 창의성의 어떤 부분에 관심을 가지고 있는가에 따른 4P 정의〔과정(process), 산물(product), 사람(person), 환경(persuasion)]도 많이 인용된다.

참고문헌

최인수(1998). 창의성을 이해하기 위한 여섯 가지 질문. 한국심리학회지: 일반, 17(1), 25-47.

창의성 검사
[Creativity Test]

창의성 검사는 새롭고 독창적인 아이디어나 산물을 만들어 내는 인지적 능력과 그와 관련된 창의적 성향 및 동기적 특성을 측정하기 위한 도구이다. 따라서 창의성 검사는 인지적 · 성향 및 동기적 · 산출물 검사로 구성된다. 인지적 검사는 새롭고 다양한 관점에서 독특한 아이디어를 내는 지적 능력을 평가하는 도구이며, 토랜스(Torrance, 1966)의 TTCT(Torrance Tests of Creative Thinking), 젤렌과 어번(Jellen & Urban, 1986)의 TCT-DP(Test for Creative Thinking-Drawing Production) 등이 대표적인 검사도구이다. 성향 및 동기적 검사는 창의적인 사고를 발현하기 위해 필요한 정의적 특성을 평가하는 도구이며, 림(Rimm, 1983)의 PRIDE(Preschool and kindergarten Interest Descriptor), 데이비스와 림(Davis & Rimm, 1979)의 GIFFI(Group Inventory for Finding Interests), 최인수와 이종구(2004)의 CIS(Creativity Inventory for Student) 등이 대표적인 검사도구이다. 마지막으로 산출물 검사는 아마빌레(Amabile, 1982)의 CAT(Consensual Assessment Technique)와 베세머(Besemer, 1998)의 CPSS(Creative Product Semantic Scale)의 검사 도구의 기준(새로움, 실용성, 정교성)에 따라서 결과물 및 산물을 평가하는 것이다.

참고문헌

최인수(2000). 유아용 창의성 측정도구에 관한 고찰. 유아교육연구, 20(2), 139-166.
최인수, 이종구(2004). 창의성 검사. 서울: 한국가이던스.
Amabile, T. M. (1982). Social psychology of creativity: A consensual Assessment Technique. *Journal of Personality and Social Psychology, 43*, 997-1013.

Besemer, S. P. (1998). Creative product analysis matrix: Testing the model structure and comparison among product-three novel chairs. *Creative Research Journal, 11*(4), 333–346.

Rimm, S. B. (1983). *PRIDE: Preschool and kindergarten interest descriptor*. Educational Assessment Service.

Davis, G. A., & Rimm, S. B. (1979). *Group Inventory for Finding Interests*. Educational Assessment Service.

Jellen, H. G., & Urban, K. K. (1986). The TCT–DP (Test for Creative Thinking-Drawing Production): An instrument that can be applied to most age and ability groups. *Creative Child & Adult Quarterly, 11*(3), 138–155.

창의인성

[Creativity and Personality]

전 국민의 창의성이 향상이 되면 나라는 부강해지고 삶의 질이 나아질 것이라고 기대한다. 마치 창의성이 모든 문제를 해결해 주는 전가의 보도처럼 여겨진다. 그러나 창의성 또한 양면성을 가진 칼과 같아서, 그것을 소유한 사람이 어떻게 사용하는가에 따라 흉기가 되기도, 생명을 살리는 수술용 칼이 되기도 한다. 전 세계 경제를 휘청거리게 하였던 월스트리트 사태도 금융전문가들의 탐욕과 도덕적 해이에서 비롯된 것이었다. 따라서 창의성의 이러한 어두운 면에 대한 경각심이 부각되고 이를 학문적으로 연구하려는 학자들은 '불순한 창의성(dark side of creativity)'이라는 용어도 만들었다. 이러한 점을 고려하여 우리나라에서도 창의인성교육을 본격적으로 실시하려고 노력하고 있다. 우리나라의 미래를 짊어질 아이들에게 창의성의 함양뿐 아니라 이를 올바르게 활용할 수 있는 마음가짐을 심어 주는 것은 지속 가능한 한국 사회의 발전을 위해 매우 시급한 과제이기 때문이다. 21세기를 이끌어 가는 창의적 인재가 갖추어야 할 덕목으로서 정직, 약속, 용서, 책임, 배려, 소유를 꼽을 수 있고 이를 창의성을 교육하는 내용에 융합해 보자는 것이 창의인성교육의 목표라고 할 수 있다.

참고문헌

문용린, 최인수(2010). 배려와 나눔을 실천하는 창의인재육성을 위한 창의 · 인성교육 활성화 방안 연구. 한국과학창의재단 연구보고서.

Cropley, D., Cropley, A., Kaufman, J., & Runco, M. (2010). *The Dark Side of Creativity*. Cambridge University Press.

창의적 문제 발견
[Creative Problem Finding]

지금까지 많은 관심이 창의적 문제해결에 집중되어 있었으나, 오히려 창의적인 문제를 발견하는 것이 더욱 중요하다는 주장도 있다. 아인슈타인도 자기에게 한 시간이 주어진다면 문제를 발견하고 정의하는 데 55분의 시간을, 풀기 위해 5분을 사용하겠다고 말한 것으로 전해진다. 결국 중요한 것은 누구나 생각할 수 없는 '창의적' 문제를 발견하는 것이라고 할 수 있는데 여기에서 과연 '창의적' 문제는 어떻게 정의해야 할 것인가라는 또 다른 의문을 갖게 된다. 이와 관련하여 퍼킨스(Perkins, 1994)는 창의적 문제란 문제 공간(그는 가능성 공간(possibility space)이라고 지칭하고 있다)에서의 해결 가능성이 쉽지 않거나(희소성 문제), 기존의 규칙을 바꾸지 않으면 도달할 수 없는 다른 문제 공간에 해결책이 존재하거나(고립 문제), 해결책에 근접하기는 어렵지 않지만 적중하기는 쉽지 않고(오아시스 문제), 공간에서의 풀이 방향 설정이 쉽지 않은 문제(고원(plateau) 문제)와 같은 네 가지 문제의 성격 중 최소한 하나 이상을 지니고 있는 문제라고 정의하였다.

참고문헌

Perkins, D. (1994). Creativity: Beyond the Darwinian paradigm. In Boden, M. (Ed.), *Dimensions of creativity*(pp. 119–142). Cambridge, MA: MIT Press.

창의적 문제해결력
[Creative Problem Solving Ability]

어떤 문제를 해결하기 위해 창의적으로 사고하려는 과정이나 노력을 말한다. 낯선 문제 상황에 직면했을 때 알고 있는 지식, 원리, 문제해결 방법을 새롭게 재조직, 재구성하여 새로운 지식이나 원리, 문제해결 방법을 창안한 다음, 이를 활용하여 문제를 해결하는 능력을 말한다. 창의적 문제해결력은 문제해결의 과정에 수렴적 사고와 확산적 사고가 함께 작용하여 문제를 해결하는 능력이다.

참고문헌

특수과학교육연구회(2011). 특수학생의 과학교육. 볼록미디어.

ㅊ

창의적 문제해결력 검사
[Creative Problem Solving Ability Test]

창의적 문제해결은 문제를 찾아내고, 관련 자료를 탐색하여, 문제를 구체적으로 만들어 내고, 다양한 아이디어를 생성해서 최선의 해결안을 선택하는 사고 과정이다. 이 사고 과정은 도전 이해하기(understanding the challenge), 아이디어 생성하기(generating ideas), 실행을 위한 준비하기(preparing for actions) 3요소와 기회 구성(constructing opportunities), 자료 탐색(exploring data), 문제 구성(framing problems), 아이디어 생성(generating ideas), 해결책 개발(developing solution), 수용안 구성(building acceptance)의 6단계로 구성된다. 창의적 문제해결력 검사는 창의적 문제해결 과정의 3요소와 6단계의 능력을 체크리스트를 통해 측정하는 것이다.

참고문헌

Treffinger, D. J. (2000). *Assessing CPS Performance* (3rd ed.). Waco, TX: Prufrock Press.

Treffinger, D. J., Isaksen, S. G., & Dorval, K. B. (2006). *Creative problem solving: An introduction*(4th ed.). Waco, TX: Prufrock Press.

창의적 문제해결 프로파일 검사
[Creative Problem Solving Profile Inventory (CPSP)]

창의적 문제해결 프로파일 검사는 창의적 문제해결과정인 문제 생성(problem generation)−문제 형성(problem formation)−문제해결(problem solution)−해결책 실행(solution implementation)에 따라 네 가지 창의적 문제해결 스타일을 구성한 것이다.

창의적 문제해결 스타일을 문제에 대해 민감하게 인식하고 본질 파악하는 것을 선호하는 generator, 문제를 해결하기 위한 많고 다양한 아이디어를 산출하는 것을 선호하는 conceptualizer, 추상적인 아이디어를 실제적인 해결책으로 구성하는 것을 선호하는 optimizer, 그리고 실제 해결책을 실행하는 계획 수립 및 실천력을 선호하는 implementer로 유형화하였다. 본 검사 도구는 개개인의 선호 스타일을 파악하여, 팀 또는 조직에서 문제를 창의적으로 해결할 수 있도록 네 가지 스타일을 활용하는 것이다.

참고문헌

Basadur, M., Graen, G., & Wakabayashi, M. (1990). Identifying individual differences in creative problem solving style. *The Journal of Creative Behavior, 24*(2), 111−131.

Basadur, M., & Gelade, G. (2003). Using the creative problem solving profile(CPSP) for diagnosing and solving real-world problems. *Emergence, 5*(3), 22−47.

창의적 사고
[Creative Thinking]

창의적 사고는 창의적 행동이나 산출물을 위해 필수적으로 요구되는 인지적 요소라고 할 수 있다. 길포드는 창의적 사고는 확산적 사고와 수렴적 사고로 구성된다고 주장한 바 있다. 창의적 사고는 보통 네 단계로 구성된다고 학자들은 보고 있다. 이들에 의하면, 창의성은 문제해결을 위해 문제점 및 이론, 자료를 수집하는 준비 단계

(preparation stage), 의식선상에 해결책이 떠오를 때까지 여러 아이디어를 조합해 보는 부화 단계(incubation stage), 아이디어의 조합 결과 해결책이 생성되는 조망 단계(illumination stage), 발견된 해결책의 유용성을 평가하는 검증 단계(vertification stage)로 구성된다.

창의적 사고 향상 기법으로 대표적인 것은 수용적인 분위기 속에서 가능한 한 많은 아이디어를 생성해 내는 브레인스토밍(brainstorming), 주어진 문제의 속성(모양, 크기, 색깔, 특성 등)을 열거해 봄으로써 기존의 아이디어와는 다른 개념이나 원리를 색다르게 결합하거나 수정해 새로운 아이디어를 산출해 내는 속성열거법(attribute listing), 시네틱스(synetics), 스캠퍼(SCAMPER) 등이 있다. 이들 방법은 결국은 자신이 가지고 있는 정보를 잘 연결하여 새롭고 유용한 결과를 얻을 수 있도록 도와주는 초인지적 기술(metacognitive skill)이라고 할 수 있는데, 시카고 대학교에서 창의적 인물 100명을 인터뷰하고 이들의 창의성의 토대를 연구한 칙센트미하이 교수의 연구팀은 대다수의 인물들이 창의적 사고를 위해 자신만의 초인지적 기술을 한두 개씩 가지고 있음을 발견하였다.

참고문헌

문정화, 하종덕(2005). 또 하나의 교육 창의성. 서울: 학지사.

조연순, 성진숙, 이혜주(2009). 창의성 교육. 서울: 이화여자대학교 출판부.

최인수(1998). 창의성을 이해하기 위한 여섯 가지 질문. 한국심리학회지: 일반, 17(1), 25-47.

최인수 (2011). 창의성의 발견. 서울: 쌤앤파커스.

창의적 사고기법

[Creative Thinking Skill]

최근의 학교 현장의 많은 교사는 창의성을 기를 수 있다는 연구 결과에 주목하면서 창의적 사고를 훈련과 연습에 의해 신장하는 창의적 사고기법에 주목한다. 창의적 사고를 증진하기 위한 기법은 아이디어의 생성을 위한 확산적(발산적 divergent) 사고기법과 아이디어를 평가, 개발, 선택하기 위한 수렴적(convergent) 사고기법, 아이디어를 실천하고 행동화하기 위한 기법 등으로 나눌 수 있다(김영채, 2007: 186-375).

확산적 사고기법은 브레인스토밍, 강제결부법, 시네틱스, 유추법, 형태분석법, 속성열거법, 연꽃 기법, 체크리스트, SCAMPER(substitute, combine, adapt, modify, magnify, minify, put to other uses, eliminate, rearrange, reverse) 등이 있다. 수렴적 사고기법으로는 아이디어에 대한 비판을 하여 평가하는 역브레인스토밍 기법, 아이디어의 평가에 사용할 수 있는 히트 기법, 핫스파트 기법, 하이라이팅 기법, 아이디어 평가행렬표, 그리고 아이디어의 우선순위를 매기기 위한 쌍비교분석법(Paired Comparison Analysis: PCA), ALU(Advantage, Limitation & Unique), PMI(Plus, Minus, Interesting) 등이 있다. 행동화하기 위한 기법으로는 문제해결을 위한 행동 계획(action plan)을 짜는 시퀀스 기법, 아이디어를 실천하고 작업 계획을 세우는 연구 계획 다이어그램 기법이 있다. 또한 문제를 스스로 발견하고 발견한 문제에 대한 해결안과 실천을 위한 계획을 위한 창의적 사고 기법으로 확산적 사고와 수렴적 사고를 모두 사용하는 창의적 문제해결(Creative Problen Solving: CPS) 기법이 있다.

창의적 사고기법은 창의성을 증진하기 위한 전략으로 사용되는 것이기 때문에 창의적 사고기법에 의존하여 창의성을 개발한다면 오히려 창의적 사고를 기법에 제한하므로 주의해야 한다.

참고문헌

김영채(2007). 창의력의 이론과 개발. 경기: 교육과학사.

창의적 사고 능력
[Cognitive Factor of Creative Thinking]

창의적 사고 능력은 창의적 사고 과정에서 요구되는 인지적 능력으로서 창의성의 발현에는 다양한 지적 능력이 기여한다. 대부분의 창의성에 대한 연구에서 공통되는 특성은 길포드와 토랜스(Guilford & Torrance)의 연구에서 제시된 유창성, 융통성, 독창성, 정교성으로 구성된다(김영채, 2011: 151-156; 문정화, 하종덕, 1999: 64-67;

Davis, Romm, & Siegle, 2011). 이는 길포드 검사나 토랜스 창의성 검사(Torrance Test of Creative Thinking: TTCT)를 통해 측정될 수 있다. 유창성(fluency)은 특정한 문제 상황에서 가능한 한 많은 아이디어나 반응을 산출하는 능력으로 아이디어의 양과 관련이 있으며, 융통성(flexibility)은 고정적인 사고방식에서 벗어나 여러 각도에서 다양한 해결책을 찾아내는 능력으로 다른 시각과 범주로 사고의 틀을 바꾸는 것을 말하며, 독창성(originality)은 기존의 것과는 다르게 새롭고 독특한 아이디어를 산출하는 능력으로 아이디어의 희귀성과 관련이 있으며, 정교성(elaboration)은 기존의 아이디어에 흥미롭고 유용한 세부사항을 추가해서 보다 가치 있는 산물이나 아이디어로 발전시키는 능력으로 적절한 아이디어로의 발전과 실행하는 능력을 의미한다.

참고문헌

김영채(2007). 창의력의 이론과 개발. 경기: 교육과학사.

문정화, 하종덕(1999). 또 하나의 교육 창의성. 서울: 학지사.

이미순, 류지영, 이영주, 이현주, 채유정 역(2014). 영재교육(6판)〔*Educaton of the Gifted and Talented*(6th ed.)〕. Gary A. Davis, Sylvia B. Rimm, & Del Siegle 저. 서울: 박학사. (원서 2010년 출간).

창의적 사고 성향

[Affective Factor of Creative Thinking]

창의적 사고 성향은 창의적 사고가 이루어지게 하기 위해 요구되는 개인의 정의적 또는 태도적 특성으로 민감성, 개방성, 인내심, 모험심이 있다(문정화, 하종덕, 1999: 67-70). 민감성은 주변의 상황에 대해 예민한 관심을 보이고 새로운 영역을 탐색하려는 성향이나 태도로서 사물이나 환경에 대한 호기심이 강하며 있는 그대로의 사실을 받아들이지 않고 끊임없는 의문과 질문을 통해 새로운 사실을 발견하려는 태도를 말하며, 개방성은 자신의 경험에 제한받지 않고 모든 가능성을 수용하려는 성향이나 태도, 인내심은 불확실함을 끝까지 견디며 포기하지 않는 성향이나 태도로서 애매모호한 상황을 참아 내면서 무엇인가를 찾으려 하고 어려운 상황이나 문제를 피하지 않고 과제가 해결될 때까지 끝까지 물고 늘어지는 과제 집착력을 말한다. 모험심은 위험을 감수하며 장애를 극복하려는 성향이나 태도로 도전의식을 갖고 두려움 없이 부딪치고 실수나 실패를 두려워하지 않는 태도이다.

참고문헌

문정화, 하종덕(1999). 또 하나의 교육 창의성. 서울: 학지사.

창의적 산출물

[Creative Product]

창의적인 사고를 통하여 생산된 물건을 의미하며 개인의 창의적 사고 과정과 문제 해결 능력을 보여 준다. 특히 영재학생들의 교수–학습에서 창의적 산출물은 교육목표의 하나로 중요하게 취급되고 있다. 베세머와 오퀸(Besemer & O'Quin)은 창의적 산출물을 평가하기 위한 창의적 산출물 의미 척도(creative product semantic scale)를 제시하였는데, 이 척도는 산출물의 독창성을 평가하는 '새로움(novelty)', 산출물의 적절성, 유용성, 가치 등을 평가하는 '해결성(resolution)', 그리고 산출물의 조직성, 복합성, 그리고 완성도 등을 평가하는 '정교성과 종합성'의 차원으로 구성되어 있다. 이러한 평가기준에 준거하여 아동의 창의성을 평가할 수 있다.

참고문헌

조연순, 성진숙, 이혜주(2008). 창의성 교육: 창의적 문제해결력 계발과 교육 방법. 서울: 이화여자대학교출판부.

창의적 성격(성향, 인성)

[Creative Personality(Traits)]

창의적 인물들의 성격적 특성에 관한 다양한 연구를 바탕으로 창의적 성격 특성을 기술하였다(Davis, 2004: 83-97; Runco, 2009). 창의적인 사람들은 ① 자신의 창의성을 인식하고 있으며 창의성을 가치 있게 여기고, ② 독창적, ③ 독립적, ④ 위험을 감수하며, ⑤ 열정적, ⑥ 호기심이 많으며, ⑦ 유머감각이 있고, ⑧ 환상이나 허구, 초현실적인 신비한 것을 좋아하며, ⑨ 쉬운 것보다는 어렵거나 애매모호한 것을 좋아하고, ⑩ 예술적 심미적 관심을 갖으며, ⑪ 개방적 마음을 갖고 있어 다른 사람의 관점을 수용하고 다양한 경험에 자신을 노출하며, ⑫ 철저하여 과제 집착력이 높고, ⑬ 혼자 있는 시간을 필요로 하여서 반성적 사고, 문제해결을 위한 사적인 시간을 필요로 하며, ⑭ 지각이 높아 관찰력이 뛰어나서 직관적으로 패턴이나 시사점을 잘 찾으며, ⑮ 정서적 민감성이 높아 정서적 높고 낮음이 과흥분 상태(overexcitability)로 나타나기도 하며, ⑯ 윤리적이어서 이상적이며 공감이 높고 용기가 있다. 반면에 부정적인 성격적 특성도 있다. 창의적인 사람들은, ① 이기성이 높아 자기중심적이며, ② 충동적이며 무책임하고, ③ 논쟁적이고 냉소적이며 비협조적이고, ④ 유치하고 미성숙하며, ⑤ 무심하고 부주의하며, ⑥ 신경과민이어서 정서를 잘 통제하지 못하고, ⑦ 정신적으로나 육체적으로 과잉 행동적이다.

참고문헌

전경원, 이경화, 고진영, 김정희, 박숙희, 박춘성, 성은현, 유경훈, 전경남, 최병연, 하주현, 한순미, 함정현 역(2009). 창의성, 이론과 주제(*Creativity, Theories and Themes: Research, Development, and Practice*). Runco, M. A. 저. pp. 327-376. 서울: 시그마프레스. (원서 2007년 출간).

Davis, G. A. (2004). Creativity is foever(4th ed.). *Kendal/Hunt Publishing Company*. 83-97.

창의적 영재

[Creative Giftedness]

영재를 어떻게 정의하는가에 대해서는 다양한 의견이 있지만, 가장 많이 인용되는 것은 렌줄리(Renzulli, 1978; 1992)의 '세 고리[(three ring) conception]' 정의이다. 렌줄리의 연구에 따르면 영재가 되기 위해서는 다음 세 가지 요소, 즉 '평균 이상의 지적 능력'과 '과제 집착력 또는 동기', 그리고 '창의성'을 가지고 있어야 한다는 것이다. 따라서 창의적 영재라는 말은 동어반복일 수도 있다. 그러나 창의적 영재성의 개념을 다른 영재 개념과 구별하여 사용하는 학자도 있다. 스턴버그와 루바트(Sternberg & Lubart, 1993)는 창의적 영재성을 학문적 영재성(academic giftedness)이나 신체적 영재성(physical giftedness)과는 다른 영재성의 한 형태로서 제시하기도 한다.

참고문헌

Renzulli, J. S. (1978). What makes giftedness? Reexamining a definition. *Phi Delta Kappan, 60*(3), 180.

Sternberg, R. J., & Lubart, T. I. (1993). Creative giftedness: A multivariate investment approach. *Gifted Child Quarterly, 37*(1), 7-15.

창의적 지능
[Creative Intelligence]

지능이라는 것은 사람이 환경과 사회에 얼마나 잘 적응하는가를 나타내는 지수라 할 수 있다. 환경과 사회에 잘 적응했다는 것을 짧게 표현하면 '성공했다'가 될 것이다. 따라서 지능이 높으면 성공할 가능성이 높아야 한다. 그런데 지능이 높은 사람들을 종단적으로 연구하였던 학자 터먼의 연구에서는 지능보다는 동기, 리더십, 감정 통제 능력, 창의성과 같은 요인들이 성공을 더 잘 예측해 준다는 사실을 발견했다. 따라서 전통적인 지능측정에 대한 대안을 요구하는 학자들이 나타났는데, 스턴버그(Sternberg)도 그중의 하나이다. 스턴버그는 '지능의 삼위일체론(triarchic theory of intelligence)'을 주장했는데, 그에 따르면 지능 개념은 전통적인 지능(이를 '분석적 지능'이라 부름) 외에 얼마나 창의적 능력을 가지고 있는가를 말해 주는 '창의적 지능', 학교가 아닌 현실 생활의 문제를 이해하고 해결하는 능력으로 구성된 '실제적 지능', 이 세 가지로 구성되었다는 것이다. 이 요소들이 조화를 이루어야 성공을 거둘 수 있다는 점에서 그의 이론을 '성공지능 이론'이라 부르기도 한다. 여기에서 '창의적 지능'을 좀 더 구체적으로 표현하자면 창의적 지능이란, ① 불완전한 퍼즐 조각으로 온전한 그림을 알아내는 통찰력, ② 온고지신(溫故知新)의 능력, ③ 정보의 옥석을 가려내는 능력 등으로 구성된다.

참고문헌

최인수(1998). 창의성을 이해하기 위한 여섯 가지 질문. 한국심리학회지: 일반, 17(1), 25-47.
최인수(2011). 창의성의 발견. 서울: 쌤앤파커스.

창조성
[Creativity]

ㅊ

창조성의 개념은 창의성과 비교하면서 풀어 가면 이해에 도움이 된다. 우리나라 국어사전을 찾아보면 창조는 '전에 없던 것을 처음으로 만듦', 창의는 '새로운 의견을 생각해 냄'이라고 풀고 있다. 즉, 창조는 산물을, 창의는 아이디어를 만드는 것으로 뜻가르기를 하고 있는 셈이다. 그러나 우리나라에서는 창조와 창의가 큰 구분 없이 사용된다. 그러나 중국에서 창조란 새로운 사물을 구체적으로 만들어 내는 것으로, 주로 정치, 종교 등 거시적 맥락에서 활용되며, 창의란 창조를 낳는 독창적인 사고 또는 생각을 일컫는다. 일본의 경우 코지엔(廣辭苑) 사전을 찾아보면 창조란 '새롭게 만들어 내는 것, 새로운 것을 처음으로 만들어 내는 것'이고, 창의란 '지금까지 없었던 새로운 것을 생각해 내는 것'으로 정의되어 있다. 일본에서는 창의라는 말 뒤에 종종 궁리[工夫]를 붙여서 쓴다고 한다. 창의궁리는 여러모로 생각하여 새로운 것을 만들어 내는 과정(process)을 의미한다. 이처럼 creativity의 번역어인 창의성, 창조성의 개념은 같은 한자권이라도 미묘하게 다르게 이해되고 있다.

참고문헌

최인수(2011). 창의성의 발견. 서울: 쌤앤파커스.

천장 효과

[Ceiling Effect]

학습자를 대상으로 한 교수법이나 프로그램 등의 실험 처치가 과도하게 효과적이었거나 검사의 난이도가 매우 낮아서, 측정 대상자에 속한 학습자들이 모두 매우 높은 점수를 얻게 되는 현상을 말한다. 반대로, 학습자들 모두 매우 낮은 점수를 얻게 되는 현상은 바닥 효과(floor effect)라고 부른다. 천장 효과가 발생하게 되는 경우에는, 연구자(또는 교수자)가 살펴보고자 하는 독립변인(예: 교수법, 중재 프로그램)의 효과가 종속변인에 어느 정도 영향을 미쳤는지 정확하게 가늠하기 어렵다.

참고문헌

김종석(1989). 교수, 학습의 이론과 실제. 서울: 성원사.
송명자(2008). 발달심리학. 서울: 학지사.
신종호, 김민성, 최지영, 허유성, 이지은(2015). 교육심리학. 경기: 교육과학사.

청크(청킹)

[Chunking]

정보를 의미 있는 묶음으로 만드는 것을 말한다. 인간의 뇌가 정보를 기억하는 방법은 장기기억과 단기기억으로 나뉘는데, 학습자가 단기기억을 효과적으로 활용하기 위해서는 의미덩이(Chunk)들을 만들고 학습하는 것이 효과적으로 알려져 있다. 단기기억에 대한 구체적인 과학적 이론의 시작은 1956년 밀러(Miller)가 인간의 정보처리 능력은 한계가 있음을 발견하여 7±2를 제시하였다. 밀러에 따르면, 인간이 단기기억을 활용하여 처리할 수 있는 용량의 한계가 단순한 이진법적인 기억은 아홉 개, 단어의 경우는 다섯 개라고 한다. 그래서 학습자를 위한 수업 설계 및 학습 지도 시 이러한 단기기억의 특징을 고려하여 청크(의미덩이)로 나누어 접근하는 것이 필요하다.

참고문헌

신종호, 김민성, 최지영, 허유성, 이지은(2015). 교육심리학. 경기: 교육과학사.
이정모, 강은주, 김민식, 김기택, 김정오(2009). 인지심리학(3판). 서울: 학지사.
Miller, G. A. (1956). The magic number seven, plus or minus two: Some limits on our capacity for processing information. *Psychological Review, 63*(2), 81.

체계적 사고

[Systemic Thinking]

어떤 내용에 대해 정해진 순서대로 사고하는 것이다. 체계적 사고는 총체적 시스템을 이루는 부분, 단계, 과정을 쪼개서 각 요소를 연결시켜 가면서 점점 큰 전체를 이루도록 하는 사고다. 수학에서 삼각형 넓이를 구하려면 넓이를 구하는 공식을 알아야 하고, 그 전에 삼각형은 사각형을 절반으로 나눈 모양이라는 것을 알아야 하며, 그 전에 밑변과 높이가 무엇인지를 알아야 한다. 그리고 기본 연산도 알아야 한다. 수학에서 어떤 한 문제를 풀기 위해 그와 연결된 개념과 기능을 줄줄이 엮어서 사용해야 하는데, 이때 하게 되는 사고 프로세스를 체계적 사고라 한다.

체계적 사고는 어떤 내용을 이루는 요소들을 순서를 지켜 나가면서 점점 큰 내용으로 접근할 수 있게 만들어 주는데, 수학 교과서의 목차가 체계적 사고를 하게 만드는 대표적인 예이다. 목차의 순서는 의도를 갖고 정해지는데, 처음 내용은 다음 내용의 기초지식을 담고 있고, 그 내용은 다시 그다음 내용의 기초지식을 담고 있다. 체계적 사고의 핵심은 어떤 전체는 부분 요소로 이루어져 있으며, 각 요소들은 서로 관련이 있기 때문에 그 순서를 지켜 나가며 점점 큰 내용에 접근하는 것이라는 점이다.

환경 문제해결 프로젝트를 할 경우에 환경을 이루고 있는 물, 공기, 기후, 식물, 동물 등의 요소를 구분하고, 이들 요소를 하나씩 순차적으로 다루는 체계적 사고를 통해 역학적 관계를 타진하면서 총체적인 해결 방안을 낼 때 체계적 사고를 해야 한다. 재난 지역에서 활동할 로봇을 만들 경우, 로봇을 순서대로 제작하고, 로봇이 수행할 행동을 순차적인 알고리즘으로 프로그래밍하는 과정에서도 체계적 사고를 해야 한다.

초기억
[Metamemory]

자신의 기억 과정에 대해 의식적으로 이해하고 통제하는 초인지의 한 유형이다. 우리는 어떤 인물, 사물, 사건, 경험들을 기억하는데, 이런 것 외에도 자신이 어떤 내용을 기억하고 있고 그렇지 않은지, 기억할 것을 어떻게 하면 잘 기억할 수 있는지 그 전략도 기억하고 있다. 이처럼 자신이 기억하고 있는지 아닌지를 아는 것, 기억하는 방법을 아는 것, 기억을 위해 어떤 전략을 구사하는 게 좋을지 아닐지를 아는 것이 초기억이다. 예를 들어, 지난번 몇 개 층으로 구성된 마트 주차장에서 주차했던 곳을 찾지 못해 당황했던 기억을 떠올리며 이번에는 그런 일이 없도록 잘 기억하겠다고 생각한다. 몇 층인지 외우고 그 층에서 어느 위치에 주차했는지 주변을 두리번거리며 기억한다. 혹여나 그것도 기억나지 않을 수 있다는 생각에 차를 세워 둔 곳의 기둥에 써진 글자를 사진으로 찍자고 생각한다. 이런 일련의 기억 과정이 초기억이다. 초기억 능력에 영향을 미치는 것에는, 자신의 기억 능력과 용량에 관해 얼마나 인지하느냐, 기억 과정과 기억 전략을 얼마나 아느냐, 어떤 정보를 저장하고 인출하면 되는지를 아느냐, 저장하고 인출하는 데 얼마나 노력을 들여야 하는지를 아느냐, 기억에 영향을 미치는 여러 요인을 알고 통제할 줄 아느냐, 기억하기 어렵거나 쉬운 정보를 가릴 수 있느냐, 어떤 기억책략이 효과적이고 아닌지를 아느냐 등이 있다.

초인지
[Metacognition]

어떤 것에 대해 인지하고 있는 자신을 인지하는 것으로 '메타 인지'라고도 한다. 메타 인지란 '한 단계 고차원'을 의미하는 메타와 '어떤 사실을 아는' 인지가 합쳐진 용어다. 따라서 초인지는 '인지하고 있는지를 인지하는 것' '알고 있는지 아닌지를 인지하는 것' '자신의 생각과 수행에 대해 비판적으로 인지하는 것' '어떤 방법을 쓰면 해결할 수 있는지를 아는 것'이다. 즉, 자신의 사고 과정을 상위에서 바라보고 그 과정을 조종하는 능력으로, 마치 수많은 비행기의 이착륙을 통제하는 관제탑과 같은 역할이라 하겠다. 초인지 수준은 학습이나 과제 수행 수준에 영향을 준다. 초인지가 뛰어난 사람은 과제를 수행할 때 전 과정을 잘 계획하고 점검할 수 있으며, 그 과정을 조절하고 통제할 수 있다. 과제 수행 전은 물론 수행 과정 중이나 수행 후에도 능동적으로 전 과정을 점검하면서 잘못이 있다고 인지할 때에 얼마나 뒤돌아 가야 하는지도 아는 데서 초인지 수준이 나타난다.

축삭돌기

[Axon]

뉴런의 세포체에서 뻗어 나온 긴 돌기. 축삭말단은 분지되어 뉴런이나 효과기에 시냅스 결합하여 신경세포의 흥분을 전달한다. 실험적으로는 양측성 전도를 나타내지만 생체에서는 대개 축삭의 기부에서 말단의 정방향으로 전도한다. 축삭은 또 측지를 내기도 한다. 축삭 내부에는 뉴로필라멘트와 미소관이 있어 세포체로부터 신경말단으로 또 그 반대의 물질수송(축삭수송)에 관여하고 있다. 이들은 두께 5~10nm의 세포막으로 뒤덮여 있는데 이 막은 막전위, 즉 충격 발생 장소로 중요한 기능을 한다.

참고문헌

생명과학대사전(초판 2008, 개정판 2014). 도서출판 여초.

취약계층영재

[Gifted Student in Vulnerable Group]

취약계층에 속해 있는 영재를 칭한다. 취약계층은 경제적인 자립도가 낮고 특정 재화나 서비스로부터 배제된 사각지대에 속해 있어 자력으로 사회 · 경제 생활을 영위하는 데 어려움을 겪고 있는 계층을 뜻한다. 취약계층에 속해 있는 영재는 영재성을 발휘할 수 있는 교육적 기회를 가지지 못하며, 영재교육을 받기 위해 사회경제적 지원이 더 많이 필요하다.

참고문헌

노대명(2006). 취약계층을 위한 일자리 창출방안 연구: 취업취약계층을 중심으로. 장애와 고용, 16(1), 115-146.

측두엽

[Temporal Lobe]

청각 수용 영역인 피질 측면부. 각 뇌반구의 외측, 즉 관자놀이 부근에 위치하며, 청각 정보가 일차적으로 전달되는 피질 영역이다. 인간에게 측두엽, 특히 대부분의 경우 왼쪽 측두엽은 구어를 이해하는 데 필수적이다. 또한 측두엽은 얼굴을 재인하는 것과 같은 복잡한 대상 재인 과정에도 관여한다. 측두엽에 종양이 생기면 정교한 시각적 환각이 야기되는 반면에, 후두엽에 종양이 생기면 섬광과 같은 단순한 감각이 유발되는 것이 보통이다. 측두엽은 영재성의 요소인 창의성을 발현하는 것과 밀접한 관계가 있다. 기억의 강화는 창의적 사고의 원천이 되는 지식의 양을 증가시키기 때문에 기억을 관장하는 측두엽에 정보가 쌓여 있지 않으면, 창의성이 발현되기 힘들다.

참고문헌

권영식, 이길재(2013). 초등과학영재의 창의적 두뇌 활성화를 위한 과학과 미술 통합 교수-학습 프로그램 개발. 초등과학교육, 32(4), 473-484.
실험심리학 용어사전(2008). ㈜시그마프레스.
함주리(2010). 영재집단과 일반집단의 전두엽 활성 및 정서 성향에 관한 연구. 한국정신과학학회지, 14(2), 77-90.

칠교놀이

[Tangram Activities]

일곱 개의 단순한 조각을 이용하여 다양한 모양을 만들 수 있고 학생의 지각적 감각에 자극을 줄 수 있는 놀이이다. 도형 창조, 문제해결, 창의성 교육 등에 활용되며, 특히 언어 능력이 미숙한 유아에게 생생한 심상을 칠교 조각들을 직접 만지면서 조작하게 한다.

참고문헌

김홍헌(2003). 영재 교수학습의 성격과 영재 교수-학습자료 개발. 한국수학교육학회 시리즈 E 수학교육 논문집.

송상헌(2008). 수학 교육과정에 비추어 본 탱그램과 유사 탱그램의 재조명. 수학교육학연구.

ㅋ

클러스터 집단편성

[Cluster Grouping]

클러스터는 포도송이를 의미하는데, 교육과정에서 클러스터는 학생들 간에 사고 능력의 수준이 비슷한 개인들의 소수 모임을 지칭한다. 한편 지식 네트워크에서 클러스터는 미국의 실리콘밸리처럼 각 학문 영역의 최고 수준 기업이나 개인들이 밀집되어서 상호 의견을 교환하는 체제를 구축함을 뜻한다. 클러스터 집단편성은 학업 진전이 빠른 학생들을 소수 단위로 묶어서 심화과정 학습을 진행해 나가는 것을 의미한다.

참고문헌

강현석, 박은영, 박창언 역(2008). 영재교육에서 집단편성과 속진. 서울: 학지사.

ㅌ

타인지향 완벽주의
[Other-Oriented Perfectionism]

타인에게 완벽을 요구하는 성향. 자신에게 의미 있는 타인에게 비현실적인 기준을 부과하고 그 기준에 완벽하게 도달하도록 기대하고 타인의 행동을 엄격하게 평가하는 완벽주의 성향. 〈'자기지향 완벽주의' 참조〉

참고문헌

Hewitt, P. L., & Flett, G. L. (1991). Multidimensional of Perfectionism Scale: Reliability, Validity and Psychometric Properties in Psychiatric samples. *Psychological assessment A Journal of Consulting and Clinical Psychology, 3.*

탁월성
[Excellence]

특정 분야에서 일상적인 평균 수준보다 뛰어난 어떤 재능 또는 자질, 소득 수준을 가진 상태를 의미한다. 탁월성은 시간의 흐름에 따라서 변화되기 때문에 상대적으로 높은 상태를 계속 유지할 수도 있지만, 퇴보할 수도 있음으로 우월성을 영원히 유지하는 것은 아니다. 교육학에서 탁월성이란 어떤 영역의 지식을 빠르게 또 깊이 있게 이해하는 능력이 높다는 의미로 사용한다. 기업에서 탁월성이란 구성원들이 지닌 기술을 경쟁력 있는 상품으로 제작하는 능력을 의미한다. 유사한 의미로 '수월성'을 쓰기도 한다.

참고문헌

Ericsson, K. A. (1996). *The road to excellence: the acquisition of expert performance in the arts and sciences, sports, and games.* New York: Lawrence Erlbaum Associates.

탐구 기능
[Inquiry Skills]

우리나라의 과학과 교육과정에서는 1973년 제3차 교육과정부터 탐구교육을 강조하기 시작했으며, 제7차 과학과 교육과정(교육부, 1997)과 2007년 개정 과학과 교육과정(교육부, 2007), 2009년 개정 과학과 교육과정(교육부, 2009)에서도 과학의 기본 개념 습득과 함께 탐구 능력을 지속적으로 강조하고 있다(이은주, 강순희, 2012).

현행 과학과 교육과정에서는 탐구 능력 향상을 위해 학생들이 습득해야 할 탐구 기능으로 기초적 탐구 기능(관찰, 분류, 측정, 예상, 추리)과 통합적 탐구 기능(문제인식, 가설설정, 변인통제, 자료변환, 자료해석, 결론도출, 일반화)을 제시하고 있다(교육부, 1997).

이은주, 강순희(2012)는 과학교사들에게 탐구 기능이나 전략에 대한 직접적인 교육의 필요성을 알리고 학생들에게 가르쳐야 할 탐구 기능의 하위요소를 추출하였다. 다음 표는 이들의 연구에서 탐구 기능에 대한 분석을 발췌하여 정리한 것이다.

(1) 기초적 탐구 기능

〈표〉 기초적 탐구 기능의 정의 및 하위요소

탐구 기능	정의	하위요소
관찰	시각, 청각, 후각, 미각, 촉각의 오감을 통하여 현상이나 사물로부터 정보를 얻는 것	• 오감을 사용하여 관찰하기 • 정성적, 정량적 관찰하기

		• 조작적 관찰하기 • 전체적, 부분적으로 관찰하기 • 시간의 변화에 따른 관찰하기 • 객관적으로 표현하기 • 목적에 맞는 관찰 변인 찾기 • 관찰의 한계 인식하기
분류	사물, 사건, 현상 등을 유사성이나 차이점, 관계 등에 따라 나누고 모으는 것	• 대상이 가진 속성의 공통점과 차이점 찾기 • 분류를 위한 객관적 분류 준거 정하기 • 분류를 위해 표, 그래프, 그림 이용하기
측정	도구를 사용하여 정량적인 자료(길이, 부피, 질량 등)를 수집하는 것	• 여러 가지 측정도구의 올바른 사용법 알기 • 적절한 측정 도구 선택하기 • 측정도구의 눈금 읽는 법 알기 • 어림하기 • 측정치의 올바른 단위 알기 • 단위 환산하기 • 단위의 중요성 알기 • 반복 측정의 중요성 알기
예상	과거의 관찰, 측정, 수집한 자료를 바탕으로 앞으로 무엇이 일어날 것인가를 미리 진술하는 것	• 관찰 사실로부터 경향성 찾기 • 자료의 정성적, 정량적 규칙성 찾기 • 자료를 내삽, 외삽하기
추리	관찰한 사실을 설명하고 해석하는 활동으로 관찰되지 않은 사실 뒤에 숨은 내용에 대해 논리적으로 진술하는 것	• 관찰과 추리의 차이점 알기 • 예상과 추리의 차이점 알기 • 관찰 사실과 유사한 경험 떠올리기 • 관찰 사실로부터 다양한 추리하기 • 관찰 사실과 모순되는 추리 찾기

(2) 통합적 탐구 기능

〈표〉 통합적 탐구 기능의 정의 및 하위요소

탐구기능	정의	하위요소
문제인식	자연현상을 관찰하고 현재의 지식으로는 설명할 수 없는 불안정한 문제, 의심, 불확실성 등을 인식하는 것	• 과학적 의문의 유형 알기 • 다양한 의문 생성하기 • 탐구를 통해 해결할 가능성이 있는 의문 선택하기 • 좋은 탐구문제의 필요조건 알기
가설설정	인과적 질문들에 대한 잠정적인 해답, 두 변인들 사이의 관계에 대한 자신이 가진 최상의 추측	• 문제 상황과 유사한 경험 떠올리기 • 독립변인과 종속변인들 사이의 관계 진술하기

		• 검증 가능한 가설 만들기 • 다양한 가설 생성하기 • 가장 그럴듯한 가설 선택하기
변인통제	실험에서 변화시키고자 하는 변인(조작변인) 이외의 다른 변인(통제변인)들을 모두 일정하게 하는 일	• 변인의 종류 알기 • 조작변인, 통제변인, 종속변인 정하기 • 변인의 범위 및 값 계획하기 • 통제변인은 일정하게 유지하면서 조작변인 변화시키기 • 하나의 조작변인만 변화시키기
자료변환	관찰이나 측정 결과로 얻은 자료를 표, 그래프, 그림 등으로 변환하는 활동	• 조작변인과 종속변인을 고려하여 표나 그래프의 제목 정하기 • 변인에 대한 단위 표현의 중요성 알기 • 표의 행과 열에 들어갈 내용 정하기 • 그래프를 구성하는 요소 알기 • 그래프의 X축과 Y축에 들어갈 변인과 단위를 정하기 • 변인의 최댓값과 그래프의 크기를 고려하여 X축, Y축, 눈금 매기기 • 자료의 값을 나타내는 점을 그래프상의 정확한 위치에 찍기 • 그래프상에서 경향성에서 크게 벗어나는 데이터 제외하기 • 점들을 가장 가까이 지나는 직선이나 곡선 그리기 • 실험 데이터나 그와 관련된 상황을 설명하는 서술문을 그래프로 나타내기
자료해석	실험결과가 표현된 표나 그래프의 의미를 이해하고 변인 사이의 관계를 해석하는 활동	• 자료 읽기 • 자료 사이의 관계 찾기 • 자료로부터 해석하기
결론 도출	실험 결과를 분석하고 자료를 해석하여 문제에 대한 해답을 얻거나 잠정적으로 가설에 대한 옳고 그름을 판단하는 것	• 자료 해석과 결론 도출의 차이점 알기 • 실험 목적을 고려하여 표나 그래프로부터 변인들 사이의 관계가 나타내는 의미 추리하기 • 실험의 결과가 가설을 지지하는지 판단하기
일반화	개방적이고 구체적인 사례나 검증된 사실로부터 과학적 원리, 법칙을 찾아내는 탐구 활동	• 도출된 결론이 갖는 한계성 인식하기 • 결론을 일반화하기 위한 조사 · 실험 계획하기

참고문헌

이은주, 강순희(2012). 탐구 기능의 직접적 수업을 위한 탐구 기능 하위 요소 추출. 한국과학교육학회지, 32(2), 236-264.

터만의 종단연구

[Terman's Longitudinal Study of the Gifted]

미국 스탠퍼드 대학교의 심리학자 루이스 터만(Lewis M. Terman)이 영재아동이 성인이 되기까지의 발달 과정과 특성을 조사하기 위해 1921년에 시작하여 현재까지 진행 중인 연구로서 심리학 분야를 통틀어 가장 오래되고 긴 시간동안 지속된 종단연구 중 하나이다. 터만과 연구자들은 캘리포니아의 초·중등학교에서 IQ 점수가 135 이상 되는 1,500명의 아동을 샘플로 하여, 개인적 특성, 인성, 흥미 등의 요인을 포함하여, 비인지적 영역에서 영재아동은 제대로 미숙하게 발달한다는 일반적인 주장을 반박하고자 하였으며, 통제집단과의 비교 결과, 영재아동은 학업적 성취뿐만 아니라 감정적으로도 성숙한 것으로 드러났다.

터만의 종단연구는 대상의 학교와 직업적 성취, 심리학적 발달 등을 조사하여 IQ가 높은 아동들 대부분이 성인이 되어서도 뛰어나다는 것을 보여 주었다. 터만의 종단연구는 영재아동에 대한 종단연구 중 가장 잘 알려져 있으며, 총 다섯 권의 연구보고서와 다수의 연구 논문이 발간되었다.

참고문헌

Minton, H. L. (1988). *Lewis M. Terman: Pioneer in psychological testing*. New York: New York University Press.

Lewis Terman(1877~1956)-Gifted, Stanford, Testing, and Tests-StateUniversity.com http://education.stateuniversity.com/pages/2499/Terman-Lewis-1877-1956.html#ixzz4bpLCEFEa

토랜스 창의성 검사

[Torrance Tests of Creative Thinking: TTCT]

TTCT는 토랜스(Torrance)가 길포드(Guilford)의 확산적 사고이론을 바탕으로 창의성을 측정하기 위해 1966년에 개발한 확산적 사고 검사이다. TTCT는 현재 창의성을 검사하는 도구 중 전 세계적으로 번역되어 가장 많이 폭넓게 사용되고 있는 표준화된 검사이다. 이 검사는 검사 대상이 유아부터 성인까지 다양하고, 검사 유형은 도형(figural) 검사와 언어(verval) 검사의 두 가지 종류가 있으며, 이들 각각에는 A형과 B형 도형 검사가 있다. 도형 검사는 그림 구성, 그림 완성, 직선(A형) 또는 원(B형)으로 세 가지의 하위 검사로 구성되어 있으며, 검사마다 10분씩 총 30분이 소요된다. 또한 이 검사를 통하여 유창성, 독창성, 정교성, 성급한 종결, 제목의 추상성의 다섯 가지 영역과 13가지의 창의적 강점을 채점할 수 있다. 언어 검사는 총 40분이 소요되며, 유창성, 융통성, 독창성을 측정할 수 있다. 이 검사는 여섯 개의 하위 검사로 질문, 원인의 추측, 결과의 추측, 형태의 변화, 독특한 사용, 가상적 사건으로 구성되어 있다.

참고문헌

Torrance, E. P. (1972). Torrance Tests of Creative Thinking: Directions manual and scoring guide. Figural test booklet A(Rev. ed.). Bensenville, IL: Scholastic Testing Service.

Torrance, E. P. (1974). Torrance Tests of Creative Thinking: Directions manual and scoring guide. Verbal test booklet A. Bensenville, IL: Scholastic Testing Service.

Torrance, E. P. (1990). Torrance Tests of Creative Thinking: Verbal. Bensenville, IL: Scholastic Testing Service.

통신/원격/온라인 프로그램

[Telecommunication/Remote/Online Program]

교육 전달 체계의 한 가지 방법으로 어떤 교육 내용을 전기 및 전자 시스템을 활용하여 구축한 교육내용을 의미한다. 같은 공간 및 같은 시간대에서 언어로 구축되고 전달되어 온 각 영역의 지식을 인간의 인지 능력과 소통 능력을 바탕으로 상호 영향을 미치는 과거 교육 방법과 대조되는 방법이다. 교육내용을 전자 장비의 도움으로 전달하는 모든 방법을 지칭하는 것이 통신/원격/온라인 프로그램이다. 현대에 와서는 교실 장면을 그대로 모방하려는 쌍방향 의견교환을 활발히 개발하고 있다.

참고문헌

International Telecommunication Union(ITU). (2012). www.itu.int/pub/R-REG-RR-2012

통찰(력)

[Insight]

통찰력은 사전적 의미로 예리한 관찰력으로 사물을 꿰뚫어 보는 것으로 사물이나 현상의 특징이나 관계 등을 명백하게 파악하는 심리적인 능력이다. 다시 말하면 문제의 본질을 꿰뚫어 보는 것이다. 형태주의 심리학자 쾰러는 원숭이가 천장에 있는 바나나를 어떻게 따먹는지 관찰한 결과를 통하여 통찰력을 설명하였다. 그는 원숭이가 손으로 잡기 힘든 위치에 바나나를 매달아 두고, 주위에는 도구로 쓸 수 있는 막대기나 죽은 나뭇가지 그리고 상자들을 놓아두었다. 그 결과 원숭이는 상자와 막대기를 이용하여 바나나를 따먹었다. 이 결과를 통해 쾰러(Wolfgang Köhler)는 원숭이가 바나나를 따먹기 위해 반복적인 시행착오로 문제를 해결하는 것이 아니라 문제 상황을 전체적으로 이해하고, 그것을 분석하여 인지하여 문제를 해결하는 것이 통찰이라고 설명하였다.

참고문헌

임정훈, 한기순, 이지연(2014). 교육심리학. 경기: 양서원.

황지원(2007). 통찰의 개념 분석. 대한간호학회지, 37(3), 353-364.

통합교육
[Inclusion Education]

특수교육에서 통합교육이란 특수교육 대상자(영재 포함)를 일반 학생과 분리시키지 않고 일반 교육 환경 내에서 개별 아동에게 요구되는 적합한 교육적 지원을 제공하는 것을 의미한다. 즉, 특수교육적 욕구가 있는 아동들이 일반 학급 환경에서 개인의 개별적인 교육적 욕구를 충족할 수 있는 다양한 정도의 수업을 제공하는 것을 의미한다.

참고문헌

박승희(2003). 한국장애학생 통합교육: 특수교육과 일반교육의 관계 재정립. 서울: 교육과학사.

통합교육과정
[Integrated Curriculum]

학습자의 전인적 발달을 도모하기 위하여 전통적인 교과의 구분을 탈피하고 학습자의 경험을 중심으로 구성된 교육과정으로 학생들이 학문 내 혹은 학문 간에 핵심 지식들을 서로 관련짓거나 그 지식을 사고기능이나 탐구기술과 통합하여 새로운 결과물을 만들어 낼 수 있게 한다.

통합교육과정은 제한적이기보다는 포괄적인 교육과정으로서 교과의 모든 내용, 과정, 산출물 등을 인간 두뇌의 주요 네 기능과 연합하는 총체적이고 진보적인 교육과정이다.

통합교육과정을 위한 통합은 통합 접근 방법에 따라 교사 중심의 통합인 논리적 · 구조적 통합, 학생 중심 통합인 심리적 · 기능적 통합으로, 통합 형태에 따라 합산적 통합, 기여적 통합, 융합적 통합, 종합적 통합으로 분류할 수 있다. 또한 통합 학습 요소에 따라 주제 중심 통합, 기초학습 기능 중심 통합, 탐구 중심 통합, 경험 중심 통합, 활동 중심 통합, 필요와 흥미 중심 통합, 문제 중심 통합 등으로 분류할 수도 있으며, 마지막으로 학문이 연결되는 방식에 따라 다학문적 통합, 간학문적 통합, 탈학문적 통합으로 나눌 수도 있다.

참고문헌

김경자, 온정덕(2012). 초등 예비교사들의 통합교육과정에 대한 개념인식 및 단원 재구성 사례연구. 교육과학연구, 43(2), 121-146.

이미순, 조무정(2014). 다중메뉴모델에 기초한 학교 현장에서의 STEAM 교육과정 제안. 교육과정연구, 32(1), 77-102.

이신동, 홍종선(2008). 영재통합교육과정 모형 개발을 위한 이론적 탐색. 영재와 영재교육, 7(2), 39-73.

장인한(2005). 초등학교 통합교육과정 변천 과정의 분석적 연구. 석사학위논문. 경북대학교.

Ingram, J. B. (2014). *Curriculum integration and lifelong education: A contribution to the improvement of school curricula* (Vol. 6). NY: Pergamon Press.

VanTassel-Baska, J. (1986). Effective curriculum and instructional models for talented students. *Gifted Child Quarterly, 30*(4), 164-169.

튜터링
[Tutoring]

튜터와 튜티로 구성되어 공동의 학습 주제에 대해 선·후배나 동료가 자발적으로 함께 모여 공부해 나가는 학습 모임을 의미한다(장윤정, 2007). 또는 한 학생이 또래 교사로서 또래 학습자에게 개별화된 교수를 제공하기 위해 사용하는 교수이며, 학생들끼리 짝을 이루어 연습, 반복, 개념의 활동을 통해 학업적 성취와 사회적 능력을 촉진하는 교수체계이다(Warger, 1991).

참고문헌

장윤정(2007). Peer Tutoring in Higher Education with Reflective e-Journal. 석사학위논문, 고려대학교.

Warger, C. L. (1991). Peer tutoring: When working together is better than alone. Research & Resources on special education, 30, ERIC Document reproduction Service no. ED 345-459.

트리즈 이론
[TRIZ Theory]

러시아어인 Teoriya Resheniya Izobreatatelskikh Zadatch의 줄임말이다. 영어로는 theory of solving inventive problems 혹은 theory of inventive problems solving(TIPS)로 풀이한다. 문제를 해결하기 위한 혁신적인 아이디어나 솔루션을 얻기 위한 방법론이자 지식 기반이며, 문제가 발생된 근본 모순을 찾아내 이를 해결할 수 있는 방안을 모색하는 방법론을 말한다.

참고문헌

Altshuller, G. (1999). "The Innovative Algorithm TRIZ, Systematic innovation and Technical Creativity". Technical Innovation Center, INC. Worcester, MA.

특수교육 대상자
[Child with Special Educational Needs: SEN]

하나 또는 그 이상의 장애(예: 시각장애, 청각장애, 지적장애, 지체장애, 정서행동장애, 자폐성장애, 의사소통장애, 학습장애, 건강장애, 발달지체 등)로 인해 일반적인 일상생활 및 학습을 수행하기에 어려움을 경험하는 학습자를 지칭하는 말이다. 일반적으로 진단 및 평가를 통해 특수교육을 필요로 하는 사람으로 선정한 학습자를 지칭한다. 한국의「장애인 등에 대한 특수교육법」제15조에는 특수교육 대상자에 대한 규정이 있으며, 교육장 또는 교육감은 시 · 군 · 구 특수교육운영위원회의 심사를 거쳐 특수교육 대상자를 최종 결정한다. 특수교육 대상자로 선정되면 공교육으로 실시되는 특수교육을 의무 또는 무상으로 받을 수 있다.

참고문헌

장애인 등에 대한 특수교육법.

특수목적고등학교

[Specialized High School]

특수목적고등학교(이하 특목고)는 1974년부터 실시된 고교 평준화 정책에서 교육의 수월성을 추구하기 어려운 문제점과 영재교육의 필요성이 제기되면서 고교 평준화 정책을 보완하는 차원에서 도입되었다고 볼 수 있다. 1974년 예체능 분야에 소질이 있는 학생들의 교육을 위해 예술고와 체육고가 설치되어 운영되었고, 1980년대 이후에는 특정 분야의 소질과 적성이 있는 학생을 조기에 발굴하여 창의성 계발 및 학습자의 선택권 확대 요구에 부응하기 위해 1982년 과학고를 설치, 1990년 외국어고를 설치하여 운영해 오고 있다. 이 외에도 공업고를 포함한 일부 실업계 고교들이 특목고로 지정 운영되어 왔다(김영철, 2003). 영재교육 측면에서 과학고와 외국어고는 학생선발권을 활용하여 성적우수자 중심의 학생 선발과 대학입시 준비 교육으로 명성을 얻으면서 입시명문고로 인식됨에 따라, 특정 분야의 영재 육성보다 대학입시 준비에 더 치중한다는 비판과 함께 특수목적고의 정체성에 대한 논란도 끊이지 않고 있다(강영혜 외, 2007).

2017년 개정 「초 · 중등교육법 시행령」 제90조(특수목적고등학교)에서 포함하는 특목고 유형은 과학 인재 양성을 위한 과학계열의 고등학교, 외국어에 능숙한 인재 양성을 위한 외국어계열의 고등학교와 국제 전문 인재 양성을 위한 국제계열의 고등학교, 예술인 양성을 위한 예술계열의 고등학교와 체육인 양성을 위한 체육계열의 고등학교와 함께, 산업계의 수요에 직접 연계된 맞춤형 교육과정을 운영하는 고등학교를 포함하고 있다.

참고문헌

강영혜, 박소영, 정현철, 박진아(2007). 특수목적고등학교 정책의 적합성 연구. 연구보고 RR 2007-5. 서울: 한국교육개발원.

김영철(2003). 특수목적형고등학교 체제 연구(I). 연구보고 RR 2003-2. 서울: 한국교육개발원.

초 · 중등교육법시행령 제90조.

특수학문적성

[Specific Academic Aptitude]

특정 학문 분야(예: 언어, 수학, 과학, 정보과학, 사회과학 등)에서 드러내는 아동 개인의 재능 및 흥미를 포괄한 적성을 지칭한다. 1970년대 구소련의 스푸트니크호의 발사에 자극받은 미국 정부가 마랜드(Sidney Marland)에게 의뢰하여 제출받은 영재아동 판별 및 정의 관련 보고서에서 영재판별 기준 중 하나로 처음 거론되었다. 한국의「영재교육진흥법」제5조에서도 특수학문적성이 뛰어나거나 잠재력이 우수한 아동은 영재교육 대상자로 선정한다고 기술되어 있다.

참고문헌

영재교육진흥법(2002). 대한민국 법률 7702호.

Marland, S. P. (1971). Education of the Gifted and Talented. Report to the Congress of the United States by the U.S. Commissioner of Education. Retrieved from http://files.eric.ed.gov/fulltext/ED056243.pdf.

ㅍ

판별
[Identification]

선별 및 평가 활동 이후에 의뢰한 서비스의 대상이 되는지를 결정하는 절차이다. 판별을 진단과 동일한 의미로 사용할 경우에는 특정 지위(장애나 영재 등)의 명칭을 부여하는 결정이라고 할 수 있다.

참고문헌

국립특수교육원(2009). 특수교육학 용어사전. 서울: 하우동설.

판별모형
[Identification Model]

영재를 판별하는 평가 방법으로는 영재성을 어떻게 측정하느냐에 따라 양적 평가, 질적 평가, 대안적 평가로 분류할 수 있다. 양적 평가의 방법은 지능검사, 집단 지능 검사, 성취도 검사, 창의성 검사 등이 대표적인 방법이고, 질적 평가의 방법으로는 교사, 전문가, 또래, 부모, 자기 자신이 추천하는 방법, 면접, 교사의 평정척도를 활용하는 방법 등이 있다. 그리고 대안적 평가 방법으로는 다면평가(multidimensional assessment), 포트폴리오 평가(portfolio assessment), 역동적 평가(dynamic assessment), 수행 혹은 교육과정 중심의 평가와 관찰을 통한 방법 등이 있다.

그런데 영재를 판별하는 데 있어 판별 방식, 영재의 범위, 소외된 영재의 판별 가능성, 검사의 신뢰도 등의 논란 때문에 일반 학생으로부터 영재를 판별하여 추출해 내는 것은 상당히 어려운 일이다. 그럼에도 현재 학생이 영재성을 발휘하고 있거나 영재성을 지니고 있다는 것을 판단하기 위해 다양한 평가 방법을 도입하여 판별하고 있다. 볼드윈(Baldwin)은 소수 민족 출신 학생들을 좀 더 공정하게 판별할 의도로 볼드윈 판별 메트릭스를 만들었고, 프레이저(Fraiser)도 불이익을 당하거나 소수민족 출신의 학생들에게 공정한 측정을 하기 위하여 프레이저 재능 측정 프로파일을 고안하였다. 그 외에도 마커(Marker)의 DISCOVER 과정, 스턴버그(Sternberg)의 삼원지능이론을 배경으로 한 삼원능력검사, 렌줄리(Renzulli)의 재능자원 계획 등 다양한 시도들이 있었다.

우리나라에서도 한국교육개발원이 제2차 영재교육진흥종합계획에 근거하여 교사 추천, 영재성 검사, 학문적 검사, 면접을 거치는 다단계 판별 모형을 개발하여 제시하였다. KAIST 과학영재교육연구원도 영재교육 프로그램의 목표와 교육과정에 맞추어 영재를 판별하기 위한 관찰 추천 영재판별모형을 개발하여 제시하였다. 이 모형은 1단계에서 교사, 학부모, 동료, 자신, 전문가 등에 의한 추천서, 교사의 영재 행동 특성 체크리스트, 학생생활기록부, 자기소개서 등 다면 정보를 수집하고, 2단계에서는 1단계에서 수집된 정보에 대한 포트폴리오 평가 및 루브릭을 통해 정원의 2~3배수로 압축하는 결정을 한다. 3단계에서는 학생의 재능과 관련된 내용의 수업 실시와 관찰, 그리고 면접을 통한 정보의 구체화를 위해 수업 관찰과 면접을 실시한다. 4단계에서는 프로그램의 목적에 맞는 영재를 판별하기 위한 영재선정 심사위원회를 통해 영재 프로그램에 배치하는 절차를 갖게 된다.

이와 같은 최근의 영재 판별모형은 몇 가지의 특성을 가지고 있다. 하나는 학생이 현재 지니고 있는 지식의 양보다는 새로운 지식을 조직하고 활용하는 능력을 강조하고 있다. 그리고 다단계 선발 과정을 통해 많은 학생에게 기회를 제공하려는 의도가 있으며, 하나의 기준이 아닌 다면적으로 평가하려는 경향이 있다. 또, 학생의 수행 과정을 관찰하고 평가하고, 지적 능력뿐만 아니라 정의적 영역까지도 평가하며, 영재를 최종적으로 판별하는 단계에서는 다수의 전문가들로 구성된 위원회를 통해 판결 여부를 결정하는 경향이 있다.

참고문헌

류지영, 정현철(2010). 영재학급 대상자 선발을 위한 관찰 추천 영재판별모형 개발 연구. 영재교육연구, 20(1), 257-287.

이경화, 최병연, 박숙희 역(2005). 영재교육(제5판)〔*Education of the gifted and talented*(5th ed.)〕. Gary A. Davis, & Sylvia B. Rimm 저. 서울: 박학사. (원서 2004년 출간).

이신동, 이정규, 박춘성(2009). 최신영재교육학개론. 서울: 학지사.

퍼듀 3단계 심화학습 모형
[Purdue Three-Stage Enrichment Model]

퍼듀 3단계 심화학습 모형(Feldhusen & Kolloff, 1981, 1986; Moon, Kolloff, Robinson, Dixon, & Feldhusen, 2009)은 유치원~대학생까지 영재학생들의 수업, 프로그램에 필요한 다섯 가지 요소, 즉 ① 프로그램 목표, ② 학생 선발과 집단화, ③ 훈련된 교사, ④ 교육과정, ⑤ 교수-학습을 포함한다. 이 모형의 네 번째, 다섯 번째 요소인 교육과정 및 교수-학습에서는 3단계 수준의 능력 개발이 목적이다. 1단계에서는 수렴적, 확산적 사고력 계발을 통해 학생의 창의적 사고 및 기본 사고기술을 향상한다. 2단계에서는 더욱 복잡하고 실제적인 전략이나 시스템에 초점을 두어 창의적 문제해결 기술을 습득하게 하며, 이 단계에서 학생은 주도적으로 또는 협업하여 창의적 아이디어를 발전시키며 과제를 수행하게 된다. 이 단계에서 교사는 학습의 촉진자 역할을 한다. 3단계에서는 학생이 독립적인 연구자가 될 수 있도록 관련 연구 기술 개발을 목표로 한다. 즉, 학생들은 1, 2단계에서 습득한 기술로 전문가같이 실제적 문제를 해결하여 청중에게 결과를 공유한다. 이 단계에서 교사는 학생에게 가르치기보다는 필요한 자료를 공급하여 학생을 지원한다.

참고문헌

Feldhusen, J. F., & Kolloff, P. B. (1981). A three-stage model for gifted education. In R. E. Clasen, B. Robinson, D. R. Clasen, & G. Libster (Eds.), *Programming for the gifted, talented, and creative: Models and methods.* Madison, WI: University of Wisconsin-Extension.

Feldhusen, J. F., & Kolloff, P. B. (1986). The Purdue three-stage enrichment model for gifted education at the elementary level. In J. S. Renzulli (Ed.), *Systems and models for developing programs for the gifted and talented*(pp. 126–152). Mansfield Center, CT: Creative Learning Press.

Moon, S. M., Kolloff, P. B., Robinson, A., Dixon, F., & Feldhusen, J. F. (2009). The Purdue three-stage model. In J. S. Renzulli, E. J. Gubbins, K. S. Mcmillen, R. D. Eckert, & C. A. Little (Eds.), *Systems and models for developing programs for the gifted and talented*(2nd ed.; pp. 289–321). Mansfield Center, CT: Creative Learning Press.

평가적 사고

[Evaluative Thinking]

평가적 사고는 질문하고 반영하고 배우고 수정하는 과정을 의미한다. 이는 실용적인 목적을 위해 다른 사고 과정을 거치는 것으로 문제 판정 → 가능한 해법에 대한 브레인스토밍 → 기준 개발 → 최선의 방법을 판단하는 과정을 거친다. 평가적 사고는 평가 맥락에 적용된 하나의 비판적 사고라고 할 수 있다. 이는 사건이나 사물에 대한 호기심을 갖는 태도와 증거에 대한 가치 판단이 필요할 때 동기화되며 가정을 확인하는 것, 문제를 제기하는 것, 반성적 사고와 인지적 수용을 통해 이해를 추구하는 것, 실행될 행동에 대한 정보를 알리는 것을 포함하게 된다.

참고문헌

Earl, L., & Timperley, H. (2015). "Evaluative thinking for successful educational innovation". OECD Education Working Papers, No. 122. OECD Publishing, Paris.

평등교육
[Equality of Education]

평등교육은 법에 의해 적용되는 원칙으로서 사회계층, 성별, 지역, 종파, 신분 등에 관계없이 누구나 교육을 받을 수 있는 기회가 보장되어 있다는 것이다. 교육기관에 취학할 수 있는 균등한 기회뿐만 아니라 국가가 정한 법에 의해서 실시되는 교육의 내용과 방법과 환경 등 교육의 질을 결정하는 모든 요인에 적용된다고 할 수 있다. 그리고 이러한 교육에서 기회 균등은 학교교육만이 아니라 국가가 계획하고 추진하는 평생교육에도 해당된다. 우리나라 「헌법」 제31조 1항에서는 "모든 국민은 능력에 따라 균등하게 교육을 받을 권리를 가진다."라고 하였고 「교육기본법」 제4조 1항에서도 "모든 국민은 성별 · 종교 · 신념 · 인종 · 사회적 신분, 경제적 지위 또는 신체적 조건을 이유로 교육에서 차별을 받지 아니한다."라고 규정하고 있다. 그런데 평등교육은 자신이 타고난 능력을 최대한 신장하고 그 능력 발휘의 결과로 얻은 결과를 존중하는 수월성 교육과 대비된다. 가드너(Gardner, 1961)는 "우리는 평등과 수월성을 동시에 성취할 수 있는가?"라고 문제를 제기하면서 교육의 평등성을 지나치게 강조하면 나태한 국가로 전락할 수 있기 때문에 수월성을 추구하여 국민의 수준을 높일 필요가 있다고 주장하였다.

참고문헌

서울대학교 교육연구소(2011). 교육학 용어사전. 서울: 하우동설.
송인섭, 한기순(2008). 한국영재교육의 새로운 지평. 서울: 학지사.

프로젝트 ARTS
[Project ARTS]

프로젝트 ARTS 프로그램은 미국에서 범국가적으로 청소년들과 예술가, 교사들이 공동체를 이루어 예술교육이 제공하는 긍정적인 이로움을 제공하는 문화적 허브 역할을 수행하고 있다. 국민 중 400만 명 이상의 학생들이 예술교육을 전혀 수혜하지 못하고 있는 현실적인 문제를 안타까워하며, 특히 낙후된 지역, 저소득층의 청소년을 위한 공공도서관 중심의 다양한 예술 프로그램을 운영해 제공하고 있다. 모든 클래스의 학비는 무료이며 프로젝트 기반의 교육과정으로 이루어지며 학습자의 연령 및 그룹에 맞춰 맞춤형으로 제공하고 있다. 뉴욕의 경우 현재 약 23개의 공공도서관에서 이 프로젝트를 운영하고 있으며 다양한 긍정적인 영향, 파급 효과가 있었던 것으로 알려져 있다.

참고문헌

http://projectart.org

프로젝트 수업
[Project-Based Learning]

프로젝트 수업은 학생들의 흥미와 요구에 따라 특정 '주제'를 선정해 문제를 해결해 가는 구성주의적 교수–학습 방법이다. 교수자는 학습자들의 적극적이고 능동적인 참여와 협력을 촉진하는 환경을 조성하는 역할을 수행한다는 측면에서 교수자 중심의 수업방식과 차이가 있다. 교사의 능력에 따라 학습의 방향과 깊이가 달라질 수 있는데, 교수자는 학생들의 흥미와 요구에 부응하고 자발성과 책임감을 증진하는 집단 과제를 잘 선정해 제시하고 촉진하는 역할을 수행해야 한다. 학습자들이 능동적으로 지식을 찾고 통합하는 과정에서 협동심과 의사소통 능력을 신장할 수 있고 교과에서 배운 지식과 기능을 통합하는 경험을 제공한다는 측면에서 영재학습자들에게 매우 유용한 교수–학습 방법으로 알려져 있다.

참고문헌

Suzie B., John L., & John, M. (2013). *PBL for 21st Century Success* (Project Based Learning Toolkit Series). Buck Institute for Education.

플립러닝

[Flipped Learning]

플립러닝은 미국에서 처음 도입되었는데 거꾸로 수업, 거꾸로 학습, 역진행 수업 등으로 번역되어 사용될 수 있다. 교사가 학습 내용을 미리 온라인상에 올리면, 학생은 이를 개인 학습이나 가정 학습을 통해서 미리 학습을 하고, 교사와 면대면으로 만나는 오프라인 수업에서는 교과내용에 대한 진도 수업보다는 미리 학습한 내용에 대한 연습이나 토론, 소집단 학습을 하는 수업 방법이다. 기존에 많이 사용되고 있던 블랜디드 러닝(Blended Learning)의 하나로 볼 수 있다. 국내에서는 KBS 다큐멘터리를 통하여 소개되었고, 이후 미래교실 네트워크라는 비영리 법인이 설립되었다.

플립러닝을 수업에 활용하게 되면 학습자들은 수업 전 동영상 학습 이해도에 따라 여러 차례 강의 내용을 중단하거나 다시 확인할 수 있어 숙달도가 다른 학생들의 수준별 학습이 가능해진다. 또한 학습한 내용을 기초로 수업 시간에 문제를 해결하는 과정에서 교사와 학생 간, 학생과 학생 간의 교류가 많아져 활발하고 유의미한 교실 활동을 하게 된다는 장점이 있다(이정연, 2016).

참고문헌

이정연(2016). 플립러닝을 활용한 토론 교육방안 연구. 언어와 문화, 12(4).

피로사회

[Fatigue Society]

한병철 독일 카를스루에 조형예술대학교 교수의 『피로사회』(한병철, 2012)는 오늘날의 사회를 '성과사회' '피로사회'라고 규정하면서 많은 이의 호응을 얻고 있다. 현대 사회에서는 '당신은 얼마나 성취했느냐?', 곧 성취(achievement)가 중요하다. 성취를 못 하는 사람은 경쟁의 대열에서 낙오되고, 성취를 하는 사람들은 더 많은 성과와 인정을 위해 계속해서 자신을 착취하고 이는 때로 소진과 탈진으로 이어진다. 피로사회의 희생자는 적은 양의 파이를 차지하는 대다수의 집단만이 아니라 가장 많은 양의 파이를 차지하는 소수 집단도 희생자이기는 마찬가지이다.

'피로사회'는 '긍정성 과잉의 주체'이자 어느 정도 성과를 이룬 '탁월한 개인(excellent individual)'의 자리에 대한 요구, 주로 '탁월하게 뭔가를 성취한 개인들'을 호명한다(한병철, 2012). 다시 말해 자기 착취나 소진이 무능력의 결과라기보다는 과도한 성취 압박의 산물이라는 것이다. 한병철은 탁월한 개인들로 하여금 스스로 자신을 착취하고 있었음을 성찰하도록 촉진하고 있다. 한병철(2012)의 '피로사회'는 이 사회가 참으로 피로한 사회, 피로하게 만드는 사회라는 생각을 하는 많은 사람이 자신의 삶의 맥락에서 즉각적으로 공감할 수 있는 메시지를 잘 전달하고 있다.

참고문헌

김태환 역(2012). 피로사회(*Müdig keits gesell schaft*). 한병철 저. 서울: 문학과지성사. (원서 2010년 출간).

ㅎ

학교 전체 심화학습모형
[Schoolwide Enrichment Model: SEM]

렌줄리(Renzulli)와 레이스(Reis)가 자신들의 회전문 모형(revolving door model)을 수정 · 보완하여 제시한 모형으로 보다 많은 학생에게 영재 판별이나 영재 교육 프로그램을 제공 · 적용하는 것을 강조한다. 영재의 범위를 3~5%에서 15~20%로 확대하여 선발한 후, 잠재적 영재학생들을 영재자원(talent pool)으로 구분하여 다양한 심화학습을 제공한다.

영재학생들에게 각자의 소질과 재능을 개발할 수 있도록 다양한 기회와 자원을 제공할 뿐만 아니라 심화학습을 영재학생들에게만 제한하지 않고, 모든 학생을 대상으로 일반 학급에서도 관심이 있는 학생이라면 누구에게나 과제의 난이도, 흥미, 교실 수업과의 연계성 등을 고려하여 일반적인 심화학습의 기회를 제공한다. 이를 통해, 영재교육에서의 엘리트 의식을 최소화하고 학교 전체의 교육의 질이 향상될 수 있다고 제안한다.

참고문헌

김홍원 역(2003). 학교전체 심화학습모형: 교육의 수월성 추구를 위한 이론과 실제〔*The schoolwide enrichment model: A how-to guide for educational excellence*(2nd ed.)〕. Renzulli, J. S., & Reis, S. M. 저. 서울: 문음사. (원서 1997년 출간).

학년 텔레스코핑
[Grade Telescoping]

학년 텔레스코핑(grade telescoping)은 속진 프로그램으로 우수학생들이 자신의 해당 학년의 정규 교육과정을 빨리 마칠 수 있도록 하는 프로그램이다. 예를 들어 중학교의 3년 교육과정을 2년 만에 마치거나 4년 동안 다녀야 할 학교를 3년 만에 마치는 것을 의미한다. 그러나 학생들은 특정 교과를 배우지 않고 건너뛸 수는 없으며 모든 교육과정을 마쳐야 한다. 예를 들어, 중학교에서 수학에 충분한 재능이 있는 학생은 3년 동안 배워야 할 수학을 2년 만에 속진으로 마칠 수 있다.

참고문헌

Rogers, K. B. (2002). *Re-forming gifted education: Matching the program to the child*. Scottsdale, AZ: Great Potential Press.

학부모 지명
[Parents Nomination]

학부모가 자녀에 대한 관찰 결과를 토대로 그 학생이 영재인가 아닌가를 주관적으로 판단하여 지명하는 방법이다. 교사와는 달리 학부모는 완전한 객관적인 관찰자가 될 수 없고 동일한 연령집단에서 어떤 행동 수준이나 유형이 영재성을 보이는지에 관한 전문적 지식이 없다는 점이 있으나 학부모의 지명은 학교 이외의 상황에서 나타난 영재성을 알려 주는 좋은 정보원이 된다. 특히 연령이 어린 학생들의 경우에는 더욱 그러하다.

참고문헌

박성익, 조석희, 김홍원, 이지현, 윤여홍, 진석언, 한기순(2003). 영재교육학원론. 서울: 교육과학사.

학습된 무력감
[Learned Helplessness]

동물이나 사람이 반복적으로 혐오 사건을 피할 수 없었을 때 나타나는 현상으로 셀리그먼(Seligman, 1975)에 의해 소개되었다. 이러한 무력감을 경험한 유기체는 새로운 상황에서도 수동적으로 되어 도피행동이 효과적일 수 있는 경우에도 도피하려는 시도를 포기한다. 즉, 혐오자극이 존재할 때 통제력이 없다고 받아들이는 무력감을 학습하는 것이다. 학습된 무력감 이론에 따르면 특정 상황의 결과를 통제할 수 없다고 느끼거나 실제로 통제할 수 없을 때 임상적인 우울이나 정신적인 부적응이 나타날 수 있다고 한다.

참고문헌

Seligman, M. E. P. (1975). *Helplessness: On Depression, Development, and Death.* San Francisco: W. H. Freeman.

Myers, D. G., & DeWall, C. N. (2015). *Psychology* (11th ed.). New York: Worth Publishers.

학습된 영재성
[Learned Giftedness]

'타고난 영재성'의 반대되는 개념으로서, 영재성은 타고난다는 전제하에, 일부 영재로 판별된 학생들은 영재성을 타고나지 않았는데도 일찍부터 많은 지적 자극과 훈련에 노출됨으로써 영재성을 타고난 것처럼 잘못 판별된 '학습된 영재'라는 가정에 근거한다. 학습된 영재는 이미 학습한 것을 기억 속에서 인출해 내어 답할 수 있을 때는 뛰어난 수행을 할 수 있지만, 새로운 개념을 학습할 때나, 창의적으로 문제를 해결해야 할 때는 뛰어난 수행을 할 수 없다는 가정도 하고 있다. 그러나 '타고난 영재성'이라는 개념은 어려서 영재성이 뛰어났던 것으로 판별되었으나, 후에 탁월한 성취를 이루지 못한 사례들과 영재성이 매우 뛰어나지 않았음에도 탁월한 성취를 이룬 개인들의 사례들에 대해 명쾌한 설명을 제공하지 못하고 있다. 이에 따라, 최근 대두된 재능 계발(talent development) 메가 모델(mega model)은 한 개인이 발달 초기에 어느 정도 우수한 능력을 보인다면, 적절한 도전, 교육, 훈련을 제공함으로써 특정 분야의 재능을 최대한 계발하여야 한다고 주장한다. 이 모델은 영재성은 학습될 수 있다는 의미를 함축하고 있어, 학습된 영재성의 의미는 명료하지 않다.

학습 몰입
[Learning Flow]

학습 몰입은 학습자가 외재적인 보상이 없이 내적 동기에 의해 학습하는 그 자체에 완전히 집중하게 되어, 학습 과제와 내가 일체가 되는 상태를 말한다. 사람이 자동차를 운전할 때, 차의 속도가 올라가면서 내가 달리고 있다는 느낌을 가지고 운전하는 그 자체에 집중하게 되는 것과 마찬가지이다. 학습하는 행위 자체가 외적인 보상이나 자극 등과 관계없이, 학습하는 그 자체가 재미있고 즐거워서 유목적 활동이 됨으로써 행동과 의식이 혼연일체를 이루어 목표하는 바를 달성하고자 하는 최적의 경험 상태를 말한다.

학습부진아
[Underachiever]

박성익(1986)은 학습부진아를 정상적인 학교 학습을 할 수 있는 능력이 있으면서도 선수학습 기능의 결손으로 인하여 수락할 수 있는 최저 학업성취 수준에 도달하지 못한 학습자라고 정의하였다. 송인섭 등(2001)은 학습부진아를 보통 수준의 지능을 지니고 있고 다른 장애나 환경 및 문화적 결핍 요인이 없으면서도 듣기 · 말하기 · 읽기 · 셈하기 등 특정 학습에서 장애를 나타내는 아동이라고 했다. 또 학습장애아(learning disability)와 학습지진아(slow leaning)와는 구분하여 인지 능력은 정상이나 환경적인 원인에 의해 발생하므로 일반적 보충학습을 통해서 지도가 가능한 학습자로 이용근(1997)은 학습부진아를 정의하고 있다. 한국교육과정평가원(1998)에서 수행된 학습부진아 지도 프로그램 개발 1차 연도 기초연구에서 정의 내린 학습부진아 개념은 정상적인 학교 학습을 할 수 있는 잠재능력이 있으면서도 환경 요인이나, 그것의 영향을 받은 개인의 성격이나 태도, 학습습관 등의 요인으로 인하여, 교육과정상에 설정된 교육목표에 비추어 볼 때 최저 학업성취 수준에 도달하지 못한 학습자로 규정하였다. '교육발전 5개년 계획(시안)'에서 교육인적자원부(1999)는 학습부진아 교육 강화에 대한 구체적인 정책을 포함시켰다. 여기에서 학습부진아를 지능은 정상이나 읽고 · 쓰고 · 셈하기(3R's)를 포함한 각 교과가 요구하는 최소한의 학업성취 수준에 미달되는 자로 정의했다.

참고문헌

교육인적자원부(1999). 교육발전 5개년 계획(시안). 서울: 교육인적자원부.

박성익(1986). **학습부진아 교육**. 서울: 한국교육개발원.

송인섭, 김정원, 정미경, 김혜숙, 신은영, 최지은, 박소연(2001). **교육심리학**. 서울: 양서원.

이용근(1997). 학습부진아 교육을 위한 세미나. 서울: 한국교육개발원.

이종선(2006). 학습부진아 지도방안에 관한 연구. 석사학위논문. 울산대학교.

한국교육과정평가원(1998). **학습부진아 지도 프로그램 개발연구**. 서울: 한국교육과정평가원.

학습선호도

[Learning Preference]

정보를 처리하고 아이디어를 생성하며 의사결정을 하는 데 있어 개인이 선호하는 접근방식이다. 학습자가 특정 상황에서 집중하는 것에 영향을 미치는 태도와 관심을 반영하며 개인적 유형과 상호 호환되는 학습 환경을 추구하려는 기질 또한 반영한다.

참고문헌

Cooper, S. E., & Miller, J. A. (1991). MBTI learning style-teaching style discongruencies. *Educational and Psychological Measurement, 51*(3), 699–706.

학습속도
[Learning Speed]

지식을 습득하는 과정에서 목표에 도달하기까지 걸리는 시간을 말한다. 즉, 목표와 관련된 개념이나 원리를 설명한 다음 개개인이 목표에 도달하는 시간이다. 학자들은 학습, 이해, 기억 등의 질(quality)뿐만 아니라 정보 획득의 속도에 관심을 두고 있다. 정보처리이론에서 가정하는 제한된 용량 개념에 따르면 처리의 속도 변화나 효율적 정보처리를 통해 문제해결이 이뤄진다고 설명하고 있다. 효율적 정보처리는 또한 정보의 조직화(organization), 상세 정보의 삭제(loss of detail) 등을 통해 이뤄지는데, 이러한 과정에서 왜곡(distortion) 등에 의한 오류(bad decision making)가 발생할 수 있다.

참고문헌

김윤주(2007). 학급 내에서의 개인의 학습속도에 따른 수준별 교수-학습이 수학 학업 성취와 태도에 미치는 영향. 석사학위논문. 한국교원대학교 교육대학원.

학습유형
[Learning Style]

정보를 처리하고 아이디어를 생성하며 의사결정을 하는 데 있어 개인이 선호하는 접근방식이다. 학습자가 특정 상황에서 집중하는 것에 영향을 미치는 태도와 관심을 반영하며 이러한 개인적 유형에 부합하는 학습 환경을 추구하려는 기질 또한 반영한다. 다양한 검사지가 개발되고 현장에서 많이 사용되고 있으나(Honey, Mumford, 2006; Keefe, & Monk, 1988; Kolb, 1976), 이 개념을 둘러싼 이론적 논쟁이 지속되고 있다(Klein, 2003; Pashler, McDaniel, Rohrer, & Bjork, 2008; Scott, 2010). 즉, 학습유형 개념은 보다 광범위한 인지유형(intellectual styles), 또는 다중지능이론(Zhang, Sternberg, & Rayner, 2012)과 비교되고 있다.

참고문헌

Honey, P., & Mumford, A. (2006). Learning styles questionnaire: 80-item version. London: Maidenhead. ISBN 1902899296. OCLC 889619009.

Keefe, J. W., & Monk, J. S. (1988). Learning style profile: technical manual. Reston, VA: National Association of Secondary School Principals. ISBN 0882102133. OCLC 22143235.

Klein, P. D. (January 2003). "Rethinking the multiplicity of cognitive resources and curricular representations: alternatives to 'learning styles' and 'multiple intelligences'". *Journal of Curriculum Studies, 35*(1), 45–81. doi:10.1080/00220270210141891.

Kolb, D. A. (1976). *Learning Style Inventory.* Boston, MA: Hay Group, Hay Resources Direct.

Pashler, H., McDaniel, M., Rohrer, D., & Bjork, R. A. (2008). Learning styles: concepts and evidence(PDF). *Psychological Science in the Public Interest, 9*(3): 105–119. doi:10.1111/j.1539-6053.2009.01038.x.

Scott, C. (2010). The enduring appeal of learning styles(PDF). *Australian Journal of Education, 54* (1): 5–17. doi: 10.1177/000494411005400102.

Zhang, L, Sternberg, R. J., & Rayner, S. (Eds.) (2012). *Handbook of intellectual styles: preferences in cognition, learning, and thinking*. New York: Springer Publishing. ISBN 9780826106674. OCLC 714734148.

학습장애 영재

[the Gifted with Learning Disabilities]

커크(Kirk, 1962)는 "학습장애란 발달지체, 심신장애 또는 뇌의 기능 손상에서 기인한 언어, 독서, 철자법, 쓰기, 산수 등의 한 가지 또는 그 이상의 발달지체를 보이거나 정서와 행동상의 불일치를 말하며, 정신지체나 감각 기관의 손실, 또는 문화적 또는 비현실적인 용어는 아니다."라고 했다. 앤더러(Anderer, 1992)는 "특수한 학습장애는 기본적인 심리과정에서 이해력 또는 언어를 사용하고, 쓰기 등의 기능에 한 가지 또는 그 이상의 혼란을 의미한다. 그리고 학습장애 그 자체가 듣기, 생각하기, 말하기,

읽기, 쓰기, 철자법 또는 수학 계산하기 등의 학습 능력에 부족함을 나타내는 말이다. 또한 이 용어는 지각장애, 뇌의 손상, 미소 뇌기능장애, 난독증, 실어증 등과 같은 조건을 포함하고 있다."라고 했다.

'학습장애 영재아(gifted learning disabled)'는 개인 지능 검사에서 최우수 혹은 우수한 범위의 수행 수준을 보이는데도, 이들의 뇌는 비슷한 능력을 가진 영재학생보다 덜 효율적으로, 혹은 다른 방식으로 기능하는 것처럼 보인다. 이러한 학습장애 영재아들은 터먼(Lewis Terman)의 영재성 모델에 적합하지 않다. 역사적으로 훌륭한 업적을 남긴 스티븐 호킹(Stephen Hawking), 알베르트 아인슈타인(Albert Einstein), 헬렌 켈러(Helen Keller), 토머스 에디슨(Thomas Edison) 등이 바로 이런 유형의 사람에 속한다(Cindy, 2001). 이들의 영재성과 학습장애의 차이는 시각적 또는 청각적 기능의 결손 또는 높은 수준의 인지적 과제를 해결하면서 나타나는 비효율적인 처리과정에서 명백해진다. 주어진 잠재력을 충분히 발휘하기 위하여, 인지과정상의 비효율성을 극복하기 위한 인지전략 훈련이나 자아존중감을 높일 수 있는 교육 프로그램을 제공하고 기능 결손을 교정하는 것이 필요하다.

참고문헌

서우경(2004). 미성취 영재아의 학업성취 관련변인에 대한 메타분석. 박사학위논문. 숙명여자대학교.

Anderer, S. E. (1992). Learning-disabled/gifted children. Unpublished doctoral dissertation, Widener University.

Cindy, L. (2001). A closer look at gifted children with disabilities. *Gifted Child Today, 24*(3), 46–54.

Kirk, S. A.(1962). *Educating exceptional children*. Boston: Houghton Mifflin.

학업소진

[Academic Burnout]

고용이 되거나 직업을 가지고 일을 하는 것이 아니더라도 학생들의 심리적 관점에서 학업은 그들의 '일'로서 간주된다. 학생들은 구조화되고, 의무화된 활동들, 예를 들어 수업에 참석하고, 과제를 완수하고 시험에 통과하는 등의 구체적인 목표가 있는 그러한 활동을 하기 때문이다(Schaufeli & Taris, 2005). 그러나 학생들이 학업에 대한 과도한 요구를 경험할 때 학생들은 지친다고 느끼고, 학업에 대해서 냉소적이 되며, 학생으로서의 무능감을 느끼는 등 심리적 소진을 경험하고 있음이 여러 연구를 통해 입증되었다(McCarthy et al., 1990). 이처럼 지속적인 학업에 대한 스트레스나 과도한 학업 요구로 인해 나타나는 학생의 탈진, 학업 과제에 대한 냉소적인 태도, 그리고 무능감 등으로 나타나는 심리적 증후를 '학업소진'이라고 한다. 이러한 학업소진 양상을 측정하기 위해서 샤우펠리와 그의 동료들(Schaufeli et al., 2002)은 학업소진 척도(Maslasch Burnout Inventory Student Survey: MBI−SS)를 개발하고, 독일과 포르투갈 학생을 대상으로 타당화하였다. 이 척도는 세 가지 하위 차원으로 구성되어 있는데, ① 지나친 학업과다로 인하여 지치는 정서적 탈진(exhaustion), ② 학생들이 학업에 대해 냉소를 느끼고 거리를 두는 냉담(cynicism), ③ 학업적 성취로 불리는 효능감(efficacy) 문항이 그것이다.

영재들 또한 학업소진과 밀접한 관련을 갖는다. 물론 모든 영재들이 성취 압박감에 시달리거나 소진된 삶을 사는 것은 아니며, 성과주의 사회에서도 성취 압박감이나 자기 착취적 소진은 영재성보다 성향이나 기질 혹은 개인의 라이프 스타일에 더 많은 영향을 받을 수 있는 것도 사실이다. 그럼에도 불구하고 많은 영재가 보이는 완벽주의적 성향, 강한 성취 욕구, 주변과 자신으로부터의 높은 기대감 등은 영재들로 하여금 자기 착취와 소진적 삶에서 자유롭지 않음을 시사한다. 비록 일부이거나 소수의 영재들에게 해당되는 이슈일 수 있으나, 이들 영재들에게 성취 압박감과 소진은 우울과 자살로까지 이어질 수 있는 매우 심각한 사안일 수 있기에 주목할 필요가 있다.

참고문헌

McCarthy, M. P., Pretty, G. M., & Catano, V. (1990). Psychological sense of community and student burnout. *Journal of College Student Development, 31*, 211−216.

Schaufeli, W. B., Marttez, I. M., Marques, P. A., Salanova, M., & Bakker, A. B. (2002). Burnout and engagement in university students: A cross-national study. *Journal of*

ㅎ

Cross-Cultural Psychology, 33, 464–481.
Schaufeli, W. B., & Taris, T. W. (2005). The conceptualization and mesurement of burnout: common ground and works apart. *Work and Stress, 19*, 256–262.

학업 영역
[Scholastic Areas]

인지적 또는 지식 영역으로 수학, 과학, 국어, 사회, 영어 등 학교에서 다루는 대부분의 교과 영역이 이에 해당된다. 지필고사나 수행평가 또는 다양한 학습 경험에서의 학생들의 반응을 관찰함으로써 직접적으로 평가할 수 있으며, 지능검사 또는 기억 및 속도, 언어적 추론, 공간 능력 등을 활용하여 학습자의 인지적 능력을 측정하는 각종 검사의 기초가 된다.

참고문헌

Hamilton, V. (1968). Scholastic and non-scholastic correlates of University students' academic performance. Research in Higher Education Paper presented to the Fourth Annual Conference of the Society for Research into Higher Education.
Heller, K. A. (2005). Education and counseling of the gifted and talented in Germany. *International Journal for the Advancement of Counselling, 27*(2), 191–210.

학업적성
[Academic Aptitude]

장래 학업성취에 대한 학습자의 성공 가능성을 예언해 주는 어떤 특성을 말한다. 그러한 특성에는 지적 능력뿐만 아니라 성격적 요인 및 태도, 신체적인 측면이나 성별, 연령 등 인지적 · 정의적 특성이 포함되며, 성숙, 경험, 학습에 의해 변화되고 신장될 수 있는 능력을 말한다.

참고문헌

Cronbach, L. J., & Snow, R. E. (1977). *Aptitude and instructional methods*. NJ: Irvington.

Snow, E. E. (1991). The concept of aptitude. In R. E. Snow & D. F. Wiley (Eds.), *Improving inquiry in social science* (pp. 249–284). Hillsdale, NJ: Lawrence Erlbaum Associates, Inc.

학업 탄력성
[Academic Resilience]

학업 탄력성은 학교 적응 유연성(school resilience) 또는 교육적 탄력성(educational resilience) 등의 용어로도 사용된다. 학업 탄력성은 학업적 위기가 존재하는데도 높은 학업 수행과 동기를 유지하는 학생들의 학업에 성공할 수 있는 요인에 관심을 두는 접근으로, '학업 탄력성'이 높은 학생들은 학업 중단이나 학업 위기가 존재하는데도 높은 성취동기를 가지고 성공적으로 학업을 수행하는 학생들이다. '학업적 탄력성'은 학업 장면에서 위기나 스트레스를 효과적으로 다룰 수 있는 능력으로 정의되기도 하며, 학업적 위기에 처한 학생들이 성공적으로 잘할 수 있도록 하는 보호요인의 조합이기도 하다. 전반적으로 학업 탄력성은 학업 장면에서 어려움, 압박, 스트레스 등을 극복해 내는 개인의 역량을 의미한다.

김홍희(2014)는 일반 학생을 대상으로 개발된 학업 탄력성 척도가 영재들의 학업 탄력성을 측정하는 데 한계가 있음을 지적하고 영재 청소년용 학업 탄력성 척도를 개발하고 타당화한 바 있다. 이를 위하여 개방형 질문과 선행연구 고찰로부터 101개의 기초 예비 문항을 추출하였다. 이를 통해 문항 분석 및 탐색적 요인 분석을 실시하였다. 그 결과 영재 청소년의 학업 탄력성을 측정할 수 있는 11요인 42문항을 추출하였다. 하위 요인은 '목표 의식' '자기 이해' '교육적 열망' '학업적 자기조절' '과제집착력' '성공 귀인(능력)' '성공 귀인(노력)' '대인관계(친구)' '대인관계(부모)' '대인관계(교사)' '낙관성'으로 확인되었다. 척도의 타당도를 확보하기 위하여 확인적 요인 분석 결과, 모든 경로계수가 유의하고, 개념 신뢰도, 분산 추출 지수, 결정 계수가 기준치 이상으로 나타났다. 또한 영재 청소년의 학업 탄력성 척도가 학교적응, 회복 탄력성, 학업소진 척도와 유의한 상관을 나타내고 있어 내적 · 외적 타당도를 확보하였다.

참고문헌

김홍희(2014). 영재 청소년의 학업탄력성 척도 개발 및 타당화. 박사학위논문. 인천대학교 일반대학원.

한국과학기술원 과학영재교육연구원
[KAIST Global Institute for Talented Education]

「영재교육진흥법」에 의하면, 국가 영재교육 정책 개발과 연구, 영재 발굴과 육성 등을 위하여 중앙 정부 차원의 영재교육연구원을 지정 · 운영할 수 있도록 되어 있다. KAIST 과학영재교육연구원은 이 법에 따른 과학 분야 영재교육 연구와 교육에 특화된 국가 수준의 전문 연구 기관이다.

국가 경쟁력을 선도할 글로벌 과학기술 인력을 양성한다는 KAIST의 교육목적에 따라 1993년 5월 과학영재의 발굴과 육성을 위한 KAIST 과학영재연구소가 설치되었다. 2000년「영재교육진흥법」제정 이후 2002년 6월에 과학기술부 산하의 KAIST 과학영재교육연구원으로 전환되었으며, 2008년 10월에는 교육과학기술부 지정 국가 과학영재교육연구원이 되었다. 국가 과학영재교육 진흥을 위한 기초 정책연구, 과학영재 발굴 및 육성 프로그램 개발과 운영, 교원연수 등 3대 핵심 사업 영역을 중심으로 연구 활동과 교육에 앞장서 왔다. 2009년 12월 교육과학기술부 영재 교원연수 기관으로 지정되면서 전국 단위의 과학영재 교원연수를 지원해 왔으며, 2014년 2월 국가 과학영재 발굴 · 육성 종합계획(2013~2017)을 수립하였다. 한국교육개발원 영재교육센터가 교육부를 중심으로 한 국가 영재교육 정책 연구와 교원연수 및 데이터베이스 구축 등을 선도하는 연구원이라고 한다면, KAIST 과학영재교육연구원은 미래창조과학부를 중심으로 과학영재의 발굴과 육성에 특화된 국가 영재교육 연구원이라 할 수 있다. 2016년 현재 KAIST 과학영재교육센터, IP영재기업인교육원, 사이버영재교육원,

AP 지원센터 등 과학영재교육 분야의 정책 연구와 on/off-line 영재교육 프로그램을 운영하고 있다.

한국과학영재학교
[Korea Science Academy(KSA)]

한국과학영재학교(Korea Science Academy: KSA)는 「영재교육진흥법」하에 설립된 우리나라 최초의 영재학교로서, 2003년 개교한 이래 2017년 2월까지 총 12회 졸업식을 통해 총 1,704명의 졸업생을 배출해 왔다. 2002년 설립 당시 학교명은 부산과학고등학교 과학영재학교로 명명하였으며 과학기술부와 부산광역시 교육청의 협약으로 공동으로 행·재정적 지원을 해 왔다. 2005년 한국과학영재학교(KSA)로 개명하였고 2009년 2월 교육과학기술부는 한국과학기술원 부설 학교로 전환시켰다. KSA는 입학생들을 매년 전국 단위로 지원자를 모집하여 다단계 입학전형을 통해 144명 내외로 선발하며 입학 후에는 기숙생활을 한다. 학생들을 지도하는 교원은 KAIST 파견 교수, 계약직 교수, 부산광역시 교육청 소속 교원 등으로 구성되어 있다.

학교의 미션은 국가의 미래와 인류 사회에 공헌할 창의적 글로벌 리더 양성으로 제시하고 있으며 미래를 선도하는 세계 최고의 과학영재 교육기관으로 도약하겠다는 비전을 추구하고 있다. 핵심가치는 창의(creativity), 열정(passion), 봉사(service)에 두고 있으며, 추진 목표는 학생 성장 기반 강화, 창의성 교육 기반 강화, 과학영재교육 선도 및 자율적 책임경영으로 설정하여 운영하고 있다.

학사는 무학년 졸업제로 운영되며, 교육과정 편제는 교과(148학점), 창의·연구 활동(30학점), 리더십 활동(260시간)으로 편성되어 있다. 교과 부분은 필수과목(84학점)을 통해 고등학교 3년 과정을 속진 이수하고 선택과목(56학점), 융합과목(8학점)과 대학학점 인정 AP교과 등 대학 수준의 심화과목을 학생 스스로 선택하여 수강하도록 운영하고 있다. 학부 중심 교육으로 수리정보과학부, 물리지구과학부, 화학생물학부, 인문예술학부로 구분하여 교과별 특성화된 교육과정을 제공하고 있다.

창의·연구 활동 부분은 학년별로 1학년은 창의기초연구를 통해 창의적 문제해결력 및 연구기초 능력을 배양하고, 2학년은 R&E 수행과 국내외 연구기관 방문 및 학습 활동을 통한 소그룹 연구 활동을 거치며, 3학년에서는 연구 역량을 심도 있게 축적할 수 있도록 졸업 연구를 수행하고 졸업논문을 작성한다. 그 외에서 RAA(연구 중심 담임제도), 창의공작실 및 드림디자인센터(I&D: 상상과 개발-창의공작실의 공학 연계 분야 연구, 지적재산권 창출 등), KSA 창의 · 연구 활동 발표회 등과 전국 과학영재학교 R&E 및 우수연구 공동발표회 등의 활동이 진행되고 있다.

KSA는 지성과 인성을 겸비한 참된 인재를 양성하기 위해 다양한 리더십 활동을 운영하고 있다. 또한 지역사회 봉사 활동으로 재능기부 동아리활동, 드림캠프, 지역사회 소외계층 대상 사랑 나눔 등으로 지역사회 과학 대중화에 기여하는 활동을 실천하고 있다.

KSA는 국제화를 추구하여 학생들에게 소통으로 경쟁하는 세계 과학의 중심이 될 수 있도록 다양한 활동 기회를 제공하고 있다. 국외 위탁교육, 국제 공동연구, 국제 학술대회 및 국외 과학전람회 참가 등을 지원한다. 2010년부터 매년 10명 내외의 외국인을 선발하여 외국인반을 운영하고 있으며, 영어 강의, 장단기 교환학생 프로그램, 교사교류 프로그램 등을 운영하고 있다.

참고문헌

2016년 한국과학영재학교 안내책자.

한국과학영재학교 https://www.ksa.hs.kr

한국교육개발원 영재교육연구센터

[National Research Center for Gifted and Talented Education: NRCGTE]

한국교육개발원 영재교육연구센터는 2002년도「영재교육진흥법」제15조 및 시행령 제38조에 의거하여 지정된 우리나라 최초의 국가 영재교육연구원이다. 국가 차원에서 영재교육을 체계적이고 종합적으로 지원하기 위한 설립 근거를 갖고 있으며, 이런 영재교육연구원은 다음 각 호의 업무를 수행한다.

① 영재교육에 관한 이론적 기초연구
② 영재교육 정책연구
③ 영재의 판별에 관한 연구 · 개발
④ 영재교육 방법 및 자료의 연구 · 개발
⑤ 영재교육 지원 시스템의 연구 · 개발
⑥ 교원연수 자료의 연구 · 개발 및 연수 실시
⑦ 영재교육에 관한 종합 데이터베이스의 구축 · 관리
⑧ 특례자의 판별 및 적정 교육과정에 관한 심사
⑨ 특례자에게 적합한 교육을 실시하기 위한 전문가 및 관계 기관과의 연계 등 진로 지도
⑩ 그 밖에 영재교육 관련 연구 업무 수행

참고문헌

교육부. 영재교육진흥법.

한국예술영재교육연구원
[Korean National Research Institute for The Gifted in Arts]

한국예술영재교육연구원은 「영재교육진흥법」에 따라 2005년 6월 3일 설립된 예술영재교육 전담 국가 연구기관으로서 예술영재교육을 위한 국가 차원의 정책 개발을 포함한 연구와 연수 프로그램을 운영한다. 2011년에는 예술영재교육 담당교원 국가 연수기관으로 지정되었으며, 음악, 미술, 무용, 전통예술 분야를 중심으로 교사 연수를 실시하고 있다. 그동안 수행된 연구에는 예술영재교육에 관한 이론적 기초연구, 정책연구 및 예술영재 선발에 관한 연구 및 개발, 교육과정 연구 및 개발, 예술영재교육 지원시스템 연구 및 개발, 교육인력 육성 방안 연구 및 개발, 예술영재교육 프로그램 개발 연구 등이 있다. 현재 한국예술종합학교 소속으로 운영되고 있다.

참고문헌

한국예술영재교육연구원 https://kriga.karts.ac.kr

한국정보올림피아드
[Korea Olympiad in Informatics: KOI]

한국정보올림피아드(KOI)는 미래창조과학부에서 주최하고 한국정보화진흥원에서 주관하는 대회이다. 국내 최고의 IT영재들이 참가하여 실력을 겨루는 대회로써 국내 최고의 권위를 가진다.

참고문헌

https://www.digitalculture.or.kr-정보올림피아드 소개

한국창의정보문화학회
[The Korean Society for Creative Information Culture]

건전한 정보문화를 정착시키기 위한 정보 기술의 올바른 활용을 계도함으로써 건강한 산업 생태계를 구성하고, 창의적인 정보 인력 양성의 기틀을 마련하기 위한 학문 탐구와 산학, 연간의 교류 활성화 및 교육의 장을 마련하여 국가 발전에 이바지하고자 하는 학회이다.

참고문헌

http://www.3c.or.kr

한국청소년과학탐구토론대회 또는 한국미래과학자탐구토론대회 [Korean Young Scientists' Tournament: KYST]

한국청소년물리토너먼트(KYPT)를 모형으로 중학생을 위해 만들어진 과학경연대회이다. 전반적으로 KYPT가 지향하는 공동연구, 토론, 이론과 실험에 의한 논증이라는 취지는 동일하며, 경기 규정도 매우 유사하다. 반면 대학부설 과학영재교육원의 중학생만 참여할 수 있고, 여섯 명이 한 팀을 이루며, 과학 전반에 걸쳐 문제가 출제된다는 점, 공식 언어가 한국어라는 점에서 KYPT와 다르다. 한국과학재단 후원, 한국영재학회, 고등과학원, 동아사이언스 주최로 2003년부터 KYST가 시작되었으나, 현재는 운영되고 있지 않으며 홈페이지도 폐쇄된 상태다.

① 출제 문제의 특징: KYST의 문제들은 과학 교과서에 나와 있는 문제가 아닌 우리 주변에 실제로 존재하는 현상을 해결하는 문제로써 이러한 과제를 해결하기 위해서는 수준 높은 과학 지식은 물론이고 수학 등의 관련 학문에 대한 폭넓은 지식이 필요하다.

② 대회의 특징: 개인별 경시가 아니고 여섯 명이 한 팀을 이루어 팀 간에 경쟁을 하는 대회로써 창의적인 문제해결을 위한 협동심은 물론 토론 위주의 대회 진행으로 적합한 의사전달 능력과 자기 이론에 대한 충실한 연구 능력 및 자신감이 동반되어야 한다.

- 집단적 경기: 여섯 명이 한 팀으로 구성되어 문제를 해결하는 방식
- 토론식 경기: 팀마다 발표자, 반론자, 평가자의 역할을 바꿔 가며 문제해결 방법과 결과에 대해 토론
- 장기간에 걸친 집단적 공동연구: 출제된 문제를 5개월 동안 각 팀에서 공동연구하여 대회에 참가
- 실제적인 문제해결 능력에 대한 평가: 실생활 및 자연현상, 과학기술 응용에 관한 실제적 문제들을 출제
- 다양한 문제해결 능력 평가: 물리학뿐만 아니라 수학 및 과학기술 분야에 대한 간학문적이고 종합적인 문제해결 능력을 요구

• 의사결정 능력과 판단 능력 평가: 토론을 통해 의사소통 능력, 의사결정, 순간적 판단 능력을 요구
  –단편적인 지식보다 창의적 문제해결 능력을 중점 평가함
  –교과 영역의 개인적 문제해결 능력을 평가하는 것을 지양하고 그룹 활동을 통한 통합적인 문제해결 능력을 평가함

한국청소년물리토너먼트
[Korean Young Physicists' Tournament(KYPT)]

'한국청소년물리토너먼트(KYPT)'는 IYPT를 모체로 국내에서 열리는 청소년 물리 경연대회다. 미래창조과학부와 한국과학창의재단이 지원하는 한국영재학회의 사업으로 한국물리학회와 공동으로 수행하며, 과학기술진흥기금과 복권기금을 재원으로 운영된다. 국내 대회 운영 및 국제 대회 참가에 관련된 모든 사항은 대회조직위원회가 책임진다.

2001년 국내 대회가 처음 열렸고, 2002년부터 IYPT에 정식으로 참가하기 시작했다. 국내 대회는 원칙적으로 IYPT 경기 규정에 따라 운영되지만, 국내 실정에 맞게 IYPT의 17개 문제 중 14개(2017년부터 12개)가 출제되고 네 번의 예선전을 거친다는 점 등 대회 운영에 대한 세부 사항은 다소 상이하다. 매년 6~7월 IYPT에서 다음해 문제가 공지되면, 9월 국내 대회 문제와 함께 대회 참가 신청을 받는다. 팀을 구성한 학생들은 1월 말까지 문제해결에 대한 보고서를 2회 제출하고, 조직위원회는 보고서 심사를 통해 국내 대회에 참가할 24~28개 팀을 선발한다. 경기는 3박 4일에 걸쳐 진행되고, 심사에는 전국 대학의 물리학 및 물리교육 전공 교수 약 35~40명이 참여한다.

팀은 대회 당일까지 국내 고등학교에 재학 중인 학생 다섯 명으로 구성되지만 네 명도 가능하다. 팀 리더로서 지도교사가 반드시 있어야 하며, 한 학교에 두 개 팀까지 출전할 수 있으나 다른 학교와 연합팀을 구성하는 경우 팀 수의 제한은 없다. 2006년까지는 국내 대회가 여름에 개최되었지만, IYPT 참가 대비를 위해 그 이후 매년 겨울에 개최된다. 은상 수상 팀까지 국가대표팀에 선발될 자격이 부여된다. 국내 대회가

종료된 직후 조직위원회는 국가대표 신청을 한 지원자들에게 IYPT 문제를 할당하고 개별적으로 2~3회에 걸쳐 발표 평가를 실시한다. 최종 선발된 다섯 명의 국가대표는 4월부터 국제 대회 개최 전까지 약 4~6주 동안 합숙하면서 조직위원회의 지도를 받으면서 대회를 준비한다.

참고문헌

KYPT조직위원회. 제16회 한국청소년물리토너먼트 안내책자, 2017.
위키백과.
한국청소년물리토너먼트 http://www.kypt.or.kr

행복지수
[Happiness Index]

긍정심리학(positive psychology)이 화두로 대두되면서 행복이 주요한 이슈로 부각되었다. 긍정심리학은 1998년 미국 심리학회(APA)에서 셀리그먼(Seligman)에 의해 그 중요성이 강조되었으며, 지난 한 세기 동안 정신의학자들이 프로이트(Sigmund Freud) 등의 영향으로 마음의 부정적인 면, 병리적인 측면에 집착하여 왔던 것에 반성하고 마음의 밝은 면을 규명해서 북돋우려는 심리학의 새 분야로 행복이라는 마음의 상태, 즉 심리적 안녕감, 행복, 만족 등 긍정적인 경험을 조명하였다(Seligman & Csikszentmihalyi, 2000). 다양한 가치가 존재하는 사회에서 행복은 하나의 중요한 가치이다. 인간의 삶에서 행복하다는 것은 인간이 추구하는 가장 이상적인 삶의 모습이다.

지금까지 수많은 철학자가 행복의 개념을 정의하려고 시도하였고, 따라서 행복에 미치는 주요 원인이 무엇인가에 대한 연구를 계속하여 왔다. 행복한 사람들은 기질적으로 타고나며 세상을 좀 더 안전하게 느끼며 좀 더 쉽게 결정을 내리고 훨씬 친화적이며 타인과의 관계나 자신을 바라보는 시각 그리고 미래에 대한 희망이 훨씬 긍정적이다. 셀리그먼(1991)은 그의 저서 『낙관성 훈련(Learned Optimistic)』에서 낙관성이 높은 사람은 어떤 난관도 이겨 내고 성공할 가능성이 그렇지 않은 사람보다 유의미하게 높으며, 이런 행복지수는 계발과 훈련에 따라 얼마든지 향상할 수 있다고 기술하고 있다. 영재교육을 받는 궁극적인 목적 중 하나도 영재 개개인의 행복 및 심리적 안녕감을 추구하고자 하는 것이다. 21세기의 우리에게 필요한 인재는 낙관적이고 행복지수가 높아 긍정적인 미래에 대한 비전(vision)을 제시하며 자신의 일을 사랑하고 몰입할 수 있는 자아실현을 향해 나아가는 행복한 영재이어야 한다.

참고문헌

한기순, 김영미(2008). 영재들은 행복한가: 영재, 잠재적 영재, 일반학생의 행복관련 정서적 특성 비교. 영재교육연구, 18(3), 519-542.

Seligman, M. (1991). *Learned Optimism*. New York: Knodf.

Seligman, M., & Csikszentmihalyi, M. (2000). Positive Psychology: An Introduction. *American Psychologist, 55,* 5-14.

헤드스타트
[Head Start]

헤드스타트 프로그램은 1964년 미국 의회에서 제정된 경제기회법령(economic opportunity act)에 따라 도입된 프로그램으로, 빈부 격차로 인한 교육 기회의 격차를 해소하고 경제적·사회적으로 불리한 환경에 있는 어린이들이 초등학교 교육에 어려움 없이 적응할 수 있도록 기초적인 학습 태도와 기능을 키우고자 하는 데 그 목적이 있다. 대상자는 주로 0~5세 저소득층 아동과 가족이며, 이들에게 읽기, 쓰기, 말하기 등의 인지·언어발달 서비스와 함께 의료·정신보건 서비스, 영양 및 사회 서비스를 제공한다. 헤드스타트 프로그램은 저소득층 아동들의 인지, 정신, 영양 발달을 촉진하고 가정과 지역사회의 친밀한 유대감에 많은 영향을 주는 등, 교육을 통해 균등한 기회를 제공하고 사회통합에 기여했다는 긍정적인 평가를 받고 있다.

참고문헌

김순양, 고수정(2012). 미국의 교육불평등에 대한 조기 개입 정책: 헤드스타트의 분석 및 정책적 시사점 도출. 한국행정연구, 21(2), 103-136.

한국교육심리학회(2000). 교육심리학 용어사전. 서울: 학지사.

협동학습

[Cooperative Learning]

협동학습은 소집단이 공동으로 목표를 달성하기 위해 협력적으로 노력하여 과제 및 학습을 수행하는 것을 말하며, 이와 같은 학습 과정에서 구성원 사이의 상호작용 및 협동심을 바탕으로 학생들은 바람직한 지적, 정서적 발달을 이룰 것이라 기대된다. 협동학습은 정적 상호의존성, 개인의 책무성, 개인 간 상호 교류, 소집단 및 대인기술, 집단평가 등의 요소로 구성되며, 협동학습이 가능하게 하는 협동적인 과제, 균등한 기회 및 협동적인 피드백 구조 등이 전제되어야 진정한 협동학습이 이루어질 수 있다.

협동학습의 효과는 많은 연구를 통해 입증되었으나, 영재학생에게 혼합 능력 협동학습 방법을 활용하여 학습을 수행하게 하는 것은 지양해야 한다는 주장이 있다. 많은 경우 영재학생이 또래 학생의 개인교사 역할을 하거나 과제를 대부분 수행하게 되며, 그들의 능력에 적절한 속진이나 심화 기회를 제공받지 못하여 학습동기를 상실하게 되므로 혼합 능력 협동학습보다는 능력별 집단편성 방법을 고려해야 한다.

참고문헌

이명숙(2003). 협동학습과 그 이론적 기초. 초등교육연구논총, 19(2), 61-80.

한국교육심리학회(2000). 교육심리학 용어사전. 서울: 학지사.

Davis, G., & Rimm, S. (2004). *Education of the gifted and talented*(5th ed.). Boston: Allyn and Bacon.

협업 능력
[Collaboration Competency]

공동의 목표를 달성하기 위해 다양한 팀원들과 협력하여 일을 효율적으로 수행하거나 공동 작업하는 능력을 말한다. 협업은 협력이나 협동과는 다른 개념으로, 두 개 이상의 조직이나 개인이 서로 다른 전문성을 기반으로 결합하여 새로운 가치를 창조하거나 시너지를 창출하는 것이다. 피할 수 없는 사회적 흐름인 융 · 복합을 할 수 있는 방법론이 바로 협업이다. 조직 내에서 아이디어를 함께 개발, 수정하는 일련의 과정을 통해 개인의 총합 이상의 성과를 창출해 내는 것이 협업의 효과이다. 협업에서 중요한 능력 중 하나는 갈등을 조정하는 역할이다.

서로 다른 분야의 지식, 다른 종류의 노련한 경험이 모였을 때 발생하게 되는 충돌, 마찰, 갈등을 조정하고 의견을 수렴하여 아이디어를 극대화하는 것이 협업 능력이다. 아이디어의 공유와 더불어 대화, 소통으로 팀원들 개개인이 갖고 있는 능력을 극대화할 수 있도록 이끌어 주는 것 또한 협업 능력이라 할 수 있다. 체계적 협업은 협업을 해야 할 때와 피해야 할 때를 정확히 판단하고, 사람들에게 협업 의사와 능력을 고취하는 리더십의 실천을 말한다.

참고문헌

윤은기(2015). 협업으로 창조하라. 서울: 올림.

이장원, 김대환, 안정환 역(2011). 협업(*Collaboration*). Hansen, M. T. 저. 서울: 교보문고. (원서 2009년 출간).

Rytivaara, A., & Kershner, R. (2012). Co-teaching as a context for teachers' professional learning and joint knowledge construction. *Teaching and Teacher Education: An International Journal of Research and Studies, 28*(7), 999–1008.

Schuman, S. (2006). *Creating a culture of collaboration*. San Francisco: Jossey–bass.

호주 영재교육

[Gifted Education in Australia]

20세기 후반에 접어들면서, 호주에서는 영재의 판별과 교육에서 괄목할 만한 발전이 이루어졌다. 영재들의 잠재적 재능을 계발해 주어야 한다는 높은 교육적 요구와 인식 수준은 영재교육 발전에 원동력이 되었다. 1980년대에 접어들면서 연방정부 교육부는 영재교육과 관련된 국가교육정책을 발표하였고, 아울러 각 주의 교육청에 영재들에게 특별 프로그램을 제공할 수 있는 세부안을 마련하도록 요청하였다. 1990년대에 들어와서 호주의 모든 주에서 영재들에게 우수한 교육 프로그램을 제공하고자 과거의 교육정책을 수정하거나 또는 새로운 교육정책을 수립하고자 노력하고 있다. 호주 영재교육 실천의 두 가지 접근은 학교기반 영재교육(school based provision)과 보충 영재교육(supplementary provision)으로 구분된다. 학교기반 영재교육은 일반학교의 모든 교사가 담당하게 되며 전체 학생 중에서 15% 정도의 학생이 그 대상이 된다. 초 · 중등 학교기반 영재교육은 모든 개별 학급 내에서 이루어진다. 또한 학교는 가장 우수한 학생들이 함께 학습할 수 있는 전략을 개발할 수 있다. 보충 영재교육은 가장 우수한 영재학생들이 정규 학습이나 학교에서 제공할 수 있는 것보다 더 높은 수준의 교육과정을 다른 영재학생들과 상호작용하며 학습할 수 있도록 하는 것을 말한다. 호주에서는 연방정부, 주정부, 그리고 학교나 지역사회에서 영재들을 위한 교육 프로그램을 매우 다양하게 운영하고 있다. 1991년 당시 무려 117유형의 영재교육 프로그램이 있다고 발표된 바 있다.

이 프로그램 유형은 교과학습, 인지과정이나 분석적 사고력 계발, 기능 계발, 심화활동, 개별학습, 사사학습, 자아개념학습, 사회성 계발, 캠프 등이다. 호주의 영재교육은 전적으로 주정부가 주도하여 실시하며, 주별로 지역적 특성에 따라서 영재교육정책을 자율적으로 수립하여 실시하고 있다. 이렇듯 호주에서의 영재교육의 장점은 각 주의 여건에 따라 다양한 영재교육 프로그램을 운영하고 있다는 점이다.

참고문헌

구자억, 안미숙, 김홍원, 이순주, 박성익, 조석희(2002). 동서양 주요국가들의 영재교육. 서울: 문음사.
오영주(1996). 호주의 영재교육. 대한사립중고등학교장회.

홈스쿨링
[Home Schooling]

학교와 같은 제도화된 시스템이 아닌 가정에서 부모가 직접 아이들을 가르치는 것을 말한다. 학교라는 제도가 일반화되면서 학교 교육과 부모 양육의 역할이 분리되어 왔는데 공교육의 획일적인 교육에 반대하여 부모들이 아이의 적성과 특성에 맞는 교육을 직접 가르치는 홈스쿨링을 하기도 한다. 나라마다 합법인 경우도 있고, 불법인 경우도 있다. 최근에는 미국에서 보통 학교 학습에 대한 비판이 많아서 홈스쿨링이 증가 추세이며 국내에서도 많은 사례를 볼 수 있다.

참고문헌

김진숙(2004). 홈스쿨링 가정의 부모와 자녀의 홈스쿨링의 실태와 인식. 성균관대학교 대학원 석사학위논문.
김혜실(2006). 한국의 홈스쿨링 운영 연구. 단국대학교 교육대학원 석사학위논문.
[네이버 지식백과] 홈스쿨링 [home schooling] (시사상식사전, 박문각) http://terms.naver.com/entry.nhn?docId=74226&cid=43667&categoryId=43667.
[위키백과] 재택학습 https://ko.wikipedia.org/wiki/%EC%9E%AC%ED%83%9D%ED%95%99%EC%8A%B5.

확산적 사고
[Divergent Thinking]

어떤 주어진 문제에 대해 하나의 정답을 찾는 대신 다양하고 많은 정보를 자유롭게 찾아내는 사고이다. 창의적인 아이디어를 내기 위해 사용되는 확산적 사고의 목표는 가능한 한 많은 아이디어와 가능성을 찾아내는 것이다. 확산적 사고를 하는 사람들은 여러 가지 자유로운 응답을 허용하는 질문을 좋아하고, 기존에 알려지지 않은 새로운 방법으로 대안을 사고하는 능력이 있다.

참고문헌

문정화, 하종덕(2003). 또 하나의 교육 창의성. 서울: 학지사.

이영애 역(2003). 사고유형(*Types of Thinking*). Robertson, S. I. 저. 서울: 시그마프레스. (원서 1999년 출간).

환경적 장애
[Environmental Barrier]

개인의 사회적, 직업적, 여가적 활동에 온전히 참여하는 것을 방해하거나 제한하는 환경적 특성이다. 예를 들어, 휠체어를 탄 장애인에 대한 환경적 장애에는 계단, 좁은 문, 무거운 문 등이 될 수 있다. 아동발달에 있어서 환경적 장애 중 가장 중요한 것인 가족 내 요인으로는 아동학대, 어머니의 불안이나 우울, 극도의 가난, 제한되지 않는 TV 시청 등이 장애요인이 될 수 있다. 반면에 아동의 발달을 지원해 줄 수 있는 가정적 보호 요인으로는 성인의 돌봄과 관심의 시간, 정서적 유대감, 계획된 일과와 일과의 일관성, TV시간 감독, 함께 책 읽기, 아동의 교육적 성취에 대한 부모의 높은 기대, 부모의 학교참여도 등이 있고 지역사회의 요인으로는 친구와 종교적 모임으로부터의 지원, 부모교육 기회 등이 있다.

참고문헌

Preedy, V. R., & Watson, R. R.(2010) (Eds.). *Handbook of disease burdens and quality of life measures*. New York: Springer.

환상 유추

[Fantasy Analogy]

시네틱스(synectics) 기법 중 하나로, 정신분석학에서 말하는 소원성취(wish fulfillment)의 한 가지 형태로 이해할 수 있다. 환상 유추는 현실적인 유추로는 문제를 해결하기 어려울 때 비현실적이고 환상적인 상상을 현실과 결부해 유추하는 방법이다. 예를 들어, '하늘을 나는 양탄자' '스스로 청소하는 자동차' '생각만으로 필요한 문제를 해결해 주는 컴퓨터' 등이 환상 유추를 통해 나온 아이디어이다.

참고문헌

Davis, G. A., Rimm, S. B., & Siegle, D. B. (2011). *Education of the gifted and talented*(6th ed.). Prentice-Hall, Inc.

회복탄력성

[Resilience]

탄력성, 회복력 등으로 번역되기도 하는 회복탄력성은 심리학, 정신의학, 교육학, 사회학 등 다양한 분야에서 연구되는 개념이다. 탄력성은 개인이 역경의 상황을 극복하고 회복하여 이전의 상태로 돌아가거나 오히려 도약의 발판으로 삼는 힘, 즉 스트레스 상황에서 경직되지 않고 유연하게 대처하여 성공적인 적응을 이룰 수 있는 역량을 말한다. 이는 베르너 등(Werner et al., 1982)의 추적 연구를 통해 개념화되었는데, 1995년 하와이 섬의 열악한 환경에서 태어난 고위험군 아이들이 이를 극복하고 성장하게 하는 공통된 내적 속성이 있음을 발견하여 회복탄성력 개념을 확립하였다. 유사한 개념으로는 자아탄력성, 적응유연성, 심리적 유연성, 심리적 건강성, 극복력 등이 있다.

참고문헌

Werner, E. E., & Smith, R. S. (1982). *Vulnerable but invincible: A longitudinal study of resilient children and youth.* New York: McGraw Hill.

회피동기

[Avoidance Motivation]

처벌 단서에 민감하여 '무언가 좋지 않은 결과를 예방'하기 위해 행동을 억제하는 것을 목표로 하는 동기를 말한다.

참고문헌

Davidson, R. J. (1992). Emotion and affective style: Hemispheric substrates. *Psychological science, 3*(1), 39–43.

Gray, J. A. (1990). Brain systems that mediate both emotion and cognition. *Cognition and Emotion, 4*(3), 269–288.

인명 및 기타

가네

[Gagné, F.]

프랑스계 캐나다 학자인 가네는 1940년 10월 9일 출생, 1966년에 몬트리올 대학(l'Universite de Montreal)에서 심리학으로 석 · 박사학위를 받았다. 이후 몬트리올 퀘백 대학(l'Universite du Quebec a Montreal(UQAM) 심리학과 교수로 재직하였고, 주로 영재 분야의 연구와 교수로 활동하였다. 그는 다양한 영재성 이론을 결합한 영재성 차별화 모형(Differentiated Model of Giftedness and Talented: DMGT) 이론으로 세계적 명성을 얻었으며, 전문적인 상도 많이 수여하였다. 대표적으로 1996년에 미국 영재아동 학회(NAGC: National Association of Gifted Children)로부터 Distinguished Scholar Award를 수여하였으며, 1998년에는 인간 지능과 지적 영재성 연구로 미국 멘사 교육 연구 재단(American Mensa Education & Research Foundation)으로부터 Award of Excellence를 수여하였다. Giftedness Quebec 회장을 역임하였고 여러 해 동안 Editorial Advisory Board of the Roeper Review의 멤버로 활약하였다. 2001년 9월에 공식적으로 퇴임하였지만, 이후에도 저널 출판 편집 프로젝트와 많은 국제 기조강연 등의 활동을 계속하고 있다. 가네의 DMGT 이론에 의하면, 그는 먼저 영재성(giftedness)과 재능(talent)을 엄밀히 구별하여 사용하였다. 일반적으로 영재성과 재능을 동일한 능력이나 특성을 의미하는 용어처럼 혼용하지만, 가네는 영재성과 재능이 뚜렷이 구별되는 별개의 아이디어로서 차별화하여 사용해야 한다고 주장하였다. 가네의 모형에서 영재성은 타고난 능력이며 재능은 타고난 영재성을 체계적으로 계발시킨 결과로 본다. 이 모형은 영재성에 관한 근래의 이론 중에서 가장 포괄적이고 타당한 이론으로 받아들이고 세계적으로 널리 활용되고 있는데, 특히 호주의 영재교육을 이끌어 가는 모형이 되고 있다.

참고문헌

이신동, 이경숙, 강현석, 김정희, 박진규, 박창언, 신재한, 정정희 역(2011). 영재성의 개념과 이론〔*Conceptions of giftedness*(2nd ed.)〕. Robert J. Sternberg & Janet E. Davidson 저. 서울: 학지사. (원서 2005년 출간).

gagnefrancoys.wixsite.com

길포드
[Joy Paul Guilford(1897~1987)]

조이 폴 길포드(J. P. Guilford)는 심리측정학적 연구로 잘 알려진 미국의 심리학자로서 수렴적 사고와 확산적 사고를 구분하여 창의적 사고에 대한 중요성을 처음으로 지적하였다. 길포드는 서스톤(L. L. Thurstone)의 관점을 확장, 발전시켜 지능이 세 가지 차원, 즉 내용, 조작, 결과가 필요하다는 제안을 했다. 2002년에 출판된 일반 심리학 조사에서 길포드는 20세기에 27번째로 가장 많이 언급된 심리학자로 기록됐다.

- 지능 이론의 구조: SI 이론은 최대 180가지의 다른 지적 능력을 세 가지 차원(조작, 내용, 결과)에서 구성한다.
- 조작 차원: SI는 여섯 조작 또는 일반 지적 과정을 포함한다.

–cognition 이해: 발견, 정보를 인식할 수 있는 능력
–memory 기록: 정보를 인코딩할 수 있는 능력
–memory 유지: 정보를 기억하는 능력
–divergent 확산적 사고: 문제에 대해 다수의 해결책을 생성하는 기능, 창의력
–convergent 수렴적 사고: 문제에 대한 하나의 솔루션을 추론할 수 있는 능력, 규칙 따르기 또는 문제해결능력
–evaluation 평가: 정보가 정확, 일치, 유효한지 판단할 수 있는 능력

• 내용 차원: SI는 네 개의 넓은 정보 영역에서 여섯 개의 조작에 적용할 수 있는 인간 지능을 포함한다.
–visual 시각: 실제 세계의 정보, 보는 것으로부터 얻어지는 정보
–auditory 청각: 듣는 것으로부터 인지되는 정보
–symbolic 상징적: 무언가를 나타내는 상징이나 표시로서 인식되는 정보, 예를 들면, 아라비아 숫자, 알파벳, 또는 음악 및 과학 표기법
–semantic 의미적: 언어적 의미와 아이디어의 결합
–behavioral 행동적: 사람들의 행위로 인식되는 정보

• 결과 차원: 특정 내용에 특정 조작을 적용하는 결과가 포함되어 있다. SI 모델은 증가하는 복잡성에서 여섯 가지 결과를 포함한다.
–units 단위: 지식의 단일 항목
–classes 분류: 공통 속성을 공유하는 단위의 묶음
–relations 관계: 반대 또는 연합, 결과, 유추에 연결된 항목
–systems 체계: 구조나 네트워크를 연결하는 상호 복합 관계
–transformations 변환: 변화, 관점, 전환, 또는 지식에 대한 변이
–implications 함축: 예측, 추론, 결과, 또는 지식의 예상

길포드에 따르면 $6 \times 5 \times 6 = 180$개의 지적 능력 또는 요소가 있다.

칙센트미하이
[Mihaly Csikszentmihalyi]

헝가리계의 심리학자로, 1934년 이탈리아 피우메에서 출생하였다. 어린 시절 제2차 세계대전을 경험하면서 인간의 모순을 경험하고, 이를 해결할 방법을 찾기 위해 22세가 되던 해에 미국으로 건너갔다. 1965년에 시카고 대학교에서 박사학위를 취득한 후 2000년까지 모교에서 교수로 있었다. 현재 클레어몬트 대학교에서 석좌교수로 있으며, 동시에 삶의 질 연구소(the Quality of Life Research Center) 소장으로 있다. 몰입으로 널리 알려진 FLOW 개념을 구체화하였으며, 창의성, 경험표집법 영역에서도 탁월한 학문적 성취를 남겼다. 최근 셀리그먼 교수와 함께 '긍정심리학(Positive Psychology)'을 주창하여 심리학의 새로운 영역을 넓혀 가고 있다. 한국어로 번역된 대표적인 저서로는 『몰입(FLOW)』(1990), 『몰입의 경영(Good Business)』(2003), 『창의성의 즐거움(Creativity)』(1996), 『몰입의 재발견(The Evolving Self)』(1993) 등이 있다.

인명

터만
[Lewis Madison Terman]

터만(1877~1956)은 20세기 초반 미국 심리학의 선구자로서, 영재아동에 대한 종단연구와 지능검사의 한 방법인 비네-시몽 방식(Binet-Simon scale)을 개정하여 도입한 스탠퍼드-비네 방식 지능검사(Stanford-Binet intelligence scales)로 가장 잘 알려져 있다. 그는 높은 IQ를 가진 아동을 대상으로 '천재의 유전학(genetic studies of genius)'이라고 명명되는 종단연구를 시작하였으며, IQ가 145 이상은 1,000명

에 세 명이고, IQ 160 이상의 천재는 1만 명 중 한 명이라고 보았다. 또한, 일반적인 지능 우수아는 일반 아동의 2~3% 전후를 차지한다고 주장하였다. 터만은 지적으로 우수한 아동의 가계에는 많은 우수한 부모와 조부가 있으며, 교육적, 지적 환경도 뛰어나다고 보았다.

터만은 비네와 시몽이 학습능력이 부족한 학생들을 판별하고 그들을 도와주기 위해 IQ 검사를 활용하고자 했던 것과는 달리, IQ 검사를 통해 아동들을 선별하여 적절한 직업교육을 제공하는 데 사용할 것을 제안하였다. 터만은 IQ는 유전되는 것이며 한 개인의 삶에 있어 궁극적인 성공을 강력하게 예측하는 변수라고 믿었다.

참고문헌

www.britannica.com

위키백과 www.wikipedia.com

펠듀슨

[John Frederic Feldhusen]

펠듀슨(1926~2009)은 미국의 교육심리학자로서 영재교육 분야에 공헌하였다. 그는 위스콘신 주립대학교 학부와 대학원을 졸업하였고, 1961년에 미국 퍼듀 대학교에 부임하여 40년 이상 교수직을 수행하였으며, 1977년부터 1995년까지 퍼듀 대학교의 영재교육센터(Gifted Education Resource Institute) 원장직을 수행하였다.

펠듀슨과 그의 동료들은 퍼듀 3단계 심화학습 모형(Purdue Three-Stage Enrichment Model)을 개발하여 유치원부터 대학생 영재학생들의 효과적 교육을 위한 교육과정, 프로그램 구성요소를 제시하였다. 또한 퍼듀 토요일 영재교육 프로그램(Purdue Super Saturday)을 통해 만 4세~8학년 학생에게 과학, 공학, 수학, 컴퓨터, 인문학, 예술 등의 분야에서 재능을 개발할 수 있는 심화학습 기회를 제공하였다.

참고문헌

Davis, G. A., & Rimm, S. B. (2003). *Education of the gifted and talented* (5th ed.). Boston,

MA: Allyn & Bacon.
Feldhusen, J. F., & Kolloff, P. B. (1981). A three-stage model for gifted education. In R. E. Clasen, B. Robinson, D. R. Clasen, & G. Libster (Eds.), *Programming for the gifted, talented, and creative: Models and methods.* Madison, WI: University of Wisconsin-Extension.
위키백과 https://en.wikipedia.org

홀링워스
[Leta Hollingworth]

홀링워스(Leta Hollingworth, 1886~1939)는 여성심리학, 임상심리학, 교육심리학 분야에 업적을 남겼다. 그중에서도 영재아동에 대한 선구적 연구자로 가장 유명하다. 그녀는 매우 우수한 영재아들의 사회정서적 요구와 이들의 교육방법에 대한 연구를 수행하였다. 20세기 초반 활동한 소수의 여성심리학자 중 한 명인 홀링워스는 지능 지수(IQ)로 일반 사람과 천재를 구분하였는데 비율척도로 산출한 IQ 180을 그 기준으로 삼았다. 이 수치는 매우 높은 지능을 의미하여 현재 사용되는 편차척도 지능에서는 162(평균 100, 표준편차 15 기준, 상위 0.006%)로 산정된다.

참고문헌

Robinson, A., & Jolly, J. (2013). *A century of contributions to gifted education: Illuminating lives.* New York: Routledge.

3P 모형

[3P Learning System Model]

3P 모형은 빅스(Biggs, 1979)가 제시한 교수학습모형으로 학습자의 학습과정을 설명하기 위한 대표적인 모형이다. 이 모형은 교실환경에서 학습자의 학습과정을 이해하기 위한 전조(presage, student context), 과정(process, teaching context), 결과(products)의 3단계로 구성된다. 전조요인은 학습이 일어나기 전 단계에 이미 존재하는 요인들로 학습자 요인과 교수 맥락으로 다시 나눈다. 학습자 요인은 성별과 같은 학습자 개인의 인구통계학 변인을 포함하여 학습동기, 선수 지식, 학습능력, 인지방식, 가정환경, 학습동기 등을 말하고, 교수맥락은 교수활동에 초점을 맞춘 것으로 교수의 목적, 교수 및 평가방법, 교실 또는 기관의 풍토와 분위기 등을 말한다. 다음으로 학습이 이루어지는 복잡한 과정을 의미하는 과정 단계는 학습자의 학습 접근방식으로 구성되며, 학습을 위해 학습자가 사용하는 전략을 말한다. 학생들은 자신의 동기, 이전 개념, 과제의 성격을 바탕으로 특정 학습과제를 다루며, 어느 정도나 암기를 하고, 고급사고를 하는가도 정해진다.

마지막으로 결과 단계는 학업성취도와 같이 학습자의 학습활동이 학습자 특성 및 교수맥락의 영향을 받아 선택된 학습 접근방식에 의해 진행된 학습 결과를 말한다. 양적으로 얼마나 많이 배웠는지, 질적으로 얼마나 잘 배웠는지로 나타나며, 정서적인 산출은 학생들이 학습에 대해 어떻게 느끼는가와 관련된다.

참고문헌

Biggs, J. B. (1979). Individual differences in study processes and the quality of learning outcomes. *Higher Education, 8*: 381–394.

4P 모형

[4P Model]

창의성 4P이론은 로데스(Mel Rhodes, 1961)가 창의성의 정의를 분류하기 위해 제시한 방법으로 최근까지 창의성 연구에서 널리 사용되고 있다. 4P이론은 '창의적인 사람(person), 창의적인 과정(process), 창의적 산출물(product), 창의적 환경(press)'을 창의성의 네 가지 구성 요인으로 본다. 첫째, 창의적인 사람은 창의적인 사람들의 성격 특성에 관한 것으로 개인이 가진 성격, 동기, 지능, 사고방식 등이 포함된다. 사람은 창의성의 중심이다. 기술, 환경, 창의적 능력, 동기 등을 동원하여 산출물을 창조한다. 사람의 창의적인 능력을 측정할 수는 있지만, 쉽지는 않다. 둘째, 창의적인 과정은 사람이 산출물을 만들기 위해서 동원하는 사고 과정을 의미하며 기존에 서로 관련되지 않았던 아이디어들을 조합하거나 새로운 방식으로 고찰하는 일련의 단계로 정의할 수 있다. 월러스(Wallas, 1926)는 창의적인 과정을 창의적인 사고 단계인 준비기, 부화기, 조명기, 검증기의 4단계로 제시하기도 하였다. 사고 과정을 이해하기 위해 바람직한 측정 방법 중 하나는 foursight thinking profile로, 사고 과정에 따라 사람을 '명확하게 하는 사람(clarifier)', '아이디어 내는 사람(ideator)', '개발자(developer)', '시행자(implementer)'로 구분해 준다. 셋째, 창의적 산출물은 사람이 창의적인 과정을 거쳐 만들어 낸 결과이다. 이는 아이디어, 물건, 창의성을 표현할 수 있는 형태나 모든 경로의 산출물을 총칭하는 것으로 아인슈타인의 상대성 이론이나 한 편의 시, 예술 작품 등이 포함될 수 있다. 로데스는 산출물이란 다른 사람과 대화할 때 사용하는 언어, 그림, 옷감, 점토 등과 같은 물질들이 유형의 독창적인 형태로써 어떤 것을 만들어 내는 것이라고 정의하였다. 창의적인 산출의 기준에 대해 논란이 없지 않으나, '새롭고 유용해야' 한다는 데는 합의가 이루어졌다. 산출을 측정하는 방법으로 현재로서는 전문가 합의에 의한 평가(consensual assessment)가 가장 타당한 것으로 받아들여진다. 넷째, 창의적 환경은 창의성 발현에 영향을 미치는 압력 요인 및 가정 및 사회 일체의 총체적인 환경을 의미하는 것으로, 가정, 학교, 사회문화적 영향뿐 아니라 새로운 아이디어 자극을 위한 기회, 문화, 다양한 교수-학습 매체, 자원, 규율 등이 포함된다.

참고문헌

전경원(2006). 창의성 교육의 이론과 실제. 서울: 창지사.
Rhodes, M. (1961). An analysis of creativity. *The Phi Delta Kappan, 42*(7), 305-310.

GI-STEAM 모형
[GI-STEAM model]

GI-STEAM 수업모형이란 협동학습 중 집단탐구(Group Investigation: GI) 모형과 STEAM 학습준거 틀을 융합한 모형을 말한다. GI 모형은 샤란과 샤란(Sharan & Sharan)에 의해 개발된 것으로 구성주의에 입각해 집단 간 토의, 탐구 과정을 통한 구성원 간의 상호작용을 중요한 요소로 본다. 이 모형의 수업 절차는 교사가 탐구 문제를 제시하면 학습자는 흥미와 관심에 따라 탐구할 하위 문제를 결정하고, 선택한 주제에 따른 소집단을 형성한다. 다음으로 계획을 수립하고 구성원 간 역할 분담을 행하며, 이어 탐구활동을 진행한다. 탐구활동이 끝난 후에는 소집단별 발표 준비를 하고, 전체 학급을 대상으로 발표하고 평가를 하는 여섯 단계 절차로 이루어진다.

STEAM의 학습 준거 틀은 우선 학습자가 문제해결의 필요를 느낄 수 있는 상황의 제시 단계와 학습자 스스로 문제해결 방법을 찾아가는 창의적 설계 단계, 마지막으로 학습자가 문제를 해결하였다는 성공 경험의 세 단계로 이루어진다.

GI-STEAM 모형은 GI의 수업 절차와 STEAM의 학습 준거 틀을 융합하여 적절한 형태로 프로그램을 개발하고 타당화 작업을 거쳐 개발된 것이다.

Grit
[Grit]

Grit이란 목표를 이루기 위한 지속적인 노력과 투지, 또는 기개를 의미한다. Grit은 성실과 자기통제와 유사한 면이 있지만, 흥미와 목표의 지속성과 자기결정성 등에서 차이가 난다. 즉, 일상생활에서 자신을 조절하는 것이 성실과 자기통제라면, 보다 지속적이면서 목적지향적인 행동을 할 수 있는 힘이 Grit에서 비롯된다.

참고문헌

신민, 안도희(2015). 영재와 평재 고등학생들의 성공에 대한 인식, Grit, 열망 및 성취목적 비교. **영재교육연구**, 25(4), 607–628.

Duckworth A. L., Peterston, C., Matthews, M. D., & Kelly, D. R. (2007). Grit: Perseverance and passion for long-term goals. *Journal of Personality and Social Psychology, 92*(6), 1087–1101.

Wallach & Korgan 창의성 검사
[Wallach & Korgan Creativity Test]

1965년에 개발된 Wallach & Kogan 창의성 검사는 확산적 사고 검사로 언어 검사와 도형 검사로 구성되어 있으며, 다섯 개 하위 검사로 되어 있다. 언어 검사는 세 가지 유형으로 '예시 들기(instances test)' 4문항, '대체사용 찾기(alternate uses)' 8문항, '공통점 찾기(similarities test)' 10문항, 도형(형태적) 검사는 두 가지 유형으로 '패턴 의미 찾기(pattern meanings)' 8문항, '선 의미 찾기(line meanings)' 아홉 문항으로 구성되어 있다. 검사마다 문항수가 다르며 총 39문항으로 구성되어 있다. 각 하위 검사들을 살펴보면 첫째, '예시 들기' 검사에서는 개념에 관한 예를 각각 열거하도록 하는 문항으로, 예를 들어 바퀴로 움직이는 것을 생각나는 대로 많이 써 보는 검사다. 둘째, '대체사용' 검사에서는 어떤 물건이 본래의 목적 외에 쓰일 수 있는 경우를 찾도록 하는 문항으로, 예를 들어 신문을 다양하게 사용할 수 있는 방법을 생각나는 대로 많이 써 보는 검사다. 셋째, '공통점 찾기' 검사에서는 두 사물의 같은 점을 열거하도록 하는 문항으로, 예를 들어 우유와 고기의 비슷한 점을 생각나는 대로 많이 쓰는 검사다. 넷째, '패턴 의미' 검사는 추상적인 시각적 이미지를 제시하고 그 이미지가 주는 여러 가지 의미를 찾거나 해석하도록 하는 문항이며, '선의 의미' 검사는 다양한 모양의 선들을 제시하고 그 선들이 주는 의미를 찾거나 해석하도록 하는 문항이다. 이 검사의 특징은 자유롭게 놀이하는 분위기 속에서 시간제한 없이 검사를 실시하며, 유창성과 독창성(유일성)을 측정한다.

참고문헌

손지유(2016). 한국판 Wallach & Kogan 창의성 검사 표준화 연구. 박사학위논문. 인천대학교.

Wallach, M. A., & Kogan, N. (1965). *Modes of thinking in young children: A study of the creativity-intelligence distinction*. New York: Holt, Rinehart & Winston.

찾아보기

국문 찾아보기

영문 찾아보기

영재교육학 용어사전
Terminology of Gifted Education

2017년 12월 20일 1판 1쇄 인쇄
2017년 12월 28일 1판 1쇄 발행

지은이 • 한국영재학회
펴낸이 • 김진환
펴낸곳 • (주) 학지사
04031 서울특별시 마포구 양화로 15길 20 마인드윌드빌딩
대표전화 • 02)330-5114 팩스 • 02)324-2345
등록번호 • 제313-2006-000265호

홈페이지 • http://www.hakjisa.co.kr
페이스북 • https://www.facebook.com/hakjisabook

ISBN 978-89-997-1536-5 93370

정가 25,000원